Baedeker

Allianz ⑪ Reiseführer

Umbrien

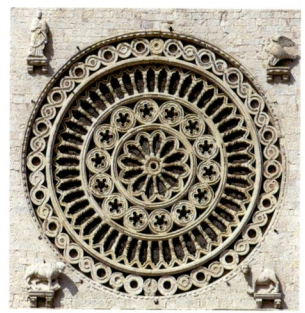

www.baedeker.com

Verlag Karl Baedeker

TOP-REISEZIELE ★ ★

Auf Umbrien-Reisende warten jede Menge schöner Ziele: geschichtsträchtige Städtchen mit stimmungsvollen Plätzen, alten Palästen und Kirchen, in denen man die herrlichsten Fresken sehen kann, aber auch idyllische, unzersiedelte Landschaften, in denen man in eine andere Zeit einzutauchen scheint. Und nicht zuletzt ist Umbrien natürlich auch eine kulinarische Reise wert.

1 ★ ★ Gubbio

Eine alte Umbrerstadt mit intakter Altstadt. Besonders schön ist die Piazza Grande mit dem Palazzo dei Consoli. Wer im Mai kommt, wird sich dem Taumel des Stadtfests »Corsa dei Ceri« nicht entziehen können.
► Seite 207

2 ★ ★ Perugia

Perugia ist das politische und kulturelle Herz Umbriens. Für die umbrische Hauptstadt muss man sich Zeit nehmen: Es locken diverse Sehenswürdigkeiten und eine Atmosphäre, die ihresgleichen sucht.
► Seite 278

3 ★ ★ Assisi

Hier steht alles im Zeichen des Franz von Assisi. Jedes Jahr pilgern Tausende von Gläubigen zu seinem Grab. Kunstfreunde erfreuen sich an den Fresken in der Unter- und Oberkirche San Francesco.
► Seite 135

4 ★ ★ Spello

Steile, mittelalterliche Gassen prägen das Städtchen, für dessen Besichtigung man ruhig ein bisschen sportliche Kondition mitbringen darf. Zu Fronleichnam verwandelt sich Spello in ein großes Blütenmeer. ► Seite 314

5 ★ ★ Montefalco

Ein Städtchen mit malerischen Altstadtgassen, durch die es sich zu bummeln lohnt. Kunstfreunde kommen wegen des bekannten Freskenzyklus und Weinkenner wegen des guten »Sagrantino«. ► Seite 237

6 ★ ★ Spoleto

Am besten kommt man im Juni und Juli zum »Festival dei Due Mondi«, wenn die ganze Welt zu einem topaktuellen Rund-um-Kultur-Programm nach Spoleto pilgert. Ansonsten genießt man das Städtchen mit seinen alten Kulturschätzen in aller Ruhe. ► Seite 321

*Assisi, eines der wichtigsten Ziele in Umbrien m
der sehenswerten Grabeskirche des hl. Franzisku*

7 ✶✶ Valnerina

Eine Landschaft, die sich viel Ursprüng-
lichkeit bewahrt hat: Kleine Dorffestungen
und alte Burgruinen auf Hügelkuppen,
saftige Wiesen, die idyllische Nera und
romanische Kirchen und Klöster mitten in
der Landschaft. ► **Seite 365**

8 ✶✶ Todi

Die Stadt mit der besten Lebensqualität
weltweit! Das behauptet jedenfalls eine
amerikanische Studie. Einen diesbezügli-
chen Test ist die Stadt allemal wert, und
neben der enormen Lebensqualität bietet
sie auch noch stolze Paläste, bedeutende
Kirchen und einen der schönsten Plätze
Umbriens. ► **Seite 343**

9 ✶✶ Orvieto

Auf einem Felsen aus Tuffstein ist diese
eindrucksvolle Stadt erbaut worden. An
der höchsten Stelle erhebt sich der Dom
mit seiner in vielen Farben schillernden
gotischen Fassade. ► **Seite 262**

DIE BESTEN BAEDEKER-TIPPS

Von allen Baedeker-Tipps in diesem Buch haben wir hier die interessantesten für Sie zusammengestellt. Erleben und genießen Sie Umbrien von seiner schönsten Seite!

❗ Weingut Dionigi
Tafel- und Spitzenweine aus dem Herzen Umbriens gibt es in diesem bekannten Weingut.   ► **Seite 121**

❗ Idyllisch picknicken
Unterhalb der Einsiedelei Madonna della Stella in der Valnerina lädt ein lauschiges Plätzchen an einem Bach zur Jause im Grünen ein.   ► **Seite 126**

❗ Erholungspause
Wer von Assisi aus zu Fuß zum Eremo delle Carceri pilgert, der kann sich auf eine Pause auf dem Rückweg freuen: Im rustikalen Open-air-Restaurant La Stalla beim Campingplatz kommt Gegrilltes auf den Teller.   ► **Seite 156**

❗ Spettacolo
Broadwaymäßig geht es im Teatro Lyrick bei Assisi zu: In einer umfunktionierten ehemaligen Industriehalle werden Musicals, Ballett, Konzerte und Theater aufgeführt.   ► **Seite 158**

❗ Alla Via di Mezzo
Einen Wirt wie aus dem Bilderbuch kann man in diesem immer gut besuchten Restaurant erleben. Er entscheidet übrigens, was man isst – und das ist immer gut!   ► **Seite 159**

❗ Wein und umbrische Spezialitäten
Hervorragende Weißweine, Ziegen- und Schafskäse und diverse andere Spezialitäten der Region gibt es in der Bottega del Castello della Sala im weithin bekannten Weingut Antinori.   ► **Seite 174**

❗ Tela Umbra
Schöne Mitbringsel aus einer alten umbrischen Weberei, in der nach traditioneller Art gearbeitet wird   ► **Seite 182**

❗ Geschichte und Kultur des Tabaks
Eines der wenigen Tabakmuseen in Italien, eingerichtet in einer früheren Tabakkooperative   ► **Seite 186**

❗ Die Ritter im Museum
Im Palazzo Trinci in Foligno kann man ganz und gar in die Welt der Ritter eintauchen.   ► **Seite 197**

❗ Wohlschmeckendes quellfrisches Wasser
Überall in Gualdo Tadino sprudelt Wasser aus Brunnen und Hähnen – es stammt aus der Rocchetta-Quelle und schmeckt ausgesprochen gut!   ► **Seite 203**

Käse und Wein. Einfache Spezialitäten aus Umbrien können das Paradies auf Erden sein!

Abenteuerliches Vergnügen – Rafting auf der Nera

❗ Für Höhlenfans
Im Naturpark Monte Cucco gibt es ein über 30 km langes Höhlensystem. In Costacciaro werden Kurse und Führungen für Höhlenbegeisterte angeboten.
▶ **Seite 207**

❗ Piano Grande per Fahrrad
Eine landschaftlich wunderschöne Hochebene, die man am besten und ohne viel Anstrengung mit dem Fahrrad erkunden kann ▶ **Seite 260**

❗ Orvieto Underground
Eine Tour durch das unterirdische Tuffsteinlabyrinth von Orvieto ist mit Sicherheit ein unvergessliches Erlebnis.
▶ **Seite 262**

❗ Caravaning mit Panorama
Einen idealen Stellplatz finden Wohnmobil- oder Wohnwagenurlauber in Panicale. Für allen Komfort ist gesorgt, und dazu gibt es einen herrlichen Blick. ▶ **Seite 275**

❗ Spitzenkunst
Wer sich in die alte Kunst der Spitzenstickerei einweisen lassen möchte, kann die »Ars panicalensis« in Panicale erlernen. ▶ **Seite 276**

❗ Von Baum zu Baum am Tiberufer
Für Sportliche: Klettern, Schwingen und Balancieren in den Bäumen von Ponte Felcino bei Perugia ▶ **Seite 305**

❗ Festival dei Due Mondi
Spoleto verwandelt sich jedes Jahr im Juni/Juli in eine große Festivalbühne: Internationales Treffen mit dem Neuesten aus der Musik- und Theaterwelt. ▶ **Seite 322**

❗ Miniaturtheater
Ein Besuch im vielleicht kleinsten Theater der Welt ist mit Sicherheit ein großes Erlebnis: Teatro della Concordia mit 99 Plätzen in Todi. ▶ **Seite 352**

❗ Olivenbäume zur Adoption
Wer möchte nicht gerne einen Olivenbaum besitzen? In Trevi kann man einen Olivenbaum adoptieren und erhält im Gegenzug günstiges gutes Olivenöl und Einladungen zu Veranstaltungen der Cooperativa di Trevi. ▶ **Seite 355**

❗ Mit dem Maultier durch die Valnerina
Eine schöne Idee für einen Familienurlaub: Für ein paar Stunden, einen Tag lang oder mehrere Tage per Maultier durch die intakte Natur der Valnerina
▶ **Seite 365**

❗ Rafting auf der Nera
Ideal zum Raften oder Kanufahren: die Nera im Südosten Umbriens, die je nach Jahreszeit ein ruhiger Fluss oder ein reißendes Wildwasser sein kann
▶ **Seite 373**

Umbrien ist auch ein kulinarisches
Reiseziel: Essen und Trinken sollte
nicht zu kurz kommen
▸ **Seite 71**

HINTERGRUND

PRAKTISCHE INFORMATIONEN

PREISKATEGORIEN
Hotels
Luxus: ab 160 Euro
Komfortabel: 65 – 160 Euro
Günstig: bis 65 Euro
Für ein Doppelzimmer pro Nacht

Restaurants
Fein & teuer: ab 50 Euro
Erschwinglich: 25 – 50 Euro
Preiswert: bis 25 Euro
Für ein Hauptgericht (Secondo piatto)

*Montefalco, Weinort und
Zwei-Sterne-Ziel im Herzen
Umbriens*
▶ **Seite 237**

TOUREN

REISEZIELE VON A bis Z

Hintergrund

WISSENSWERTES ÜBER UMBRIEN:
ÜBER GESCHICHTE UND KULTUR
DER REGION, WIRTSCHAFT UND
NATUR, DIE UMBRIER UND IHRE
VORFAHREN, ÜBER HEILIGE UND DIE
JAHRHUNDERTEALTE HEILIGENVEREHRUNG.

BUONGIORNO UMBRIA!

Die Bewohner des umbrischen Städtchens Todi sind die beneidenswertesten Menschen der Welt. Warum? 1990 wurde eine amerikanische Studie veröffentlicht, die Todi zu der Stadt mit der weltweit besten Lebensqualität kürte. Bis zu diesem Zeitpunkt war das idyllische Städtchen allenfalls ein paar Italienfans bekannt, danach wusste man zumindest schon, dass es in Umbrien liegt und dass Umbrien eine Region in Mittelitalien ist.

Wären die Wissenschaftler an Ort und Stelle gewesen, dann hätten sie vielleicht auch noch festgestellt, dass Todi bei Weitem nicht die einzige Stadt in Umbrien ist, die man als Reisender ungern wieder verlässt. Denn dass dieser Landstrich seinen Bewohnern wie auch

seinen Gästen gleichermaßen als ein großes Kleinod vorkommt, wissen alle, die es je durchreist und erlebt haben. Franz von Assisi, der berühmte Heilige aus Umbrien, wusste es ohnehin schon vor Jahrhunderten. Er bescheinigte seiner Heimat kurz, aber prägnant: »Nihil lucundus vidi – nichts Erfreulicheres habe ich je gesehen.«

Umbrische Highlights

Da wäre zum Beispiel Perugia mit seiner verwinkelten Altstadt und seiner großstädtischen, weltoffenen Atmosphäre. Für viele das »Einfalltor« zu Umbrien, seiner Kultur und der ita-

Dörfer
Als sei die Zeit stehengeblieben: Dörfer wie dieses in der Valnerina findet man noch oft.

lienischen Sprache, denn Perugia ist beliebter Ort für Sprachschüler jeden Alters. In Assisi, der Pilgerstadt am Hang des grünen Monte Subasio, ist die Franziskusverehrung allgegenwärtig, und Orvieto, in höchst imposanter Lage auf einem Tufffelsen, wird überragt von seinem prächtigen Dom und ist mit zahlreichen Denkmälern aus der etruskischen Vergangenheit gesegnet.

Die kleinen Perlen – Kultur und Geschichte

← Assisi – San Francesco, Kirchenvorplatz

Daneben gibt es eine Vielzahl hübscher Kleinstädte, in denen die wechselvolle und spannende Geschichte dieser mittelitalienischen Region allgegenwärtig ist: in den etruskischen oder römischen Stadttoren, den alten, zum Teil überwölbten Gassen mit dicht zusammen-

Oliven

spielen in Umbrien eine wichtige Rolle: Ein Großteil der umbrischen Olivenöle sind Spitzenöle aus der ersten Kaltpressung. In Trevi gibt es eine Kooperative, in der man Olivenbäume adoptieren kann.

Fresken

Die kunstgeschichtlich bedeutendsten sieht man in Assisi in der Unter- und Oberkirche von San Francesco. Auch diese Engel von Giotto schmücken dort die Wände.

Wein

Sehr gute Tropfen kommen aus der mittelitalienischen Region. Vor allem der rote »Sagrantino« aus Montefalco hat sich auf dem internationalen Weinmarkt einen Namen gemacht.

Festivalzeit
ist immer in Umbrien. Bei den Jazzfestivals in Perugia und Orvieto treten Gruppen aus aller Welt auf den schönsten Plätzen unter freiem Himmel auf.

Erdbebenschäden
Nach dem schweren Erdbeben im September 1997 wurden die zerstörten Wandmalereien in Kirchen und Palästen in mühevoller Kleinarbeit wieder zusammengesetzt.

Keramikkünstler
Noch heute wird in vielen Orten Umbriens Keramik traditionell hergestellt und mit der Hand bemalt.

gedrängten Wohnhäusern, in den romanischen Kirchen mit ihrem reichen, typisch umbrischen Fassadenschmuck und den imposanten gotischen Kommunalpalästen.

Sanfte Hügel, fruchtbare Täler, Berge und Seen

Wären die kleinen Städtchen in der Ebene oder in einem Tal angesiedelt, so würde man klaustrophobische Gefühle entwickeln. Dank ihrer kühnen Lage auf Anhöhen oder spitzen Hügelkämmen ist das aber nicht der Fall – im Gegenteil: Immer wieder hat man zwischen den Häusern Ausblick auf sanft geschwungene Hügelketten mit silbrig schimmernden Olivenhainen, auf Obstbaumwiesen und Äcker, auf blühende Ginsterbüsche, fruchtbare Talebenen und stille Flussläufe. Schmale Landsträßchen schlängeln sich die Anhöhen hinauf und hinunter, hinter jeder Kurve öffnet sich ein neuer Blick. Uner-

wartet trifft man immer wieder auf verlassene Gehöfte oder auf abgeschiedene Klöster, die sich in der Enge eines Tals verstecken. Kleine romanische Kirchen stehen mitten in der Landschaft an alten Hirtenwegen und bergen im Innern versteckt die allerschönsten Fresken, die man nur zu Gesicht bekommt, wenn man zuvor einen Schlüssel irgendwo erfragt hat. Während man am Lago Trasimeno an einigen Badeplätzen mediterrane Badefreuden genießen kann, erwartet einen im Osten eine Berglandschaft von einzigartiger Schönheit, mit kargen Hochebenen und tief eingeschnittenen, bewaldeten Tälern.

Assisi
Herausragendes Ziel für Pilger und Kunstbegeisterte: die Grabeskirche des hl. Franziskus birgt wertvolle Fresken.

Kulinarisches Umbrien

Ursprünglich ist Umbrien für seine einfache Küche bekannt gewesen, und das ist es auch heute noch – im besten Sinne. Simplen Aufschnitt, Schinken, Salami oder auch Käse gibt es hier in Hülle und Fülle, und zwar so gut, dass selbst Gourmetherzen hoch schlagen. Bekannt für seine hervorragenden Fleischprodukte ist Norcia in der Valnerina in Umbriens entlegenstem Winkel im Südosten der Region. Und mit den Trüffeln, die in umbrischen Wäldern gedeihen, ist die Region bei Feinschmeckern ohnehin bekannt. In Montefalco feiert man dagegen seit einiger Zeit einen ganz besonderen Tropfen, den mehrfach ausgezeichneten Sagrantino. Diesen wunderbaren Roten kann man stellvertretend für ganz Umbrien hochloben und mit ihm lässt sich auf ein schönes, neu entdecktes Reiseziel anstoßen.

Fakten

Die Region in Zentralitalien steht – was Feriengäste betrifft – immer etwas im Schatten ihrer berühmten Nachbarin, der Toskana. Was seine Vorteile hat für diejenigen, die hierherkommen: Umbrien hat herrliche Landschaften, hochrangige Kulturschätze, stimmungsvolle Städte und kleine Orte – und nie ist es überlaufen, manch schönes Plätzchen hat man sogar fast für sich allein.

Landschaften und Natur

Die kleine mittelitalienische Region Umbrien kann man gut und gern als **geografisches Zentrum des Landes** bezeichnen. Sie ist umgeben von der Toskana im Norden und Westen, Latium im Süden und den Marken im Osten und Norden und ist die einzige der 20 italienischen Regionen, die **keinen Zugang zum Meer** hat. Zudem berührt sie keine Landesgrenze. Mit einer Gesamtfläche von 8456 km² ist Umbrien die fünftkleinste Region Italiens – nur Friaul, Ligurien, Molise und Aosta-Tal liegen flächenmäßig noch darunter. Die alte Etruskermetropole **Perugia** war zunächst Hauptstadt der Provinz Umbrien und ist seit 1927 Verwaltungssitz der Region.

Das »grüne Herz« Italiens

Von zeitloser Schönheit ist die umbrische Landschaft mit ihren stillen Ebenen und sanfthügeligen, teilweise bewaldeten, teilweise landwirtschaftlich genutzten Höhenzügen. **Wälder** aus Kastanien, Buchen und Steineichen ziehen sich über die Hänge, **Olivenhaine**, weite Getreidefelder und im Frühling rote Mohnfelder. Etwa ein Viertel der Region ist zwischen 600 und 800 m hoch, zwei Fünftel zwischen 200 und 400 m. Im Osten Umbriens – im Apennin und in den Monti Sibillini – liegen die höheren **Berggipfel**. Der höchste Berg ist die 2448 m hohe Cima del Redentore im Nationalpark Monti Sibillini. Eingebettet in die Landschaft sind **alte umbrische Städtchen**, viele kleine Bergorte, die wie Inseln aus dem Grün herausragen. Wasser gibt es auch: Tiber und Nera durchfließen die Region, und der größte Binnensee Mittelitaliens, der **Trasimenische See**, liegt in Umbrien.

Ursprüngliche Landschaft

Die imposante Gebirgsgruppe der **Monti Sibillini** erstreckt sich im Grenzbereich zwischen Umbrien und den Marken. Die meisten der Berggipfel sind über 2000 m hoch, der höchste auf umbrischem Gebiet ist die **Cima del Redentore** mit 2448 m direkt an der Grenze zu den Marken, der bekanntere Monte Vettore (2476 m) daneben liegt schon in den Marken. Die Monti Sibillini sind ein **junges Gebirge**. Ihre Entwicklung ist noch nicht abgeschlossen und das tektonische Gleichgewicht noch nicht erreicht, deshalb sind die Gegend von Norcia und das obere Neratal stark **erdbebengefährdet**. Heftige Beben ereigneten sich zuletzt in den Jahren 1976, 1979, 1984 und 1997. Westlich der Monti Sibillini schließen sich weitere parallel verlaufende Bergketten an, die als **Vorapennin** bezeichnet werden. Die höchsten Erhebungen sind der Monte Torre Maggiore (1120 m) nordwestlich von Terni und der Monte Martano (1094 m) östlich von Todi. Die zweite Vorapenninkette im westlichen Umbrien ist niedrig. Sie beginnt mit sanften Hügeln zwischen dem Trasimenischen See und dem Val di Chiana und zieht sich bis zu den Höhen südöstlich Narni. Der höchste Gipfel ist mit 994 m der Monte Croce di Serra.

Höhenzüge

← *Piano Grande, die Hochebene im Nationalpark Monti Sibillini im Frühjahr*

Die **Täler** zwischen den verschiedenen Hügel- und Bergketten bilden das eigentliche **Herz Umbriens**. In diesen langgestreckten Tälern bzw. an ihren Rändern liegen die **wichtigsten Städte** der Region. Die beiden größten sind das Tibertal (Valle del Tevere) zwischen Città di Castello und Todi und die sogenannte Valle Umbra zwischen Assisi und Spoleto.

Flüsse   Der **Tiber** (Tevere) ist mit Abstand der **wichtigste Fluss der gesamten Apenninenhalbinsel**. Der Fluss entspringt am Monte Fumaiolo in der Region Emilia-Romagna. Etwa die Hälfte des 405 km langen Flusslaufs schlängelt sich durch Umbrien. In der Antike war er streckenweise schiffbar. Heute ist er wichtig für die Bewässerung der Felder, außerdem treiben seine Fluten diverse Turbinenkraftwerke zur Stromerzeugung an. Der Bau von Staudämmen hat zu heftigen Kontroversen zwischen den Regionen Umbrien und Latium geführt. Das Tibertal zwischen Perugia und Todi bildet eine breite und fruchtbare Schwemmlandebene. Unterhalb von Todi windet sich der Tiber durch eine enge Kalksteinschlucht (Gole del Forello). Sein Wasser wird im Corbara-See aufgestaut.

Der Tiber wäre nicht der Tiber, wenn die **Nera** ihm kein Wasser gäbe. Mit einer Länge von 116 km und einem Einzugsgebiet von ca. 4000 km² ist die Nera der wichtigste Nebenfluss des Tiber. Sie entspringt in den Monti Sibillini am Hang des 1884 m hohen Monte Patino. Sie nimmt das Wasser vieler Karstquellen auf, fließt durch wilde Schluchten und bildet schließlich die malerische Valnerina.

Der Zusammenfluss von Velino und Nera westlich von Terni gestaltet sich höchst imposant durch die Wasserfälle **Cascata delle Marmore**. Die Nera durchfließt anschließend die Ebene von Terni und mündet hinter der Montoroschlucht in den Tiber.

Seen   Mit einer Fläche von rund 130 km² ist der **Lago Trasimeno**, der Trasimenische See, das größte stehende Gewässer der Apenninhalbinsel. Er liegt 258 m hoch und ist von sanften Sandsteinhügeln umgeben. Der See ist sehr flach und maximal 6 m tief. Er ist das letzte Überbleibsel eines ganzen Systems von **Binnenseen**, das sich **in prähistorischer Zeit** zwischen den Gebirgs- und Hügelketten Nordumbriens erstreckte. Von einem dieser alten Seen, dem Norcia-See, weiß man,

Unberührte Landschaften prägen weite Teile Umbriens.

dass er über 800 m hoch lag und allmählich in einem Karsthöhlen-system versickerte. Am größten war der einstige Tibersee. Er erstreckte sich etwa 120 km weit vom heutigen Sansepolcro (Toskana) bis zur umbrischen Metropole Perugia. Die Reste dieser Seen sind bis in historisch überlieferte Zeiten nachgewiesen. Die Valle Umbra zwischen Assisi und Spoleto war ein Feuchtbiotop – die Etrusker hatten damit begonnen, die malariaverseuchte Gegend trockenzulegen.

Im Süden Umbriens bildet der Fluss Velino wenige Kilometer vor den Marmore-Wasserfällen den malerisch zwischen Berghängen gelegenen **Lago di Piediluco**. Obwohl er nur 1,52 km² groß ist, hat er durch seinen verzweigten Grundriss eine Uferlänge von 17 km.

Künstlich angelegte **Stauseen** des Tiber zur Elektrizitätsgewinnung sind der Lago di Corbara und der Lago di Alviano. Bei Valfabbrica 20 km nordöstlich von Perugia ist der Chiascio aufgestaut worden.

Quellen Umbrien ist bekannt für die vielen Quellen, die aus den stark verkarsteten Kalkbergen und -hügeln entspringen. In der Ebene von Norcia treten zahlreiche unterirdische Wasserläufe (sog. Marcite) zutage. Die wohl berühmtesten Quellen der Region sind die **Fonti del Clitunno** wenige Kilometer südlich von Trevi.

Thermen Charakteristisch für geologisch unruhige Regionen wie Umbrien sind Thermal-Mineralquellen. Berühmt sind die Mineralwasservorkommen, die bei San Gemini aus dem Untergrund hervorsprudeln. Plinius d. J. berichtete bereits über die Terme di Furapane bei Acquasparta. Die Mineralwasser von Nocera Umbra erfreuen sich seit dem frühen 16. Jh. hoher Wertschätzung. Die warmen **Heilquellen von Fontecchio** (bei Città di Castello) verdienen besondere Erwähnung. Ihre alkalischen und schwefelhaltigen Wasser sowie der für Therapiezwecke sehr geeignete Schlamm waren schon in der Antike berühmt.

Pflanzen und Tiere

Flora und Fauna in den Wäldern In der Antike soll Umbrien von dichten Wäldern bedeckt gewesen sein, wovon noch heute viele **Ortsnamen** zeugen: In Piediluco, Monte Luco usw. taucht das lateinische Wort »lucus« (dt. = heiliger Wald) auf. Der Pass Bocca Trabaria leitet seinen Namen vom lateinischen Begriff »obsequium trabium« ab (lat. »trabis« = Balken), da in dieser Gegend viele Bäume gefällt wurden, die man für den Bau der vatikanischen Basiliken brauchte. Ebenso rührt der Name der Stadt Gualdo Tadino vom langobardisch-germanischen Wort »Wald« her.

Seit der Römerzeit verringerte sich der Waldbestand sukzessive. Ein Grund war **Raubbau** – der vor allem in der baufreudigen Renaissancezeit gigantische Ausmaße annahm.

Ab Mitte des 18. Jh.s setzte die Einführung des **Ölbaums** (Olive) dem natürlichen Waldbestand weiter zu. Nur einige größere Waldbestände wurden für unantastbar befunden. So standen beispielsweise der Wald beim Kloster Eremo delle Carceri auf dem Monte Subasio und bei Monte Luco in der Nähe von Spoleto unter dem besonderen Schutz der Franziskaner.

Heute ist nur noch ein Drittel der Fläche Umbriens von Wäldern, normalerweise **Laubwäldern**, bedeckt. Bis in 1000 m Höhe sind Eichen vorherrschend. Sie haben sich den kalkigen Böden und dem vergleichsweise rauen Klima gut angepasst. Außerdem findet man Ahorn, Linden, Hainbuchen und Eschen. Oberhalb der 800-m-Höhenmarke gibt es häufiger Buchen, Birken, Eiben, Kiefern und Tannen. Auf mineral- und phosphathaltigen Böden bzw. auf Böden vulkanischen Ursprungs wachsen Esskastanien besonders gut.

In den umbrischen Wäldern gibt es viele **Pilze**. Leider kein Geheimtipp mehr sind die **Trüffeln**, die in den Wäldern Umbriens gedeihen. Nicht so bekannt wie die Trüffeln, aber ebenfalls sehr schmackhaft sind die vielen Steinpilze und Kaiserlinge.

Ungehemmte Abholzung und unkontrollierte Jagd haben der **Tierwelt** erheblich zugesetzt. So sind die letzten Bären im 18. Jh. erlegt worden, Wölfe galten als quasi ausgestorben. Im Rahmen eines Naturschutzprogramms versucht man, die letzten noch lebenden **Apennin-Wölfe** zu retten. Man glaubt, dass in besonders abgelegenen Bereichen der Monti Sibillini wieder einige Wölfe heimisch geworden sind. Auch die früher so zahlreichen Wildschweine und kleineren Säugetiere wie Wildkatzen, Igel, Dachse, Marder, Otter, Eichhörnchen, Füchse und Hasen sind von unzähligen **Hobbyjägern** bedroht und können nur mit Mühe in den Wäldern Umbriens überleben.

Kein Geheimtipp mehr: Trüffeln aus umbrischen Wäldern

Im Apenninvorland gedeiht **Mittelmeerflora** wie Pinien, Buchs-baum, Rainweiden und Judasbäume. Für mediterranen Einschlag sorgt auch die Macchia aus diversen Sträuchern wie Erdbeerbaum, Lorbeer, Mastix, Zistrose und Myrthe. Oberhalb der 1000-m-Höhen-marke setzt bereits **alpine Flora** ein mit verschiedenen Rhododendren, Bergminzen, Narzissen, Enzianen und Thymian. In den höchsten Lagen des Apennin findet man diverse Steinbrechgewächse, Alpenveilchen und andere seltene Vertreter der Hochgebirgsvegetation. Wichtige **Kulturpflanzen** sind neben dem Ölbaum (Olive) Wein, Mais, Winterweizen und Gerste. In klimatisch geschützten Zonen gedeihen auch Zitrusfrüchte. Vielerorts werden Äpfel, Birnen, Pflaumen, Kirschen und Aprikosen sowie Gemüsesorten gezogen.

Pflanzenwelt – mediterran bis alpin

Umbrien wäre ein Vogelparadies, würden nicht die vielen Zugvögel, die im Herbst und Frühling über das Land fliegen, gejagt, und außerdem auch die wenigen noch verbliebenen heimischen Vögel wie Rebhühner, Drosseln, Waldschnepfen, Steinhühner, Bekassinen, Wildenten, Wasserhühner und Wildtauben. Ganz selten kann man noch Steinadler, Bussarde, Sperber und Falken beobachten.

Vögel

Schlangen, besonders die **hochgiftige Viper** (Vipera Aspis), profitieren davon, dass ihre natürlichen Feinde großenteils ausgerottet sind. Die Viper hat sich seit dem Mittelalter nahezu ungehindert ausbreiten können und ist heute in Mittelitalien fast allgegenwärtig.

Schlangen

Relativ artenreich ist die Tierwelt in den umbrischen Gewässern. In Flüssen, Teichen und Seen leben Barsche, Forellen, Schleien, Aale und Perlfische.

Fische

Nationalpark Monte Sibillini: das Dorf Castelluccio im Winter

Naturschutz

Die Region Umbrien hat seit Ende der 1980er-Jahre einige landschaftlich herausragende Gebiete unter Schutz gestellt. Bereits 1989
wurde im Osten Umbriens ein **parco nazionale**, der Nationalpark
Monte Sibillini, eingerichtet, der zur Hälfte in der angrenzenden Region Marken liegt. Weitere schützenswerte Gebiete wurden zu regionalen Naturparks, **parchi regionali**, erklärt: der Lago Trasimeno, der
Monte Cucco, das Colfiorito, das Nera-Tal bei Terni, ein Stück des
Tibertals zwischen Orvieto und Todi, der Monte Subasio und ein Gebiet zwischen Marsciano und Orvieto (Sistema Naturale Monte Peglia e Selva di Meana). In diesen Naturparks wurden Steinbrüche still-
gelegt und Mülldeponien beseitigt, Forstwege angelegt, Neupflanzun-
gen und Aufforstungen vorgenommen und die Jagd verboten.

Naturparks Der **Parco del Monte Cucco**, ein ca. 10 500 ha großes Areal am Monte
Cucco im Nordosten Umbriens, weist einige besondere Naturphäno-
mene auf, u. a. die Karsthöhle am Hang des Monte Cucco, die Bu-
chenwälder von Val di Ranco und die Schluchten des Rio Freddo.
In dem 7400 ha großen **Parco del Monte Subasio** sollen die Karst-
phänomene auf der Bergspitze, die Weideflächen und Dolinen in
Gipfellage, der Renaro-Graben und der seit jeher unter besonderem
Schutz stehende Eichenwald um die Einsiedelei Eremo delle Carceri
vor der Zerstörung bewahrt werden.
Östlich von Foligno breitet sich eine abwechslungsreiche Karst- und
Sumpflandschaft aus. Das ca. 340 ha große Naturschutzgebiet **Parco
di Colfiorito** umfasst u. a. das Hochmoor von Colfiorito, das Torf-

lager, die Feuchtwiesen von Ricciano und die Graslandschaft des Piano di Annifo. In den Sumpfgebieten, in denen verschiedene Wasservögel beheimatet sind, gedeiht eine Vielzahl von Wasserpflanzen.

Um den Lago Trasimeno ist mit dem **Parco del Trasimeno** ein Areal von 13 200 ha unter Naturschutz gestellt. Zahlreiche Vogelarten nisten an den verschilften Ufern des Sees und auf der Isola Polvese, der größten der drei Inseln im Trasimeno.

Bevölkerung · Politik · Wirtschaft

Im Mittelalter gehörte die Region zu den dichtbesiedelten Gebieten Italiens. Der politische und wirtschaftliche Niedergang der freien Stadtrepubliken, Kriege und Landflucht führten zu Verarmung und Bevölkerungsrückgang – ein Prozess, der erst mit der beginnenden Industrialisierung im 19. Jh. wieder gestoppt wurde. Zwischen 1971 und 1981 lag die Bevölkerungswachstumsrate in Umbrien bei 4,09 % und damit immer noch deutlich niedriger als in anderen Teilen Italiens (Durchschnitt 4,60 %). In letzter Zeit stieg die Bevölkerung wie überall in Italien nur noch um etwa 1 %.

Bevölkerungs-entwicklung

Heute leben in Umbrien rund 830 000 Menschen, knapp 600 000 in der Provinz Perugia und rund 223 000 in der Provinz Terni. Die größten **Ballungsräume** sind die Verwaltungs- und Kulturmetropole Perugia mit etwa 150 000 Einwohnern und die Industrie- und Verwaltungsstadt Terni mit gut 100 000 Einwohnern; außerdem sind das Tibertal und die Valle Umbra zwischen Perugia und Spoleto dicht besiedelt, während insbesondere die östlichen Gebiete Umbriens, die Apenninregionen, recht dünn besiedelt sind.

Besiedlung

Außer Perugia und Terni gibt es keine Stadt mit mehr als 100 000 Einwohnern. Ein paar wenige mittelgroße Gemeinden, die alle zur Provinz Perugia gehören, haben Einwohnerzahlen zwischen 30 000 und 50 000, wie Foligno, Città di Castello, Spoleto und Gubbio. Ansonsten lebt man in Umbrien in kleinen und kleinsten Gemeinden, **winzigen Dörfern** und Siedlungen. Orte mit nur wenigen hundert Einwohnern sind in Umbrien keine Seltenheit.

In dem Maße, in dem die Einwohnerzahl der umbrischen Städte in den vergangenen Jahrzehnten in die Höhe schnellte, erlebten die ländlichen Regionen einen beispiellosen Bevölkerungsrückgang. Prototypisch ist die Entwicklung in der Gegend von Norcia im **strukturschwachen Südosten von Umbrien**. In dem kurzen Zeitraum von nur 25 Jahren zwischen 1960 und 1985 ging die Zahl der Bewohner um ein Drittel zurück. Gleichzeitig verbuchte Terni, die nächstgelegene Industriestadt, einen Zuwachs von rund 1400 Menschen. Während in den Jahren nach dem Zweiten Weltkrieg noch mehr als die

Problem Landflucht ...

In der Valnerina im Südosten Umbriens: kleine Ortschaften inmitten schönster Natur

Hälfte der umbrischen Bevölkerung auf dem Land lebte, ist es heute kaum mehr ein Fünftel. Wer durch die idyllischen Dörfer fährt, sieht hauptsächlich ältere Menschen – die Jugend zog es in die Städte.

... und zurück aufs Land

In den vergangenen Jahren hat sich das Bild der verlassenen Dörfer und Bauernhäuser wiederum etwas verändert durch den Zuzug von Stadtbewohnern und Ausländern, die hier ihre **Ferienwohnsitze** einrichteten. Ähnlich wie in der Toskana, wo die Kolonien von erholungssuchenden Deutschen, Engländern oder Schweizern schon fest etabliert sind, machten auch in Umbrien zu Beginn der 1970er-Jahre »Aussteiger« den Anfang dieser Entwicklung. Viele Dörfer, die sonst vielleicht verfallen wären, werden durch Zugezogene wieder belebt, alte Bausubstanz gerettet und restauriert.

Gliederung

Die Region Umbrien besteht aus **zwei Provinzen**: Perugia und Terni, die nach ihren beiden jeweiligen Hauptstädten benannt sind. Die kleinere Provinz Terni wurde erst 1927 geschaffen. Die Provinzen sind in **92 Gemeinden** (Comuni) unterteilt. Keine offiziellen Verwaltungseinheiten, aber **historisch gewachsene** und **naturräumlich zusammenhängende Gebiete** sind das obere Tibertal um Città di Castello (Alta Valle del Tevere), der Oberlauf des Chiascio-Flusses (Alto Chiascio) mit dem Regionalzentrum Gubbio, das Perugino mit der Metropole Perugia, die Valle Umbra Nord (Assisi) und die Valle Umbra Sud (Foligno), das Tuderte (Todi), die Bezirke Orvietano, Trasimeno, Spoletino, die Valnerina mit den Zentren Cascia und Norcia, das Narnese-Amerino (Narni und Amelia) und die Umgebung von Terni, Ternano genannt.

Zahlen und Fakten Umbrien

Regione dell'Umbria
► Region in Zentralitalien
► In Mittel- und Süditalien die einzige Region ohne Küste

Angrenzende Regionen
► Toskana im Norden und im Westen
► Marken im Norden und im Osten
► Latium im Süden

Fläche
► 8456 km²

Verwaltungsgliederung
► Die Region Umbrien besteht aus zwei Provinzen, der Provinz Perugia und der Provinz Terni
► Die Provinzen sind in 92 Gemeinden (comuni) gegliedert, davon gehören 59 zur Provinz Perugia, 33 zu Terni.

Einwohnerzahl
► ca. 866 000 Einwohner
► davon ca. 620 000 in der Provinz Perugia und ca. 246 000 in der Provinz Terni

Bevölkerungsdichte
► 102 Einw./km² (Gesamtitalien 190 Einw./km², Deutschland 230 Einw./km²)

Größte Ballungsräume
► Perugia (348 Einw./km²)
► Terni (509 Einw./km²)

Größte Städte
► Perugia (ca. 151 000 Einw.)
► Terni (ca. 106 000 Einw.)
► Foligno (52 000 Einw.)
► Città di Castello (38 000 Einw.)
► Gubbio (31 000 Einw.)

Wirtschaft
► Landwirtschaft (Oliven, Getreide, Weinanbau, Tabak, Trüffeln, Schweinezucht)
► Industrie (Lebensmittelverarbeitung, Textilindustrie, Stahlproduktion, Metall- und Maschinenbau, Holzverarbeitung, Druckindustrie)
► Tourismus: In erster Linie Kulturtourismus, »Agriturismo«, Tagungen und Kongresse

Wirtschaft Umbrien ist **traditionell** eine **bäuerliche Region**, die früher von Armut und Rückständigkeit geprägt war. Jahrhundertelang wurden die Ländereien nach dem Halbpachtsystem der »mezzadria« vergeben, die den Bauernstand wirtschaftlich niederhielt. Nachdem die Region in den 1950er- und 1960er-Jahren auf Stahl- und Chemieindustrie gesetzt hatte, die in den 80er-Jahren eine schwere Krise erlebte, sorgen in letzter Zeit vor allem der **tertiäre Sektor** sowie einige **hochspezialisierte Kleinindustrien** für wirtschaftlichen Aufschwung.

Landwirtschaft Jahrhundertelang war die Landwirtschaft der Haupterwerbszweig der umbrischen Bevölkerung. Heute sind nur noch etwa 6 % der Erwerbstätigen in diesem Sektor tätig. Die wichtigsten Anbauprodukte sind Wein, Oliven und Getreide – vor allem Mais, Hartweizen, Hirse und ein Getreide namens »farro«.

Jährlich werden in Umbrien rund 330 000 hl **Wein** erzeugt. An Umbriens Rebhängen wachsen auf rund 16 500 ha Trauben, die zu Prädikatweinen verarbeitet werden und die Bezeichnung DOC (denominazione d'origine controllata) tragen.

Bekannt ist Umbrien für sein **Olivenöl**. Etwa 75 % sind »Extravergine prima spremitura a freddo«, d. h. Spitzenöle aus der ersten Kaltpressung. In Umbrien – mit einer besonders hohen Konzentration in Spoleto, Foligno, Narni und Orvieto – arbeiten ca. 300 Ölmühlen.

Im nördlichen Tibertal, rund um Città di Castello, wird seit dem Beginn des 21. Jh.s erfolgreich **Tabak** gepflanzt. In den Eichenwäldern im östlichen Umbrien wachsen schwarze und weiße **Trüffeln**, die zu Delikatessen verarbeitet werden (▶Baedeker Special S. 370). In den ländlichen Gebieten Umbriens, vor allem auf den Hochebenen von Norcia, wird **Schweine-, Schaf- und Putenzucht** betrieben.

Die Stahlproduktion gehört zu den ältesten **Industriezweigen** in Umbrien, dessen Industrialisierung bis weit ins 19. Jh. auf die südliche **Provinz Terni** beschränkt war. 1875 wurde in Terni die Königliche Waffenfabrik »Regia Fabbrica di Armi« gegründet und 1886 das Stahlwerk »Società Altiforni e Acciaierie«. Seit den 1980er-Jahren sind die Stahlwerke von Terni und ihre Zulieferindustrie in der Krise und können nur durch enorme staatliche Subventionen aufrecht erhalten werden.

Umbrien *Weinregionen*

Weinanbaugebiete in Umbrien mit DOC-Prädikat

Città di Castello

COLLI ALTOTIBERNI

Lago Trasimeno

Perugia

©Baedeker

Chiascio

COLLI DEL TRASIMENO

COLLI PERUGINI

TORGIANO

Montefalco

MONTEFALCO

ORVIETO

Orvieto

COLLI MARTANI

Nera

Norcia

Lago di Corbara

Lago di Alviano

Terni

COLLI AMERINI

Ländliches Umbrien – in vielen Dörfern leben weit weniger als hundert Menschen.

In den vergangenen Jahrzehnten haben sich auch im Tibertal und in der Valle Umbra, begünstigt durch den Ausbau der dortigen Fernstraßen, neue Industriezweige niedergelassen: Lebensmittelverarbeitung, Textilindustrie, Metall- und Maschinenbau, Holzverarbeitung sowie Druckindustrie. Sie konzentriert sich hauptsächlich auf **Perugia** und Umgebung sowie **Città di Castello** und das nördliche Tibertal. Der seit 1903 in Perugia ansässige Pralinenhersteller »Perugina«, wo die berühmten »baci« produziert werden, geriet in den 1980er-Jahren ebenfalls in Schwierigkeiten und wurde 1988 von dem Schweizer Konzern Nestlé aufgekauft.

Handwerk

Einen nicht unbeträchtlichen Beitrag zur Wirtschaft Umbriens leisten nach wie vor das Handwerk und das Kunsthandwerk: neben **Keramik** vor allem Kunstschmiede und Möbelherstellung. 1989 gab es in der Region rund 54 500 eingetragene Handwerksbetriebe; in Perugia machen sie 46 %, in Terni 38 % der dort angesiedelten Unternehmen aus. Eine 1990 durchgeführte Wirtschaftsanalyse ergab, dass Umbrien, was das Handwerk betrifft, **zu den drei führenden Regionen Italiens** gehört.

Tertiärsektor

Tourismus und die daran geknüpften Dienstleistungsunternehmen gehören in Umbrien zu den Wirtschaftszweigen mit starkem Wachstum. Gegenüber der Toskana bietet Umbrien noch viel unberührte Natur und abgeschiedene Ferienparadiese – »Ferien auf dem Land« (Agriturismo) ist ein wichtiges Zugpferd der umbrischen Tourismusbranche. Viele Hotelketten und Gemeinden, v. a. in Perugia und Orvieto, setzen zudem verstärkt auf Kongresse und Tagungen.

Geschichte

Umbrer, Etrusker und Römer haben das Gebiet im Zentrum Italiens besiedelt, dann die Langobarden und die Franken. Später wurde die Macht zwischen Päpsten und freien Kommunen ausgehandelt. Sie alle haben im historischen Werdegang Umbriens ihre Spuren hinterlassen, die das Bild der Region teilweise bis heute prägen.

Frühgeschichte, Umbrer, Etrusker

1. Jts. v. Chr.	Zwei Volksstämme siedeln in Umbrien: östlich des Tibers die Umbrer, westlich des Tibers die Etrusker.
6. Jh. v. Chr.	Der Einflussbereich der Etrusker reicht bis zur Poebene im Norden und bis nach Kampanien im Süden.
3./1. Jh. v. Chr.	Die Umbrer erstellen die Eugubinischen Tafeln.

Vor ca. 2 Mio. Jahren gab es im heutigen Umbrien zahlreiche stehen-   **Erste Besiedlung**
de Gewässer, von denen die meisten mit der Zeit verlandeten, im
Karstboden versickerten oder trockengelegt wurden. Die fruchtbaren
Becken und Talböden sind in der Vergangenheit wegen Überflu-
tungsgefahr nur spärlich besiedelt worden. Stattdessen ließen sich die
Menschen an den **Talrändern** bzw. auf **Bergspornen** nieder. Diese
Standorte boten einerseits Schutz vor Überschwemmungen und
Überfällen und gleichzeitig die Nähe zu den Feldern in der Ebene.
Zeugnisse einer **steinzeitlichen Besiedlung** der heutigen Region
Umbrien kamen vor allem **im Tibertal**, bei **Norcia** und bei **Piediluco**,
dem heutigen Terni, zum Vorschein. Zu den bedeutendsten Funden
aus der Altsteinzeit zählt eine Skulptur, die unter dem Namen »Trasi-
menische Venus« bekannt wurde. In Poggio Aquilone bei Marsciano
wurde ein Grab mit einem Skelett und Steinwerkzeugen entdeckt.
Frühgeschichtliche Nekropolen fand man u. a. in Monteleone di
Spoleto (44 Schachtgräber), auf dem Colfiorito-Pass bei Foligno, in
Terni und Norcia.
In der zweiten Hälfte des 1. Jahrtausends v. Chr. wurde das Gebiet
der heutigen Region Umbrien von zwei Volksstämmen besiedelt, den
Etruskern und den **Umbrern**. Der Tiber bildet die natürliche Grenze
zwischen den beiden Territorien: die Etrusker leben westlich, die
Umbrer östlich des Flusses.

Die Etrusker waren um 1000 v. Chr. aus Kleinasien nach Italien vor-   **Etrusker**
gedrungen und nahmen bis etwa 400 v. Chr. eine herausragende Stellung unter den Stämmen Italiens ein. Von den Römern wurden sie
Tusci genannt. Im 6. Jh. v. Chr. umfasste ihr **Einflussbereich** nicht
nur ihr Siedlungsgebiet Etrurien (Tuscien, Toskana), sondern reichte
im Norden bis zur Poebene und im Süden bis in die Campania.
Nach dem Vorbild der ionischen Polis beruhte ihr **Gesellschaftssys-
tem** auf einem Zusammenschluss von jeweils zwölf Städten. Die beiden mächtigsten Stadtstaaten der Etrusker waren Perusia (Perugia)
und Volsinii (Orvieto). Die **hochentwickelte Kultur** der Etrusker, die
bis ins 5. vorchristliche Jahrhundert zu den **führenden Seemächten
des Mittelmeerraums** gehörten, beeinflusste auch die benachbarten

← *Nach der Erdbebenkatastrophe 1997: Feuerwehrleute bei den
Aufräumarbeiten in der Oberkirche in Assisi*

Auf etruskischen Gräbern wurden die Verstorbenen meist bei einem Festmahl liegend dargestellt.

DAS LÄCHELN UNBEKANNTER ETRUSKER

Tomben, Tuff und Totenstelen: Seit der grabungsfreudige Augustinerpater Fra Gian Nicola Forlivesi am 16.1.1736 mit dem Fund der »Tomba dei sacerdoti dancanti«, dem »Grab der tanzenden Priester« in Tarquinia, die Geburtstunde der Etruskologie eingeläutet hatte, befasste sich diese vornehmlich mit Religion und Beerdigungsriten dieses geheimnisvollen Volkes. Dank der Etruskerforschung Ende des 20. Jh.s ergibt sich jenseits von Vogelflug-Auguren, Blitz-, Donner- und Jenseitsfurcht ein neues Bild ihrer Alltagswelt.

Besagter Pater tat seine Entdeckungen in den Osservazioni letterarie (1739) ganz Europa kund. Fortan förderten Archäologen spektakuläre Funde in Etrusker-Hypogäen und Grabgrotten zutage. Mit ihnen im steten Wettlauf waren die »tombaroli«: Grabräuber, deren Nekropolentätigkeit sich auf Marmor, Alabaster, Bronze, Gold und Silber konzentrierte. So gilt z. B. die tiefschwarz glänzende etruskische Bucchero-Keramik als prestigeträchtige Antiquität auch in privaten Wohnräumen. Welch erlesene Speisen in dieser Keramik noch im 4. Jh. v. Chr. aufgetischt wurden, beweist die Tomba Golini in Orvieto: Die dargestellte Küche bot nicht weniger als ein Rind, Haar- und Federwild, Kuchen, Eier, Trauben, Granatäpfel, Süßspeisen, Kräuter und Gewürze – Beweis für den **hohen Lebensstandard** im Reich des etruskischen Zwölfstädtebundes. Gutes Essen, guter Wein, Luxus:

Zumindest die streng konservative, oligarchisch geprägte Adelsschicht erfreute sich zutiefst ihres Daseins, liebte das Leben, den Müßiggang und kostete alle Früchte der diesseitigen Welt aus.

»Dinner for two«

Undenkbar für Römer, ganz unmöglich für Griechen waren die Tischsitten der Etrusker, vor allem, wenn Damen und Herren paarweise beim **bukolischen Mahl** unter einer Decke steckten. Sogar Aristoteles empörte sich über mögliche Frivolität und drückte sein gestörtes sittliches Empfinden aus. Heute weiß man, dass es sich jeweils um zwei Decken handelte, unter denen Verheiratete sich bei Tisch vergnügten. Zudem waren diese Decken mit Blümchen, kleinen Tieren und geometrischen Mustern liebevoll bestickt. Die etruskische Grabmalerei des 6. und 5. Jh. v. Chr. gibt für

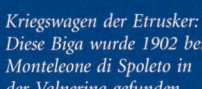

Kriegswagen der Etrusker: Diese Biga wurde 1902 bei Monteleone di Spoleto in der Valnerina gefunden.

Orgien oder gar Prostitution indes keinen Hinweis, wohl aber wird Homosexualität dargestellt: In der Tomba dei Tori, dem Stiergrab (Tarquinia), ist zudem gar eine anzügliche menage à trois über dem Türsturz zur hinteren Grabkammer gemalt.

Etruskerinnen – Gleichberechtigung im Alltag

Tatsächlich belegt der weltberühmte, im latinischen Cerveteri (etrusk. Caere) entdeckte »sarcofago degli sposi« (Sarkophag der Eheleute; heute Villa Giulia, Rom), dass die antiken Etruskerdamen zumindest im Alltagsleben weitaus mehr Rechte genossen als ihre zu Sittsamkeit verpflichteten, an Heim und Herd verbannten Geschlechtsgenossinnen der Hochkulturen aus Hellas und vom Tiber. Selbstverständlich nahmen sie am **öffentlichen Leben** teil (ohne höchste Ämter zu bekleiden), führten **eigene Vor- und Zunamen** und ließen ihre Kinder gemeinsam erziehen. Berühmt ist zudem der vom deutschen Gelehrten Bachofen im 19. Jh. aufgedeckte und seither diskutierte Fall jener etruskischen Adligen Tanaquil, die in römischer Königszeit erst Tarquinius Priscus und danach dessen Nachfolger Servius Tullius ehelichte. Die besondere Rolle der Etruskerin ist vor allem der Existenz der **Mater Matuta**, der Göttin des Morgens und der Morgen-

röte, zu danken, die im etruskischen Kosmos eine hohe Stellung einnahm und später mit der römischen Juno identifiziert wurde. Manche Forscher billigen heute gar dem höchsten Gott Voltumna Zweigeschlechtlichkeit zu: mal kriegerisch, mal Waldnymphe.

Mode, Schmuck, Heilkräuter

Es sollte bis zu Kaiser Claudius dauern, ehe Rom das Schweigen über jene zahllosen Annehmlichkeiten und Errungenschaften brach, die es von den Etruskern in den sieben Jahrhunderten zuvor adaptiert hatte. Leider ist die voluminöse »Geschichte der Etrusker« des Cäsaren, die ein umfangreiches Glossar der etruskischen Sprache enthalten haben soll, verschollen. Geblieben ist das Wissen über die **Ingenieurskünste der Etrusker**, sei es nun bei der Anlage neuer Städte, der Einführung der Kanalisation oder den Anfängen der Wasserversorgung mittels Aquädukten.

Auch Alltägliches wie die **Mode** geht auf die Etrusker zurück: Während Herren die »tabenna«, die spätere römische Tunica trugen, kleidete sich die etruskische Matrone in eine leichte, weiße Tunica mit rotschwarzem Rand. Dazu trug sie gern einen kugelförmigen weißen Hut, der ihre Frisur betonte und schützte. Sogar auf Athens Akropolis gerühmt wurde das elegante Schuhwerk der Etrusker:

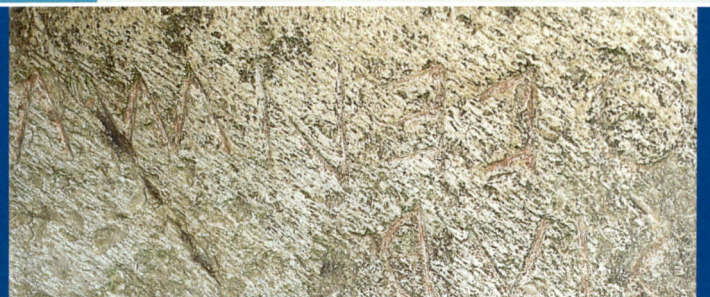

Etruskische Schriftzeichen am Grab der Volumnier

Pantoffeln, Schnürstiefel, Ledersandalen und Halbstiefel mit langen Spitzen waren antike Exportschlager.

Selbstverständlich bediente sich die Etruskerin im reichen **Fundus metallenen Schmucks**: Gold, Silber, Bronze, Eisen – Fibeln, Anhänger, Ringe, Ohrgehänge, dazu Elfenbeinkämme und Bronzespiegel mit fein ziselierten Motiven u. a. aus der Homerischen Sagenwelt wurden zwei Jahrtausende später geborgen. Eine solche opulente Goldsammlung ist heute z. B. im Palazzo Faina in Orvieto ausgestellt, ebenso die berühmte Venus di Cannicella. Die komplett nackte Venus, eine wohl griechische Arbeit aus der etruskischen Hochblütezeit (530–520 v. Chr.), wäre in Rom niemals öffentlich präsentiert worden.

Selbstverständlich **schminkte sich die Etruskerin** mit ätherischen Ölen und Salben, sogar ein Hausrezept zur Depilation ist überliefert: Es funktioniert mittels Einreiben eines Apfels, der zuvor auf halbe Größe eingekocht wurde. Die Etruskerin trug zudem Schutzamulette und -ketten. Im Umbrischen Nationalmuseum für Archäologie in Perugia ist mit der Sammlung Bellucci die weltgrößte Kollektion etrusko-italischer Herkunft zu bewundern. Für das feine Lächeln jener etruskischen Eheleute auf Sarkophagen und in der Grabmalerei gab es somit allen Grund.

Sport und Jagd

Schwimmen und der Sprung in die Wellen des Mittelmeers war ebenso eine Leidenschaft der lebenslustigen Etrusker wie die Jagd. Die betrieben sie unter der Schatten spendenden Krempe ihrer Jagdhüte. Nicht nur mit Netz und Hunden, sondern auch mit Musik wurde Hirsch oder Hase nachgestellt. Die **Flöte** war ihr Hauptinstrument: einfache Rohrflöten, Doppel- und Panflöten sind überliefert. Hinzu kamen Lyra, Trommeln, Rasseln und die im Kriege gefürchteten **Bronze-Tuben**. Etruskertöne erklangen bei Banketten und Beerdigungen, sportlichen, Olympiaden nicht unähnlichen Wettkämpfen und sogar beim Kochen! Leider auch bei der Bestrafung mit Peitschenhieben: Flötentöne für das Heer etruskischer Bauern und Sklaven ... Die Etrusker waren weniger dem Theater als dem **Tanz** zugeneigt. Ob nun beim Troja-Spiel oder bei Schreit- und Springtänzen: Rom war noch in der späten Kaiserzeit von etruskischen Tanzschrittfolgen angetan. Bis heute geblieben ist jene »süße Melancholie«, eine tänzelnd »schwebende Trauer«, wie sie das Lächeln der unbekannten Etrusker seit dem Beginn ihres Niedergangs begleitet haben mag.

Buchtipp: Franco Falchetti, Antonella Romualdi, »Die Etrusker«, WBG, Darmstadt, 2000.

Umbrer, mit denen sie Handelsbeziehungen unterhielten. Auf umbrischem Gebiet wurden nicht nur zahlreiche etruskische Gebrauchsgegenstände und Schmuckstücke, sondern auch **griechisches Kunsthandwerk** gefunden, das von den Etruskern nach Italien **importiert** worden war.

Von der Adriaküste kommend, haben die Umbrer im Verlauf des ersten Jahrtausends v. Chr. ihr Siedlungsgebiet weit ins Landesinnere Italiens ausgedehnt, bis die Etrusker ihren Expansionsdrang stoppten und sie auf die **östliche Tiberseite** zurückdrängten. Auch sie gründeten, möglicherweise angeregt durch die benachbarten Etrusker, Städte wie **Assisi**, **Spoleto** oder **Gubbio** und befestigten sie mit Mauern aus riesigen Bruchsteinen. Die Geschichtsschreiber der römischen Antike rechneten die Umbrer zur altitalienischen Urbevölkerung.

Umbrer

Das **kulturelle Erbe** der Umbrer ist nicht so reichhaltig wie das der Etrusker, deshalb ist auch das Wissen über ihre Gesellschaftsform, ihre Bräuche und ihre Religion nicht so detailliert. Neben den baulichen Überresten ihrer Städte sind die sogenannten **Eugubinischen Tafeln** die bedeutendste und informationsreichste Quelle über dieses Volk: sieben 40 x 60 cm große, beidseitig beschriftete Bronzeplatten, die zwischen dem 3. und 1. Jh. v. Chr. entstanden sein dürften. Man entdeckte sie in der Nähe von **Gubbio**, wo sie heute im **Palazzo dei Consoli** aufbewahrt werden. Die Texte auf den ältesten Tafeln aus dem 3. Jh. sind in etruskischer, die auf den jüngeren Tafeln in lateinischer Sprache abgefasst. Sie handeln von liturgischen Zeremonien, Opferdarbringungen und religiösen Tänzen. Die Götter, denen diese liturgischen Handlungen gelten, sind Jupiter, Mars und Vofonius, der bei den Römern Quirinius hieß. Auch von feindlichen Nachbarn und von den Etruskern ist auf den berühmten Tafeln die Rede.

Umbrien unter den Römern

ab 4. Jh. v. Chr.	Römer dringen in Richtung Norden in die Gebiete der Etrusker und Umbrer vor.
220 v. Chr.	Die Fernstraße Via Flaminia verbindet Rom mit der nördlichen Adriaküste.
41 v. Chr.	In Perugia entscheidet sich die Nachfolge von Julius Caesar.
3. Jh. n. Chr.	Umbrien wird mit Etrurien zur Region Tuscia et Umbria zusammengefasst.

Dem Ausgreifen Roms auf die italischen Völker mit dem Ziel, sie ihrer Herrschaft zu unterstellen, konnten sich langfristig auch die Etrusker und die Umbrer nicht entziehen. Vom 4. Jh. v. Chr. an dran-

Die Anfänge

gen die Römer immer weiter nach Norden. Von großer Tragweite für den weiteren Vorstoß Roms war die **Schlacht von Sentinum** im Jahr 295 v.Chr., in der das römische Heer den italischen Bündnispartnern, zu denen außer Umbrern und Etruskern auch noch Samniten und Gallier gehörten, eine vernichtende Niederlage beibrachte. Auf umbrischem Boden zerstörten sie als erstes die strategisch nicht unbedeutende Stadt Nequinum und gründeten 229 v.Chr. an ihrer Stelle die **Kolonie Narnia** (Narni). 241 v.Chr. wurde mit Spoleto die zweite römische Kolonie ins Leben gerufen.

Das Herrschaftsinstrument der Römer zur Unterwerfung der italischen Volksstämme war das sogenannte **Bundesgenossensystem**.

Umbrien im Altertum

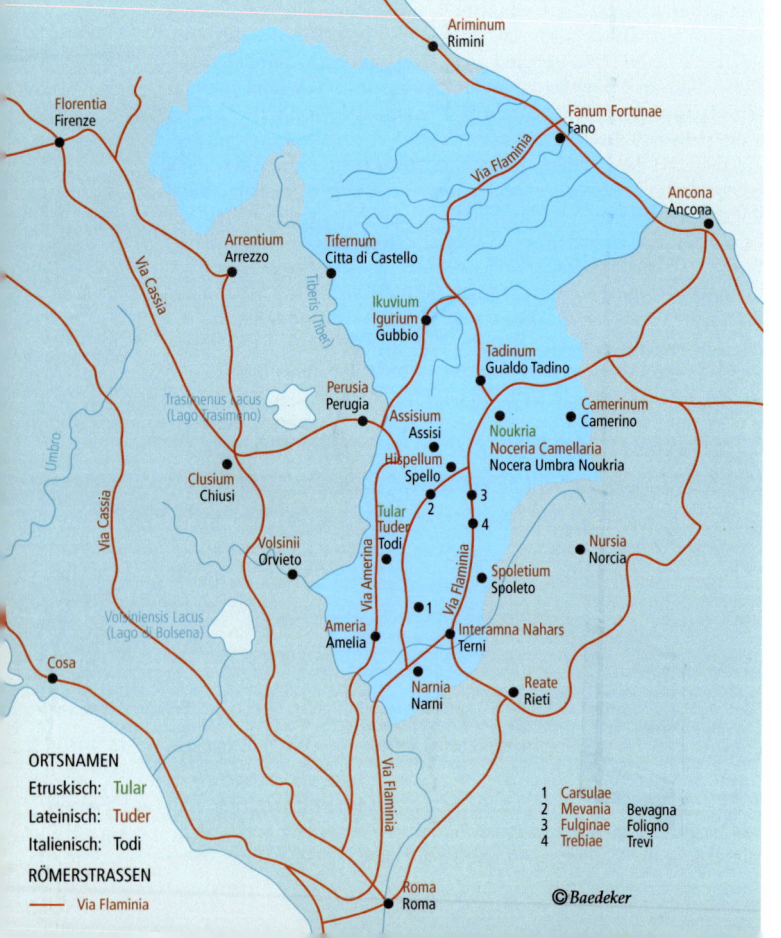

ORTSNAMEN
Etruskisch: Tular
Lateinisch: Tuder
Italienisch: Todi

RÖMERSTRASSEN
— Via Flaminia

1 Carsulae
2 Mevania   Bevagna
3 Fulginae   Foligno
4 Trebiae   Trevi

©Baedeker

Manchen Städten räumte Rom gewisse Sonderrechte ein oder gestattete ihnen, ihre Verwaltungsinstitutionen beizubehalten und weiterhin ihre Religion auszuüben – dies bezeugen u. a. die auf den Eugubinischen Tafeln beschriebenen rituellen Handlungen.

Die **Eingliederung der Umbrer** scheint auf nicht allzugroßen Widerstand gestoßen zu sein, denn als Hannibal das römische Heer 217 v. Chr. in der **Schlacht am Trasimenischen See** vernichtend schlug und Rom dadurch in eine äußerst kritische Lage geriet, nutzten weder Umbrer noch Etrusker die Gelegenheit, sich gegen die römische Herrschaft aufzulehnen (▶ Baedeker Special S. 232).

Als die Kontrolle über das Territorium sichergestellt war, begannen die Römer mit dem Bau eines Straßennetzes. Die wichtigste Verkehrsader und Handelsstraße war die 220 v. Chr. angelegte Via Flaminia, benannt nach dem Censor Gaius Flaminius. Die Via Flaminia durchquerte Umbrien **von Süden nach Norden** und verband **Rom** mit Fanum Fortunae, dem heutigen Fano, an der **nördlichen Adriaküste**. An der Handelsstraße entstanden blühende Siedlungen. Als die Via Flaminia später weiter nach Osten verlegt wurde, bedeutete dies meist auch den Niedergang dieser Ortschaften.
Eine weitere wichtige Straße war die **Via Amerina**, die weiter westlich teilweise parallel zum Tiber verlief.

Via Flaminia

Zu Beginn des 1. Jh.s v. Chr. gab es verstärkt **Aufstände gegen die römische Herrschaft**. Die Auflehnung der Bundesgenossen ging von den Etruskern aus, am Krieg der italischen Bundesgenossen beteiligte sich auch Umbrien. Rom konnte aber seine Vormachtstellung behaupten. Die umbrischen Städte wurden zu **Munizipien** (lat. Municipium), wie man in der römischen Republik schon seit 338 v. Chr. die in den Staatsverband aufgenommenen Städte bezeichnete, die teils Vollbürgerrecht, teils kein Stimmrecht in den römischen Volksversammlungen besaßen.
Im **Perusinischen Krieg** fiel 41 v. Chr. auch Perugia (latein. Perusia) an die Römer, und zwar in Zusammenhang mit der Entscheidung um Caesars Nachfolge. Sein Adoptivsohn und Nachfolger Octavian – der spätere **Kaiser Augustus** – besiegte in Perugia seinen Konkurrenten Lucius Antonius, der sich mit seinen Truppen in der Stadt verschanzt hatte. Nach einjähriger Belagerung war die Stadt ausgehungert und kapitulierte. Perugia wurde zur Plünderung freigegeben, 300 Senatoren und Ritter am Altar des »Divus Iulius« hingerichtet.

1. Jh. v. Chr.

Augustus schaffte eine **erste Verwaltungsgliederung Italiens**, die das Land in 12 Regionen einteilte. Umbrien war Regio Sexta. Das Gebiet des antiken Umbrien reichte vom Tiber bis zur Adria zwischen den heutigen Städten Pesaro und Senigallia. Ausgeschlossen waren Perugia, das Etrurien zugeschlagen wurde, und das an Samnium angegliederte Norcia. Diokletian vereinte Ende des 3. Jh.s Umbrien und Etrurien zur einer Region, die den Namen **Tuscia et Umbria** erhielt.

Umbrien unter Augustus

Christentum in Umbrien Im 3. und 4. Jh. breitete sich das Christentum in Umbrien aus. Zugleich lebten **heidnische Kulte** weiter, wie eine 333 n. Chr. unter Kaiser Konstantin erlassene Verordnung belegt, mit der die Kulthandlungen zu Ehren des Fanum Voltumniae nach Spello verlegt wurden.

Unter Langobarden und Franken

552	Schlacht von Tagina: ostgotische Truppen werden bei Gualdo Tadina von byzantinischen Truppen besiegt.
571	Langobarden gründen das Herzogtum Spoleto.
773/774	Karl der Große erobert das Langobardenreich und gliedert es dem Frankenreich an.

Kämpfe zwischen Ostgoten und Byzanz In den Auseinandersetzungen zwischen Ostgoten und Byzanz um das Erbe des weströmischen Reichs war auch Umbrien Schauplatz der Kampfhandlungen. Im Jahr 552 konnten die byzantinischen Truppen in der **Schlacht von Tagina** (beim heutigen Gualdo Tadino) die Ostgoten besiegen.

Langobarden erobern Teile von Umbrien Kurz danach drang ein weiteres Volk nach Italien vor, das die politische Landschaft maßgeblich prägte: die aus Pannonien (Ungarn) kommenden Langobarden, die »Langbärte«. Kerngebiet des Langobardenreichs waren die Poebene und die Toskana. In Umbrien eroberten sie Spoleto und erhoben es 571 zum Mittelpunkt eines mächtigen Herzogtums (Dukat), das formell bis 1250 existierte.

Den Langobarden unterstanden außer **Spoleto** auch **Montefalco**, **Trevi** und **Foligno**. Allerdings gelang es ihnen nicht, ihre Herrschaft auf ganz Umbrien auszudehnen, da Byzanz einen schmalen Gebietsstreifen unter Kontrolle behielt, der auch als **byzantinischer Korridor** bezeichnet wird. Er stellte eine Verbindung zwischen Rom und den byzantinischen Besitzungen an der adriatischen Küste her, insbesondere dem Exarchat von Ravenna; auf umbrischem Gebiet verlief der Korridor entlang der Städte Narni, Amelia, Todi, Perugia und Città di Castello. Auch das Tibertal blieb byzantinisch.

In den unruhigen Zeiten während der Kämpfe zwischen Langobarden und Byzantinern setzte in Umbrien eine **Wanderbewegung** der Landbevölkerung ein. Die Bewohner der in den Ebenen gelegenen Dörfer zogen sich **auf die Hügel** zurück, da der erhöhte Standort mehr Schutz und bessere Verteidigungsmöglichkeiten bot. Aus diesen Hügeldörfern entstanden später um eine Burg angelegte, **befestigte Siedlungen**, die das Landschaftsbild Umbriens heute noch prägen.

Die Franken kommen Eine neue Situation ergab sich mit dem Fall von Ravenna und dem Ende der byzantinischen Herrschaft in Italien (751). Vom Papst zu Hilfe gerufen, kamen die Franken nach Italien.

Wie in langobardischer Zeit: Kleine befestigte Dörfer bestimmen bis heute das Landschaftsbild.

Der fränkische König Pippin III. der Jüngere zwang die Langobarden zu Gebietsabtretungen an den Papst, die als **»Pippinische Schenkung«** in die Geschichte eingingen und zur **Etablierung des Kirchenstaates** in Mittelitalien führten. Zu den Gebieten, die fortan dem Papsttum unterstanden, gehörte auch das Herzogtum von Spoleto.

Der entscheidende Schlag gegen die Langobarden gelang dem Frankenkönig **Karl dem Großen**, der 773 / 774 das Langobardenreich eroberte und es dem Frankenreich angliederte. Er führte fortan den Titel eines **»Königs der Franken und Langobarden«**.

Das goldene Zeitalter Umbriens

12. Jh.	Autonome Stadtstaaten, die »Comuni«, entstehen.
12./13. Jh.	Höhepunkt der Kämpfe zwischen Kaisern und Päpsten um die Städte
ab ca. 1300	Die Signorien übernehmen anstelle der Kommunen die Macht in mehreren Städten.
15. Jh.	Allmähliche Rückeroberung der Städte durch die Kirche
1540	Endgültige Eingliederung Umbriens in den Kirchenstaat

Im 12. Jh. begann die Zeit der freien Kommunen in Umbrien, aber auch in anderen Teilen Nord- und Mittelitaliens. Vor dem Hintergrund des politischen Vakuums, das durch die Zwistigkeiten zwi-   **Il Comune**

schen Papsttum und Reich entstanden waren, und der gestiegenen Wirtschaftsmacht, die u. a. im Aufblühen des Fernhandels ihre Wurzeln hatte, konnten sich **autonome Stadtstaaten**, die »Comuni«, herausbilden. Die Bürger einer freien Kommune wählten als Stadtoberhaupt auf ein Jahr den **Podestà** (Bürgermeister), der zur Garantie seiner Unparteilichkeit aus einer anderen Stadt kommen musste. Er hatte vor allem repräsentative und judikative Aufgaben, während die Exekutive vom Capitano del Popolo wahrgenommen wurde. Mit der **Stadtregierung** wurde ein von den Mitgliedern der Zünfte gewähltes bzw. durch Los ermitteltes Gremium beauftragt; in Perugia waren dies die 12 Prioren, in Orvieto gab es dafür sieben Konsuln.

Die Kommunen beschränkten ihren Machtanspruch nicht nur auf die Verwaltung des Stadtgebiets, sondern sie versuchten auch, das **Umland**, genannt **contado**, unter ihre Herrschaft zu bringen. Die Territorialpolitik der Städte, insbesondere der größeren, brachte ein System von gegenseitigen Schutzbündnissen mit weiter entfernt liegenden Kommunen hervor – nach dem Prinzip: der direkte Nachbar ist der Feind, der Nachbar des Nachbarn ist der Verbündete.

Kaiser und Päpste Die »Pippinische Schenkung«, deren Echtheit schon im Mittelalter bezweifelt wurde, lieferte für die gesamte mittelalterliche Zeit Konfliktstoff zwischen Kaiser und Papsttum, da die **Herrschafts-verhältnisse** in den betroffenen Gebieten, zu denen auch zahlreiche umbrische Städte gehörten, **nicht geklärt** waren. Viele Städte sahen sich dadurch in der unglücklichen Lage, sowohl der Kirche als auch dem Kaiser unterstellt zu sein; andererseits nutzten sie im Zeitalter der freien Kommunen auch diese Konstellation, um sich durch Zugeständnisse von beiden Seiten ihre Unabhängigkeit zu sichern.

Im 12. und 13. Jh. erreichte der Machtkampf um Reichsitalien seinen Höhepunkt. Kaiser **Friedrich Barbarossa** (1152 – 1190) unternahm den Versuch, die seit dem Investiturstreit geschmälerte kaiserliche Autorität wieder herzustellen. Die papsttreuen Städte verwüstete er – so auch Bevagna und Montefalco –, bevor er ihnen, ebenso wie den kaisertreuen Kommunen wie Assisi, einen Statthalter vorsetzte. In einer Zeit, in der sich die meisten umbrischen Städte politisch selbst verwalteten, rief diese Vorgehensweise starken Widerstand hervor.

Zwischen **Papst Gregor IX.** (1227 – 1241) und **Friedrich II.**, dem Enkel Barbarossas, schlugen die Wellen erneut hoch. Friedrich II. zerstörte Kommunen, die Widerstand leisteten, und setzte zur Festigung seiner Herrschaft Generalvikare ein. Auch innerhalb der Städte tobten die Parteienkämpfe zwischen Anhängern des Papstes, den **Guelfen**, und Anhängern des staufischen Kaisertums, den **Ghibellinen**. Der Tod des Stauferkaisers 1250 und das Aussterben dieses Geschlechts brachte den Konflikt vorübergehend zum Erliegen.

Bettelorden 1181 wurde in Assisi der Kaufmannssohn Giovanni Bernardone, genannt **Franziskus**, geboren (▶ Baedeker Special S. 60). Er gründete den Franziskanerorden, dessen Regeln Papst Honorius III. 1223 – al-

so noch zu Lebzeiten von Franziskus – bestätigte. Trotz interner
Streitigkeiten, die unter den Nachfolgern von Franziskus ausbrachen,
breitete sich der Orden rasch aus.
In Umbrien wurden die **Franziskaner in fast allen größeren Städten**
ansässig. Ihre Kirchen, die einen
wesentlichen Beitrag zur sakralen
Baukunst Umbriens leisteten, wurden meist in der Nähe der mittelalterlichen Stadtmauern errichtet.

Die Kämpfe zwischen den rivali-
sierenden Adelsfamilien zerstörten
die Grundlagen der Stadtrepubliken, und an die Stelle der Kommunen traten ab dem ausgehenden
13. Jh. die **Signorien, einzelne
Adelsfamilien**, die sich zu Dynas-
tien entwickelten. In Foligno waren
das die Trinci, in Perugia u. a. die
Baglioni, in Orvieto die Monaldeschi, in Gubbio die Gabrielli und
in Todi die Familie Atti.

Die Herrschaft der Signorien wurde im 14. Jh. unterbrochen durch
das Wirken von Kardinal **Aegidius**

*Aegidius Albornoz war für Papst Innozenz VI.
in Umbrien auf Eroberungstour.*

Albornoz (► Berühmte Persönlichkeiten), der die umbrischen Städte
für Papst Innozenz VI., der sich in Avignon im Exil befand, zurückeroberte. Aber obwohl er die päpstliche Präsenz mit den oft heute
noch erhaltenen Burganlagen sicherte, konnten die Signorien in viele
Städte zurückkehren.

Von 1416 bis 1424 war **Braccio Fortebraccio da Montone** (► Berühmte Persönlichkeiten), der berühmteste Condottiere seiner Zeit,
Herr über Perugia und einige andere umbrische Städte.

Vom 15. Jh. an machte die **Rückeroberung der Kirche** Fortschritte,
doch die letzten Kommunen Umbriens konnten erst im 16. Jh. der
Kirche unterstellt werden. Als letzte Bastion behauptete Perugia bis
zum sogenannten Salzkrieg 1540 die kommunale Unabhängigkeit.

Der **Salzkrieg** bedeutete für Perugia die Unterwerfung unter den Kirchenstaat. Als Papst Paul III. auf der Suche nach Einkünften die Bürger von Perugia zwingen wollte, ihr Salz ausschließlich für teureres
Geld von den päpstlichen Salzgruben zu beziehen, widersetzten sie
sich und buken ihr Brot ohne Salz. Doch der Papst besiegte die Stadt
und ließ an der Stelle adeliger Wohnhäuser als Symbol seiner Macht
die päpstliche Rocca bauen. Mit dem »Fall« Perugias war die **Eingliederung Umbriens in den Kirchenstaat** vollzogen.

Vom 16. Jh. bis in die Gegenwart

16. – 18. Jh.	Wirtschaftlicher und kultureller Niedergang der umbrischen Städte unter der Herrschaft der Kirche
1798 / 1799 und 1809 – 1814	Umbrien ist vorübergehend französisch.
1. Hälfte 19. Jh.s	Aufstände gegen die Herrschaft der Kirche
1970er-Jahre	Gründung der Region Umbria mit der Hauptstadt Perugia
1979, 1984, 1997	Schwere Erdbeben erschüttern Umbrien.

Wirtschaftlicher und kultureller Niedergang

Unter der Herrschaft der Kirche regierten die päpstlichen Statthalter die Städte Umbriens. Für die Päpste, deren Interesse sich ausschließlich auf Rom konzentrierte, war Umbrien eine **Provinz**, der man **keine weitere Aufmerksamkeit** schenkte. Hatte Umbrien im Mittelalter eigene Baumeister und – an der Schwelle zur Renaissance – einige namhafte Künstler hervorgebracht, so schwamm es jetzt nur noch im kulturellen Fahrwasser Roms. Barocke Kirchen und Paläste stammten in aller Regel von römischen Architekten, und die Akademien transportierten römisches Kulturgut. **Spoleto**, Sitz des päpstlichen Gouverneurs, und **Orvieto**, das die Päpste gerne für längere Zeit aufsuchten, gehörten zu den wenigen Städten, die im 17. und 18. Jh. eine Phase des Wohlstands erlebten. In den anderen Städten Umbriens war der politische Niedergang auch mit einem wirtschaftlichen verbunden und mit einer kulturellen Stagnation.

Erdbeben

Umbrien wurde im 18. Jh. gleich zweimal – 1703 und 1730 – von schweren Erdbeben heimgesucht. Besonders betroffen waren die Valnerina, wo die Erschütterungen mehr als 2000 Tote forderten.

Napoleons Intermezzo

Durch die Italienfeldzüge Napoleons in den Jahren 1798 / 1799 und 1809 – 1814 wurde die päpstliche Herrschaft über Umbrien zweimal für kurze Zeit unterbrochen. Nachdem im Frieden von Tolentino bereits die Emilia-Romagna an Frankreich übergegangen war, rückten die französischen Truppen 1789/1799 nach Umbrien vor. Das neu eroberte Gebiet unterteilten sie in die **Départements Clitunno** mit Spoleto als Zentrum und **Trasimeno** mit der Hauptstadt Perugia. 1809 – 1814 war Umbrien ein weiteres Mal französisch besetzt. Der **Kirchenstaat** wurde durch den Wiener Kongress **wiederhergestellt**.

Aufstände 1831 und 1848

Unter dem Eindruck der Julirevolution in Frankreich kam es in Italien zu Aufständen. In Umbrien formierte sich der **Widerstand gegen die Herrschaft der Kirche**, den der Papst niederschlagen ließ. Der 1831 aus Italien ausgewiesene, national-gemäßigte Jurist Giuseppe Mazzini gründete im Exil in Marseille die Bewegung des **Risorgi-**

mento (Wiederauferstehung), die schließlich 1860 in die politische Einigung Italiens führen sollte.

Die Führung der nationalen Bewegung übernahm 1848 Piemont, das mit Hilfe Frankreichs Österreich aus Italien vertreiben konnte. Im September 1860 marschierten piemontesische Truppen in Umbrien ein; im Oktober entschieden sich die **Marken, Neapel und Umbrien** per Volksentscheid für den **Anschluss an Piemont** – die neu gegründete Provinz erhielt den Namen der römischen Region Umbria.

Die Industrialisierung setzte in Umbrien Ende des 19. Jh.s ein. Mit der Eisenbahnlinie Centrale Umbra kündigten sich auch im Bereich des Verkehrs moderne Zeiten an.

1927 wurde Umbrien in **die zwei Provinzen Perugia und Terni** unterteilt, die zusammen die Region Umbrien bilden.

Italien blieb im Zweiten Weltkrieg zunächst »nicht kriegführend«, trat dann aber im September 1940 an der Seite Deutschlands in den Krieg ein. Im Juli 1943 wurde das faschistische Regime Mussolinis gestürzt und der Duce verhaftet. Italien vereinbarte einen Waffenstillstand mit den Alliierten und erklärte Deutschland den Krieg. Am 2. Mai 1945 kapitulierten die deutschen Streitkräfte in Italien. **Zweiter Weltkrieg**

Der **wirtschaftliche Aufschwung** in Umbrien machte sich vor allem in der **Industriemetropole Terni** und in den größeren Städten bemerkbar. In den ländlichen Gebieten kam es infolgedessen zu einer starken Abwanderung. **2. Hälfte 20. Jh.s**

In den 1970er-Jahren wurde die **Region Umbria** mit der **Hauptstadt Perugia** gegründet. Seit den Regionalwahlen im Jahr 1990 regieren in Umbrien die Mitte-Links-Parteien.

Am 26. September 1997 führten zwei schwere **Erdbeben** innerhalb von zehn Stunden in Umbrien, insbesondere im Osten und Südosten Umbriens, zur Zerstörung von zahlreichen Wohnhäusern und historischen Bauten; elf Menschen kamen ums Leben, ca. 9000 verloren ihre Häuser und Wohnungen. Am 27.9. wurde der Notstand ausgerufen. Allein an der Kirche San Francesco in Assisi entstanden Schäden in zweistelliger Millionenhöhe. Ende März und Anfang April 1998 gab es erneut Erdbeben

Für das Heilige Jahr 2000 wurden in Umbrien zahlreiche Kirchen und Museen renoviert. Im Herbst 2002, fünf Jahre nach dem schweren Erdbeben, war die **Wiederherstellung der Giotto-Fresken** in der Franziskusbasilika von Assisi abgeschlossen. **Anfang 21. Jh.s**

Am 26. September 2007 gedachte man des Erdbebens zehn Jahre zuvor. Nahezu alle Schäden sind beseitigt, und mit Erdbebengeldern sind viele Orte restauriert worden. Vielfach sieht man kleine Dörfer, die geradezu schmuck herausgeputzt sind und damit aus der Naturkatastrophe sogar noch einen gewissen Nutzen ziehen konnten. Andererseits kann man hier und da aber auch noch zehn Jahre nach dem Erdbeben Spuren der Katastrophe sehen.

Kunst und Kultur

Prächtige Dome und Kommunalpaläste, herrliche Plätze, unterirdische Stadtviertel und viele alte Einsiedeleien, Klöster und Landkirchen mit zahllosen Fresken und schön verzierten Fassaden – in Umbrien warten viele große und kleine Schätze auf Kulturbegeisterte.

Architektur- und Kunstgeschichte

Antike Kunst

Von der Kunst und Kultur der Umbrer, die in dem Gebiet des heuti- **Umbrer**
gen Umbriens östlich des Tibers siedelten, ist nur wenig bekannt
und erhalten, aber einige der umbrischen Siedlungen blieben über
die etruskischen, römischen und mittelalterlichen Zeiten hinweg als
Städte lebendig. Hierzu gehören Gubbio, Assisi, Spello und Spoleto,
deren umbrische Vergangenheit durch einzelne Funde von Kunsthandwerk und Münzen bei Grabungen bestätigt ist. An diesen Funden ist zu erkennen, dass die umbrische Kultur weitgehend von dem
hochentwickelten **Kunsthandwerk der Etrusker beeinflusst** war. Sel-
bes gilt für die Stadtmauern aus mächtigen, unbehauenen Bruch-
steinblöcken. Diese gingen meist in römischen oder mittelalterlichen
Befestigungen auf, sind aber vereinzelt, so beispielsweise im südum-
brischen Amelia, noch gut zu erkennen.

Von der reichen Kultur der Etrusker ist dagegen noch viel erhalten. **Etrusker**
Auf dem Gebiet des heutigen Umbriens waren einige der etruskischen Stadtstaaten angesiedelt, die bis zur Eroberung durch die Römer wichtige Kunstzentren darstellten. Die Etrusker verfügten über
eine große Handelsflotte und unterhielten Handelsbeziehungen im
Mittelmeerraum, insbesondere nach Griechenland. Dies ermöglichte
den fruchtbaren **Austausch mit der griechischen Kunst**; die Etrusker
erwarben zahlreiche Vasen und Statuen in Griechenland und holten
auch griechische Künstler nach Italien. In ihren eigenen Werken der
Malerei, der Skulptur und des Kunsthandwerks wird der Einfluss der
griechisch-archaischen Formensprache deutlich, aber dennoch zeichnet sich die Kunst der Etrusker durch einen eigenen und ausdrucks-
starken Charakter aus.
Neben dem Tempelbau und dem Kunsthandwerk sind vor allem die
prächtig ausgestatteten Grabanlagen (Wandmalereien, Grabbeigaben,
Steinurnen usw.) sehr bedeutend. In **Orvieto**, einem wichtigen Zentrum der Etrusker, wurden rund um den Stadtfelsen mehrere **Nekropolen** entdeckt, in denen die Anordnung der Gräber entlang eines
»Straßennetzes« regelrecht an Städte erinnert. Grabfunde werden im
archäologischen Museum in Orvieto aufbewahrt.
Perugia ist eine etruskische Stadtgründung. Erst 40 v. Chr. wurde sie
von den Römern eingenommen. Ihre einstige Ausdehnung ist noch
heute an der etruskischen Stadtmauer mit dem Arco di Augusto und
der Porta Marzia abzulesen, die als massiver Verteidigungsring die
heutige Altstadt einrahmt. Südöstlich der Stadt befand sich eine große, rund 40 Gräber umfassende Nekropole aus dem 2. Jh. v. Chr.,
von der heute noch das unterirdisch angelegte **Grab der Volumnier**

← *Die Liebe zum Detail: Fassadenbesichtigung am Dom von Orvieto* eine Vorstellung vermittelt. Die Toten erscheinen als Liege- oder Sitzfiguren auf ihren Urnen, die im Hauptraum des Grabmals aufgestellt sind. Ein lebendiger Gesichtsausdruck und anatomisch genaue Körperlichkeit charakterisieren die Darstellung der Menschen und belegen die hohe Meisterschaft der etruskischen Bildhauer. Eine weitere Grabanlage am Stadtrand von Perugia kam 1981 in einem Garten im Stadtteil Monteluce nach einem kleinen Erdrutsch zutage.

Römer Nachdem die Römer die umbrischen und etruskischen Städte erobert hatten, errichteten sie ihre Kolonien und bauten die eingenommenen Städte wie Gubbio, Spello, Spoleto, Assisi oder Perugia weiter aus. Vor allem unter Kaiser Augustus entstanden in den Städten entlang der **Via Flaminia**, der wichtigsten Römerstraße quer durch Umbrien, monumentale Tempel, Theater, Thermenanlagen, Stadttore und andere öffentliche Bauten, die in teilweise fast unverändert blieben oder im Mittelalter in neue Bauvorhaben integriert wurden.

In **Spoleto**, von den Römern bereits 241 v. Chr. als Kolonie Spoletium gegründet, ist noch heute im regelmäßigen Straßengrundriss um den Marktplatz die römische Stadtplanung auszumachen. Innerhalb der Stadtmauern liegt das römische Theater mit 3000 Plätzen, das von einer mittelalterlichen Kirche überbaut wurde.

In **Assisi**, 89 v. Chr. als römisches Municipium entstanden, hat sich sogar im heutigen Stadtbild ein Bau aus römischer Zeit erhalten: An der Piazza del Comune steht der mit einer Säulenfassade ausgestattete Minervatempel, der im 13. Jh. von beiden Seiten durch mittelalterliche Bauten gerahmt wurde. Unter der Piazza konnte der römische Vorplatz des Tempels ausgegraben werden.

Auch **Narni** an der Via Flaminia ist nach der römischen Eroberung gewachsen. Die römische Stadtmauer wird teilweise von der mittelalterlichen Stadtbefestigung überlagert. Unterhalb von Narni schlugen die Römer eine gewaltige Bogenbrücke über die Nera, die heute nur teilweise erhalten ist.

Zwei Römerstützpunkte, die in späterer Zeit aufgegeben wurden, sind Ocriculum (bei Narni) und Carsulae bei Acquasparta.

Frühmittelalter

Kirchen Die römische Architektur lebte in der frühmittelalterlichen Baukunst fort – sowohl im übertragenen Sinn, als man ihre Ornamentik und ihr Formengut übernahm, als auch ganz konkret, indem die mittelalterlichen Baumeister antike Architekturteile wie etwa Säulen oder Gebälkstücke in ihre Bauwerke integrierten. Aus frühmittelalterlicher Zeit sind nicht mehr allzu viele Kirchen in Umbrien erhalten, da die meisten in späteren Neubauten aufgingen. So auch San Pietro in Perugia, wo im Jahr 966 eine umgebaute frühchristlichen Kirche geweiht und später noch weiter verändert wurde.

Die Ausnahme bilden einige interessante, aber auch schwer datierbare Bauwerke wie die **Rundkirche San Michele Arcangelo** in Perugia

San Salvatore in Spoleto. Römische Säulen wurden in christlichen Kirchen wiederverwendet.

aus dem 6. Jh., deren durchfensterter Tambour von 16 antiken Säulen getragen wird. Ein frühchristliches Oratorium in Form eines antiken Tempels ist der zwischen dem 6. und 8. Jh. errichtete **Tempietto del Clitunno** bei Trevi, dessen Giebelfront sich aus antiken Spolien zusammensetzt. Bis heute wird darüber gerätselt, ob die **Basilika San Salvatore** in Spoleto, die zahlreiche antike Versatzstücke (Spolien) und reiches Ornament an der Fassade aufweist, noch in frühchristlicher Zeit, im 4./5. Jh., errichtet und im 8./9. Jh. umgebaut oder so spät erst vollständig neu erbaut wurde. An der Schwelle zur romanischen Baukunst steht die kleine **Kirche Santa Pudenziana** bei Visciano (►Umgebung von Narni) aus dem 11. Jahrhundert. An antike Giebelfronten erinnert ihre anmutige, säulengetragene Vorhalle, die das Vorbild für die in romanischem Stil erbaute Kirche Santa Maria Assunta in Lugnano in Teverina (►Umgebung von Amelia) lieferte.

Im frühen Mittelalter wurden abseits der Städte in abgeschiedener Lage zahlreiche Abteien gegründet. In der Regel bildeten die Klöster eine Art Vorhut für die spätere Besiedlung bzw. Vereinnahmung des Gebiets durch den Stifter, der mit der Klostergründung also auch territorialpolitische Ziele verfolgen konnte. Mit der Absicht, ihre Herrschaft auf das fruchtbare Valnerina-Tal auszudehnen, rief der Langobardenherzog Faroald II. im 8. Jh. die **Benediktinerabtei San Pietro in Valle** ins Leben. Die Fresken im einschiffigen Langhaus der Kirche von San Pietro zählen zu den bedeutendsten Zeugnissen der **romanischen Wandmalerei** in Italien, die nur in wenigen Ausnahmen erhalten ist. Stilistisch stehen die Fresken der römischen und byzantinischen Malerei nahe; die Figuren sind durch starke Konturen eingefasst und von einem nur angedeuteten Raum umgeben.

Abteien

Romanik

Kirchen Umbrien ist vor allem das Land der romanischen Kirchen. Im 12. Jh. setzte mit dem Beginn der kommunalen Selbstbehauptung in den Städten zwischen Gubbio und Terni eine rege Bautätigkeit ein. In nahezu jeder umbrischen Stadt entstand an zentraler Stelle eine romanische Kirche mit prächtiger Fassade. Die zahlreichen Bauten folgten übereinstimmenden Merkmalen und variierten zugleich immer wieder die Grunddisposition einer romanischen Basilika. Die Fassade spiegelt in der Regel die Basilikaform mit einem hohen Mittelschiff und zwei niedrigeren Seitenschiffen wider. Ihrer Ausschmückung galt in erster Linie das künstlerische Bemühen der romanischen Baumeister und Bildhauer. Das massive Mauerwerk ist vertikal und horizontal gegliedert und wird von einer großen **Fensterrose**, einem der Hauptmerkmale umbrischer Romanik, dominiert. Diese reich ausgestaltete Fensterrose, die aus kleinen Rundbogenarkaden und anderen Ornamentformen gebildet ist, wird meist von den **Evangelistensymbolen** gerahmt. Besondere Aufmerksamkeit wurde den Portalrahmungen zugedacht, die neben figürlichen und szenischen Darstellungen mit Ornamenten aus **Weinlaub oder Akanthus** geschmückt sind. Diese waren entweder Spolien aus antiken Bauwerken oder sie wurden den antiken Vorbildern nachempfunden.

Zu den größten Bauprojekten des 11. und 12. Jh.s gehört der **Dom San Rufino** in Assisi, 1134 begonnen. Mit seinen Fensterrosen, dem reichen Portalschmuck, der Blendgalerie und der Einteilung in rechteckige Felder besitzt er eine besonders vielgestaltige Fassade. Der **Dom Santa Maria Assunta** in Spoleto, 1175 begonnen, zeichnet sich durch seine feingegliederte, von Atlanten getragene Rose aus. Ein weiteres wichtiges Beispiel der umbrischen Romanik ist **San Pietro fuori le mura** in Spoleto. Das im 12. Jh. bei einem Neubau der alten Bischofskirche entstandene Gotteshaus weist ebenfalls eine in Felder unterteilte Fassade und einen besonders beeindruckenden Skulpturenschmuck lombardischer Prägung auf. Das umfangreiche Programm der Reliefs zwischen den Portalen behandelt das Thema Sünde und Buße. Weitere herausragende Kirchenbauten der Romanik sind u. a. in Bevagna, Narni, Todi und Foligno, aber auch in vielen kleinen Dörfern zu finden.

Gotik

Architektur Kirchen Im Jahre 1228 legte man den Grundstein für die **Grabeskirche des hl. Franziskus von Assisi**, die als überragendes Kirchenbauprojekt zum Sammelplatz der bedeutendsten Baumeister und Künstler werden sollte. Die Unterkirche von San Francesco ist ein kryptenhafter Raum mit schweren Bandrippengewölben, während die Oberkirche ein Gewölbe-Wandsystem nach französischem Vorbild zeigt (Maßwerkfenster, Kreuzrippengewölbe und Wanddienstbündel). Die Langhauswände sind weitgehend glatt gehalten, um Wandmalereien

Umbrische Rosette mit den Evangelistensymbolen: Fassade der romanischen Dorfkirche von Ponte in der Valnerina

Platz zu bieten. Obwohl die aufwendig gestaltete Kirche von Assisi dem ursprünglichen Armutsideal der Franziskaner widerspricht, kam ihr als Grabeskirche des hl. Franziskus eine prägende Funktion für die Architektur im Franziskanerorden zu. Einflüsse von San Francesco in Assisi sind in Umbrien bei den Franziskanerkirchen in Perugia, Gualdo Tadino, Todi, Terni und Santa Chiara in Assisi auszumachen. Eine der wenigen Kirchen, die nicht dem Schema von San Francesco folgten, ist die gotische Franziskanerkirche **San Francesco in Gubbio**, die als große querschifflose Hallenkirche angelegt wurde, in der die beiden Seitenschiffe die gleiche Höhe wie das Hauptschiff einnehmen. Für den **Dom Santa Maria in Orvieto**, der 1288 begonnen wurde, stellte neben Santa Croce in Florenz die Bischofskirche von Siena mit ihrer reichen Fassade sowie dem Wechsel aus weißem und grünem Stein das Vorbild. Die vielgerühmte Fassade des orvietanischen Doms geht auf den Entwurf eines sienesischen Architekten, Lorenzo Maitani (um 1275–1330), zurück, der Formen der französischen Gotik mit lokalen Traditionen verbindet.

Als Ausdruck der wirtschaftlichen und politischen Macht der Comuni entstanden an den zentralen Plätzen der Stadt öffentliche Gebäude, die der kommunalen Verwaltung und Repräsentation dienten. Zu

**Profan-
architektur**

den charakteristischen Merkmalen dieses Gebäudetyps gehörten die offene Halle im Erdgeschoss und in den Obergeschossen gebündelte Maßwerkfenster. Besonders eindrucksvoll wird der **mittelalterliche Kommunalpalast** im Palazzo dei Consoli in Gubbio repräsentiert, im Palazzo dei Priori in Perugia und im Palazzo del Popolo in Orvieto. Zum Schutz, aber auch zur Kontrolle ließen die wechselnden Territorialherren die Städte durch ein **Castello** befestigen. Die eigentliche Burg platzierte man an höchster Stelle oberhalb der Stadt. Sie war meist mit der Stadtmauer verbunden.

Skulpturen-schmuck Mit der Profanarchitektur einhergehend wurden in den Städten auch eigenständige bildhauerische Projekte in Auftrag gegeben, die einen öffentlichen Charakter hatten. Da sich in Umbrien keine eigene Bildhauerschule herausgebildet hatte, zog man vor allem toskanische Künstler heran. Die **Fontana Maggiore** in Perugia, 1278 vollendet, ist der berühmteste mittelalterliche Brunnen in Italien und zugleich ein signifikantes Zeichen für das erwachende kommunale Selbstbewusstsein. Den Skulpturenschmuck lieferten der Bildhauer **Nicola Pisano** (tätig 1258–1278), der zuvor mit den Kanzeln für die Dome in Pisa und Siena großen Ruhm erworben hatte, und sein Sohn Giovanni (tätig 1265–1314). Die Pisani zeichneten sich dadurch aus, dass sie im Vergleich zu älteren Bildhauern großen Wert auf die naturalistische und bewegungsreiche Figurendarstellung und auf eine nachvollziehbare Raumsituation legten. Sie nahmen sich römische Sarkophage zum Vorbild und gaben damit der Antikenrezeption, die nach und nach alle Künste zu beeinflussen begann, einen wichtigen Impuls. Man darf auch annehmen, dass den Pisani die französische Kathedralskulptur vertraut war. Ein Schüler von Nicola Pisano, Arnolfo di Cambio (um 1240–1301/02), hat 1281 einen zweiten Stadtbrunnen für Perugia ausgeführt, der allerdings nur fragmentarisch erhalten ist (Skulpturen in der Galleria Nazionale in Perugia). **Lorenzo Maitani**, der den Entwurf für den Dom von Orvieto lieferte, stand mit seinen Reliefs für die Fassade ebenfalls unter dem Einfluss der Pisani. In seinen Darstellungen der durch das Weltgericht Verdammten erreicht der Naturalismus der Figuren eine noch größere Ausdrucksstärke.

Malerei Die Ausmalung der **Unter- und Oberkirche San Francesco in Assisi** ist in mehreren Phasen vonstatten gegangen und stellt in anschaulicher Weise das breite Panorama der Wandmalerei vor Beginn der Renaissance dar, das mit dem Begriff Gotik nur ansatzweise zusammengefasst werden kann. In der Unterkirche war um 1260 ein **unbekannter Franziskusmeister** tätig. Seine Szenen vom Leben Christi und der Franziskuslegende sind noch von der **byzantinischen Malerei** beeinflusst, zeichnen sich aber durch Intensität und Lebendigkeit aus. Im Querhaus und in der Apsis der Oberkirche haben der als Giotto-Lehrer berühmt gewordene **Cimabue** (ca. 1240–1302) aus Florenz und seine Werkstatt mehrere Freskenzyklen hinterlassen. In der vielfigurigen Kreuzigungsszene des Cimabue im linken Querarm ist deutlich zu sehen, wie der Florentiner Maler der Szene durch die bewegten Gesten und klagenden Gesichter großes Pathos verlieh.

Die **Fresken von Giotto** (1266–1337) im Langhaus der Oberkirche bedeuten einen fundamentalen Einschnitt in der Geschichte der Wandmalerei. Sie stellen in 28 Bildern das Leben des Heiligen für den Betrachter nachvollziehbar dar. Giotto entwickelte eine erzählerische Qualität, wie man sie zuvor nicht kannte.

Die Sieneser Maler **Pietro Lorenzetti** (ca. 1280–ca. 1348) und **Simone Martini** (1280/1285–1344) griffen in ihren Fresken in der Unterkirche Giottos Errungenschaften auf, kombinierten sie aber mit der von ihrem Lehrer Duccio herrührenden Tradition. Vor allem Simone Martini behielt die geschwungene Linienführung in der Komposition und die detaillierte Darstellung prachtvoller Gewänder bei.

Das vermutlich erste Porträt des hl. Franziskus in einem Freskenzyklus von Cimabue in der Unterkirche in Assisi

Giotto di Bondone – aus dem Franziskuszyklus in der Oberkirche in Assisi:
»Ein einfacher Mann huldigt dem hl. Franziskus auf dem Marktplatz von Assisi«

Renaissance

Architektur Im Gegensatz zu den vielen romanischen und gotischen Kirchen und Palazzi kann Umbrien nur mit wenigen Bauwerken der Renaissance aufwarten. Ein herausragendes Beispiel ist bei Todi zu finden. Die Kirche **Santa Maria della Consolazione**, im Übergang vom 15. zum 16. Jh. erbaut, folgt dem erklärten Renaissanceideal des Zentralbaus, bei dem alle Bauteile auf einen Mittelpunkt bezogen sind. Über dem Grundriss eines vierblättrigen Kleeblatts erhebt sich ein Kubus mit vier halbrunden Apsiden und monumentaler Kuppel. An der Planung und Ausführung waren zahlreiche bekannte Renaissancearchitekten beteiligt, darunter Peruzzi, Antonio da Sangallo d. J., Vignola und möglicherweise auch Bramante.

Den Dombau in Orvieto, der sich bis ins 17. Jh. hinzog, leitete von 1567 bis zu seinem Tod der Bildhauer-Architekt Ippolito Scalza (1532 – 1617). Durch die wiederholte Anwesenheit der Päpste in Orvieto entstanden im 16. Jh. eine Reihe von stattlichen Renaissance-Palästen, für die Scalza die Entwürfe lieferte.

Die Fassadenreliefs am Oratorio San Bernardino in Perugia, die der Florentiner Agostino di Duccio (1418 – nach 1481) im Jahr 1457 geschaffen hat, gehören zu den wenigen bedeutenden Skulpturen der Renaissance in Umbrien. Sie sind durch toskanische Formen geprägt, wie sie sich seit Donatellos Arbeiten ausgeprägt haben. **Skulpturenschmuck**

Die Malerei der Renaissance stand wie die der Gotik anfangs unter Einfluss der toskanischen Kunstzentren Florenz und Siena. Insbesondere florentinische Meister kamen nach Umbrien, um in den Kirchen und Klöstern die Wände zu freskieren. So war **Fra Angelico** (ca. 1400–1455), der in Florenz die berühmten Fresken des Klosters San Marco geschaffen hat, im Dom von Orvieto tätig. **Filippo Lippi** (ca. 1406–1469), in Florenz durch mehrere Fresken und zahlreiche Marienbilder ausgewiesen, wurde an den Dom von Spoleto gerufen, um dort in der Apsis das Marienleben darzustellen. Im Dom von Spoleto befindet sich auch das Grabmonument des florentinischen Malers, das nach einem Entwurf seines Sohnes Filippino geschaffen wurde. Der florentinische Künstler Benozzo Gozzoli (1420–1497) erhielt den Auftrag, in der Kirche San Francesco in Montefalco die Kapelle des hl. Hieronymus auszumalen (1452). **Malerei**
Die Impulse der florentinischen Malerei werden dazu beigetragen haben, dass sich Mitte des 15. Jh.s eine **umbrische Malschule** bildete. Die Galleria Nazionale in Perugia bietet die beste Möglichkeit, sich einen Überblick über ihre Entwicklung zu verschaffen. Neben dem großen Perugino zählen Giannicola di Paolo (ca. 1460 bis 1544), Benedetto Bonfigli (ca. 1420 – ca. 1500), Bartolomeo Caporali (ca. 1420–1503), Domenico Alfani (geb. ca. 1480), Nicolò di Liberatore, genannt Alunno (ca. 1430–1502), Giovanni di Pietro, genannt Lo Spagna (ca. 1450–1528) und Fiorenzo di Lorenzo (ca. 1440–1525) zu den wichtigsten Vertretern der umbrischen Malschule. Benedetto Bonfigli und sein Mitarbeiter Bartolomeo Caporali fertigten viele der Fahnenbilder, mit denen die Hilfe der Gottesmutter gegen die in Umbrien wütende Pest erfleht wurde. Fiorenzo di Lorenzo war überwiegend in Perugia mit Altaraufträgen und Freskenausstattungen beschäftigt. Sein Werk, durch die Florentiner Malergeneration um Domenico Ghirlandaio geprägt, bildet den allmählichen Übergang zu den stimmungsvollen Bildern des Perugino.

Mit Pietro Vannucci, gen. **Perugino** (► Berühmte Persönlichkeiten), betrat ein Künstler aus Umbrien die Malerbühne, der abwechselnd in Florenz, Rom und umbrischen Städten arbeitete und großen Ruhm erwarb. In der Galleria Nazionale in Perugia sind einige seiner wichtigen Werke zu sehen, darunter die Leinwandbilder vom Leben des hl. Bernhard von Siena, die »Auferstehung Christi«, die »Madonna della Consolazione« und eine Fahne mit der Muttergottes und Heiligen, die im Hintergrund das mittelalterliche Perugia zeigt. In der Sala dell'Udienza des Collegio del Cambio in Perugia stammen die meisten der Wand- und Deckenmalereien von Perugino. In seiner **Umbriens große Maler der Renaissance**

Heimatstadt Città della Pieve hat Perugino im Oratorio dei Bianchi das Fresko »Anbetung der Könige« gemalt – ein Thema, das er in der Renaissancekirche Madonna delle Lacrime in Trevi wiederholte. Peruginos Werke zeichnen sich durch atmosphärische, ruhige Landschaften aus, in denen klare Architekturen mit antikisierenden Formen einen Hintergrund für die Marien- und Heiligendarstellungen bieten. Ausgeglichene Kompositionen und Farbzusammenstellungen verleihen seinen Bildern eine **unverwechselbare Harmonie und Feierlichkeit**; dramatische Bewegungen oder erregte Gesichter sind seinem Werk fremd. Sein berühmtester Schüler Raffael folgte in seinem Frühwerk Peruginos Vorbild einer harmonischen Bildsprache, wie an seinem Fresko der »Trinität« in San Severo in Perugia zu erkennen ist.

Der aus Perugia stammende Bernardino di Betto, gen. **Pinturicchio** (ca. 1454–1513), hat ebenfalls als Mitarbeiter von Perugino begonnen und mit ihm Fresken in der Sixtinischen Kapelle ausgeführt. Pinturicchio fand im Anschluss an diese Tätigkeit weitere Auftraggeber in Rom; er freskierte u. a. einige Säle und die Loggia des vatikanischen Belvedere. Sein Hauptwerk in Rom sind die Appartamenti Borgia, die er für Papst Alexander VI., den Vater von Lucrezia Borgia, ausmalte. Im Unterschied zu Perugino sind seine Werke durch eine größere Vorliebe für dekorative Ausschmückungen geprägt. Vasari, der große Künstlerbiograph des 16. Jh.s, schimpfte ihn deshalb einen oberflächlichen Dekorationsmaler. Seine bedeutendsten Fresken in Umbrien, die »Szenen aus Christi Kindheit« in der Cappella Baglioni in Spello, zeigen großangelegte Architekturpanoramen, prächtige Ausstattungen und eine erzählerische Breite.

Luca Signorelli (ca. 1450–1523) ist der dritte der großen umbrischen Renaissancemaler. Sein herausragendes Werk ist die Cappella di San Brizio im Dom von Orvieto. Dort führte er die Fresken weiter, die Fra Angelico mit seinem Mitarbeiter Gozzoli im Gewölbe begonnen hatte. Der Wandzyklus von Signorelli und seinen Gehilfen breitet in ungewohnter Dramatik eine Vision vom Ende der Welt in vier Szenen aus. Die Bedeutung dieser Fresken liegt in der **meister-**

Perugino: Geburt des heiligen Bernhard

haften Figurendarstellung, die Signorelli entwickelt hat. Den zahlreichen Aktdarstellungen liegen detaillierte Studien der menschlichen Anatomie zugrunde, für die der Maler auch antike Vorbilder zu Hilfe zog. Sie sind mit harter Plastizität umgesetzt und in Figurengruppen mit variationsreichen Bewegungsmustern zusammengefasst worden.

Barock

Es gibt in Umbrien keine herausragenden Bauwerke im Barockstil; die meisten umbrischen Architekten des 17. und 18. Jh.s erreichten nur lokale Bedeutung. Eines der größten Bauprojekte während der Barockzeit dürfte die monumentale Pilgerkirche Santa Maria degli Angeli gewesen sein, die ab 1569 als Basilika unterhalb von Assisi errichtet wurde. In Orvieto wirkte im 17. Jh. der Architekt Cesare Sermei, in Todi war Andrea Polinori viel beschäftigt. In Spoleto setzte sich anders als in den meisten anderen Städten die Bautätigkeit unter den päpstlichen Statthaltern fort. Den römischen Architekten, die man in die Stadt holte, verdankt Spoleto einige barocke Kirchen, einen Barockbrunnen an der Piazza del Mercato und mehrere barocke Paläste. Die bedeutendste Künstlerpersönlichkeit des 18. Jh.s in Umbrien war der Architekt und Maler **Pietro Carattoli**, der v. a. in Perugia Kirchen und Paläste baute und mit illusionistischen Fresken nach dem Vorbild seiner römischen Malerkollegen ausstattete.

Allgemeines

19. und 20. Jahrhundert

Im 19. Jh. fiel Umbriens künstlerische Entwicklung ins Provinzielle zurück. Erst mit der Einigung Italiens 1860 und der beginnenden Industrialisierung setzte eine bescheidene Bautätigkeit ein. Die Piazza Italia in Perugia bot nach dem Abriss der päpstlichen Rocca Paolina Platz für repräsentative Bauten der neu ernannten Provinzhauptstadt, u. a. entstanden hier der Palazzo della Provincia (1870), das Bankgebäude von Guglielmo Rossi und das Hotel Brufani (1880).

19. Jahrhundert

In den dreißiger Jahren des 20. Jh.s erhielt die aufstrebende Industriemetropole Terni ein modernes Zentrum nördlich der Altstadt. Im Schnittpunkt von zwei Verkehrsachsen entstand die Piazza Tacito. Nur wenige zeitgenössische Bauten in den umbrischen Städten ragen aus den oft profillosen Stadterweiterungen heraus. Das originellste, was Umbrien derzeit an moderner Architektur zu bieten hat, steht in Perugias Stadtteil Fontivegge: der Verwaltungssitz der Regione dell' Umbria. Den gigantischen Dreiflügelbau, der in seiner Monumentalität Anklänge an die Architektur der zwanziger Jahre in Italien aufweist, entwarf der Mailänder Architekt **Aldo Rossi**. Heute wirkt das 1988 fertiggestellte Platzensemble bereits selbst wie ein Denkmal der Postmoderne. Auf dem Gebiet der Malerei und Plastik ist der 1995 verstorbene **Alberto Burri** (► Baedeker Special S. 178) einer der wenigen international anerkannten Künstler.

20. Jahrhundert

Handwerk und Kunsthandwerk

Keramik Das älteste und typischste Kunsthandwerk in Umbrien ist die Keramik. Schon die Etrusker beherrschten dieses Handwerk. **Gubbio** besaß schon im 14. Jh. seine Töpferschule, das »Collegio di Vasari«, und stand mit **Deruta** in Konkurrenz, wo seit 1387 urkundlich das Majolika-Handwerk verbürgt ist. Im ausgehenden 15. und beginnenden 16. Jh. erreichte die Keramikproduktion in Umbrien ihren Zenit; damals entwickelten sich ihre besonderen Ausprägungen und Stileigenheiten, die sie bis heute von anderen Keramikzentren Italiens unterscheiden. Seit dem 16. Jh. wird der Gold- und Rotlüster angewandt, ein extrem dünner Metallfilm, der über die Glasur von Majoliken gelegt wird und der darunterliegenden Bemalung einen perlmuttartigen Glanz verleiht. Aber auch die Verwendung von nur **drei Grundfarben** – Kupfergrün, Kobaltblau und dem aus Eisenoxyd gewonnenen Orange – entwickelten sich zu Markenzeichen der umbrischen Keramik. Gefertigt wurden Fliesen für Fußböden und Wände, Gebrauchsgegenstände aller Art und Luxusgeschirr. Auf den reich verzierten Prunkvasen und Hochzeitstellern steht meist eine mythologische Szene oder ein Porträt im Mittelpunkt – umrahmt von Renaissanceornamenten mit Masken, Fabelwesen, Blattlaub usw. Wichtige Zentren für die Produktion und den Verkauf von Keramik sind

Erfreuen sich nach wie vor großer Beliebtheit: die klassischen Keramiken aus Deruta.

heute außer Gubbio und Deruta auch Todi, wo alle zwei Jahre eine Keramikmesse stattfindet, Perugia, Assisi, Città di Castello, Umbertide und Orvieto – Gualdo Tadino ist unbestrittener Meister, was die Formenvielfalt von Tellern und Gefäßen betrifft. Allen Befürchtungen zum Trotz hat die industrielle Massenproduktion das alte Kunsthandwerk nicht verdrängen können – im Gegenteil sind die auf der Töpferscheibe entstandenen, handbemalten Keramikstücke heute sogar begehrter denn je.

Buchdruck – lange Tradition in Umbrien

Auch der **Buchdruck** kann in Umbrien auf eine lange Tradition zurückblicken; bis heute ist sie durch eine stattliche Zahl von Unternehmen, die direkt oder indirekt mit dem Buchdruck zu tun haben, vertreten. Drei Männer wagten **1470 in Foligno** die Gründung der **ersten Druckerei** in Umbrien: der aus Foligno gebürtige Goldschmied Emiliano di Piermatteo degli Orfini, der für den päpstlichen Hof Medaillen und Münzen prägte, der in Trevi und Foligno tätige Evangelista Angelini und der Buchdrucker Johann Neumeister aus Mainz. Neumeister zeichnete für die technische Seite verantwortlich, Emiliano Orfini stellte die Räumlichkeiten, denn in seinem Haus befand sich die Werkstatt (ital. bottega), und Angelini übernahm die Rolle des Herausgebers. Als eines der ersten Werke erschien in der neugegründeten Verlagsdruckerei im April 1472 die **Divina Commedia**, Dantes »Göttliche Komödie«.

Textilien

Stoffherstellung und -dekoration mit komplizierten Stickmustern und **Spitzenklöppelei** sind in Umbrien nicht so alt wie Keramik und Druckkunst. Auch hier sind großenteils die Manufakturen kleinen Industriebetrieben gewichen, was aber nicht bedeutet, dass es diese Produkte an Qualität und Eleganz fehlen ließen. Ähnliches wie für die **Weberei** gilt für die applizierte Textilkunst, die in kleinen Betrieben der Valle Umbra praktiziert wird, und zwar insbesondere in der Gegend von Montefalco, Orvieto, Cascia und Perugia. In Perugia gab es früher eine Handwerkerinnung der Weber, die »Fratellanza dei Tessitori«. Die mit **Stickereien** verzierten Decken aus dieser Gegend sind seit Jahrhunderten ein Verkaufsschlager des umbrischen Handwerks. Vor allem Assisi ist wegen seiner feinen Motive berühmt, und nicht ohne Grund nennt sich eine der schwierigsten Sticharten »punto Assisi«. Die Fertigung von Spitzen konzentriert sich auf einen relativ eng begrenzten Raum; die besten handgeklöppelten Erzeugnisse findet man auf der Isola Maggiore des Lago Trasimeno.

Berühmte Persönlichkeiten

Franz von Assisi ist zweifellos die größte umbrische Berühmtheit. Überhaupt hat die mittelitalienische Region mehrere Heilige von überregionaler Bedeutung hervorgebracht. Außerdem stammen wichtige italienische Maler aus Umbrien und nicht zu vergessen eine Schauspielerin, die den Sprung von Città di Castello bis nach Hollywood geschafft hat.

Aegidius Albornoz (um 1310 – 1367)

In fast jeder Stadtgeschichte in Umbrien fällt irgendwann der Name **Kardinal**
des spanischen Kardinals Albornoz, der im 14. Jh. zahlreiche Territorien in Mittelitalien für das Papsttum zurückgewann. Aegidius Álva-
rez Carillo de Albornoz bekleidete in Kastilien sowohl das Amt des
Erzbischofs von Toledo (seit 1338) als auch das des königlichen
Kanzlers. Konflikte mit dem König ließen ihn an den päpstlichen
Hof nach Avignon fliehen, wo er aufgenommen und 1350 zum Kardinal erhoben wurde. Der Papst schickte Albornoz als Legaten nach
Mittelitalien, wo er in dessen Auftrag die abtrünnig gewordenen,
zum Teil von Signoren oder auch von kaiserlichen Statthaltern regierten Städte zurückeroberte und wieder **unter päpstliche Herrschaft** stellte. Das Überleben des Kirchenstaates in den Zeiten des
avignesischen Exils der Päpste war wesentlich das Verdienst von Kardinal Albornoz. Als steinerne Zeugen seiner erfolgreichen Politik haben die **Burgen**, mit deren Bau er die eroberten Städte unter die
päpstliche Knute zwingen wollte, dem Zahn der Zeit getrotzt.

Giorgio Andreoli (ca. 1465 – ca. 1553)

Die Blütezeit der Keramikkunst in Gubbio im 16. Jh. ist aufs Engste **Keramikkünstler**
mit dem Namen Giorgio Andreoli verbunden, der seit 1498 das
Meister- und Bürgerrecht der nordumbrischen Stadt besaß. Andreo-
lis Spezialität war der **Lüsterdekor**, ein hauchdünner Metallfilm über
der Glasur von Majoliken, mit dem die darunterliegende Bemalung
Glanz erhielt. Die äußerst schwierige Technik war im Vorderen Ori-
ent seit dem 9./10. Jh. bekannt und kam über Spanien, dessen Töp-
fermeister seit dem 13. Jh. mit Lüster arbeiteten, nach Italien. Wie
die italienischen Keramikkünstler an das Geheimnis des Lüsterdekors
kamen, ist bis heute ein Rätsel. Giorgio Andreoli jedenfalls war offensichtlich seit 1518 mit diesem Verfahren erfolgreich zugange, und
sein Ruf als Meister des Rot- und des Goldlüsters reichte schon bald
weit über die Stadtgrenzen hinaus. Andreoli war nicht nur ein tech-
nisch versierter Spezialist, sondern er verstand es auch meisterhaft,
den Lüster so einzusetzen, dass er den Glanz von Schmuck oder Waffen besonders gut zur Geltung brachte. Daher verwundert es auch
nicht, dass Giorgio Andreoli **sich selbst nicht als Handwerker, sondern als Künstler sah**, der selbstbewusst die von ihm bemalte und
lüstrierte Töpferware datierte und mit seinem Namenszug versah.

Benedikt von Nursia (480 – 547)

Der »Vater« des abendländischen Mönchtums stammte aus der um- **Mönch**
brischen Stadt Norcia, dem römischen Nursia. An der zentralen

← *Lucrezia Borgia, Tochter von Papst Alexander VI., wohnte 1499 in der
Rocca von Spoleto. Wegen ihrer drei Ehen galt sie als sittenlos.*

Europas Schutzpatron: Benedikt von Nursia

Piazza in Norcia erinnern die Kirche San Benedetto und ein Stand-
bild an den berühmten Bürger der Stadt. Drei Jahre zog sich der junge Benedikt als Einsiedler – damals die einzige bekannte Form des
Mönchtums – in eine Höhle bei Subiaco in Latium zurück, bevor er
für die dortigen Eremitenmönche das erste Kloster gründete. Um
529 versammelte er auf dem Montecassino eine zweite Mönchsgemeinschaft, für die er 534 die berühmte »Regula« (Benediktregel)
verfasste. In diesem Werk sind die **Grundregeln des Benediktinerordens** festgelegt, die auch zur Grundlage für alle anderen christlichen
Orden werden sollte. Die von Benedikt aufgestellten Regeln bestimmten unter anderem, dass die Mönche nicht mehr als Einsiedler,
sondern in einer geschlossenen Gemeinschaft leben sollten. Die geis-
tige Meditation trat zurück hinter der Forderung nach Arbeit und
Gebet (ora et labora). Papst Paul VI. hat 1964 Benedikt zum Schutzpatron Europas erklärt.

Monica Bellucci (geb. 30.9.1964 ?)

Schauspielerin Die Schauspielerin Monica Bellucci wurde an einem 30. September
in Città di Castello geboren. Das genaue Geburtsjahr fällt unter
»schwer ermittelbar«: Monica Bellucci selbst soll in einem Interwiev
das Jahr 1969 angegeben haben, häufig wird aber 1968 als Geburtsjahr genannt, während frühere Mitschüler von 1964 sprechen. Auch
Schuldokumente sollen auf das Jahr 1964 hindeuten. Auf jeden Fall
ging sie – in welchem Alter auch immer – nach der Schule nach Perugia, um dort Jura zu studieren. Gleichzeitig jobbte sie als Model –
unter anderem arbeitete sie für »Dolce & Gabbana«. 1990 wurde sie

Begehrte Schönheit: Monica Bellucci

fürs italienische Fernsehen engagiert in der TV-Serie »Vita coi figli«, womit sie den Weg ins Showgeschäft fand. Sehr schnell folgte ihr **Filmdebüt** in »Briganti« (1990), und 1992 spielte sie bereits in einem amerikanischen Film: In Francis Ford Coppolas »Bram Stoker's Dracula« in einer Rolle als Blutsaugerin. Der Durchbruch gelang ihr mit dem französischen Film »Liebe und Lügen« im Jahr 1996. Eine erste **Hauptrolle** spielte sie im Jahr 2000 in dem Thriller »Under Suspicion – Mörderisches Spiel«, es folgten 2001 »Pakt der Wölfe« und »Asterix und Obelix: Mission Kleopatra«, wo sie die ägyptische Königin spielte. Weitere Filme waren bisher »Irreversibel« (2002), »Matrix Reloaded« (2003) und »Matrix Revolutions« (2003), »Die Passion Christi« (2004), »Brothers Grimm« (2005), »Wie sehr liebst du mich?« (2005) und »Shoot 'Em Up« (2007).

Lucrezia Borgia (1480 – 1519)

Lucrezia Borgia ist eine der wenigen Frauengestalten, die in der Geschichte Umbriens eine – wenn auch nur wenig bedeutende – Rolle gespielt haben: die **Tochter des Renaissancepapstes Alexander VI.** und Schwester von Cesare Borgia, der unter der Protektion seines Vaters große Teile Mittelitaliens für den Kirchenstaat eroberte. Eine der wichtigsten Festungen des päpstlichen Territoriums war Spoleto, wo Kardinal Albornoz (s. oben) eine mächtige Rocca hatte errichten lassen. Als **Statthalterin des Papstes**, ihres Vaters, hielt Lucrezia Borgia 1499 Einzug in die Rocca von Spoleto – das erste Mal in der Ge-

Papsttochter

schichte, dass die Funktion eines päpstlichen Legaten von einer Frau wahrgenommen wurde. Ihre Statthalterschaft dauerte allerdings nur einige wenige Wochen; schon bald kehrte Lucrezia auf Anweisung ihres Vaters nach Rom zurück. Bis in die Neuzeit hielt sich hartnäckig das von Verleumdungen und späteren Moralvorstellungen geprägte Bild Lucrezias als einer intriganten, sitten- und gewissenlosen Frau. Vor allem ihre drei Eheschließungen wurden dabei immer wieder als Zeugnis ihrer mangelnden Tugendhaftigkeit angeführt, doch gerade sie waren ein politisches Instrument von Vater und Bruder, um dynastische Verbindungen zu knüpfen.

Braccio Fortebraccio da Montone (1368 – 1424)

Söldner Als einer der größten und gefürchtetsten Condottieri seiner Zeit ging Andrea Braccio, genannt Braccio Fortebraccio da Montone, in die Geschichte Umbriens ein. Fortebraccio entstammte einem vornehmen Geschlecht aus Perugia, das seinen Stammsitz in Montone, einem kleinen Ort nördlich von Umbertide, hatte. Dort erlebte Fortebraccio seine Jugend, als die Familie aus Perugia verbannt war. Als junger Mann trat Braccio in die Dienste verschiedener Heerführer und schlug die Laufbahn des Condottiere ein, für die er offenkundig genügend Ehrgeiz, eine außergewöhnliche Begabung und ein hohes Maß an kriegstaktischem Geschick mitbrachte. Schon bald unterstand Braccio eine eigene Reitertruppe und nach seiner Wahl zum Signore von Roccacontrada (1407) besaß er überdies auch einen Stützpunkt für seine Kriegszüge. Zu den größten Triumphen Andrea Braccios dürfte die 1416 gelungene Eroberung seiner Heimatstadt Perugia gehört haben. Seine kurze Regierungszeit als Signore (1416 – 1424) war einerseits geprägt von strenger Herrschaft, aber auch von einem kulturellen und wirtschaftlichen Aufschwung für die Stadt. Auf dem Höhepunkt seiner Laufbahn umwarben sogar die beiden mächtigsten Männer im Kampf um Reichsitalien, **König Ladislaus von Neapel** und der **Papst**, den erfolgreichen Söldnerführer. Das Verhältnis beider zu Fortebraccio war dennoch ein ambivalentes: Einerseits bedienten sie sich gerne seiner militärischen Schlagkraft, andererseits wurde ihnen der erfolgreiche Condottiere auch schnell zu einflussreich. Als Fortebraccio sich 1424 bei L'Aquila den päpstlichen Truppen entgegenstellte, musste er die entscheidende Niederlage hinnehmen; er starb an den Folgen einer schweren Verwundung.

Gattapone (14. Jahrhundert)

Baumeister Matteo di Giovannello di Maffeo, besser bekannt als »Gattapone«, war einer der bedeutendsten mittelalterlichen Baumeister Umbriens. Für das herausragende Baudenkmal in seiner Geburtsstadt Gubbio, den **Palazzo dei Consoli**, hat er höchstwahrscheinlich die gewaltigen Substruktionen geplant, die die Anlage des Kommunalpalastes und des davorliegenden Platzes am steilen Hang erst ermöglichten. Als

Festungsbaumeister in den Diensten des päpstlichen Legaten Kardinal Albornoz leitete er 1359–1370 den Bau der **Rocca von Spoleto** und die Errichtung des 230 m langen **Aquädukts** über die Schlucht des Tessino. Wenige Jahre später wurde er mit der Ausführung der Portezza di Porta Sole in Perugia betraut (1371–1374), die von Zeitgenossen als schönste und gewaltigste Festungsanlage gerühmt wurde. Weitere Aufträge führten den Spezialisten auch nach Bologna und nach Assisi, wo ihm die Katharinenkapelle der Unterkirche von San Francesco zugeschrieben wird.

Giotto di Bondone (ca. 1267–1337)

An der Ausmalung der Oberkirche von San Francesco in Assisi, dem politisch und künstlerisch bedeutendsten Kirchenbauprojekt in Umbrien, wird die Beteiligung eines Künstlers angenommen, der die mittelalterliche italienische Malerei revolutionierte wie kein anderer seiner Zeit – Giotto di Bondone. Als sein reifes Hauptwerk kennen viele die **Cappella degli Scrovegni in Padua**, die er zwischen 1303 und 1310 ausmalte. Sein Wirken in Assisi fällt in seine Frühzeit als Maler, als er neben dem großen **Cimabue** arbeitete. Mit Giotto begannen die italienischen Künstler, sich vom Vorbild der byzantinischen Malerei zu lösen. Während diese Malerei sich durch eine eher flächenhafte Darstellung auszeichnet, in der die Personen frontal wiedergegeben werden, stellten Giotto und seine Schüler ihre Szenen in einen nachvollziehbaren, realen Raum mit Landschaften, Stadtansichten oder Innenarchitekturen. Seine Figuren machte er zu handelnden und fühlenden Menschen mit lebendiger Mimik und Gestik.

Maler des Spätmittelalters

Klara von Assisi (1194–11.8.1253)

Spätestens nach dem Besuch von Assisi ist die heilige Klara, Santa Chiara, Umbrien-Reisenden keine Unbekannte mehr. Jahr für Jahr pilgern Tausende zu der dritten großen Kirche in Assisi, in der die sterblichen Überreste der Heiligen aufbewahrt werden. Chiara Sciffi, Tochter einer angesehenen Adelsfamilie, verließ im Alter von 18 Jahren ihr Elternhaus, um sich Franziskus und seinen Ordensbrüdern anzuschließen. Dieser nahm ihr die franziskanischen Gelübde ab und gründete für sie den sogenannten »zweiten Orden«.

Die **erste Klostergemeinschaft der Klarissen** fand sich in San Damiano bei Assisi zusammen mit dem Ziel, das Leben in Armut und Buße dem Dienst an den Menschen zu widmen. Mit den Regeln der Klarissen war zum ersten Mal eine Ordensregel von einer Frau für Frauen aufgestellt worden. Sie zeichneten sich durch eine für damalige Verhältnisse recht große Demokratie aus, auch war die Eigenverantwortung aller Ordensschwestern wichtig. Trotz Klaras lebenslänglicher Bemühungen, für ihren Orden dieselben Regeln zu erwirken wie sie der Franziskanerorden besaß, wurde die um sie versammelte Frauengemeinschaft auf ein kontemplatives, ortsgebundenes Kloster-

Gründerin des Klarissenordens

Der heilige Franziskus: Darstellung von Simone Martini in der Unterkirche in Assisi (links) und die berühmte Vogelpredigt, Fresko von Giotto in der Oberkirche (rechts)

IL POVERELLO: FRANZ VON ASSISI

Giovanni Battista, besser bekannt unter seinem Rufnamen Franziskus, wurde im Winter 1181/1182 als Sohn des wohlhabenden Kaufmanns Pietro di Bernardone geboren. Seine Jugendjahre in der Ghibellinenstadt Assisi waren von den ständigen Kriegen zwischen Kaiser und Papst überschattet. Als junger Mann brach er nach Apulien auf, um im Heer Gualtieris III. von Brienne zu dienen. In Spoleto, der ersten Etappe seiner langen Reise, erkrankte er und vernahm, von heftigem Fieber geschüttelt, die Stimme des Herrn, die ihn aufforderte, nach Assisi zurückzukehren. Von da an wandte er sich immer mehr den Armen und Aussätzigen zu und begann, selbst zu betteln.

Den göttlichen Auftrag zur Neugestaltung der Kirche erhielt er, als ihm beim Gebet in dem halbzerfallenen Kirchlein **San Damiano** die Stimme des Herrn befahl: »Geh und baue mein Haus wieder auf.« Franziskus nahm den Auftrag zunächst wörtlich und ging daran, die Kirche auszubessern – mit dem Geld seines Vaters. Das Zerwürfnis mit diesem blieb nicht aus. Als es deswegen zu einer Verhandlung kam, vollzog Franziskus öffentlich die **Lossagung** von seiner Familie und seinen Standesgenossen. Er zog seine Kleider aus und warf sie dem Vater mit den Worten vor die Füße, es gebe künftig für ihn nur noch einen Vater – den im Himmel. Als äußeres Zeichen seines Bekenntnisses zu Armut und Demut ging der frühere Edelmann von nun an barfuß und in einem **einfachen braunen Rock**, der mit einem Strick um den Bauch zusammengeschnürt wurde.

Schon bald hatte der »kleine Arme«, il poverello, Anhänger gefunden, die meisten waren wie er junge Männer aus der städtischen Oberschicht. Für sie – angeblich sollen es wie bei den **Jüngern Christi** zwölf gewesen sein – verfasste er in der armseligen Hütte von Rivotorto bei Assisi eine Regel, die der Papst 1223 bestätigte. Als erste Mönchsgemeinschaft des Abendlan-

tatsächlich auf dem richtigen Weg sei, gab ihm Gott 1224 ein Zeichen: Am Berg La Verna erschien ihm Christus und brachte ihm die Wundmale bei (Stigmatisation).

Zwei Jahre später, am Abend des 3. Oktober 1226, starb der erkrankte Franziskus in der Porziuncola-Kapelle in Santa Maria degli Angeli bei Assisi. Als Sterbebett diente ihm nichts als

»Franziskus, geh und baue mein Haus wieder auf, das, wie du siehst, ganz und gar in Verfall gerät«

des erhoben die **Franziskaner** die Predigt und den **Dienst an den Menschen**, an den Armen und Kranken, zu ihren vordringlichsten Aufgaben. Franziskus selbst kehrte nach Missionsreisen in Südfrankreich und einem langen Aufenthalt im Heiligen Land 1220 wieder in seine Heimat zurück. Auf die quälende Frage, ob er

der nackte Boden. Das Charisma dieses Mannes, der angeblich nicht nur zu den Menschen, sondern auch **zu den Tieren sprechen konnte**, hat bis heute nichts an seiner Wirkung eingebüßt – vielleicht, weil Franziskus lebte, was ansonsten viele lediglich predigen: echte Nächstenliebe und Brüderlichkeit.

leben in strenger Klausur beschränkt. Bereits zwei Jahre nach ihrer Heiligsprechung (1255) wurde in Assisi mit dem Bau der Kirche Santa Chiara begonnen, in der seit 1260 ihre Gebeine beigesetzt sind.

Perugino (ca. 1448 – 1523)

Renaissance-maler Der von Zeitgenossen als der »berühmteste Maler ganz Italiens« titulierte Perugino, eigentlich Pietro di Cristoforo Vannucci, kam in **Città della Pieve** südlich des Lago di Trasimeno zur Welt. Über seine Jugend ist fast nichts bekannt. 1472 trat er als Künstler in **Florenz** in Erscheinung. Vermutlich ging er, wie sein Biograph Giorgio Vasari berichtet, bei Piero della Francesca in die Schule, von dem er die moderne, zentralperspektivisch genaue Auffassung von Architektur und Bildraum gelernt haben könnte. Aber auch andere florentinische Künstler wie Verocchio und Botticelli beeinflussten den jungen Maler, der schon bald selbst zur ersten Garde der italienischen Pittori gehörte. Ein Zeichen seiner Wertschätzung ist die Tatsache, dass man ihn Ende der siebziger Jahre des 15. Jh.s nach **Rom** holte, wo er bis 1483 an den Fresken in der **Sixtinischen Kapelle** arbeitete. 1493 ließ er sich in Florenz nieder und gründete eine Familie. Aufträge führten ihn u. a. nach Orvieto und nach Perugia, wo er zwischen 1497 und 1500 das Collegio del'Cambio, den Versammlungsraum der Geldwechslerzunft, ausmalte. An diesem Auftrag war vermutlich auch **sein Schüler Raffael** beteiligt, der seinen Meister an Bekanntheit und Ruhm schon bald weit übertreffen sollte. Nach 1500 war Peruginos Stern im Sinken begriffen, er fand nicht mehr die Aufnahme wie in früheren Jahren. Zu den überwiegend kleinen Aufträgen, die sein Spätwerk bilden, gehört auch das Fresko im Oratorio dei Bianchi in seiner Heimatstadt Città della Pieve. 1510 verließ Perugino Florenz und lebte fortan in seiner alten Heimat Umbrien. Er starb 1523 in dem Dorf Fontignano bei Città della Pieve an der Pest.

Der »berühmteste Maler ganz Italiens«

Rita von Cascia (1381 – 1457)

Die 1381 in Roccaporena geborene Rita wurde als Fünfzehnjährige gegen ihren Willen mit einem jungen Mann des Ortes verheiratet. Als dieser wegen seiner Streitsucht eines gewaltsamen Todes starb und ihre beiden Söhne auf Rache sannen, erbat sie deren Tod, um weiteres Blutvergießen zu verhindern. Ihre Bitte wurde erhört. Von Schmerz gezeichnet, zog sich die heilige Rita im Alter von 33 Jahren in das **Augustinerkloster** von Cascia zurück, wo sie in einer bescheidenen Zelle mehr als vierzig Jahre

Die Patronin »scheinbar unerfüllbarer Wünsche«

ihres Lebens zubrachte. 15 Jahre bevor sie starb (22. Mai 1457), empfing sie an einem Karfreitag beim Gebet in ihrer Zelle einen **Stachel aus der Dornenkrone Christi**, den sie bis zum Ende ihrer Tage in der Stirn trug. In ihrer Todesnacht – so heißt es – begannen in Cascia die Glocken von selbst zu läuten, so als wollten sie die Sterbende in den Himmel begleiten. Wie Franz von Assisi verehrte man Rita schon zu Lebzeiten wegen ihres unerschütterlichen Glaubens und ihrer Opferbereitschaft wie eine Heilige. In die Liste der Heiligen wurde die **Helferin in aussichtslosen Nöten** und **Patronin »scheinbar unerfüllbarer Wünsche«** allerdings erst durch Papst Leo XIII. am 26. Mai 1900 aufgenommen.

Jacopone da Todi (ca. 1230 – 1306)

Der tragische Tod seiner Frau, die bei einem Tanzfest durch den Einsturz des Fußbodens ums Leben kam, war für den wohlhabenden Rechtsanwalt Jacopone aus Todi der Anlass, sein Leben grundlegend zu ändern. Er verschenkte sein Hab und Gut, übte Buße und trat dem **Orden des hl. Franziskus** bei. Als scharfer **Kritiker** und Gegner der verweltlichten Kirche und ihres Oberhauptes, **Papst Bonifaz VIII.**, forderte er zusammen mit anderen dessen Absetzung und die Einberufung eines Konzils. Bonifaz ließ ihn deshalb eine fünfjährige Kerkerhaft (1298–1303) verbüßen. Wieder in Freiheit, zog er sich nach Collazzone, einer Gemeinde bei Marsciano, in das dortige Kloster San Lorenzo zurück, wo er 1306 starb. Berühmtheit erlangte Jacopone da Todi vor allem als **Verfasser religiöser Dichtungen**, die von einem tiefen mystischen Empfinden und weltabgewandter, ja geradezu weltverachtender Frömmigkeit geprägt sind. Möglicherweise ist Jacopone, der als bedeutendster umbrischer Dichter des 13. Jh.s gilt, auch der Verfasser des vielfach vertonten Hymnus »Stabat Mater«.

Ordensbruder und Papstkritiker

Praktische Informationen

OB MAN SICH IM KLOSTER EINMIETEN MÖCHTE UND IM KREUZGANG TAFELN, OB MAN SICH ÜBER DIE KULINARISCHEN GENÜSSE INFORMIEREN MÖCHTE ODER WISSEN WILL, WIE DAS WETTER IN UMBRIEN IST: AUF DEN FOLGENDEN SEITEN ERFÄHRT MAN ALLES.

Anreise · Reiseplanung

Mit dem Auto Zwischen Juni und September, vor allem aber an den ersten Tagen im August zu Beginn der italienischen Ferien, muss man mit zähflüssigem Verkehr auf den Autobahnen nach Süden rechnen. Auskünfte über die aktuelle Verkehrslage, Beschreibungen der Alpenpässe (inkl. Öffnungszeiten), Baustellen sowie günstige Routen erteilen die deutschen und italienischen Automobilclubs.

Über Österreich ▶ Die bekannteste Route aus Deutschland nach Italien verläuft über Innsbruck, den ganzjährig geöffneten Brenner und Bozen auf der A 22, dann auf der A 1 (Florenz – Rom) in Richtung Süden. Eine schöne Alternative zur Strecke über den Brenner ist die Fahrt über Landeck, Reschenpass und Meran nach Bozen.

Über die Schweiz ▶ Die Anreise aus dem Nord- und Südwesten Deutschlands führt über Zürich, St. Gotthard oder S. Bernardino, Bellinzona, Chiasso, Como nach Mailand. Dort geht's dann auf die A 1 in Richtung Rom.
Die Benutzung der **Autobahnen** ist in Österreich, der Schweiz und in Italien **gebührenpflichtig**.

Mit dem Bus Verschiedene Veranstalter bieten Busreisen nach Italien an, darunter die Deutsche Touring GmbH in Frankfurt/Main. Tickets gibt's u. a. auch in den Reisezentren der Deutschen Bahn.

Mit der Bahn Das Bahnnetz in Umbrien ist nicht besonders dicht; insbesondere kleine Orte sind mit der Bahn nicht zu erreichen. Als Fortbewegungsmittel vor Ort empfiehlt sich die Bahn deshalb nicht, für die Anreise hingegen schon.
Wer mit der Bahn nach Umbrien unterwegs ist, muss in jedem Fall über Florenz fahren, wohin von allen wichtigen Städten aus Deutschland, Österreich und der Schweiz gute Bahnverbindungen bestehen. Von Florenz fährt man weiter über Terontola nach Passignano sul Trasimeno, Perugia, Assisi, Foligno oder Spoleto; oder man nimmt den Zug über Terontola und Chiusi nach Orvieto oder Attigliano.

Mit dem Flugzeug In **Umbrien** gibt es nur den 12 km von Perugia entfernten kleinen Flughafen S. Egidio, der von Mailand aus täglich angeflogen wird (Infos unter www.airport.umbria.it).
Die nächsten Flughäfen, zu denen täglich Direktverbindungen aus verschiedenen deutschen Städten, aus Zürich und Genf sowie aus Wien bestehen, sind **Rom** und **Florenz**, beide etwa 200 km von Perugia entfernt.
Der Flughafen Amerigo Vespucci (www.aeroporto.firenze.it) liegt ca. 5 km nördlich von Florenz. Der Internationale Flughafen Leonardo da Vinci (Rom-Fiumicino; www.adr.it) liegt etwa 34 km westlich von Rom. Von hier gibt es täglich Busverbindungen nach Umbrien. Der Flughafen Rom-Ciampino (www.adr.it) liegt etwa 15 km südlich vom Stadtzentrum Roms.

← *Kreuzgang des Klosters San Pietro in Valle*

Reisedokumente

Für Bürger aus den Ländern der EU und der Schweiz reicht ein **gültiger Personalausweis**. Kinder unter 16 Jahren müssen einen Kinderausweis besitzen oder im Elternpass eingetragen sein.

Personalpapiere

Wenn die Papiere gestohlen wurden, helfen deutschsprachige Vertretungen im Ausland (▶S. 70). Erste Anlaufstelle ist jedoch die Polizei, denn ohne eine Kopie der **Diebstahlsmeldung** geht gar nichts. Ersatzpapiere bekommt man leichter, wenn man **Kopien** der abhanden gekommenen Dokumente hat oder sie von einem elektronischen Postfach abrufen kann.

Führerschein, Kraftfahrzeugschein und die Internationale Grüne Versicherungskarte muss man dabeihaben. Kraftfahrzeuge ohne Euro-Kennzeichen müssen das ovale Nationalitätskennzeichen tragen.

Fahrzeugpapiere

Auch im EU-Ausland müssen die gesetzlichen Krankenkassen die Kosten für ärztliche Leistungen erstatten. Voraussetzung ist, dass dem behandelnden Arzt die **Europäische Krankenversichertenkarte (EHIC)** vorgelegt wird. Meistens ist ein Teil der Behandlungskosten und Medikamente selbst zu zahlen. Gegen Vorlage der Quittungen erstattet die Krankenkasse im Heimatland dann ggf. diese Kosten.

Krankenversicherung

Da die Kosten für ärztliche Behandlung und Medikamente in der Regel teilweise vom Patienten zu tragen sind und die Kosten für einen

Straße in den umbrischen Bergen. In den ländlichen Gegenden fährt es sich sehr entspannt.

evtl. Rücktransport von den Krankenkassen grundsätzlich nicht übernommen werden, empfiehlt sich der Abschluss einer zusätzlichen **privaten Reisekrankenversicherung**.

Haustiere Wer Haustiere mitnehmen möchte, muss einen **EU-Heimtierpass** dabeihaben, der eine gültige Tollwutimpfung bescheinigt. Zusätzlich ist eine **Identitätskennung** des Tieres durch Tätowierung oder Mikrochip nötig. Auch Maulkorb und Leine muss man mitnehmen.

Zollbestimmungen

EU Innerhalb der Europäischen Union ist der Warenverkehr für private Zwecke weitgehend zollfrei. Zur Abgrenzung zwischen privater und gewerblicher Verwendung gelten folgende **Höchstmengen**: 800 Zigaretten, 400 Zigarillos, 200 Zigarren, 1 kg Tabak; 10 l Spirituosen über 22 % Vol. und 20 l unter 22 % Vol., 90 l Wein (davon max. 60 l Schaumwein) und 110 l Bier.

▶ INFORMATIONEN ANREISE

MIT DER BAHN

▶ **Deutsche Bahn AG**
ReiseService
Tel. 118 61
www.bahn.de

▶ **Trenitalia Deutschland**
Leonhardstr. 22
D-61169 Friedberg
Auskunft und
Reservierung:
Tel. 060 31 / 73 76 30
www.trenitalia.com

MIT DEM BUS

▶ **Deutsche Touring GmbH**
Am Römerhof 17
D-60486 Frankfurt/Main
Tel. 069 / 79 03 501
www.touring.de

MIT DEM FLUGZEUG

▶ **Flughäfen**
Perugia: www.airport.umbria.it
Rom-Fiumicino: www.adr.it
Rom-Ciampino: www.adr.it
Florenz: www.aeroporto.firenze.it

▶ **Air Berlin**
Tel. 01 80 / 573 78 00
www.airberlin.com

▶ **Alitalia**
Tel. 01 80 / 507 47 47
www.alitalia.com

▶ **Austrian Airlines**
Tel. 01 80 / 300 05 20
www.aua.com

▶ **Easy Jet**
Tel. 01 80 /502 92 92
www.easyjet.com

▶ **Lufthansa**
Tel. 01 80 / 380 38 03
www.lufthansa.com

▶ **Swiss**
Tel. 01 80 / 300 03 37
www.swiss.com

▶ **TUIfly**
Tel. 01 80 / 575 75 10
www.tuifly.com

Für Reisende aus Nicht-EU-Ländern (u. a. der Schweiz) liegen die **Freigrenzen** für Personen über 17 Jahren bei 200 Zigaretten oder 100 Zigarillos oder 50 Zigarren oder 250 g Tabak, ferner bei 2 l Wein und 2 l Schaumwein oder 1 l Spirituosen (über 22 % Vol.) oder 2 l Spirituosen (weniger als 22 % Vol.), 50 g Parfüm oder 0,25 l Eau de Toilette. Zollfrei sind außerdem Waren bis zu einem Wert von 170 €.

Einreise aus Nicht-EU-Ländern

Abgabenfrei für Personen ab 17 Jahren sind 200 Zigaretten oder 50 Zigarren oder 250 g Tabak, 2 l bis zu 15 % Vol. und 1 l über 15 % Vol. Alkohol; ferner Geschenke im Wert bis 300 CHF (Auskunft unter Tel. 031 / 322 65 11 bzw. www.zoll.ch).

Wiedereinreise in die Schweiz

Auskunft

 ## WICHTIGE ADRESSEN

FREMDENVERKEHRS-ÄMTER IN DEUTSCHLAND

▶ **Italienische Zentrale für Tourismus ENIT**
Zentrale:
Kaiserstraße 65
D-60329 Frankfurt / Main
Tel. 069 / 23 74 34
www.enit-italia.de

Lenbachplatz 2
D-80336 München
Tel. 089 / 53 13 17

Friedrichstraße 187
D-10117 Berlin
Tel. 030 / 247 83 98

... IN ÖSTERREICH

▶ **ENIT**
Kärtner Ring 4, A-1010 Wien
Tel. 01 / 505 16 39, www.enit.at

... IN DER SCHWEIZ

▶ **ENIT**
Uraniastraße 32, CH-8001 Zürich
Tel. 043 / 466 40 40, www.enit.ch

... IN UMBRIEN

▶ **Zentrale**
Agenzia di Promozione Turistica dell'Umbria
Via Mazzini 21
I-06100 Perugia
Tel. 075 57 59 51
www.regione.umbria.it

DIPLOMATISCHE VERTRETUNGEN

▶ **Italienische Botschaft in Deutschland**
Hiroshimastr. 1
D-10785 Berlin
Tel. 030 / 25 44 00
www.italian-embassy.org.ae/ambasciata_berlino

▶ **Italienische Botschaft in Österreich**
Rennweg 27
A-1030 Wien
Tel. 01 / 712 51 21
www.italian-embassy.org.ae/Ambasciata_Vienna

► **Italienische Botschaft
in der Schweiz**
Elfenstr. 14, CH-3000 Bern 16
Tel. 031 / 350 07 77
www.ambberna.esteri.it/
Ambasciata_Berna

► **Deutsche Botschaft in Italien**
Via San Martino della Battaglia 4
I-00185 Roma
Tel. 06 49 21 31
www.rom.diplo.de

► **Österreichische Botschaft
in Italien**
Via Pergolesi 3
I-00198 Roma
Tel. 06 844 01 41
www.aussenministerium.at/rom

► **Schweizer Botschaft in Italien**
Via Barnaba Oriani 61
I-00197 Roma
Tel. 06 80 95 71
www.eda.admin.ch/roma

INTERNET

► **www.italienwelten.de**
Aktuelle Kulturinfos, gute Ur-
laubs-Tipps und gute Links
(dtsch.)

► **www.italianita.de**
Informatives und umfassendes
Italien-Portal (dtsch.)

► **www.prodottitipici.com**
Touristische und kulinarische
Notizen zu Italien (it.)

Mit Behinderung unterwegs

Die Internet-Plattform www.italiapertutti.it informiert detailliert
über behindertengerechte Hotels und über den Standard bei öffentlichen Einrichtungen.

► NÜTZLICHE ADRESSEN

► **BSK-Reiseservice**
Altkrautheimer Str. 20
D-74238 Krautheim
Tel. 062 94 / 42 81 51
www.bsk-ev.org

► **Bundesarbeitsgemeinschaft
der Clubs Behinderter
und ihrer Freunde e. V.**
Eupener Str. 5
D-55131 Mainz
Tel. 061 31 / 22 55 14
www.bagebf.de

► **Verband aller
Körperbehinderten
Österreichs (VAKÖ)**
Schottenfeldgasse 29
A-1070 Wien
Tel. 01 / 914 55 62
E-Mail: info@vakoe.at

► **Mobility International
Schweiz (MIS)**
Froburgstr. 4
CH-4600 Olten
Tel. 062 / 206 88 35
www.mis-ch.ch

Elektrizität

Das Stromnetz führt in der Regel 220 Volt. Im Allgemeinen ist wegen der verschiedenen Steckdosenbauarten ein **Adapter** (reduzione) nötig. Europanorm-Gerätestecker sind meist nur dann verwendbar, wenn sie dünne Kontaktstifte besitzen.

Essen und Trinken

Die traditionelle umbrische Küche ist einfach, aber äußerst schmackhaft. Die wichtigsten Zutaten kommen direkt aus der Umgebung und sind deshalb frisch und von hervorragender Qualität – etwa das umbrische Olivenöl, das zu den besten Italiens gehört, oder die **Trüffeln**, die im südlichen Umbrien fester Bestandteil jeder Speisekarte sind (►Baedeker Special S. 370).
Umbrische Küche

Einen Spitzenplatz unter Umbriens Spezialitäten nimmt neben Trüffeln und Wein das **Olivenöl** ein, das in über dreihundert »Frantoi«, Ölmühlen, produziert wird. Ein Großteil des umbrischen Öls kommt aus der Gegend von Spoleto und Foligno, aber auch am Trasimenischen See, um Perugia und bei Gubbio bieten Olivenbauern qualitätvolle Produkte an. Das beste Öl stammt immer aus der ersten Kaltpressung, der »prima spremitura a freddo«, für den Verbraucher zu ersehen an der Bezeichung »extra vergine«.

Neben Restaurants (ristorante) sorgen Trattorien (trattoria), Osterien (osteria) und die als »tavola calda« (warme Küche) bezeichneten Lokale für das leibliche Wohl.
Lokale

Während früher ein Ristorante ein eher teureres Haus mit gepflegter Atmosphäre und eine Trattoria ein einfacheres, als Familienbetrieb geführtes Lokal war, ist eine Unterscheidung heute kaum mehr in dieser Weise möglich. Natürlich gibt es außerdem auch Pizzerien und Imbissstände mit umbrischen Spezialitäten.

In italienischen Restaurants ist es nicht üblich, sich den Platz selbst auszusuchen. Man wartet am Eingang, bis ein Kellner den Platz anweist. Stets zusätzlich berechnet werden die Bedienung (servizio) und das Gedeck (coperto).

> **ℹ️ Preise im Restaurant**
>
> - Fein & teuer: ab 50 Euro
> - Erschwinglich: 25–50 Euro
> - Preiswert: bis 25 Euro
>   Für ein Hauptgericht (Secondo piatto)

Zwar bieten heute die meisten Hotels ein **Frühstück**, das mit Brötchen, Butter und Konfitüre nordeuropäischen Gepflogenheiten entspricht, Italiener begnügen sich jedoch mit einem schnellen caffè
Mahlzeiten

»Gatta Melata«, eine der typischen leckeren Vorspeisen.

oder cappuccino in der Bar. Am besten verzichtet man auf das Hotel-frühstück, das oft relativ teuer ist; stattdessen kann man sich in einer Bar in wesentlich interessanterer Umgebung mit einem mit Schinken oder Salami belegten Brötchen versorgen. Auch sind die »normalen« italienischen Kaffeearten ohnehin meist besser als der Touristenkaffee im Hotel.

Ein typisches **Mittag-** oder **Abendessen** besteht meistens aus einer kalten oder warmen Vorspeise (antipasto), einem ersten Gang (primo) mit Nudeln (pasta), einem zweiten Gang (secondo) mit einem Fleisch- oder Fischgericht, Käse (formaggio) und einem Dessert (dolce) zum Abschluss. Die in Deutschland weit verbreitete Gewohnheit, in italienischen Lokalen nur ein Pasta-Gericht zu essen, ist in Italien mittlerweile auch kein Fauxpas mehr.

Typische Speisen & Getränke

Vorspeisen Beliebt als Vorspeisen (antipasti) sind die kleinen gerösteten Weißbrotscheiben, **crostini** genannt, die vorzugsweise mit Trüffelcreme (salsa tartufata) oder mit Steinpilz- oder Walnusscreme bestrichen werden. Auch bei der **bruschetta** handelt es sich um geröstetes Weißbrot, das mit Olivenöl beträufelt bzw. mit kleinen Tomatenstücken belegt wird, die meist in Öl eingelegt und mit Basilikum und Knoblauch gewürzt sind.

Bei den Teigwaren haben die Umbrier ebenfalls eigene Varianten entwickelt. Typisch sind die **ombrici** oder **ombricelli**, dicke Spaghetti aus

Schon die Zutaten für das Gebäck lassen künftige Genüsse erahnen.

Mehl und Wasser. Um Bandnudeln handelt es sich bei den **ciriole** und den **strangozzi**, die aus Vollkornmehl und Wasser bereitet werden. Serviert werden diese Nudelarten mit Pilz- oder Trüffelsoße.

Als typisch umbrisch gelten die **minestra di farro** – farro ist eine in Umbrien sehr verbreitete Getreidesorte – und die Linsensuppe **minestra di lenticchie**. Eine Spezialität sind die kleinen grünen Linsen, die im Juli und August auf der Hochebene von Castelluccio geerntet werden. **Suppen**

In der Umgebung von Trevi wird der gelbe Staudensellerie geerntet und als Gemüse serviert, während rund um Perugia der **cardo**, eine den Artischocken verwandte Distelpflanze, als Gemüsebeilage auf den Tisch kommt. **Gemüse**

Fleisch und Fisch werden in Umbrien am liebsten am offenen Feuer gegrillt. Eine Spezialität der Region sind die knusprig gebratenen Lamminnereien, **coratella d'agnello** genannt. Auch der Fisch aus dem Lago Trasimeno – v. a. Forellen, Barsche und Karpfen – kommt vorzugsweise gegrillt auf den Tisch. Aus der klaren und fischreichen Nera stammen die meisten Flusskrebse (gamberi di fiume). **Fleisch- und Fischgerichte**
Reichhaltig ist die Auswahl an Wildgerichten, die oftmals den Zusatz »alla cacciatora« (»nach Jägerart«) tragen. Mit frischen Pilzen und Trüffeln gefüllt, gehören Wildschwein (cinghiale), Kaninchen (coniglio) und Wildtauben (colombaccio) zum Besten, was die umbrische Küche zu bieten hat.

DER KÖNIG UNTER DEN ROTEN

Umbrien ist eine Region mit einer uralten Weinkultur. Schon vor mehr als 2000 Jahren labten sich die Etrusker an Weinen, die sie rund um Orvieto anbauten. Auch die Künstler der Renaissance schätzten die inspirierende Wirkung des Nektars aus Umbrien. Danach hatte sich das Weinbauglück eine Zeitlang in die Toskana verabschiedet, aber mittlerweile stehen die umbrischen Weine nicht mehr im Schatten der toskanischen Veteranen Chianti, Brunello & Co.

Die Landschaft Umbriens ist weitgehend der des nördlichen Nachbarn vergleichbar, auch Klima und Bodenverhältnisse ähneln sich. Die natürlichen Voraussetzungen für ebenso gute und bekannte Weine, wie sie auch in der Toskana produziert werden, sind also gegeben. Umbrien hielt es lange mit der Produktion recht einfacher Weine von lokaler Bedeutung. So hat es sich viele örtliche Spezialitäten bewahren können, die in letzter Zeit von einer neuen Generation engagierter Winzer zu bemerkenswerten Getränken ausgebaut wurden. Acht offizielle Zonen für kontrollierten Qualitätsweinanbau (DOC = Denominazione d'Origine Controllata) gibt es in Umbrien: Colli Altotiberini, Colli Amerini, Colli del Trasimeno, Colli Martani, Colli Perugini, Montefalco, Orvieto und Torgiano (► Karte Weinregionen S. 24).

Sagrantino erobert internationale Weinmärkte

In den erlauchten Club der DOCG-Berechtigten – das »G« steht für Garantita – hat es der »Sagrantino di Montefalco« geschafft. Seit dem Jahrgang 1991 darf er diese begehrte Bezeichnung tragen. Das ist erstaunlich, wenn man bedenkt, dass nur rund ein Viertel der 250 ha großen Rebfläche von Montefalco mit der Sorte Sagrantino bepflanzt ist. Der trockene Sagrantino ist ein vollmundiger Wein mit südlichem Temperament, würzig-pfeffrig, ein charaktervoller Tropfen mit Ecken und Kanten,

Weinkellerei in Montefalco:
Weinfässer und Flaschen für
den »König unter den Roten«

der Lagerpotenzial hat. Als Passito, der süßen Version aus Trauben, die zwei Monate lang getrocknet und dann gepresst werden, ist er mit 70 g Restzucker zwar ein Süßer, aber keineswegs ein Lieblicher. Die Süße ist vortrefflich in die tragenden Tannine eingebunden. So machen sich Weingüter im **Weinbaugebiet Montefalco** mit dem Sagrantino einen Namen auf dem internationalen Weinmarkt. Gefürchtet wird der König unter den Roten auch von den Nachbarn in der Toskana, da das Preis-Leistungsverhältnis optimal ist.

Empfehlenswerte Weingüter

Sagrantino bekommt man in den folgenden Weingütern:
Agricola Dionigi, Voc. Madonna delle Pia 92, Bevagna, Tel. 07 42 36 03 95, www.cantinadionigi.it
Arnaldo Caprai, Montefalco, Tel. 07 42 37 88 02
Azienda Agraria Scacciadiavoli, Montefalco, Tel. 07 42 37 12 10
Azienda Agricola Adanti, Bevagna, Tel. 07 42 36 02 95
Azienda Agricola Antonelli San Marco, Montefalco, Tel. 07 42 37 10 63

Andere gute umbrische Weine gibt es in den folgenden Weingütern:
Cantina Benincasa, Bevagna, Tel. 07 42 35 13 07
Cantina Giorgio Lungarotti, Via Mario Angeloni 16, Torgiano, Tel. 075 98 86 61
Cantina Terre del Carpine, Via Formanuova 87, Magione, Tel. 075 84 02 98
Spoleto Ducale Casale Triocco, Petrognano, Spoleto, Tel. 07 43 5 62 24, www.spoletoducale.it
Strada del Vino Colli del Trasimeno, Via Dante Alighieri, Magione, Tel. 075 84 74 11
Azienda Agricola Palazzone, Orvieto, Tel. 07 63 34 49 21
Cantina Cardeto Spa Fraz. Sferracavallo, Orvieto, Tel. 07 63 34 12 86
Cantina dei Colli Amerini, Zona Ind.le, Fornole, Tel. 07 44 98 97 21
Marchesi Antinori Srl Tenuta Castello della Sala, Ficulle, Tel. 07 63 8 60 51, www.antinori.it

Allgemeine Informationen:
Movimento Turismo del Vino Umbria, Viale Centova 6, 06128 Perugia, Tel. 075 502 58 80
www.movimentoturismovino.it

Leckere »Schweinereien«

Schweinefleisch spielt in der umbrischen Küche eine zentrale Rolle. Statt eines Hamburgers isst man in Umbrien die **porchetta**, scharf gewürztes, kaltes Spanferkel mit wildem Fenchel, Knoblauch und viel Pfeffer. Daneben gibt es eine große Vielfalt an deftigen Würsten und Schinken: salami, lonze, culatelli, capocolli, salsicce und vor allem die **mazzafegati**, eine in der Valnerina beheimatete Wurstspezialität aus Schweineleber, Rosinen und Orangenschalen.

Eine Besonderheit sind die mit Schinken oder Wurst gefüllte **torta al testo**, eine Art Fladenbrot aus Wasser, Mehl, Grieben und Schafskäse, sowie die mit Salbei oder Zwiebeln belegten **schiacciate**, eine Art Fladenbrot aus Pizzateig.

ℹ Schweinemetzger

■ Die besten Schweinemetzger kamen einst aus Norcia. In den kalten Wintermonaten verließen sie ihr abgelegenes Heimatstädtchen, um in anderen Städten ihr Geld zu verdienen, bis man sie landauf landab als Spezialisten für Wurstwaren kannte. Wenn man vom »Norcino« sprach, meinte man nicht den Bürger aus Norcia, sondern den Schweinemetzger. Auch die »Norcinerie« genannten Feinkostläden waren ursprünglich Spezialgeschäfte für Fleisch- und Wurstwaren vom Schwein.

Nachspeisen

Ein mehrgängiges Gericht schließt auch in Umbrien mit einer süßen Nachspeise (dolce), die vorzugsweise aus Kuchen oder Kleingebäck besteht. **Cantucci** heißen die steinharten Mandelkekse, die man in vin santo – am besten natürlich den »Sagrantino di Montefalco« – eintauchen muss, damit sie ihren vollen Geschmack entfalten. Beliebt sind auch die **cicerchiata**, ein Mandelgebäck aus kandierten Früchten und Honig, die **pinocchiate** genannten Kekse aus Pinienkernen, Kakao und Zucker mit Orangen- und Zitronenaroma, der **serpentone delle monache**, ein Kuchen aus Mandeln, Pinienkernen und Walnüssen, sowie das lebkuchenähnliche **panpepato** und die **ciaramicola**, ein mit Zuckerperlen bestreutes Schmalzgebäck. Das beste und berühmteste Konfekt stammt aus Perugia und ist vor allem in Bars und Cafés zu bekommen: die **baci**, die »Schokoladenküsse«, die man an ihrer silbernen Verpackung erkennt.

Getränke

Wer zum Essen keinen Wein trinken möchte, ist mit dem umbrischen Tafelwasser bestens bedient. Besonders zu empfehlen ist das »Flaminia« aus Nocera Umbra, ein köstliches, leicht sprudelndes Mineralwasser. Zum Abschluss einer Mahlzeit trinkt man wie überall in Italien einen espresso und anschließend einen Grappa.

Feiertage, Feste und Events

Umbrien feiert viel und gerne, wie man am dicht gedrängten Festkalender der Region sehen kann. Ein Volksfest in Umbrien mitzuerleben, gehört dazu, wenn man diese Region und die Mentalität ihrer Bewohner kennenlernen will. Obwohl die bekannteren Feste in Umbrien sich zu viel besuchten Anziehungspunkten für Auswärtige entwickelt haben, sind sie noch immer für Einheimische und Gäste gleichermaßen ein Ereignis. Die wichtigsten Feste der größeren Städte werden in den Ortsbeschreibungen (►Reiseziele) vorgestellt.

 VERANSTALTUNGSKALENDER

GESETZLICHE FEIERTAGE

► **1. Januar**
Neujahr (Capodanno)

► **6. Januar**
Hl. Drei Könige (Epifania)

► **April**
Ostermontag (Pasqua, Lunedì dell'angelo)

► **25. April**
Tag der Befreiung 1945 (Festa della liberazione)

► **1. Mai**
Tag der Arbeit (Festa del primo maggio)

► **1. Sonntag nach dem 2. Juni**
Nationalfeier der Republik (Festa Nazionale della Repubblica)

► **15. August**
Mariä Himmelfahrt (Assunzione/ Ferragosto)

► **1. November**
Allerheiligen (Ognissanti)

► **1. Sonntag im November**
Tag der nationalen Einheit (Festa dell'Unità Nazionale)

► **8. Dezember**
Mariä Empfängnis (Immacolata Concezione)

► **25. / 26. Dezember**
Weihnachten (Natale)

FEBRUAR

► **Terni**
St.-Valentins-Tag: Fest zu Ehren des Stadtpatrons San Valentino am 14. Februar

MÄRZ / APRIL

► **In vielen Orten**
Prozessionen an Karfreitag

► **Perugia, Gubbio und Terni**
Fernsehfilm-Festival »Umbriafiction TV«

APRIL

► **Spoleto**
Internationale Ballettwoche

► **Terni**
Cantamaggio: Volksfest mit Festwagenumzug am 30. April

► **Todi**
Antiquitätenschau im Palazzo del Vignola

Etwas fürs Auge: Calendimaggio in Assisi

MAI

▶ **Assisi**
Calendimaggio: dreitägiges Volksfest am Anfang des Monats mit Festumzug, diversen Theateraufführungen, Konzerten und Wettspielen

▶ **Cascia**
Fest am 21. Mai zu Ehren der heiligen Rita mit Fackelumzug und einer Prozession von Roccaporena, dem Geburtsort der Heiligen, nach Cascia

▶ **Fossato di Vico**
»Fest der mittelalterlichen Statuten«: großes Mittelalterfest am zweiten Maiwochenende

▶ **Gubbio**
Corsa dei Ceri: Fest am 15. Mai zu Ehren des heiligen Ubaldo, des Schutzpatrons der Stadt (▶ Baedeker Special S. 208)
Palio della Balestra: großes Volksfest mit einem Wettbewerb zwischen den Armbrustschützenvereinen von Gubbio und San Sepolcro (letzter So. im Monat)

▶ **Narni**
Corsa dell'Anello: Volksfest am 2. Sonntag des Monats zu Ehren des hl. Juvenal mit Reiterwettkämpfen in historischen Kostümen

MAI / JUNI

▶ **In vielen Orten**
Infiorata: Volksfest, bei dem Straßen und Plätze mit Blumenbildern geschmückt werden

▶ **Orvieto**
Festa della Palombella: Pfingstfest auf dem Domplatz

JUNI / JULI

▶ **Piediluco**
Festa delle Acque: »Wasserfest« am Lago di Piediluco mit Feuerwerk, Konzerten und Theaterstücken

▶ **Spoleto**
Festival dei Due Mondi: internationales Kulturfestival mit Konzerten, Theater- und Ballettaufführungen, Filmvorstellungen und Kunstausstellungen

JULI

▶ **Perugia**
Umbria Jazz: zehntägiges Jazzfestival mit zahlreichen Open-Air-Konzerten

AUGUST

▶ **Città della Pieve**
Palio dei Terzieri: Volksfest mit Festumzug in historischen Kostümen und einem Wettkampf im Bogenschießen

AUGUST / SEPTEMBER

▶ **Città di Castello**
»Festival der Nationen«: eines der wichtigsten Musikfestivals des Landes

▶ **Perugia**
Internationales Marionetten- und Puppenfestival mit über 60 Ensembles aus aller Welt

▶ **Todi**
Todi-Festival: Theateraufführungen, Konzerte und Filmvorführungen überwiegend in historischen Räumen

SEPTEMBER

▶ **Foligno**
Segni Barocchi: Kulturfestival zum Thema »Barock«

Drangvolle Enge bei der »Corsa dei Ceri« in Gubbio

▶ **Orvieto**
»Le vie della fantasia«: dreitägiges internationales Straßentheater-Festival

▶ **Perugia**
Sagra Musicale Umbra: Das »Umbrische Kirchenmusik-Festival« ist eine der renommiertesten Musikveranstaltungen in der Region

▶ **Todi**
Mostra Mercato Nazionale dell'Artigianato: große Verkaufs-ausstellung von Kunsthandwerk, u. a. Stilmöbel, Keramik- und Goldschmiedearbeiten, hand-gewebte Stoffe und Stickereien

▶ **Perugia**
Rassegna Antiquaria del gioiello e l'oggetto antico: Antiquitäten-messe mit Schmuck, Gemälden, Möbeln, Bronzearbeiten, Gobelins und Teppichen

▶ **In vielen Orten**
Krippenspiele und Kirchenkon-zerte an den Weihnachtsfeier-tagen; in Gubbio wird ein riesiger, mit über 1000 Lichtern geschmückter Weihnachtsbaum aufgestellt.

▶ **Orvieto**
Umbria Jazz Winter: Jazzfestival mit Silvester-Abschlusskonzert

Geld

In Italien ist der Euro **offizielles Zahlungsmittel** (1 CHF = 0,61 €, 1 € = 1,65 CHF). Bürger aus EU-Mitgliedsländern dürfen Euro in beliebiger Höhe ein- und ausführen.

Die **Banken** sind meist Mo. – Fr. 8.30 – 13.00 Uhr geöffnet; nachmittags variieren die Öffnungszeiten (ca. 14.30 – 16.30 Uhr). An Tagen vor Feiertagen (prefestivi) schließen die Banken um 11.20 Uhr. Mit der **Bankkarte** kann man maximal 500 € pro Tag und Konto abheben, mit der Postbank SparCard maximal 1500 € im Monat. **Kreditkarten** werden in der Regel von Banken, Hotels, Restaurants, Autovermietern und Einzelhandelsgeschäften akzeptiert.

Bei **Verlust von Kredit- oder Bankkarten** kann man unter der Telefonnummer **00 49/116 116** den **Sperr-Notruf** erreichen. Er gilt auch für Handys und weitere sperrbare Medien.

Belege (ricevuta, scontrino) müssen eine Weile aufbewahrt werden. Es kann vorkommen, dass man beim Verlassen eines Geschäfts von der Steuerpolizei (guardia della finanza) gebeten wird, die Quittung zu zeigen – damit soll Steuerbetrug erschwert werden.

Gesundheit

In größeren Orten und touristischen Zentren ist für eine ausreichende medizinische Versorgung gesorgt. Vielerorts steht die **Guardia Medica** auch nachts, sonntags und feiertags zur Verfügung (Guardia Medica notturna e festiva). Erste Hilfe (pronto soccorso) leisten außerdem das Rote Kreuz (Croce Rossa Italiana), das weiße Kreuz (Croce Bianca) und das Grüne Kreuz (Croce Verde). Deren Adressen und Telefonnummern stehen auf den ersten Seiten des Telefonbuchs (Avantielenco), **Zahnärzte** unter dem Stichwort »medici dentisti«.

Die Apotheken haben meistens Mo. bis Fr. 9.00 – 12.30 Uhr und 16.00 – 19.30 Uhr geöffnet. Sie schließen wechselweise mittwochs und samstags. Ein **Verzeichnis** mit den nachts und feiertags geöffneten Apotheken (farmacie di turno) hängt an den Schaufenstern oder an den Türen aller Apotheken aus.

Mit Kindern unterwegs

Italien ist ein kinderfreundliches Land. Kleine Urlauber und ihre Familien sind gern gesehene Gäste, Unterkünfte und Restaurants sind in der Regel auf Kinder eingestellt.

Auf Eselsrücken durch die Valnerina – am schönsten mit der ganzen Familie

In der Valnerina kann man Umbrien auf Esels Rücken erleben bzw. **Mit Eseln** Familien-Trekkingtouren mit Eseln machen. Im Angebot sind Tou- **unterwegs** ren von ein paar Stunden Länge, Tagestouren und Touren über meh- rere Tage – in jedem Fall ist es eine recht ungewöhnliche, aber sicher so ziemlich die schönste Art und Weise, Umbriens Natur zu erleben (▶ S. 365).

Auch Umbriens Städte bieten einiges, was für Kinder interessant ist. **Städte** In **Perugia** gibt es zum Beispiel ein Schokoladenmuseum, das der Schokoladenfabrik Perugina im Ortsteil San Sisto angeschlossen ist (▶ S. 279). Etwas außerhalb von Perugia kann man in einem Kletter- park in Schwindel erregenden Höhen wie Tarzan von Baum zu Baum springen! In **Orvieto** hat das archäologische Museum extra für Kin- der einen Museumsweg angelegt, auf dem sie in anschaulicher Weise mit der Welt der Etrusker und der alten Griechen vertraut gemacht werden.

In Perugia und Orvieto kann man die ausgedehnten unterirdischen **Unterwelten** Stadtanlagen besichtigen oder in tiefe Brunnen hinuntersteigen.

Wer sich den Veranstaltungskalender von Umbrien ansieht, wird **Feste** auch das eine oder andere Fest finden, das Kinder begeistert. Die Umbrier lieben es, sich anlässlich von Stadtfesten in historische Kos- tüme zu hüllen – bunt, schön und sehr anschaulich. Die Krönung ist sicher die »Corsa dei Ceri« in Gubbio.

Junge Sportler Es werden in Umbrien einige Sportarten angeboten, die auch für Kinder und Jugendliche spannend sein können – je nach Alter kann vor allem Paddeln oder Raften interessant sein (►S. 98).

Baden und Boot fahren Da Umbrien keine Küste hat, bietet sich für Badeferien und für Bootstouren nur der Lago Trasimeno an. Auf dem Lago di Piediluco kann man auch schöne Touren mit Tretbooten oder Ruderbooten unternehmen.

Knigge

Trinkgeld Im Allgemeinen wird ein Trinkgeld bei denselben Gelegenheiten und in ähnlicher Höhe gegeben wie von zu Hause gewohnt – in Restaurants und Cafés etwa 5 bis 10 % des Rechnungsbetrags. Wer mit Kreditkarte zahlt, sollte den entsprechenden Betrag in bar zurücklassen. In Cafés und Bars lässt man einfach das Geld auf dem Wechselgeldtellerchen liegen. Auch Taxifahrer, Fremdenführer und der Zimmerservice freuen sich über ein Trinkgeld.

Rauchverbot In allen öffentlichen Gebäuden, somit auch in Restaurants und Cafés, darf nicht mehr geraucht werden. Nur in Lokalen mit extra ausgewiesenen Raucherzonen ist das Rauchen erlaubt.

Permesso, scusi Auch wer nur wenig Italienisch beherrscht, sollte sich mindestens zwei Ausdrücke, die man überall hört und gebrauchen kann, einprägen: »permesso« und »scusi«. Diese Entschuldigungsformeln helfen einem z. B., wenn man irgendwo hindurch- oder an jemandem vorbeigehen will.

Bella Figura Bella Figura, der schöne äußerliche Schein, ist für die meisten Italiener und Italienerinnen ein inneres Bedürfnis. Auch wenn es sich bloß um den Gang zum Postamt oder einen Markteinkauf handelt – wer auf die Straße tritt, macht sich gern fein. Umso verständnisloser oder amüsierter schaut man auf Touristen herab, die mit Badeschlappen in Kirchen tappen, in Shorts Museen besichtigen oder gar mit nacktem Oberkörper durch die Altstadt wandeln.

Literaturempfehlungen

Klassiker **Johann Gottfried Seume:** Spaziergang nach Syrakus, Frankfurt/Main und Leipzig 2002. Auf seinem Weg durch Italien kommt Johann Gottfried Seume auch durch Umbrien. Besonders die Cascata delle Marmore hat es ihm angetan. Bei einem Besuch von Terni pries der Italienwanderer sie als technisches Meisterwerk.

Johann Wolfgang Goethe: Italienische Reise 1786–1788, Goldmann 2004. Goethe reiste auch durch Umbrien. In seinen Aufzeichnungen liest man unter anderem, dass er in Assisi die Franziskusbasilika links liegen ließ und direkt auf den Minervatempel zusteuerte.

Alexander Ramati: Der Assisi-Untergrund. Roitman Verlag, München 1984. Im September 1943 versucht Pater Rufino eine Gruppe jüdischer Flüchtlinge vor der SS zu verstecken. Der Film entstand 1985, u. a. mit Ben Cross, James Mason, Irene Papas, Maximilian Schell.

Romane

Alberta Rommel: Die goldenen Tage von Perugia. Stieglitz-Verlag, Mühlacker 1987. Eine blutige Familienfehde beendet im Jahr 1500 das friedliche Leben im Stadtstaat Perugia.

Lisa St. Aubin de Terán: Ein Haus in Italien. Suhrkamp Verlag, Frankfurt/M. 1997. Humorvoller Roman über das Leben in einem Traumhaus in Umbrien.

Antal Szerb: Reise im Mondlicht. dtv, München 2003. Der ungarische Autor erzählt von einer zufälligen Bahnreise von Venedig nach Perugia, die zugleich eine Reise in die Vergangenheit des Romanhelden Mihály ist.

William Trevor: Mein Haus in Umbrien. Rotbuch Verlag, Hamburg 1996. Vier Überlebende einer Zugkatastrophe landen im umbrischen Landhaus der Engländerin Emily Delahunty, einst eine erfolgreiche Autorin von Liebesromanen. Dort versuchen sie, ihr aus den Fugen geratenes Leben wieder zu ordnen. Der Roman wurde 2003 verfilmt.

Giancarlo Gasponi: Umbrien. Bilder einer Harmonie, Trient 1998. Herrlicher Bildband über die Region und ihre schönen Landschaften; Fotos von Giancarlo Gasponi, Texte von Carlo Galimberti.

Bildband

Medien

Die öffentlich-rechtliche Rundfunkanstalt Radio Televisione Italiana (RAI) verfügt über mehrere landesweite Hörfunk- und drei landesweite Fernsehkanäle, außerdem gibt es eine Vielzahl privater Hörfunk- und Fernsehsender. Straßenzustands- und Verkehrsmeldungen gibt es auf allen drei Kanälen der RAI jede halbe Stunde in der Nachrichtensendung »Onda Verde Europa« auf deutsch (UKW 103.5).

Rundfunk und Fernsehen

Auf Wunsch erhält man von der Deutschen Welle (Postfach, D-53110 Bonn) bzw. unter www.dw-world.de das aktuelle Programm mit genauen Sendezeiten und Frequenzangaben.

Deutsche Welle

Zeitungen, Zeitschriften Bedeutende überregionale Zeitungen sind »La Repubblica«, »Corriere della Sera«, »La Stampa« und »Il Secolo XIX«, bekannteste regionale der Corriere dell'Umbria. In den Städten bekommt man auch die wichtigsten deutschen Zeitungen und Zeitschriften.

Notdienste

 ## NOTRUFNUMMERN

IN ITALIEN

▶ **Allgemeiner Notruf**
Tel. 113

▶ **Polizei**
(carabinieri, soccorso pubblico)
Tel. 112

▶ **Feuerwehr**
(vigili fuoco)
Tel. 115

▶ **Rettungsdienst**
Tel. 118

▶ **Pannenhilfe des ACI**
(soccorso stradale)
Tel. 80 31 16 (gebührenfrei)

▶ **Pannenhilfe und Notruf des ADAC**
Tel. 02 66 15 91

IN DEUTSCHLAND

▶ **ACE-Notrufzentrale Stuttgart**
Kranken- und Fahrzeugrückhol-
dienst: Tel. 00 49 / 18 02 / 34 35 36

▶ **ADAC Notrufzentrale München**
Tel. 00 49 / 89 / 22 22 22
Ambulanz: 00 49 / 89 / 76 76 76

Post · Telekommunikation

Postämter In den italienischen Postämtern kann man nicht telefonieren, sie sind nur für den Post- und Paketdienst zuständig. Geöffnet sind sie in der Regel Mo. – Fr. 8.30 – 13.30, Sa. 8.30 – 12.00 Uhr.
Briefmarken (francobolli) kann man außer in Postämtern auch in Tabakgeschäften (tabacchi) kaufen. Eine Postkarte oder ein Brief (bis 20 g) ins europäische Ausland kosten derzeit 0,65 €.

Telefonieren Öffentliche Fernsprecher akzeptieren (fast) nur noch Telefonkarten (scheda oder carta telefonica), die in Bars, Tabak- und Zeitungsläden erhältlich sind. Die ehemaligen Ortsvorwahlen einschließlich der Null sind Bestandteil der italienischen Rufnummern. So muss auch bei Ortsgesprächen sowie bei Anrufen aus dem Ausland die Null mitgewählt werden. Davon ausgenommen sind Notfall-, Service- und Handy-Nummern. Servicenummern – mit der Vorwahl 800 – sind kostenlos.

Mit der **CallingCard** der Deutschen Telekom kann man bargeldlos und ohne Karte telefonieren. Informationen erteilt die Telekom.

Die Benutzung von **Mobiltelefonen** (telefonini, cellulari) im D1- und im D2-Netz ist möglich, mit einem Dual-Band-Handy auch im E-Plus-Netz. Zuweilen lohnen ein Preisvergleich und die manuelle Netzwahl, um die Roaminggebühren gering zu halten. Unter www.tariftip.de lässt sich der günstigste Anbieter für D1, D2, E-plus oder O2 ermitteln.

Preise · Vergünstigungen

 WAS KOSTET WIE VIEL?

Einfache Mahlzeit
ab 8 €

3-Gänge-Menü
ab 25 €

Tasse Kaffee
2,20 €

Benzin 1 l Super
ca. 1,29 €

Reisezeit

Die besten Monate für Wander-, Kultur- und Schlemmerreisen sind Frühjahr und Herbst. Im April kann man den Beginn des Frühlings erleben, doch gibt es in dieser Jahreszeit – wie auch im Herbst – noch kühle Tage mit Regen und Wind.

Frühjahr und Herbst

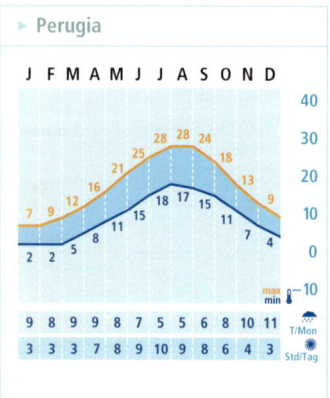

J F M A M J J A S O N D

Mai und Juni sind **als Reisemonate geradezu ideal**. Die Temperaturen klettern an schönen Tagen schon so hoch, dass man bereits genüsslich auf der Piazza verweilen kann. Klatschmohn, Ginster und Flieder stehen in voller Blüte, während man am Rand der Apenninen im Osten Umbriens noch schneebedeckte Gipfel sieht.

Für eine Reise im Mai oder Juni sprechen auch die vielen traditionellen Feste und Veranstaltungen, die in dieser Zeit in den Städten Umbriens gefeiert werden (▶ Feiertage, Feste und Events).

Im **Sommer** von Juli bis September scheint meist die Sonne, es ist überwiegend trocken und warm. Obwohl in der Gegend des Lago Trasimeno das ganze Jahr über milde Temperaturen herrschen, werden Badeurlauber diese Monate für einen Aufenthalt in Umbrien bevorzugen. Im breiten Tibertal sind die Sommermonate schwülheiß, während in den Städten, die ja zumeist erhöht liegen, gern ein Lüftchen weht, das die Hitze erträglich macht. Da der Monat August **Hauptreisezeit** (Ferragosto) der Italiener ist, empfiehlt es sich, Unterkünfte rechtzeitig zu buchen.

Winter Die Winter in Umbrien sind relativ mild. Ein Nachteil ist, dass diverse Hotels, Restaurants und Sehenswürdigkeiten geschlossen sind – was teilweise aber auch im Frühjahr und Herbst der Fall ist. Das Wetter ist insgesamt weniger beständig; Wetterschwankungen mit Regenschauern und auch kühleren Tagen sind durchaus möglich und sollten beim Kofferpacken einkalkuliert werden.

Shopping

Keramik Keramikherstellung hat eine lange Tradition in Umbrien und zeichnet sich durch ein hohes künstlerisches Niveau aus. Das Angebot an Gebrauchskeramik und Dekorationsstücken aller Art ist groß, wobei vor allem die Töpferwaren mit traditionellen Mustern und Motiven gefragt sind. In Städten mit einer besonders ausgeprägten Majolika-Tradition wie Deruta, Gualdo Tadino, Gubbio oder Orvieto kann man oft einen Blick in die Werkstatt der Keramikkünstler werfen.

Kulinarisches Die beliebtesten Mitbringsel aus Umbrien sind neben Keramik jene Feinkostspezialitäten, mit denen die Region ihre Gäste verwöhnt. An erster Stelle stehen natürlich die Trüffeln, die v. a. im Osten Umbriens gedeihen (▶ Baedeker Special S. 370).

Hervorragend sind auch das umbrische Olivenöl, der luftgetrock-
nete Schinken, die Salami und die
aus Norcia stammenden Wild-
schweinwürste (salsicce) – nicht zu
vergessen die Weine und Liköre
aus Umbrien, die man in einer
»Enoteca« kosten und kaufen
kann.

Das größte Angebot an umbrischen Spezialitäten bieten die Fein-
kostgeschäfte mit dem Namen
»Norcineria«. Die Heimat der Norcineria ist die südostumbrische
Stadt Norcia, wo die Herstellung
delikater Wurstwaren eine besondere Tradition hat. Mittlerweile
gibt es in vielen Städten Umbriens
Norcinerie, die weit mehr führen
als »nur« Geräuchertes vom
Schwein.

In den Ortschaften um den Lago
Trasimeno, insbesondere auf der
Isola Maggiore, wird u. a. handge-
klöppelte Spitze hergestellt. Bekannt ist Umbrien auch für sein
Kunstschmiedehandwerk sowie für
handgearbeitete Möbel und Anti-
quitäten. Die umbrischen Schrei-
ner gelten als sehr gute Möbelres-
tauratoren.

Beim Schaufenster-Shopping

Öffnungszeiten

Für Einzelhandelsgeschäfte lässt sich kaum eine verbindliche Öff-
nungszeit angeben, da dies von Stadt zu Stadt unterschiedlich ge-
handhabt wird. Im Allgemeinen kann man aber davon ausgehen,
dass die Geschäfte außer an Sonn- und Feiertagen von 9.00 – 13.00
und von 16.00 – 20.00 Uhr geöffnet sind.

Märkte

In den meisten Orten Umbriens gibt es regelmäßige Wochenmärkte,
die in der Regel nur vormittags abgehalten werden. In Perugia ist
beispielsweise dienstags und samstags Markttag, in Orvieto donners-
tags und samstags (auf der Piazza del Popolo), in Assisi samstags.
Neben frischem Obst und Gemüse, nicht selten auch etwas Kunsthandwerk und Kleidung, findet man auf den Wochenmärkten meistens auch Stände mit leckeren umbrischen Spezialitäten wie beispielsweise Porchetta, dem gegrillten und deftig gewürzten Schweine-
fleisch-Imbiss.

In vielen Städten gibt es auch Trödelmärkte, beispielsweise in Narni und Città di Castello an jedem dritten Wochenende des Monats.

Vorsicht vor Fälschungen! Der Handel mit gefälschten Markenprodukten ist in Italien verboten. Deftige Strafen werden auch von Touristen kassiert, die nachgemachte Designerwaren kaufen!

Sprache

Das Italienische hat sich aus dem Lateinischen entwickelt und steht diesem von allen romanischen Sprachen am nächsten. Nicht zuletzt infolge der früheren politischen Zerrissenheit des Landes entstanden zahlreiche Mundarten, unter denen sich im Verlauf des 13. und 14. Jh.s das Toskanische durchsetzte und bis heute die gültige Schriftsprache blieb.

Betonung Die Betonung liegt bei den meisten mehrsilbigen Wörtern auf der vorletzten Silbe; liegt sie auf der letzten Silbe, ist die Verwendung eines Akzents (Gravis, z. B. città) üblich. Wird auf der drittletzten Silbe betont, kann zur Verdeutlichung ein Akzent gesetzt werden.

Aussprache ▶ **c, cc** vor »e, i« wie deutsches »tsch«, Bsp.: dieci, sonst wie »k«

ch, cch wie deutsches »k«, Bsp.: pacchi, che

g, gg vor »e, i« wie deutsches »dsch« in Dschungel, Bsp.: gente

gl ungefähr wie in »Familie«, Bsp.: figlio

sc vor »e, i« wie deutsches »sch«, Bsp.: uscita

sch wie »sk« in »Skala«, Bsp.: Ischia

sci vor »a, o, u« wie deutsches »sch«, Bsp.: lasciare

z immer stimmhaft wie »ds« 7

SPRACHFÜHRER ITALIENISCH

Zahlen

zero	0	undici	11
uno	1	dodici	12
due	2	tredici	13
tre	3	quattordici	14
quattro	4	quindici	15
cinque	5	sedici	16
sei	6	diciassette	17
sette	7	diciotto	18
otto	8	diciannove	19
nove	9	venti	20
dieci	10	ventuno	21
trenta	30	centouno	101

quaranta	40	mille	1000
cinquanta	50	duemille	2000
sessanta	60	diecimila	10 000
settanta	70		
ottanta	80	un quarto	1/4
novanta	90	un mezzo	1/2
cento	100		

Auf einen Blick

Sì / No	Ja / Nein
Per favore / Grazie	Bitte / Danke
Non c'è di che	Gern geschehen
Scusi! / Scusa!	Entschuldigen Sie!
Come dice?	Wie bitte?
Non La / ti capisco	Ich verstehe Sie / dich nicht
Parlo solo un po' di ...	Ich spreche nur wenig ...
Mi può aiutare, per favore?	Können Sie mir bitte helfen?
Vorrei ...	Ich möchte ...
(Non) mi piace	Das gefällt mir (nicht)
Ha ...?	Haben Sie ...?
Quanto costa ...?	Wie viel kostet ...?
Che ore sono? / Che ora è?	Wie viel Uhr ist es?
Come sta? / Come stai?	Wie geht es Ihnen / dir?
Bene, grazie. E Lei / tu?	Danke. Und Ihnen / dir?

Unterwegs

a sinistra / a destra / diritto	nach links / nach rechts / geradeaus
vicino / lontano	nah / fern
Quanti chilometri sono?	Wie weit (in Kilometern) ist das?
Vorrei noleggiare ...	Ich möchte ... mieten
... una macchina	... ein Auto
... una bicicletta	... ein Fahrrad
... una barca	... ein Boot
Scusi, dov'è ...?	Bitte, wo ist ...?
la stazione centrale	der Hauptbahnhof
la metro(politana)	die U-Bahn
l'aeroporto	der Flughafen
all'albergo	zum Hotel
Ho un guasto.	Ich habe eine Panne.
Mi potrebbe mandare un carro-attrezzi?	Würden Sie mir einen Abschleppwagen schicken?
Scusi, c'è un'officina qui?	Gibt es hier eine Werkstatt?
Dov'è la prossima stazione di servizio?	Wo ist die nächste Tankstelle?

Ins Gespräch vertieft

benzina normale	Normalbenzin
super / gasolio	Super / Diesel
deviazione	Umleitung
senso unico	Einbahnstraße
sbarrato	gesperrt
rallentare	langsam fahren
tutti direzioni	alle Richtungen
tenere la destra	rechts fahren
zona di silenzio	Hupverbot
zona tutelata inizio	Beginn der Parkverbotszone
Aiuto!	Hilfe!
Attenzione!	Achtung!
Chiami subito ...	Rufen Sie schnell ...
... un'autoambulanza	... einen Krankenwagen
... la polizia	... die Polizei

Ausgehen

Scusi, mi potrebbe indicare ...?	Wo gibt es ...?
... un buon ristorante?	... ein gutes Restaurant?
... un locale tipico?	... ein typisches Restaurant?
C'è una gelateria qui vicino?	Gibt es hier eine Eisdiele?
Può riservarci per stasera un tavolo per quattro persone?	Kann ich für heute Abend einen Tisch für vier Personen reservieren?

Alla Sua salute!	Auf Ihr Wohl!
Il conto, per favore.	Bezahlen, bitte.
Andava bene?	Hat es geschmeckt?
Il mangiare era eccellente.	Das Essen war ausgezeichnet.
Ha un programma delle manifestazioni?	Haben Sie einen Veranstaltungs-kalender?

Einkaufen

Dov'è si può trovare ...?	Wo finde ich ...?
... una farmacia	... eine Apotheke
... un panificio	... eine Bäckerei
... un negozio di articoli fotografici	... ein Fotogeschäft
... un grande magazzino	... ein Kaufhaus
... un negozio di generi alimentari	... ein Lebensmittelgeschäft
... il mercato	... den Markt
... il supermercato	... den Supermarkt
... il tabaccaio	... den Tabakladen
... il giornalaio	... den Zeitungshändler

Übernachten

Scusi, potrebbe consigliarmi ...?	Können Sie mir ... empfehlen?
... un albergo	... ein Hotel
... una pensione	... eine Pension
Ho prenotato una camera.	Ich habe ein Zimmer reserviert.
È libera ...?	Haben Sie noch ...?
... una singola	... ein Einzelzimmer
... una doppia	... ein Zweibettzimmer
... con doccia / bagno	... mit Dusche / Bad
... per una notte	... für eine Nacht
... per una settimana	... für eine Woche
... con vista sul mare	... mit Blick aufs Meer
Quanto costa la camera ...?	Was kostet das Zimmer ...?
... con la prima colazione?	... mit Frühstück?
... a mezza pensione?	... mit Halbpension?

Arzt und Apotheke

Mi può consigliare un buon medico?	Können Sie mir einen guten Arzt empfehlen?
Mi può dare una medicina per ...	Geben Sie mir bitte ein Medikament gegen ...
Soffro di diarrea.	Ich habe Durchfall.
Ho mal di pancia.	Ich habe Bauchschmerzen.

Ho mal di testa	Ich habe Kopfschmerzen
... mal di gola	... Halsschmerzen
... mal di denti	... Zahnschmerzen
... influenza	... Grippe
... tosse	... Husten
... febbre	... Fieber
... scottatura solare	... Sonnenbrand
... costipazione	... Verstopfung

Speisekarte

prima colazione	**Frühstück**
caffè, espresso	kleiner Kaffee ohne Milch
caffè macchiato	kleiner Kaffee mit wenig Milch
caffè latte	Kaffee mit Milch
caffè decaffeinato	koffeinfreier Kaffee
cappuccino	Kaffee mit aufgeschäumter Milch
tè al latte / al limone	Tee mit Milch / Zitrone
tè alla menta / alla frutta	Pfefferminz- / Früchtetee
cioccolata	Schokolade
frittata	Omelett/Pfannkuchen
pane / panino / pane tostato	Brot / Brötchen / Toast
burro	Butter
salame	Wurst
prosciutto	Schinken
miele	Honig
marmellata	Marmelade
iogurt	Joghurt

antipasti	**Vorspeisen**
affettato misto	gemischter Aufschnitt
anguilla affumicata	Räucheraal
melone e prosciutto	Melone mit Schinken
vitello tonnato	kalter Kalbsbraten mit Thunfischsauce

primi piatti	**Nudel- und Reisgerichte, Suppen**
pasta	Nudeln
fettuccine / tagliatelle	Bandnudeln
gnocchi	kleine Kartoffelklößchen
polenta (alla valdostana)	Maisbrei (mit Käse)
vermicelli	Fadennudeln

In diesem Fall kann man sich auch mit Deuten behelfen ...

minestrone	dicke Gemüsesuppe
pastina in brodo	Fleischbrühe mit feinen Nudeln
zuppa di pesce	Fischsuppe

carni e pesce	**Fleisch und Fisch**
agnello	Lamm
ai ferri / alla griglia	vom Grill
aragosta	Languste
brasato	Braten
coniglio	Kaninchen
cozze / vongole	Miesmuscheln / Venusmuscheln
fegato	Leber
fritto di pesce	gebackene Fische
gambero, granchio	Garnelen
maiale	Schweinefleisch
manzo / bue	Rind- / Ochsenfleisch
pesce spada	Schwertfisch
platessa	Scholle
pollo	Huhn
rognoni	Nieren
salmone	Lachs
scampi fritti	gebackene Langustinen
sogliola	Seezunge
tonno	Thunfisch

trota	Forelle
vitello	Kalbfleisch

verdura	**Gemüse**
asparagi	Spargel
carciofi	Artischocken
carote	Karotten
cavolfiore	Blumenkohl
cavolo	Kohl
cicoria belga	Chicorée
cipolle	Zwiebeln
fagioli	weiße Bohnen
fagiolini	grüne Bohnen
finocchi	Fenchel
funghi	Pilze
insalata mista / verde	gemischter / grüner Salat
lenticchie	Linsen
melanzane	Auberginen
patate	Kartoffeln
patatine fritte	Pommes frites
peperoni	Paprika
pomodori	Tomaten
spinaci	Spinat
zucca	Kürbis

formaggi	**Käse**
parmigiano	Parmesan
pecorino	Schafskäse
ricotta	quarkähnlicher Frischkäse

dolci e frutta	**Nachspeisen und Obst**
cassata	Eisschnitte mit kandierten Früchten
coppa assortita	gemischter Eisbecher
coppa con panna	Eisbecher mit Sahne
tirami su	Löffelbiskuit mit Mascarpone-creme
zabaione	Eierschaumcreme
zuppa inglese	likörgetränktes Biskuit mit Vanillecreme

bevande	**Getränke**
acqua minerale	Mineralwasser
aranciata	Orangeade

bibita	Erfrischungsgetränk
bicchiere	Glas
birra scura / chiara	dunkles / helles Bier
birra alla spina	Bier vom Fass
birra senza alcool	alkoholfreies Bier
bottiglia	Flasche
con ghiaccio	mit Eis
digestivo	Digestif
gassata/con gas / liscia/senza gas	mit / ohne Kohlensäure
secco	trocken
spumante	Sekt
succo	Fruchtsaft
vino bianco / rosato / rosso	Weiß- / Rosé- / Rotwein
vino della casa	Hauswein

Übernachten

Agriturismo, nur unzureichend mit »Ferien auf dem Land« über-   **Agriturismo**
setzt, wird in Umbrien verstärkt angeboten. Die Auswahl der Unterkünfte reicht von einfachen Zimmern auf einem Bauernhof bis zu
modernen Ferienanlagen in ländlicher Umgebung. Das Freizeitange-
bot ist besonders auf Familien mit Kindern und Sportbegeisterte ausgerichtet.

Eine empfehlenswerte Alternative zu einem Hotelaufenthalt bietet   **Bed & Breakfast**
»Bed & Breakfast« in Privatunterkünften. Das Angebot reicht von
einfachen Zimmern bis zu Unterkünften mit eigenem Bad in historischen Gebäuden.

In Umbrien gibt es mehr als 40 Campingplätze, auf denen auch   **Camping,**
Wohnwagen und Wohnmobile zugelassen sind. Die meisten Plätze   **Caravaning**
findet man um den Lago Trasimeno wegen seiner guten Erholungs-
und Sportmöglichkeiten.
Das verhältnismäßig hohe Preisniveau für Unterkünfte in Italien
macht auch vor den Campingplätzen nicht Halt: Im Durchschnitt
muss man für ein Zelt und zwei Personen mit rund 15 € pro Nacht
rechnen. Weitere Informationen sowie die Adressen der Plätze erhält
man bei den örtlichen Fremdenverkehrsämtern, den ENIT-Vertretungen (►Auskunft) und beim italienischen Campingverband.
Wildes Zelten auf freiem Gelände ist verboten; auf Privatgrundstü-
cken darf nur mit Erlaubnis des Besitzers gezeltet werden. Wer mit
Wohnmobil oder Wohnwagen reist, kann sich in Ausnahmefällen eine Nacht am Straßenrand oder auf einem Park- oder Rastplatz auf-

Villa Ciconia bei Orvieto: Umbrien bietet auch Nächte in Himmelbetten!

halten. Aus Sicherheitsgründen sollte jedoch ein offizieller Camping-platz aufgesucht werden.

Ferienhäuser, Appartments

Ferienwohnungen und Ferienhäuser in Umbrien werden von speziel-len Reiseveranstaltern sowie von allen Fremdenverkehrsämtern vor Ort vermittelt.

In Klöstern übernachten

Von den lokalen Touristeninformationen werden auch Unterkünfte angeboten, die von Ordensgemeinschaften geführt werden. Was ur-sprünglich nur für Wallfahrer eingerichtet worden war, erfreut sich mittlerweile allgemein großer Beliebtheit. Die Gästehäuser der Klös-ter bieten ein gutes Preis-Leistungs-Verhältnis, auch sind die Über-nachtungspreise deutlich günstiger als in Hotels. Einziger Minus-punkt: Im Frühjahr und im Sommer schließen die Häuser um 22.00, im Herbst und im Winter bereits um 21.00 Uhr.

i Preiskategorien

- Luxus: ab 160 Euro
- Komfortabel: 65 – 160 Euro
- Günstig: bis 65 Euro
  Für ein Doppelzimmer pro Nacht

Hotels sind in Italien in fünf Kate-gorien eingeteilt, vom Luxushotel mit 5 Sternen bis zur einfachen

INFO-ADRESSEN ÜBERNACHTEN

AGRITURISMO

► **Agriturist Umbria**
Via Savonarola 38
I-06121 Perugia
Tel. 07 53 20 28
www.agriturist.it

► **Terranostra Umbria**
Via Settevalli 131
I-06129 Perugia
Tel. 075 50 67 61
www.coldiretti.it

► **Turismo Verde Umbria**
Via Mario Angeloni 1
I-06125 Perugia
Tel. 07 55 00 29 53
www.cia.it

BED & BREAKFAST

► **Welcome**
Bed & Breakfast dell'Umbria
Via degli eucalipti 47/a
I-05019 Orvieto
Tel. 07 63 30 55 23
www.bbumbria.it

CAMPING

► **Federazione Italiana del Campeggio e del Caravanning**
Via Vittorio Emanuele 11
I-50041 Calenzano (Firenze)
Tel. 055 88 23 91
www.federcampeggio.it und
www.camping.it

FERIENHÄUSER

► **Interhome**
Hoeschplatz 5
D-52349 Düren
Tel. 024 21 / 12 20 und
08 00 / 12 20 120
www.interhome.de

► **Inter Chalet**
Postfach 5420
D-79021 Freiburg
Tel. 07 61 / 21 00 77
www.interchalet.com

HOTELS

► **www.italien.com**
► **www.itwg.com**

JUGENDHERBERGEN

► **Deutsches Jugendherbergswerk (DJH)**
Bismarckstraße 8
D-32756 Detmold
Tel. 052 31 / 740 10
www.djh.de

► **Associazione Italiana Alberghi per la Gioventù**
Via Cavour 44
I-00184 Roma
Tel. 064 87 11 52
www.ostellionline.org

Unterkunft mit einem Stern. Zudem findet man auch kleinere, nicht klassifizierte Betriebe, die durchaus akzeptabel sind. Manche kleinere Hotels haben keine eigene Garage, kümmern sich aber in der Regel darum, wo man sicher parken kann. Meist muss man einen Stellplatz auf dem Hotelgelände extra bezahlen. **Hotelverzeichnisse** erhält man von den ENIT-Vertretungen (►Auskunft) und den örtlichen Fremdenverkehrsämtern.

Auch Hotels in historisch bedeutsamen Gebäuden wie Palais oder herrschaftliche Villen, **»Residenze d'epoca«** genannt, sind in den Hotellisten aufgeführt. Die »Residenzen« liegen meist in landschaftlich reizvoller Umgebung und sind sehr individuell eingerichtet.

Jugend-herbergen

Wer in Italien in einer Jugendherberge übernachten will, benötigt einen internationalen Jugendherbergsausweis, der u. a. beim Deutschen Jugendherbergswerk in Detmold erhältlich ist. Beim DJH gibt es auch ein Verzeichnis mit den Adressen der italienischen Jugendherbergen.

Urlaub aktiv

Sport

Umbrien entwickelte sich in den vergangenen Jahren mehr und mehr zu einem Gebiet für sportbegeisterte Urlauber. Da die Region neben ihren zahlreichen kulturellen Schätzen noch viel unberührte Landschaft bietet, stehen Sportarten in der Natur im Vordergrund, v. a. Wandern, Radfahren und Reiten.

Angeln

Die beliebtesten Angelreviere sind der Lago Trasimeno und der Lago di Corbara. Auch in verschiedenen Flüssen wie dem Chiascio, dem Assino und v. a. in der oberen Nera wird gern geangelt. Die Zubringerflüsse der Nera sind reich an Forellen. Eine Angelgenehmigung erteilt das Ufficio Programmazione e Gestione Faunistica in Perugia.

Baden

Da Umbrien keinen Zugang zur Küste hat, gehört es nicht unbedingt zu den Badeparadiesen Italiens. Der einzige größere See ist der **Lago Trasimeno**, der sich allerdings nur sehr bedingt zum Baden eignet, da die Wasserqualität ziemlich zu wünschen übrig lässt. Da der See nicht besonders tief ist, erwärmt er sich im Sommer sehr schnell. Rund um den See gibt es mehrere schmale Sandstrände, Schwimmbäder und viele Wassersportmöglichkeiten.

Flugsport

Gute Ausgangspunkte für Drachenflieger, Paraglider und Segelflieger sind der Monte Subasio bei Assisi und der Monte Cucco im Nordosten Umbriens. Ein **Mekka für Drachenflieger** ist das Dörfchen Castelluccio, das auf einer kegelförmigen Anhöhe über der Hochfläche des Piano Grande thront, umgeben von den Sibillinischen Bergen.

Kanu fahren

Reviere für Kanu- und Wildwasserfahrer sind u. a. der obere Tiber sowie die **Nera**. Vor allem Città di Castello genießt einen überregionalen Ruf als Zentrum des Kanusports in Umbrien. Jedes Jahr Ende April / Anfang Mai startet hier eine internationale Wildwasserregatta auf dem Tiber, die nach mehreren Etappen in Rom endet.

Ideal zum Raften: die Nera im Osten der Region

Free Climber finden entsprechend ausgerüstete Wände am Monte Tezio bei Perugia, in Pale bei Foligno, am Monte Vettore nordöstlich von Norcia und in Ferentillo an der SS 209 durch die Valnerina.

Klettern, Free Climbing

Besonders beliebt bei **Mountainbikern** sind die Valnerina und die Monti Sibillini. Informationen erteilen die Fremdenverkehrsämter vor Ort. Einige Organisationen und Sportvereine bieten geführte Mountainbike-Touren an. Zu den besten Gebieten zum **Radwandern** gehört die Umgebung des Lago Trasimeno, da man hier immer am flachen Ufer entlangradeln kann und nur wenige Steigungen in Kauf nehmen muss. Etwas anstrengender, aber von herrlichen Landschaftseindrücken begleitet, ist beispielsweise eine Radtour durch das Amerino, den Südwesten von Umbrien.

Radfahren

Reiten ist in Umbrien überaus beliebt; in fast allen Gegenden der Region findet man Reitschulen und Reiterhöfe, deren Adressen man in den jeweiligen Tourismusbüros vor Ort erhält.

Reiten

Umbriens Segelreviere sind der **Lago Trasimeno** (Anlegemöglichkeiten, auch für Motorboote, in Castiglione del Lago, in Magione, in Passignano sul Trasimeno und in Tuoro sul Trasimeno), der Lago di Corbara und der Lago di Piediluco. Segelschulen gibt es am Lago Trasimeno in Castiglione del Lago und in Passignano sul Trasimeno.

Segeln

Umbrien hat nur wenige Skigebiete. Alpines Skilaufen ist im bergigen Osten der Region möglich. Skilifte und lange Abfahrten gibt es z. B. in Forca Canapine bei Norcia. Langlaufloipen wurden auf dem Monte Cucco angelegt.

Skifahren

Ein Mekka für Flugsportler aller Art: das Mittelgebirge Umbriens

Wandern Immer mehr Urlauber entdecken Umbrien und seine landschaftlichen Schönheiten zu Fuß. Nur im Südosten der Region gibt es höhere Berge, ansonsten ist Umbrien geprägt von sanft ansteigenden Hügelketten, für die Wanderer weder eine außergewöhnliche Kondition noch größere Vorbereitungen brauchen. Dazu kommt, dass die meisten Gegenden Umbriens zwar nicht dicht besiedelt, aber von einem Netz kleiner Ortschaften und Einzelgehöfte überzogen sind, so dass man auch kurze Etappen wandern kann. Sehr schön sind die **Valnerina** und die waldreiche Umgebung von Spoleto. Die schönsten Fernblicke auf das umbrische Hügelland genießt man auf der Wanderstrecke hoch über der Valle Umbra von Assisi nach Spello. Gut ausgeschilderte Routen findet man an den Hängen des 1566 m hohen Monte Cucco im Nordosten Umbriens und um den Lago Trasimeno. **Informationen** über Wanderwege, besondere Naturphänomene und Naturschutzgebiete erhält man bei den örtlichen Touristeninformationen und den regionalen Auskunftsstellen des Club Alpino Italiano (CAI), des italienischen Alpenvereins.

Wasserski fahren Wasserskifahren ist ebenfalls auf dem Lago Trasimeno möglich; Sportschulen in Castiglione del Lago, in Magione und in Tuoro sul Trasimeno bieten Wasserski-Kurse an.

Windsurfing Auch zum Windsurfing eignet sich der Lago Trasimeno. Unterricht erteilen die Windsurfingschulen in Castiglione del Lago, in Magione und Tuoro sul Trasimeno. Nähere Infos gibt's bei den unten aufgeführten Segelschulen.

Sprachkurse

Die erste Adresse für Sprachstudien ist die 1926 gegründete »Università Italiana per Stranieri« in Perugia im barocken Palazzo Gallenga gegenüber dem Arco di Augusto. Rund 6000 Studenten aus aller Welt sind jährlich an der »Ausländeruniversität« eingeschrieben. Neben dem Besuch der Sprachkurse in allen Schwierigkeitsgraden können die Studenten Vorlesungen über Kunst und Kultur Italiens hören.

Università Italiana per Stranieri

 SPORT-INFOS & SPRACHKURSE

ANGELN

► **Ufficio Programmazione e Gestione Faunistica**
c/o Provincia di Perugia
Via Palermo 21/C, I-06100 Perugia
Tel. 07 55 74 74 54

FLUGSPORT

► **A. S. Gaia**
Via Cristoforo Colombo 1/a
I-06034 Foligno
Mobil-Tel. 33 87 67 83 08
www.asgaia.it

► **Itineraria**
Via S. Anna 2, I-06038 Spello
Tel. 07 42 30 23 01
www.itineraria.biz

► **Prodelta**
Via delle Fate
I-06046 Castelluccio di Norcia
Tel. 07 43 82 11 56
www.prodelta.it

GOLFPLÄTZE

► **Golf & Country Club Caldese**
Loc. Caldese di Celle – Lerchi
I-06010 Città di Castello
Tel. 07 58 51 01 97
Golfanlage mit 9 Loch, Par 18

► **Golf Club Lamborghini**
Loc. Soderi 1, I-06064 Panicale
Tel. 075 83 75 82
www.lamborghinionline.it

Golfanlage mit 9 Loch, Par 72;
Länge: 5720 m

► **Golf Club La Romita**
Strada della Romita 11
I-05100 Terni
Tel. 07 44 40 78 89
romita.golfclub@tin.it
Golfanlage mit 9 Loch, Par 29;
Länge: 1160 m

► **Perugia Golf Club**
zwischen Sodi di Santa Sabina
und Ellera, Tel. 07 55 17 22 04
www.golfclubperugia.it
Golfanlage mit 18 Loch, Par 72;
Länge: 5735 m

KANU / KAJAK

► **Canoa Club Città di Castello**
Piazza San Florido
I-06012 Città di Castello
Tel. 07 58 55 36 56
www.canoacastello.it

► **Gruppo Canoe Terni**
Via dei Chiodatoli 5
I-05100 Terni, Tel. 07 44 40 72 35
gruppocanoeterni@libero.it

► **Pangea Hiking & Rafting**
Piazza del Mercato
Valnerina – Scheggino
Tel. 06 87 342 13
Mobil-Tel. 34 87 71 11 70
www.pangea-italia.com

KLETTERN

▶ **Club Alpino Italiano (C.A.I)**
Via della Gabbia 9
I-06123 Perugia
Tel. 07 55 73 03 34
www.geocities.com/caiperugia

RADFAHREN

▶ **A.S. Bicinumbria**
Via G. Brodoloni
I-06073 Corciano
Tel. 07 55 17 18 47
Fax 07 55 17 72 24

▶ **A.S. Blob Service**
Via delle Palombare
I-05031 Arrone
Tel. 07 44 28 76 86
www.cuoreverde.com/blob

▶ **Azimut Mountain Biking**
Via dei Villini 24
I-06034 Foligno
Mobil-Tel. 33 83 43 52 58
Fax 074 22 07 95

▶ **Fahrradverleih**
Ciclismo Sport
Via Settevalli 193
I-06128 Perugia
Tel. 07 55 05 25 31
www.ciclismosport.it

SEGELN

▶ **Club Velico Castiglionese**
Via Brigata Garibaldi 48
I-06061 Castiglione del Lago
Tel. 075 95 30 35
www.cvcastiglionese.it

▶ **Club Velico Trasimeno**
Darsena
I-06065 Passignano
sul Trasimeno
Tel. 07 58 29 60 21
www.clubvelicotrasimeno.it

SKIFAHREN

▶ **Club Alpino Italiano (C.A.I)**
Via della Gabbia 9
I-06123 Perugia
Tel. 07 55 73 03 34
www.geocities.com/caiperugia

WANDERN

▶ **Club Alpino Italiano (C.A.I.)**
Via S. Marzio
I-06023 Gualdo Tadino
Tel. 07 59 14 22 13

▶ **Fie Valle Umbra Trekking**
Via dei Preti 27
I-06034 Foligno
Tel. 07 42 35 25 96
www.fiefoligno.it

▶ **Umbria Trekking
Soc. Coop. A.R.L.**
Via Monti Martani 2
I-06034 Foligno
Tel. 07 42 34 27 66
umbriat@libero.it

WASSERSKI & WINDSURFING

▶ **Club Nautico Porto Cervo**
Frazione S. Feliciano
I-06063 Magione
Tel. 07 58 47 60 09

▶ **Sci Club Trasimeno**
Via Roma 34
I-06060 Sanfatuccio –
Castiglione del Lago
Tel. 07 59 65 28 36
www.trasinet.net/sct

SPRACHKURSE

▶ **Università Italiana
per Stranieri**
Palazzo Gallenga
Piazza Fortebracci 4
I-06122 Perugia
Tel. 07 55 74 61
www.unistrapg.it

Verkehr

Straßenverkehr

Das Straßennetz in Umbrien ist verhältnismäßig engmaschig und gut **Straßennetz**
ausgebaut. Hauptverkehrsadern sind die »Superstrada SS 3 bis«
(E 45), die durch das Tibertal im Westen verläuft und die Städte Città
di Castello, Umbertide, Perugia, Deruta, Todi und Terni berührt, sowie die »SS 3 Flaminia« durch die Valle Umbra, die die Städte Gualdo Tadino, Nocera Umbra, Foligno, Spoleto und Terni verbindet.

Autobahnen (autostrada) sind gebührenpflichtig (pedaggio). Die **Autobahnen**
Maut kann entweder bar, mit Kreditkarte oder mit der **»Viacard«** bezahlt werden (erhältlich bei Automobilclubs, an Grenzübergängen,
bei Autobahneinfahrten, in Tabakwarengeschäften und Tankstellen).
Die Einfuhr und der Transport von Benzin in Kanistern sind verboten. Die meisten **Tankstellen** sind von 7.00 bis 12.00 und von 14.00
bis 20.00 Uhr geöffnet, an Autobahnen auch rund um die Uhr. An
Wochenenden, zunehmend auch in der Mittagspause und nachts,
kann man oft nur an automatischen Zapfsäulen tanken.

Verkehrssünder werden in Italien kräftig zur Kasse gebeten. **Vorfahrt** **Verkehrs-**
hat der Verkehr auf den Hauptverkehrsstraßen, sofern diese durch **vorschriften**
ein auf die Spitze gestelltes weißes oder gelbes Quadrat mit roter
bzw. schwarz-weißer Umrahmung beschildert sind. Sonst gilt grundsätzlich – auch im Kreisverkehr –
»rechts vor links«. Auf Bergstraßen
hat das bergauf fahrende Fahrzeug
Vorfahrt. Schienenfahrzeuge haben
immer Vorfahrt.
Auf Motorrädern über 50 ccm besteht **Helmpflicht**. Außerhalb ge-
schlossener Ortschaften muss tags-
über mit **Abblendlicht** gefahren
werden, **bei Regen** sind für Motorräder auf der Autobahn maximal
110 km/h anstatt 130 km/h erlaubt!

 Höchstgeschwindigkeiten

- Pkws, Motorräder und Wohnmobile bis 3,5 t:
  innerorts 50 km/h, außerorts 90 km/h, auf
  Schnellstraßen (2 Fahrstreifen in jeder Richtung) 110 km/h, auf Autobahnen 130 km/h
- Pkws und Wohnmobile über 3,5 t:
  außerorts und auf Schnellstraßen 80 km/h
  auf Autobahnen 100 km/h

Im Falle einer **Panne** werden ausländische Auto- oder Motorradrei-
sende vom Pannendienst des italienischen Automobilclubs zur
nächsten Werkstatt abgeschleppt. Privates Abschleppen auf Autobahnen ist verboten. Bei Totalschaden muss der Zoll verständigt werden,
da sonst u. U. für das Schadensfahrzeug Einfuhrzoll bezahlt werden
muss. **Pannenwesten** sind in Italien Pflicht!

Die meisten Städte Umbriens sind im Zentrum verkehrsberuhigt **Parken**
oder autofrei; fast alle haben vor den Toren der Altstadt Parkplätze.
Von dort gelangt man oft in wenigen Minuten zu Fuß oder – seltener

– mit öffentlichen Verkehrsmitteln ins Zentrum. Wo man in den Ort hineinfahren darf, ist dies wegen der engen Gassen kein Vergnügen. Parkverbotsschilder (Zona tutelata INIZIO = Beginn der Parkverbotszone) sollte man unbedingt beachten. Weiße Bordsteinkanten bzw. Parkflächen bedeuten: keine Beschränkung, hier kann kostenlos geparkt werden; gelbe Bordsteinkanten bzw. Parkflächen: nur für Berechtigte (z. B. Behinderte); blaue Bordsteinkanten oder Parkflächen: Parken gegen Gebür (Parkscheine »gratta e sosta«, »rubble und parke«, gibt's am Automaten bzw. im nächsten Tabacchi).

Mietwagen

Um in Italien ein Auto mieten zu können, muss man mindestens 21 Jahre alt sein, eine Kreditkarte und seit einem Jahr einen Führerschein besitzen. Bei den internationalen Autovermietern, die in allen größeren Städten Niederlassungen haben, kann man bereits von Deutschland aus buchen – das ist in der Regel billiger. **Interessante Angebote** haben auch sogenannte Car-Broker wie »holiday autos«, »Sunny Cars« oder »driveFTI«.

Busverkehr

Alle größeren Städte Umbriens sind mit Linienbussen gut zu erreichen; relativ **wenige Verbindungen** gibt es in kleinere Ortschaften. Im Übrigen bestehen Busverbindungen zwischen Perugia und Florenz sowie dem Flughafen Leonardo da Vinci in Rom-Fiumicino. Nähere Auskünfte erteilen die APM in Perugia und die ATC in Terni.

Bahnverkehr

Umbriens Eisenbahnnetz ist **nicht sehr engmaschig**. Am besten erreicht man mit der Bahn die Städte in den beiden großen Tälern. Die beiden Hauptstrecken sind: Perugia – Assisi – Spello – Foligno – Spoleto – Terni sowie Orvieto – Attigliano – Orte. Beide Linien enden in Rom. Die Umbrische Zentralbahn bedient die Strecke Terni – Todi – Perugia – Umbertide – Città di Castello.

Flugverkehr

Der umbrische Regionalflughafen Sant'Egidio, der einzige Verkehrsflughafen der Region, liegt etwa 12 km östlich von Perugia und wird täglich von Mailand aus angeflogen.

Schiffsverkehr

Die Azienda Perugina della Mobilità – APM (▶Busverkehr) unterhält am **Lago Trasimeno** regelmäßige Schiffsverbindungen zwischen den größeren Ortschaften am See und zu den Inseln.

▶ WICHTIGE ADRESSEN

BAHN

▶ Deutsche Bahn
Tel. 11861
www.bahn.de
Der Reiseservice der Deutschen
Bahn erteilt auch Auskünfte über
die inneritalienischen Zugverbin-
dungen.

▶ Ferrovia Centrale Umbra s.r.l. (FCU)
Largo Cacciatori delle Alpi n. 8
I-06121 Perugia
Tel. 075 57 54 01
www.fcu.it

▶ Ferriovie dello Stato
Piazza Vittorio Veneto
I-06100 Perugia
Tel. 07 55 00 12 88
www.perugiatravel.com/
infotreni.htm

BUSSE

▶ Azienda Perugina della Mobilità (APM)
Strada Santa Lucia 4
I-06125 Perugia
Tel. 075 50 67 81
www.apmperugia.it

▶ Azienda Trasporti Consorziali (ATC)
Piazzale della Rivoluzione
Francese
I-05100 Terni
Tel. 07 44 49 27 11
www.atcterni.it

FLUGHAFEN

▶ Aeroporto dell'Umbria
I-06080 S. Egidio
Tel. 075 59 21 41
www.airport.umbria.it

MIETWAGEN

▶ holiday autos
Tel. 0 18 05 / 17 91 91
www.holidayautos.de

▶ Alamo
Tel. 0 18 05/46 25 26
www.alamo.de

▶ Avis
Tel. 0 18 05/55 77 55
www.avis.de

▶ Budget
Tel. 0 18 05/24 43 88
www.budget.de

▶ driveFTI
www.drivefti.de

▶ Europcar
Tel. 0 18 05/80 00
www.europcar.de

▶ Hertz
Tel. 0 18 05/33 35 35
www.hertz.de

▶ Sixt
Tel. 01 80/5 25 25 25
www.e-sixt.de

▶ Sunny Cars
www.sunnycars.de

PANNENHILFE

▶ ACI
Tel. 80 31 16
(gebührenfrei)

▶ ADAC Italien
Tel. 02 66 15 91

Wellness

In Umbrien sprudeln zahlreiche Mineralquellen, die nicht nur als Tafelwasser abgefüllt, sondern auch für therapeutische Zwecke genutzt werden. Die meisten Thermen sind nur von Frühjahr bis Herbst geöffnet. Das größte Angebot an Kureinrichtungen und Badeanlagen findet man bei der Terme Fontecchio (Città di Castello), in Acquasparta und in dem Kurstädtchen San Gemini, das mit einem ausgedehnten alten Kurpark und vielen Hotels aufwartet.

 ADRESSEN THERMEN

ACQUASPARTA
► **Terme di Amerino**
Via San Francesco
Località San Nicolò 1
I-05021 Acquasparta
Tel. 07 44 94 36 22,
Fax 07 44 94 39 21
E-Mail: amerino@amerino.com

ASSISI
► **Terme di Santo Raggio**
Piazza Giorgi 6, I-06081 Assisi
Tel. 075 81 60 64

CITTÀ DI CASTELLO
► **Terme di Fontecchio**
Via Terme di Fontecchio 4
I-06012 Città di Castello
Tel. 07 58 52 06 14
www.termedifontecchio.it

MASSA MARTANA
► **Terme di San Faustino**
Villa San Faustino
I-06056 Massa Martana
Tel. 07 58 85 61 09

NOCERA UMBRA
► **Terme del Cacciatore**
Via della Fornace
I-06025 Nocera Umbra
Tel. 074 28 12 25

SAN GEMINI
► **Terme di San Gemini**
Via Tiberina 1
I-05029 San Gemini
Tel. 07 44 33 08 11
Fax 074 43 38 04 00

Zeit

In Italien gilt die Mitteleuropäische Zeit (MEZ). Für die Sommermonate (ab Ende März bis Ende Oktober) wurde die Mitteleuropäische Sommerzeit (MESZ = MEZ + 1 Std.) eingeführt.

← Mitunter scheint es, als sei die Zeit in Umbrien stehen geblieben.

Touren

↑ A1 **Flaminia** SS 3

FÜNF TOUREN, DIE DIE INTERESSANTESTEN UND SCHÖNSTEN ECKEN UMBRIENS ZEIGEN: SIE FÜHREN IN DIE ALTEN STÄDTE UND ZU DEN WICHTIGSTEN KULTURSCHÄTZEN, ABER AUCH AUF DIE DÖRFER UND IN IDYLLISCHE LANDSCHAFTEN, IN DENEN SICH MANCH UNBEKANNTES JUWEL VERBIRGT.

TOUREN DURCH UMBRIEN

Die folgenden fünf Touren durch Umbrien zeigen sehr unterschiedliche Wege zum Kennenlernen der Region im Zentrum Italiens. Wer die großen Städte und Sehenswürdigkeiten besuchen möchte, wählt die erste Tour; die zweite Tour führt in bekannte Städte, aber über unbekannte Nebenstrecken; alle anderen Routen zeigen das ganz besondere ländliche Umbrien mit seinen kleinen, feinen Kulturgütern in schönster Landschaft.

TOUR 1 Große Umbrienrundreise
Die großen Sehenswürdigkeiten und Städte: Wer sich auf dieser Route durch Umbrien bewegt, wird nichts Wichtiges versäumen!
▶ **Seite 113**

TOUR 2 Von Perugia nach Orvieto und zurück
Eine kürzere Tour, die auf wenig bekannten Straßen zu drei wichtigen Städten führt ▶ **Seite 117**

TOUR 3 Nocera Umbra: Heilquellen und Erdbebenrelikte
Die an Mineralquellen reiche Umgebung von Nocera Umbra im Osten Umbriens wurde von dem schweren Erdbeben 1997 besonders stark getroffen. Bis heute ist in der schönen Region noch etwas von den Folgen der Naturkatastrophe zu merken. ▶ **Seite 118**

TOUR 4 Im Herzen Umbriens – Festungen und Burgdörfer
Von Bevagna aus startet eine kleine Tour, die durch winzige befestigte Dörfer führt, in denen die Zeit einfach stehengeblieben zu sein scheint. ▶ **Seite 121**

TOUR 5 Kleine Juwelen der Valnerina
Wer Abenteuerlust und Organisationstalent mitbringt, wird auf dieser Tour das ländliche Umbrien von seiner schönsten Seite kennen lernen: Mit dem Schlüssel in der Hand kommt man in wunderschöne alte Land- und Dorfkirchen, deren überraschende Schätze einem sonst verborgen bleiben. ▶ **Seite 123**

← *Die Valnerina: Pappeln, Weiden, saftige Wiesen*

Gubbio
Corsa dei Ceri, grandioses Stadtfest

Nocera Umbra
Bekannt für seine Heilquellen

Benvenuti a
NOCERA UMBRA
Città delle Acque

★ Città di Castello

★★ Gubbio

★ Lago Trasimeno

★ Nocera Umbra

★★ Perugia

★★ Assisi

Castiglione

TOUR 4

TOUR 3

Abbazia di San Felice
Typisch umbrische Fassade

★ Città della Pieve

★ Deruta

TOUR 2

Torre del Colle

★ Bevagna

★★ Spello

★ Foligno

★ Trevi

© Baedeker

Abbazia di San Felice

★★ Todi

★★ Orvieto

★★ Spoleto

TOUR 5

Sant'Anatolia di Narco

★★ Valnerina

TOUR 1

★ Terni

★ Narni

Orvieto
Ganz oben am Ende der schmalen Gassen erhebt sich der Dom.

Torre del Colle
»Spielzeugdorf« aus altem Gemäuer

Unterwegs in Umbrien

Kulturreise
Für kulturell Interessierte ist Umbrien kaum zu überbieten. Außer den **bekannten Städten** wie Perugia, Assisi, Orvieto oder Spoleto mit ihren großen Domen, Palästen und Plätzen gibt es viele kleine mittelalterliche Kirchen oder wunderschöne Klosteranlagen, die teilweise **mitten in der Landschaft** stehen. Überall findet man Kirchen, deren Wände über und über mit alten Fresken geschmückt sind – Wandbilder, denen man allerhand aus dem Leben in früheren Jahrhunderten entnehmen kann. Viele der kleinen Land- und Dorfkirchen sind heute leider verschlossen, wenn man im Dorf nachfragt, bekommt man aber fast immer irgendwo einen Kirchenschlüssel: beim Pastor, im Rathaus oder in einem Café um die Ecke.

Für Aktivurlauber
Wer sich sportlich betätigen möchte, findet gute Bedingungen in den **Bergregionen** – am Monte Subasio bei Assisi, am Monte Cucco im Nordosten und im Osten in der Valnerina und in den Sibillinischen Bergen. Hier gibt es jeweils gute Wander- und Klettermöglichkeiten, außerdem kommen Radsportler gern hierher. Drachenfliegen oder Paragliding kann man ebenfalls in den Bergen machen, insbesondere bei Casteluccio in den Sibillinischen Bergen. Geruhsamer radelt man

Schmale Straßen führen in verwunschene Winkel, mitunter wartet am Ende der Straße sogar eine kleine Besonderheit!

in den Ebenen, beispielsweise am Lago Trasimeno. Die **Nera** bietet sich zum Paddeln und Raften an. Sicher etwas Besonderes sind **Touren per Esel**, die in der Valnerina angeboten werden – für Familien mit Kindern eine ideale Ferienbeschäftigung.

Kulturtrips macht man am besten im **Frühjahr oder Herbst**, wenn es nicht so heiß ist. Die Blüte Umbriens ist im Mai am schönsten und wird dann mancherorts von Blütenfesten begleitet. **Weintrinker** kommen im Herbst – und sogar im Winter ist es schön: Die Veranstaltungskalender bieten einiges, und Wintersportler finden in den Bergen Schnee. **Fest- und Festivalzeit** ist immer – viele Städte veranstalten international renommierte Kulturfestivals, wie Spoleto das »Festival dei Due Mondi« im Juni oder Perugia das Jazzfestival im Juli und Orvieto »Umbria Jazz Winter« zum Jahreswechsel. Wer im Mai in Umbrien ist, sollte das bekannteste Fest der Region nicht verpassen: die »Corsa dei Ceri« in Gubbio.

Wann ist es wo am schönsten?

Umbrien ist ein Land zum Schlemmen. Angefangen bei den **Weinen der Region**, die gar nicht mal allzu bekannt sind, aber hervorragend schmecken, allen voran der Sagrantino aus Montefalco. Mit ganz einfachen Dingen wie Brot, Salami, Schinken oder Käse kann man in Umbrien glücklich werden. Wer richtig tafeln möchte, bekommt überall beste regionale Spezialitäten, vor allem muss man in Umbrien Schwein und natürlich **Trüffelgerichte** probieren.

Schlemmen

Von der Jugendherberge über den Campingplatz und die Landpension bis hin zu schönen Stadthotels findet man alles. In einigen alten Stadtpalästen sind heute stilvolle Hotels eingerichtet und auf dem Land gibt es ab und zu Unterkünfte in alten Villen, die von Parks umgeben sind. Etwas Besonderes sind die Klosteranlagen, die zu Hotels umfunktioniert sind, sich meist aber in abgeschiedener Lage die klösterliche Ruhe bewahrt haben.

Wo übernachtet man gut?

Tour 1 Große Umbrienrundreise

Start / Ziel: Città di Castello / Perugia   **Dauer:** ca. 400 km

Die große Umbrienrundreise dient als Anhaltspunkt für all diejenigen, die sich auf die wichtigsten Sehenswürdigkeiten beschränken möchten, aber auch für solche, die auf der Durchreise nach Rom oder Süditalien ein paar bedeutende Stätten ansteuern wollen.

Ausgangspunkt der Route ist ❶ ✳ **Città di Castello** im Norden. Das hübsche Städtchen am Tiber eignet sich bestens zur Einstimmung auf Land und Leute. Auf der E 45 erreicht man schnell das Industriestädtchen Umbertide, wo man in Richtung Gubbio abbiegt (SS 219).

Gubbio
Der schwungvolle »Corsa dei Ceri« wird auf der Piazza Grande gefeiert.

1 ★ Città di Castello

2 ★★ Gubbio

48 km

45 km

35 km

3 ★ Nocera Umbra

16 ★ Lago Trasimeno

35 km

4 ★★ Perugia

20 km

★★ Assisi

5

18 km

27 km

6 ★★ Spello

15 ★ Città della Pieve

5 km

7 ★ Foligno

10 km

39 km

8 ★ Trevi

Assisi
Porträt des hl. Franziskus in San Francesco, der Grabeskirche des Heiligen

★★ Todi

18 km

13

27 km

★★ Spoleto **9**

42 km

50 km

14 ★★ Orvieto

TOUR 1

10

★★ Valnerina

28 km

13 km **11**

★ Terni

12 ★ Narni

Todi
Hier kann man einen der stimmungsvollsten Plätze Umbriens genießen.

Mit seiner wohlerhaltenen mittelalterlichen Altstadt und einem der stolzesten Kommunalpaläste Umbriens gehört ❷ ✳ ✳ **Gubbio** zweifelsohne zu den meistbesuchten Reisezielen in Umbrien – nicht nur am Tag des berühmtesten Stadtfestes, der »Corsa dei Ceri«. Der moderne Teil der Stadt liegt unten im Tal, während sich die Altstadt an den Hängen des Monte Ingino ausbreitet.

✔ NICHT VERSÄUMEN

- Gubbio: Palazzo dei Consoli mit den mehr als 2000 Jahre alten Eugubinischen Tafeln
- Perugia: Auf dem Corso Vanucci wandeln, die Piazza IV Novembre mit der Fontana Maggiore und dem Palazzo dei Priori besichtigen und anschließend ins Café Sandri
- Assisi: San Francesco – ein Muss
- Foligno: die wundervolle Innengestaltung des Palazzo Trinci
- Orvieto: die Domfassade studieren

Nicht nur Gubbio selbst, auch das bergige, raue Hinterland hat seinen Reiz. Die Landschaft im Norden Umbriens ist karger, spröder als im Süden und dünn besiedelt. 12 km nordöstlich von Gubbio kommt man über die SS 298 nach Scheggia, wo man in die SS 3 (südlich) einbiegt. In Sigillo (6 km) beginnt die Zufahrt zum 1566 m hohen Monte Cucco. Nach 13 km erreicht man die Töpferstadt Gualdo Tadino, nach weiteren 14 km sieht man in herrlicher Aussichtslage inmitten grüner, bewaldeter Berghänge die Häuser von ❸ ✳ **Nocera Umbra**.

Landschaftlich beeindruckend ist die Fahrt auf der SS 298 von Gubbio nach ❹ ✳ ✳ **Perugia**. Die gut ausgebaute Straße durchquert zunächst das Tal der Saonda und führt dann durch das flachwellige Hügelland. Man nähert sich der Regionshauptstadt Perugia von Nordosten über den Stadtteil Monteluce, wo bei einem Erdrutsch ein großes Etruskergrab zum Vorschein kam. Die ebenso geschichtsträchtige wie lebendige Hauptstadt und Kulturmetropole Perugia bietet für ein paar Tage Besichtigungsprogramm. Von Perugia geht es südwärts auf der Hauptverkehrsachse Umbriens, der bis Foligno vierspurig ausgebauten SS 75, die durch die Valle Umbra verläuft. Das breite Tal ist leider durch die dortigen Industrieansiedlungen etwas in seiner Schönheit beeinträchtigt. Linker Hand wird es von bewaldeten Bergketten und rechter Hand von einer sanften Hügellandschaft gerahmt. Keine 20 km hinter Perugia passiert man mit ❺ ✳ ✳ **Assisi** einen der Höhepunkte einer jeden Umbrienreise. Schon von Weitem sieht man den gewaltigen Komplex der Grabeskirche des hl. Franziskus, die die Silhouette der Stadt am Hang des Monte Subasio dominiert. Bei gutem Wetter und klarer Sicht kann man die Strecke zwischen Assisi und Spello auf der Panoramastraße über den Monte Subasio zurücklegen – mit etwas Zeit eine phantastische Alternative zur Schnellstraße unten im Tal. Gegenüber der Panoramastraße hat die Route über die Schnellstraße eigentlich nur den einen Vorteil: man genießt einen besonders schönen Blick auf die kompakte Altstadt von ❻ ✳ ✳ **Spello**, das auf einem Ausläufer des Monte Subasio hockt. In der dortigen Kirche Santa Maria Maggiore hinterließ der Maler Pinturicchio sein Hauptwerk in Umbrien.

6 km hinter Spello erreicht man ❼ ✳ **Foligno**, eine der wenigen umbrischen Städte in der Ebene. Als nächstes Städtchen an der SS 3 taucht ❽ ✳ **Trevi** linker Hand auf. Direkt an der Straße zwischen Trevi und Spoleto liegen die Clitumnusquellen, die schon Lord Byron lobend in seinen Reiseerinnerungen erwähnte. Der alte langobardische Herzogssitz ❾ ✳✳ **Spoleto** erscheint am Talschluss zwischen grünen Bergketten. Auch Spoletos Schätze schafft man kaum an einem Tag; die Stadt und ihre erholsame Umgebung (u. a. Monteluco) hat genug Atmosphäre für ein, zwei Tage Aufenthalt.

Von Spoleto führt die SS 395 kurvenreich durch dichte Eichenwälder ins abgeschiedene Tal der Nera, die ❿ ✳✳ **Valnerina** – ein schöner Abstecher für Ruhe- und Erholungssuchende.

Die moderne Industriestadt ⓫ ✳ **Terni** fasziniert vor allem durch ihre Lage vor einer amphitheaterartig ansteigenden Bergkulisse. Über die SS 3 geht es weiter in das beschauliche Städtchen ⓬ ✳ **Narni**, das auf einem Felsen an der Talverengung der Nera sitzt. Unterhalb von Narni ragen die Reste der ehemals gewaltigen römischen Brücke Ponte di Augusto aus dem Ufergebüsch der Nera.

Nächste Station nach Narni ist das etwa 35 km nördlich gelegene ⓭ ✳✳ **Todi**, das man am besten über die E 45, die Hauptverkehrsachse zwischen Perugia und Terni, erreicht. An der Strecke kann man in der Nähe des Kurstädtchens San Gemini (Mineralquellen) die Ruinen der Römerstadt Carsulae besichtigen. In Todi erwarten einen mittelalterliche Gassen und einer der angenehmsten Plätze Umbriens. Von hier aus kann man die SS 448 in Richtung Orvieto nehmen, die am Tiber entlangführt. Vor allem auf dem letzten Teilstück, wo der Tiber zum Lago di Corbara gestaut wurde, ist diese Strecke besonders schön.

⓮ ✳✳ **Orvieto**, die auf einem Tuffplateau gelegene alte Etruskerstadt, besitzt mit ihrem Dom eines der herrlichsten Werke der italienischen Baukunst. Daneben laden die malerische Altstadt und zahlreiche andere Denkmäler zu einem mehrtägigen Besuch ein. Über die Autostrada del Sole (Ausfahrt Fabro oder Chiusi) oder über die parallel verlaufende SS 71 kommt man nach ⓯ ✳ **Città della Pieve**, die in rötlichem Backstein erbaute Geburtsstadt des umbrischen Malers Perugino.

Von Città della Pieve sind es nur noch rund 15 km zum ⓰ ✳ **Lago Trasimeno**, der in eine sanft-hügelige, von Obst- und Weinanbau geprägte Landschaft eingebettet ist. Eines der hübschesten Städtchen am See ist Castiglione del Lago an der Westküste. 9 km nördlich, an der Nordwestspitze des Sees, kreuzt sich die Küstenstraße mit der »SS 75 bis«, die nach Perugia führt. Letzte Station vor dem Endpunkt ist der lebhafte Ferienort Passignano sul Trasimeno an der Nordküste des Sees.

Tour 2 Von Perugia nach Orvieto und zurück

Start und Ziel: Perugia   **Dauer:** ca. 150 km

Die Strecke von Perugia über Marsciano nach Orvieto führt durch einen wenig bekannten, landschaftlich aber außerordentlich schönen Winkel Umbriens. Wegen der parallel verlaufenden, gut ausgebauten Schnellstraße im Tibertal ist diese Strecke kaum befahren.

Man verlässt ❶ ✶✶ **Perugia** auf der SS 317 in Richtung Marsciano, das oberhalb der E 45 in den Hügeln liegt. Hinter Marsciano bleibt man auf der SS 317, das Gelände steigt bis auf über 800 m an (Monte Peglia). Dieser einsame Landstrich ist kaum besiedelt oder bewirtschaftet, dichte Nadelwälder wechseln mit steinigen, kargen Hochflächen, auf denen gelb blühende Ginsterbüsche farbliche Akzente setzen. Hinter dem Monte Peglia senkt sich die Hügelkette langsam zum Lago di Corbara hinab. Die Landschaft wird merklich mediter-

Perugia
Die Piazza IV Novembre mit dem Palazzo dei Priori

Orvieto
Musiker vor dem Dom beim Umbria Winter Jazz

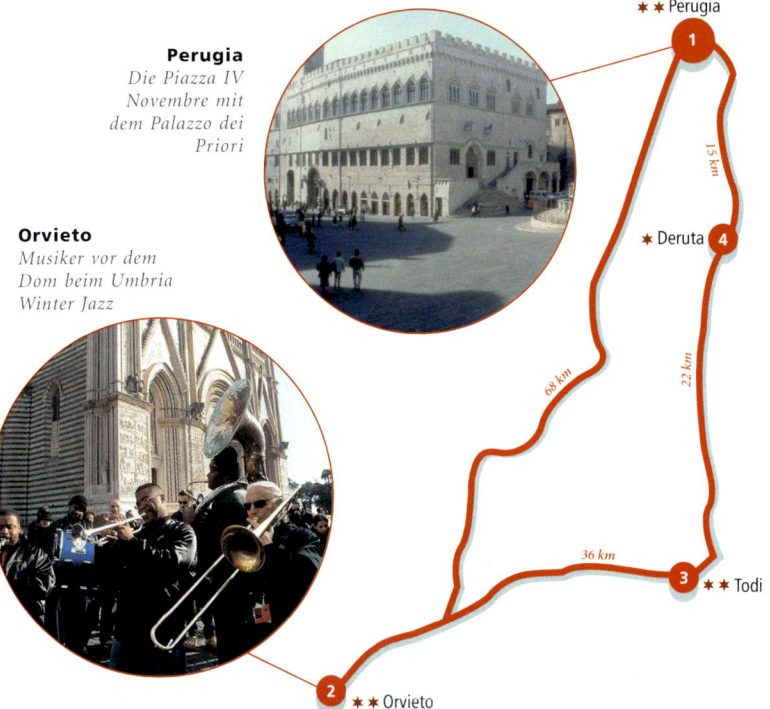

✶✶ Perugia

1

15 km

✶ Deruta 4

68 km

22 km

36 km

3 ✶✶ Todi

2 ✶✶ Orvieto

raner und lieblicher. Bei Colonnetta di Prodo bietet sich ein Abstecher zu diesem idyllischen, von Wäldern gerahmten Stausee an. Von Colonnetta führt eine kurvenreiche Strecke durch das intensiv bewirtschaftete Hügelland hinab ins Paglia-Tal, das von der Silhouette der Stadt ❷ ✶ ✶ **Orvieto**, dem ersten Etappenziel, beherrscht wird.

Für die Fahrt von Orvieto nach Todi gibt es drei Alternativen: die nördlichste Strecke verläuft in zahlreichen Serpentinen oberhalb des Lago di Corbara, aber auch die SS 448, die am Südufer dieses Sees entlangführt, ist reizvoll. Die dritte Möglichkeit ist etwas zeitintensiver, da die Straßen schmal und sehr kurvenreich sind; sie streift das nördliche Amerino. Man verlässt die SS 448 nach 7,5 km und biegt rechter Hand nach Baschi ab. Nach etwa 4 km zweigt links die Straße ab, die sich nach Montecchio hinaufschlängelt und von der man einen schönen Blick auf das Tibertal hat. An der landschaftlich reizvollen, etwa 30 km langen Strecke zwischen Montecchio und Todi liegen nur wenige kleine Ortschaften. Für ❸ ✶ ✶ **Todi** sollte man sich mindestens einen Tag Zeit nehmen, dann geht es auf der E 45 zurück nach Perugia. Sehr empfehlenswert ist ein Halt in ❹ ✶ **Deruta**, das direkt an dieser vielbefahrenen Straße liegt und wegen seiner großen Auswahl an Keramik gern besucht wird.

Tour 3 Nocera Umbra: Heilquellen und Erdbebenrelikte

Start und Ziel: Nocera Umbra   **Länge:** knapp 30 km

Die bekannten Mineralquellen von Nocera Umbra entspringen in einer erdbebengefährdeten Region. Das Erdbeben im Jahr 1997 hat hier besonders schwere Schäden angerichtet und bis heute sichtbare Spuren hinterlassen. Eine unberührte Natur, sanfte Hügel, Mischwälder und sprudelnde Quellen bestimmen das Landschaftsbild – und zwischendrin sind immer wieder Holzhütten und Baracken, Zeugen der Naturkatastrophe, zu sehen. Die Tour kann man mit dem Auto machen, aber auch per Mountainbike oder zu Fuß.

❶ ✶ **Nocera Umbra** – immer noch sichtbar gezeichnet von den schweren Erdbeben im Herbst 1997 – ist einen Stadtrundgang wert, bei dem man einen Blick in die ehemalige Kirche San Francesco nicht versäumen sollte. Vom Zentrum aus fährt man zunächst in Richtung Osten und SS 361. An der Gabelung Gualdo Tadino/Camerino biegt man rechts ein und fährt auf der SS 361 hinunter in den Ortsteil Case Basse. Nach knapp 2,5 km biegt man an der Brücke wiederum rechts in die Landstraße SP 440 in Richtung Colle Croce. Es geht in Serpentinen bergauf und nach ca. 2 km sieht man links einen Gedenkstein, der auf den Sommeraufenthalt des hl. Franziskus

im Jahr 1226 hinweist. Dort, wo eine kleine Wegkapelle für die
❷ **Madonna della Romita** steht, zweigt ein Feldweg ab, auf dem man
nach ca. 1 km zu der ehemaligen kleinen Kirche La Romita kommt –
heute nur eine Ruine, für die es aber Pläne zur Instandsetzung gibt.
Wieder zurück auf der Landstraße SP 440 steht nach etwa 1 km
rechts das Dreisternehotel Fonte Angelica. Das Hotel liegt in einer
großzügigen Parkanlage, in der das frische mineralhaltige Wasser der
❸ **Sorgente Angelica** sprudelt, einer Heilquelle, deren therapeutische Wirkung für Trinkkuren genutzt wird und die schon dem hl.
Franziskus bekannt war. Wer Durst hat oder auch nur einen Gang
durch den schönen Park machen möchte, sollte also eine kleine Pause einlegen.
Der kleine Ort Bagni, an dessen Rand das Hotel liegt, zieht sich den
Hang hinauf und geht nach 1 km in das Dorf Stravignano über, wo
es Naturhöhlen gibt, die nicht ausgeschildert sind – wer sie aufsuchen möchte, sollte Einheimische nach dem Weg fragen. Wer mit
dem Fahrrad oder zu Fuß unterwegs ist, kann in Stravignano eine
Abkürzung nehmen: links vor der Kirche führt ein Feldweg an einem
trockengelegten Stausee vorbei direkt hinunter nach Acciano.
Mit dem Auto geht es auf kurviger Straße aufwärts nach Sorifa. Hier
folgt man dem Hinweisschild links nach Colfiorito. Durch herrliche
Mischwälder und unberührte Na-
tur kommt man nach knapp 5 km
in den Ort ❹ **Colle Croce**, der auf
872 m Höhe liegt. Bergab fährt
man am Partisanendenkmal vorbei
links in den Ort und kommt links
an der kleinen Kirche vorbei zum
Ortsausgang.
Nun geht es nicht mehr auf der
Hauptstraße weiter, sondern für ca.
1 km auf ungeteerter Piste, die

 Baedeker TIPP

Sonntags bei »Peppe«

In Colle Croce sonntags unbedingt bei »Peppe«
(oberhalb des Denkmals für die Partisanen)
einkehren, typisch umbrische Trattoria, riesige
Portionen. Bitte viel Hunger mitbringen!

nach einem weiteren Kilometer wieder asphaltiert ist und in den
kleinen Ort ❺ **Castiglione** führt. Überall sieht man Holzhütten und
Container, die teilweise bewohnt sind und ein sichtbares Zeugnis der
Folgen des Erdbebens im Herbst 1997 sind – viele Menschen in dieser Region verloren damals ihre Häuser und Wohnungen und mussten sich in einem lange währenden Provisorium einrichten. Nach 5
km auf kurvenreicher Straße landet man schließlich in dem hübschen Ort ❻ **Acciano**, in dessen Pfarrkirche wertvolle Fresken zu sehen sind.
Folgt man der Straßenführung weiter in nördlicher Richtung, stößt
man auf die SS 361, die links nach Nocera Umbra führt. Bei San Giovenale verlässt man die Straße wieder und biegt rechts in Richtung
Schiagni ein. Nun geht es immer geradeaus, bis man nach ca. 1,5 km
zu einem verlassenen Gebäudekomplex auf der linken Seite kommt:
Hier entspringt die ❻ **Fonte Cacciatore**, eine Mineralwasserquelle,
die wegen ihrer Heilwirkung weithin bekannt ist. Direkt an der ehe-

Nocera Umbra
*Containerkirche im
Ortsteil Case Basse:
aufgestellt nach dem
Erdbeben 1997*

Fonta Cacciatore
*Aus den Hähnen sprudelt
gesundes Quellwasser.*

① ✷Nocera Umbra

⑦ Fonte Cacciatore

4,5 km

4 km

1 km

5 km

Madonna della
Romita ②

⑥ Acciano

2 km

1 km

Sorgente Angelica ③

5 km

⑤ Castiglione

3 km

6 km

Colle Croce ④

**Madonna della
Romita**
*Wegkapelle an der
Abzweigung zur Ruine
La Romita*

maligen Hofeinfahrt gibt es einen kleinen Brunnen, aus dem das Wasser fließt – es ist nicht nur gesund, sondern schmeckt erfrischend und labend. Meist stehen hier Leute aus der Umgebung, die sich Wasser abfüllen. Nach der kleinen Erfrischung kann man umkehren, die Weiterfahrt nach Schiaggi lohnt sich nicht, denn der Ort ist seit Jahrzehnten verlassen und verfällt allmählich. Es geht zurück über San Giovenale nach Nocera Umbra. Auf dem Weg sollte man kurz vor Case Basse rechts der Hauptstraße Ausschau halten nach einer kleinen Containerkirche, die gut an dem bunt bemalten Giebel zu erkennen ist und wiederum zeigt, wie sich das tägliche Leben der Menschen in dieser Region seit der Erdbebenkatastrophe verändert hat.

Tour 4 Im Herzen Umbriens – Festungen und Burgdörfer

Start und Ziel: Bevagna   **Länge:** ca. 18 km

Burgen und Festungen in Miniaturformat thronen auf kleinen Anhöhen über dem umbrischen Tal: Kleine befestigte Dörfer, in denen die Zeit stehen geblieben zu sein scheint, in denen das Leben einem eigenen Rhythmus folgt. Herrliche Ausblicke auf Assisi und den kahlköpfigen Subasio begleiten die Tour, die man per pedes, im Auto oder mit dem Mountainbike machen kann.

Nach einem ausgiebigen Rundgang durch das hübsche Städtchen ❶ ✷ **Bevagna** mit der schönen Piazza Filippo Silvestri und einem lohnenden römischen Mosaik geht es nach Norden aus der Stadt in Richtung Cannara. Auf ebener Strasse vorbei an Sonnenblumenfeldern und kleinen Weingütern erreicht man nach 4,5 km den Ort Cantalupo. Gut 1 km nach Ortsende biegt man an einer Tankstelle links in eine kleine Straße, auf der man wiederum nach ca. 1 km ❷ **Limigiano** erreicht. Die Burg von Limigiano mit ihrem mächtigen Festungsring umschließt schützend den mittelalterlichen Dorfkern. In der Burgkirche hängt ein sehenswertes Gemälde (15. Jh.), das den Erzengel Michael darstellt. Sollte die Kirche geschlossen sein, muss man bei einem der 50 Dorfbewohner nach dem Schlüssel fragen. Fahrradfahrer oder Wanderer können von Limigiano eine Abkürzung nehmen: Am Ortseingang führt links ein Feldweg direkt nach Castelbuono (ca. 3 km) – der Weg ist allerdings nicht in bestem Zustand.

> ! *Baedeker* TIPP
>
> **Weingut Dionigi**
> In der Nähe der Kirche Madonna della Pia (Tourpunkt 3) weist ein Schild links auf das Weingut Dionigi, der optimale Ort für eine Pause. Draußen auf der Veranda können bei gutem Wetter Tafel- sowie Spitzenweine dieser herrlichen Lage probiert werden.

Limigiano
*Ein Festungsring
umschließt den
mittelalterlichen
Dorfkern.*

2 Limigiano

Bevagna
*Piazza Filippo Silvestri
mit der Kirche San
Michele*

3 km

3,5 km

7 km

3 Madonna della Pia

2 km

2 km

4

Castelbuono

5 Torre del
Colle

3,5 km

✳ Bevagna

1

Castelbuono
*Winziges Dorf, in dem die
Zeit stehengeblieben zu
sein scheint*

Torre del Colle
*Museums- oder
Spielzeugdorf?*

Autofahrer müssen von Limigiano aus die 2 km zurück nach Cantalupo, bei der Fahrt bergab bietet sich ein herrlicher Blick auf Assisi und den Monte Subasio. In Cantalupo biegt man kurz vor der Brücke über den Fluss Attone rechts in die Via Madonna della Pia ein und fährt in Richtung Castelbuono. Die kleine Kirche ❸ **Madonna della Pia** liegt nach 1,2 km malerisch rechts auf einer Anhöhe. Das Kirchlein ist in der Regel abgeschlossen, allerdings kann man auf dem gegenüberliegenden Bauernhof nach dem Schlüssel fragen.

Weiter geht es nach 300 m links in die Via Trieno (nicht geteert) und nach weiteren 400 m wieder links, bis man nach ca. 1 km zu einer Straßengabelung kommt. Hier biegt man rechts in die Via Castelbuono ein und fährt hoch in das winzigen Burgdorf ❹ **Castelbuono**. Stolz liegen die wenigen Häuser umschlossen hinter der mächtigen Festungsmauer. Hier scheint die Zeit wahrhaft stehen geblieben, es ist gut möglich, dass man keine Menschseele antrifft.

Auf dem Weg hinunter bzw. dieselbe Strecke wieder zurück ist das geordnete Landschaftsbild und die herrliche Aussicht auf die Valle Umbra eine wahre Augenweide. An einem Müllcontainer biegt man rechts in die Via Fiaggia ein, hält sich dann immer links und folgt der Hauptstraße, bis schon bald in schöner Lage am Hang links der Ort ❺ **Torre del Colle** zu sehen ist. Am Ende der Straße nach ca. 3 km nimmt man die Abzweigung nach links, die nach weniger als 500 m zu der Burganlage Torre del Colle führt. Torre del Colle kommt einem fast vor wie ein kleines Spielzeugdorf, und man kann sich heute noch gut vorstellen, wie die Menschen einst in den engen Gassen gelebt haben. Von Torre del Colle sind es 3,5 km zurück nach Bevagna.

! *Baedeker* TIPP

Stärkung für die letzten Kilometer
Bevor es nach Bevagna zurückgeht, kann man den Ausflug mit einem Besuch in der Osteria alla Via di Mezzo beenden (siehe Bevagna S. 159; nur abends geöffnet und Vorbestellung wird empfohlen).

Tour 5 Kleine Juwelen der Valnerina

Start und Ziel: Sant'Anatolia di Narco   **Dauer:** min. 4 Stunden

Etwas Abenteuerlaune gehört bei dieser Tour dazu, denn man muss sich die Mühe machen, selbst die Schlüssel für die alten kleinen Kirchen zu besorgen, die oft außerhalb von Ortschaften mitten in der Landschaft stehen. Wahre Perlen sind hier verborgen, und man kann gewiss sein, dass man diese Schätze in der Abgeschiedenheit der Valnerina in aller Ruhe und ganz allein genießen kann.

Vorbereitung Folgendes muss man vorbereiten und beachten: Da man die Schlüssel in den Rathäusern von Sant'Anatolia di Narco und Cerreto di Spoleto abholt, muss man deren Öffnungszeiten beachten und die Tour an einem Wochentag machen. Wer auf Nummer Sicher gehen möchte, fragt bei den Rathäusern ein paar Tage im Voraus nach – ansonsten kann man auch versuchen, direkt hinzugehen und die Schlüssel zu bekommen. Für die Schlüssel der ersten vier Kirchen (Santa Maria delle Grazie in Sant'Anatolia di Narco, Santa Maria delle Grazie bei Caso, Pieve di Santa Cristina bei Caso und San Michele Arcangelo in Gavelli) fragt man im Rathaus von Sant'Anatolia di Narco, für die erste Kirche muss die Kommune ihrerseits den Schlüssel vom Pastor holen (Comune di Sant'Anatolia di Narco, Piazza G. Marconi, Mo. – Fr. 8.00 – 14.00, Di. und Do. auch 15.30 – 18.30 Uhr; Tel. 07 43 61 31 49, anatolia.narco@tin.it). Den Schlüssel für die Einsiedelei Madonna della Stella bekommt man in Cerreto di Spoleto (Comune di Cerreto di Spoleto, Piazza Pontano 18, Mo. – Fr. 8.00 bis 14.00 Uhr; Tel. 07 43 9 12 31, info@comune.cerretodispoleto.pg.it). Man muss jeweils einen Ausweis hinterlegen. Wer möchte, kann auch ein Picknick vorbereiten, das man etwa auf halber Strecke bei der Einsiedelei Madonna della Stella machen kann.

In dem kleinen Dorf **❶ Sant'Anatolia di Narco** startet die Rundtour. Das Dorf ist mit Erdbebengeldern hervorragend restauriert worden, was man auf Schritt und Tritt merkt. An der Piazza G. Marconi, dem Platz vor dem Rathaus, folgt man dem Schild zur Chiesa della Madonna delle Grazie aus dem 16. Jahrhundert mit einem Fresko des Meisters von Eggi, einem bekannten Maler der Valnerina. Diese Kirche ist eine beliebte Hochzeitskirche für Brautpaare aus der Umgebung.

Von Sant'Anatolia di Narco fährt man dann nach Süden auf der Straße in Richtung Caso – Poggiodomo. Man fährt 6,3 km und biegt etwa 30 m hinter dem Ortsschild von **❷ Caso** rechts in die abwärts führende Straße, hält sich immer rechts und kommt nach ca. 500 m zu einer kleinen Kirche aus dem 15. Jh., die von zwei Zypressen flankiert wird und wiederum der Madonna delle Grazie gewidmet ist. Im Innern sind herrliche Fresken von Lo Spagna aus dem 16. Jh. zu sehen, die die Madonna auf dem Pferd zeigen, zudem Votivfresken, die von Krankheiten erzählen, von denen die Votanten geheilt wurden. An der Kirche liegt der Friedhof von Caso, von dem sich ein schöner Blick in die friedliche Umgebung bietet.

Man fährt zur Hauptstraße zurück und biegt an dem Stoppschild rechts ab. Nach 1,3 km geht es nach links, dann folgt man dem Schild zur **❸ Pieve di Santa Cristina**, einer kleinen Kirche aus dem 12. Jh. mitten in der Landschaft. Die als »Pieve« bezeichneten kleinen Kirchen findet man oft an ehemaligen Hirtenwegen, sie wurden außerhalb von Ortschaften gebaut und von den Bewohnern mehrerer umliegender Dörfer aufgesucht. Auch in der Pieve de Santa Cristina sind Votivbilder zu sehen.

Ponte

7

10 km

Ponte
*Die Dorfkirche hat eine
romanische Doppelrosette
mit Goldverzierung.*

8 Vallo
di Nera

2 km

**Madonna
della Stella**
*Eine Treppe
führt zu den
Höhlen der
Einsiedler hinauf.*

Eremo della
Madonna della Stella **6**

15 km

9 Abbazia di
San Felice

0,8 km

1 Sant'Anatolia
di Narco

7 km

8 km

Caso
2

Pieve di Santa
Cristina

1 km

3

6 km

5 Usigni

4 Gavelli

8 km

Caso
*Die Kirche Madonna delle
Grazie bei Caso birgt alte
Fresken, die die Madonna
auf dem Pferd zeigen.*

Usigni
*In diesem Dorf
leben heute nur
noch vier
Menschen.*

Weiter geht es nach ❹ **Gavelli**. Dazu fährt man zur Hauptstraße zurück und biegt links ein. Etwa 100 m hinter dem Ortsschild Gavelli geht es rechts ab und an dem Schild zur Chiesa San Michele Arcangelo sofort wieder links. Die Kirche aus dem 15. Jh. liegt inmitten verschlafener kleiner Gassen und birgt Fresken mit Jagdszenen von Lo Spagna. Nun geht es wieder zurück zur Hauptstraße, in die man rechts einbiegt und in Richtung ❺ **Usigni** fährt. 2 km hinter einer Kreuzung geht es nach rechts in den kleinen Ort. Die barocke Kirche San Salvatore, die im 17. Jh. nach einem Entwurf von Gian Lorenzo Bernini gebaut wurde, ist meistens verschlossen; trotzdem lohnt sich ein Gang durch das Dorf, in dem nur noch vier Menschen leben – in den Sommermonaten kommen jedoch viele ehemalige Dorfbewohner oder ihre Familienangehörigen zurück in die Sommerhäuser, die sie dort noch haben. Sowohl die Kirche als auch einen barocken Palast im Ort ließ der aus Usigni stammende Kardinal Fausto Poli, ein einflussreicher Mitarbeiter des Papstes, bauen.

Das nächste Ziel ist der ❻ **Eremo della Madonna della Stella**. Von Usigni aus geht es auf der Hauptstraße an Poggiodomo vorbei, bis man bei dem Schild »Roccatamburo – Eremo della Madonna della Stella« links abbiegt. Die kleine Straße wird bald zum Waldweg und endet kurz vor einem kleinen Wasserfall. Hier kann man den Wagen parken und zu Fuß zu der in die Felsen gesetzten Einsiedelei hinaufsteigen. Der im 14. Jh. gebaute Eremo ist noch heute ein Wallfahrtsziel. Oberhalb der halb in den Fels gehauenen, halb gemauerten Kapelle mit alten Fresken sind etwa 20 Eremitenhöhlen in den Felsen zu finden, die ab dem Jahr 500 von syrischen Eremiten bewohnt waren. Wer sich die kleine Kapelle von innen ansehen möchte, muss dafür den Schlüssel in Cerreto di Spoleto holen, andernfalls kann man aber auch durch ein Gitter ins Innere schauen. Von den Höhlen ist eine problemlos frei zugänglich.

! **Baedeker** TIPP

Idyllisch picknicken
Direkt unterhalb des Eremo liegt ein Picknickplatz an einem kleinen Bach. Hier kann man schön eine Pause einlegen und sich stärken. Frisches Wasser gibt es am nahen Wasserfall.

Man fährt zurück zur Hauptstraße und folgt ihr in nördlicher Richtung, bis man nach ❼ **Ponte** kommt. In dem hoch gelegenen Dorf steht die Kirche Santa Maria Assunta aus dem 12. Jh., die man nur von außen besichtigen kann – was jedoch lohnt, denn sie hat eine wunderbare umbrische Doppelrosette mit teilweise vergoldeten Verzierungen. Unter der Rosette hat sich der Baumeister der Kirche, Magister Petrus, selbst dargestellt – dem Betrachter den Rücken zugewandt.

Von Ponte aus fährt man auf der SS 209 in Richtung Süden und macht einen letzten längeren Stopp in ❽ **Vallo di Nera**, einem vollkommen intakt erscheinenden alten Borgo. Ausgesprochen lohnend ist ein Bummel durch die mittelalterlichen Gassen. Bevor man nach

Die romanische Abbazia di San Felice mit typisch umbrischer Fassade

Sant'Anatolia di Narco zurückkehrt, sollte man bei dem Dorf Castel San Felice links von der Hauptstraße in einen schmalen Weg abbiegen und zwar bei dem Hinweisschild ❾ **Abbazia di San Felice**. Dieses ehemalige Kloster, in dem man auch übernachten kann, hat eine wunderschöne romanische Kirche, die im 12. Jh. über dem Grab des hl. Felix gebaut wurde. Man kann dem kleinen Feldweg weiter folgen, die Flussbrücke überqueren und kommt nach kurzer Zeit ins Zentrum von Sant'Anatolia di Narco.

Reiseziele
von A bis Z

UMBRIEN BIETET JEDE MENGE
SEHENSWERTES: NICHT NUR
HIGHLIGHTS WIE ASSISI UND
PERUGIA ODER ORVIETO UND
SPOLETO, SONDERN AUCH VIELE
KLEINE DÖRFER, IDYLLISCHE LANDSCHAFTEN UND
HERRLICHE ALTE LANDKIRCHEN UND KLÖSTER.

✳ Amelia

D 10

Provinz: Terni **Höhe:** 370 m ü.d.M.
Einwohnerzahl: 11 200

Die Gassen von Amelia sind atemberaubend steil, was manch einen vielleicht davon abhält, zum Dom auf dem höchsten Punkt hochzusteigen. Wer die Mühe aber nicht scheut, wird mit einer herrlichen Aussicht und dem unverwechselbaren Charme von Amelia belohnt.

Im Herzen des Amerino Die von den Umbrern gegründete Stadt liegt im Herzen des Amerino, einer anmutigen Hügellandschaft zwischen dem Nera- und dem Tibertal im Südwesten von Umbrien. Nähert man sich dem Ort von Alviano über die Nationalstraße 205, dann zeigt er sich von seiner schönsten Seite.

Geschichte Die Gründung von Amelia durch die Umbrer wird nach der Überlieferung von Cato bereits im 9. oder 8. Jh. v. Chr. angenommen. Unter den Römern wurde Amelia Munizipium, lag an einer der wichtigsten Handelsstraßen, der Via Amerina, und erlebte eine Blütezeit. Eines der bedeutendsten römischen Fundstücke, eine **Statue des Germanicus**, kam 1964 in der Nähe der Porta Romana zum Vorschein. Während der Herrschaft der Langobarden in Mittelitalien gehörte Amelia zum »byzantinischen Korridor«, jenem Gebietsstreifen quer durch das Langobardenreich, mit dem Byzanz sich eine Verbindung zwischen der Adriaküste und Rom offenhielt. Im 11. Jh. war Amelia freie Stadtrepublik, stand in den päpstlich-kaiserlichen Auseinandersetzungen auf der Seite der Kirche und wurde dafür 1240 von den Truppen Friedrichs II. geplündert.

Alessandro Geraldini Eine außergewöhnliche Karriere war dem aus Amelia gebürtigen Geistlichen Monsignor Alessandro Geraldini beschieden. Geraldini hatte als Beichtvater von Königin Isabella eine einflussreiche Stellung am spanischen Königshof. Seiner Fürsprache war es zu verdanken, dass Isabella die Entdeckungsfahrten von **Christoph Kolumbus** unterstützte und diesem Schiffe zur Verfügung stellte. Als Kolumbus in Amerika gelandet war, ernannte man Geraldini zum ersten Bischof von Amerika mit Sitz in Santo Domingo, wo er 1524 starb.

Sehenswertes in Amelia

✳
Stadtmauer Höchst eindrucksvoll sind die Reste der alten, aus umbrischer Zeit stammenden Stadtmauer, die man zu beiden Seiten der **Porta Romana** noch gut sehen kann. Die bis zu 8 m hohe und mehr als 3 m dicke Stadtbefestigung entstand ab dem 4. Jh. v. Chr., wobei die großen Steinblöcke ohne Mörtel oder anderes Verbundmaterial übereinandergeschichtet wurden. Bei dem rund 700 m langen Mauerab-

← *Landschaft bei Norcia*

▶ AMELIA ERLEBEN

AUSKUNFT

IAT
Via delle Rimembranze 8
Tel. 07 44 98 14 53
Fax 07 44 98 15 66
info@iat.amelia.tr.it
www.amerino.umbria2000.it

VERANSTALTUNGEN

Palio der Tauben: Wettkampf zwischen Bogenschützen und Rittern der fünf Stadtviertel (August). Tauben müssen durch Schüsse mit der Armbrust aus dem Taubenschlag befreit werden, ohne dass sie dabei verletzt werden. Abschließend prunkvoller Umzug in Kostümen aus dem 14. Jh.

ESSEN

▶ Erschwinglich/Preiswert
Osteria dei Cansacchi
Piazza Cansacchi 4
Tel. 07 44 97 85 57
Mi. Ruhetag
Gute umbrische Küche, angenehme Atmosphäre. Sehr zu empfehlen: die frittierten Artischocken.

ÜBERNACHTEN

▶ Komfortabel
Badia alle Grazie Country Resort
Via della Gabelletta 4
Loc. Foce
Tel. 07 44 199 10 05
www.badiaallegrazie.com
4 km außerhalb in Richtung Montecastrilli liegt die luxuriöse Ferienanlage, die sich in einem ehemaligen Kloster befindet. Appartements verschiedener Größe und Doppelzimmer werden vermietet, ausgestattet jeweils mit allem Komfort.

▶ Komfortabel/Günstig
Anita
Via Roma 31
Tel. 07 44 98 21 46
Wer in Amelia übernachten möchte, findet hier ein sehr schlichtes, solides Hotel. Das angeschlossene Restaurant ist alteingesessen, die Köchin fast schon eine Legende.

▶ Günstig
Ostello Giustiniani
Piazza Mazzini 9
Tel./Fax 07 44 97 86 73
www.ostellogiustiniani.it
Angesichts der wenigen Übernachtungsmöglichkeiten in Amelia ist die zentral gelegene Jugendherberge Giustiniani evtl. eine Alternative. Die Doppelzimmer sind einfach, Preis-Leistungsverhältnis genial.

schnitt an der Porta Romana sind die Steine so geschickt gesetzt, dass sie sich fast nahtlos ineinanderfügen. Wegen der gewaltigen Größe der Steine nennt man diese Mauern auch Zyklopenmauern.

Hinter der Porta Romana aus dem 16. Jh. beginnt die Via della Repubblica, in der ein Stück der alten römischen Straße freigelegt wurde. Rechts geht es zur Piazza Augusto Vera, an der 1287 die Kirche San Francesco (oder SS. Filippo e Giacomo) vollendet wurde. Die schlichte Fassade schmücken ein gotisches Portal und eine Doppelrose, das Innere wurde barockisiert.

San Francesco

Zeuge der Römerzeit:
die Statue des Germanicus

In den Klosterräumen von San Francesco ist das **archäologische Museum** von Amelia untergebracht. Das wichtigste Stück der Sammlung ist die aus römischer Zeit erhaltene **Statue des Germanicus** (geöffnet: April – Sept. Di. – So. 10.30 – 13.00, 16.00 – 19.00, Juli, Aug. Di. – So. 10.30 – 13.00, 16.30 bis 19.30, Okt. – März Fr. – So. 10.30 – 13.00, 15.30 bis 18.00 Uhr).

Hinter dem sog. Arco di Piazza, einem aus antiken Versatzstücken zusammengesetzten Bogen, erreicht man die schöne **Piazza Marconi** mit dem Palazzo Petrignani (16. Jh.), dessen Gewölbe mit Fresken ausgemalt sind. Daran schließt sich der Palazzo Nacci aus dem 14. Jh. an. Von der Piazza Marconi steigt die steile Via del Duomo zum Domplatz hinauf.

Dom An der höchsten Stelle der Stadt thront der Dom von Amelia. Von der romanischen, der hl. Fermina geweihten Bischofskirche ist allerdings fast nichts mehr erhalten; das heutige Aussehen ist das Ergebnis eines Wiederaufbaus in der zweiten Hälfte des 17. Jh.s sowie weiterer Ergänzungen im 19. Jh. (Fassade).

Im **Innern** sind am Eingang zur zweiten Kapelle rechts zwei osmanische Banner zu sehen – sie gehörten zur Kriegsbeute des Siegerheeres in der Schlacht von Lepanto (1571). Die Grabmäler in der Kapelle selbst schuf der orvietanische Dombaumeister Ippolito Scalza.

Torre Civica Der hohe, zwölfeckige Campanile zur Linken des Doms ist der ehemalige Stadtturm. Er stammt aus romanischer Zeit, wie man an der Jahreszahl 1050 am Turmsockel erkennen kann. Bei seinem Bau wurden auch römische und frühmittelalterliche Spolien verwendet.

Sant'Agostino Auf der linken Seite des Doms steigt man wieder zur Stadt hinab. In der Via Cavour sollte man einen Blick auf das Portal der Kirche Sant' Agostino werfen: Es zeigt, wie so häufig an umbrischen Kirchen, ein Reliefband aus Rankenwerk, das aus den Mäulern von zwei Tieren am unteren Rand hochsteigt. Das nur noch schemenhaft zu erkennende Fresko im Bogenfeld über der Tür stammt von einem sienesischen Künstler. In der Nähe von Sant'Agostino befindet sich die Piazza del Municipio mit dem Palazzo Comunale. Den Innenhof des Stadtpalastes zieren römische und mittelalterliche Steinbildwerke.

Über die Via Garibaldi und die Via del Teatro kommt man in die Via della Valle, wo man kurz hinter der Klosterkirche Sant'Angelo auf die alten Stadtmauern zuseiten der **Porta della Valle** stößt. Von dem Pfad entlang der Mauern hat man einen herrlichen Blick auf die Umgebung von Amelia.

Umgebung von Amelia: das Amerino

Zwischen Penna in Teverina im Süden und Avigliano Umbro im Norden erstreckt sich die sanft hügelige Landschaft des Amerino. Die südwestliche, an Latium angrenzende

Eingangsportal von Sant'Agostino: Blattranken steigen aus dem Maul des Löwen

Ecke Umbriens, benannt nach der antiken Handelsstraße **Via Amerina**, gehört zu den wenig bekannten und vom Tourismus bislang noch unberührten Landstrichen Umbriens. Das Landschaftsbild bestimmen Getreidefelder, die mit Obstbaumwiesen und Olivenhainen abwechseln, dazwischen eingestreut kleine Baumgruppen, Steineichen- oder Kastanienwälder und überall Ginsterbüsche, die im Frühjahr gelbe Farbtupfen setzen. Zu den schönsten Fahrtrouten in Umbrien gehört die Strecke zwischen Montecchio und Lugnano in Teverina wegen der herrlichen Aussicht über das Tibertal.

✳ **Sanft hügelige Landschaft**

Von den Hügeln blicken die braunen Häuser der Borghi auf die Landschaft herab, die meisten durch Mauern befestigt. Im Südwesten liegen die kleinen Orte **Penna in Teverina** mit einem hübschen mittelalterlichen Borgo und Attigliano mit der Piazza Rocca, einem hübschen Plätzchen, an dem noch Reste der alten Befestigung und ein Uhrenturm erhalten sind. **Giove** wird von dem monströsen Palazzo Ducale aus dem 16. Jh. überragt, daneben gibt es eine Aussichtsterrasse, auf der man bei schönem Wetter einen Kaffee trinken und den Blick ins Tibertal genießen kann.

Sehr lohnend ist Lugnano in Teverina nordwestlich von Amelia mit einem wunderschönen und intakten mittelalterlichen Ortsbild. In der Via Duca degli Abbruzzi befand sich früher einmal das jüdische Getto, das in der zweiten Hälfte des 15. Jh.s durch die Zuwanderung vieler jüdischer, aus Rom geflüchteter Familien entstand.

✳ **Lugnano in Teverina**

Die Hauptsehenswürdigkeit von Lugnano ist die **romanische Kollegiatskirche** Santa Maria Assunta an der Piazza Santa Maria. Sie wurde im späten 12. Jh. über einem Vorgängerbau aus dem 8. oder 9. Jh. errichtet und in späteren Jahrhunderten mehrfach verändert. Für den hohen Glockenturm verwendete man die Steine eines ehemaligen Wachturms an der Stadtmauer. Das auffallendste **Fassadenele-**

✳ ◄ Collegiata Santa Maria Assunta

Romanische Fassade der Kollegiatskirche in Lugnano in Teverina

ment ist die mit einem Pultdach gedeckte, 1230 gebaute Vorhalle. Eigenartig ist die darüberliegende Gebälkzone mit Resten eines Mosaiks in Kosmatenarbeit und den Reliefs der vier Evangelisten sowie den Wappen der Auftraggeber, der Familien Liviani und Orsini zwischen den Flachbögen. Die Fensterrose wird von den Evangelistensymbolen und von seitlichen Biforien gerahmt; eine kleinere in der Giebelspitze ist von Majolikascheiben umgeben.

Das dreischiffige **Kircheninnere** war ursprünglich mit einem Kosmatenboden ausgelegt (Reste erkennbar). Die Kapitelle der rundbogigen Arkaden schmücken teils ornamentale Motive, teils figürliche Darstellungen; am dritten Kapitell links wurde die Eucharistie bildlich umgesetzt. Die Situation im Chor mit den beiden Kanzeln, dem Altarziborium und den Chorschranken entspricht vermutlich nicht dem ursprünglichen Zustand, sondern ist das Ergebnis einer Restaurierung. Das Triptychon in der Apsis (»Himmelfahrt Marias mit den Heiligen Franziskus und Sebastian«) malte Ende des 15. Jh.s der umbrische Renaissancemaler Nicolò di Liberatore.

An der Straße nach Attigliano erinnert die 1229 errichtete Kirche **San Francesco** daran, daß sich hier der Überlieferung zufolge 1212 ein Franziskus-Wunder ereignete. In der Kirche, der ein kleiner Konvent angeschlossen ist, gibt es ein Holzkruzifix aus dem 15. Jh. und zwei Tafelbilder der umbrischen Schule zu besichtigen.

Alviano Lohnend ist auch Alviano wenige Kilometer nordwestlich von Lugnano in Teverina. Der kleine Ort wird von einer Burg überragt. Die quadratische Anlage mit ihren vier runden Ecktürmen entstand aus einem unter Bartolomeo Alviano vorgenommenen Umbau der alten Festung zu einem **stattlichen Castello**, das sowohl militärischen Anforderungen als auch den Repräsentationsbedürfnissen seiner Familie genügte. Beachtenswert sind der Löwe und ein Medusenhaupt an der Eingangsseite der Burg.

Das Gebiet zwischen Alviano und dem Tiber war schon in der Römerzeit besiedelt. Spuren findet man an verschiedenen Stellen, vor allem aber bei Popigliano, etwa 1 km außerhalb des Orts gelegen. Von besonderem Interesse sind die Überreste einer stattlichen Patriziervilla, in der noch kunstvolle Mosaikfußböden erhalten sind.

Der **Lago di Alviano**, von der Straße aus durch den hohen Schilfbewuchs kaum zu entdecken, ist sehr flach – das Wasser ist durchschnittlich nur 20 bis 40 cm tief. Der See entstand, als man in den 1960er-Jahren den Tiber zur Stromerzeugung staute. Dank einer Bürgerinitiative sind der Lago di Alviano und seine nähere Umgebung zum Naturschutzgebiet erklärt worden. Das 300 ha große Gebiet heißt »Oasi di Alviano«, ist atmosphärisch allerdings durch die nahe Autobahn etwas gestört.

Das kleine Montecchio knapp 10 km nördlich von Alviano schmiegt sich in aussichtsreicher Lage an die Hänge des Monte Croce di Serra. Der **befestigte Borgo** entstand im 12. Jh. auf Betreiben der Familie Chiaravalle aus Todi, die damit ihre Besitzungen schützen wollte. Teile der Stadtmauer und ein gut erhaltener, quadratischer Turm mit Zinnenbekrönung, Tor und Rundbogen haben überdauert; der größte Teil der Stadtmauer wurde zum Bau der Häuser verwendet.

Montecchio

Zwei **Nekropolen** geben Aufschluss über die Besiedlungsgeschichte von Montecchio. Von größerer Bedeutung ist die Nekropole von Copio, die entlang des San-Lorenzo-Grabens entdeckt wurde. Bei den Ausgrabungen kamen reiche Grabbeigaben zum Vorschein, die von Kontakten zwischen den Etruskern und den Faliskern, einem italischen Volksstamm im südlichen Etrurien, zeugen. Die Gräberstadt war zwischen dem 8. und dem 6. Jh. v. Chr. angelegt worden.

✶ ✶ Assisi

E 7

Provinz: Perugia **Höhe:** 424 m ü.d.M.
Einwohnerzahl: 25 300

Assisi ist weit über die Grenzen Umbriens hinaus zum Synonym geworden für die Verehrung des heiligen Franziskus, dem wohl populärsten Heiligen Italiens und einem der meistverehrten in Europa. Jedes Jahr pilgern Tausende von Gläubigen zu seinem Grab, aber auch zu anderen Stätten in der Umgebung, die mit dem Leben und Wirken des Franz von Assisi verbunden sind.

Schon von Weitem ist die Grabeskirche San Francesco hoch über Assisi zu sehen. Wer aus Richtung Perugia auf die Stadt zufährt, wird beim Anblick der gewaltigen Unterbauten von Kirche und Kloster allerdings eher an eine Festung denken. Die Stadt, die den langgestreckten Hügel überzieht, wurde fast völlig aus dem **Stein des Monte Subasio** gebaut, dessen Farben zwischen Weiß-Abtönungen, Zartrosa und hellem Ocker changieren. Keine hässlichen Neubauten stören das Bild, das durch die hoch oben aufragende Rocca und den intakten, weit gespannten Mauergürtel vervollständigt wird.

Geschichte   Assisi entwickelte sich aus einer Siedlung der Umbrer. Nach dem Bundesgenossenkrieg 89 v. Chr. wurde die Stadt römisches Munizipium mit der Verpflichtung, Legionäre zu stellen, aber auch mit dem Vorteil, denselben Rechtsstatus wie die Bürger Roms zu genießen. Unter **römischer Herrschaft** blühte Asisium zu einem wichtigen Handelszentrum auf – die Stadt besaß ein Forum, den Minerva-Tempel, ein Theater, Thermenanlagen und ein außerhalb der Mauern gelegenes Amphitheater. Die von einem Mauerring umgürtete Römerstadt erstreckte sich im oberen Teil der heutigen Altstadt, das Forum lag nach neuesten Erkenntnissen nicht – wie bisher angenommen – unter der heutigen Piazza del Comune, sondern in der Nähe des Doms. Um 50 v. Chr. wurde der römische **Dichter Properz** (gestorben 16 n. Chr.) in Assisi geboren. Die Anhänger des Christen-

Assisi Orientierung

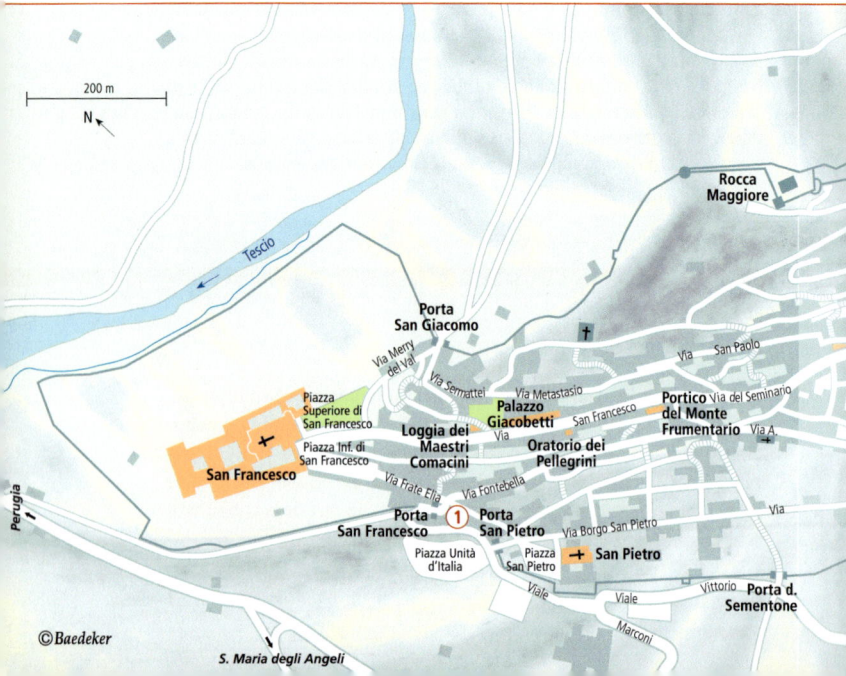

tums wurden auch in Assisi zunächst verfolgt – im Jahr 238 starb hier Bischof Rufino als einer der ersten den Märtyrertod.

Nach dem Zusammenbruch des Römischen Reichs begann für Assisi eine bewegte Zeit. 505 wurde es von den Goten erobert und zerstört. Für kurze Zeit war es unter der Herrschaft Ostroms, fiel dann an die Langobarden und wurde dem **Herzogtum Spoleto** einverleibt. Als freie Kommune gewährte Assisi ab dem 12. Jh. in einer berühmt gewordenen Verordnung allen Leibeigenen, die innerhalb ihrer Mauern Zuflucht gesucht hatten, die Freiheit. Im Gegensatz zum guelfischen Perugia schlug sich Assisi auf der Seite des **Kaisers Friedrich Barbarossa**, der die Rocca erbauen ließ und Herzog Konrad von Lützen als Statthalter einsetzte. Seine tyrannische Herrschaft führte 1198 zu einem Volksaufstand und zur Vertreibung des verhassten Herzogs; auch Perugia griff in den Konflikt ein.

Im 13. Jh. setzte in der prosperierenden Stadt eine rege **Bautätigkeit** ein, die mit der Heiligsprechung des Franziskus und der Grundsteinlegung seiner Grabeskirche ihren Anfang nahm; beinahe gleichzeitig entstanden auch die beiden anderen großen Kirchen, der Dom San Rufino und Santa Chiara, wo die hl. Klara ihre letzte Ruhestätte fand. Kardinal Albornoz ließ 1354 über der ehemaligen Ghibellinenstadt an der Stelle der staufischen Burg die päpstliche Rocca Maggiore er-

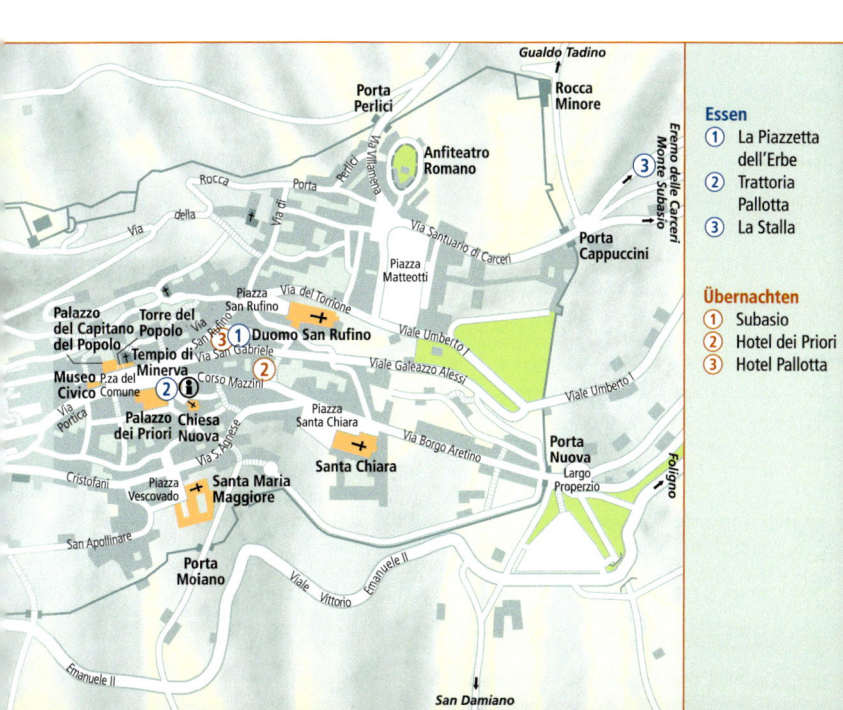

Essen
① La Piazzetta dell'Erbe
② Trattoria Pallotta
③ La Stalla

Übernachten
① Subasio
② Hotel dei Priori
③ Hotel Pallotta

ASSISI ERLEBEN

AUSKUNFT

IAT
Piazza del Comune 22
Tel. 075 81 25 34
Fax 075 81 37 27
info@iat.assisi.pg.it
www.assisi.umbria2000.it

VERANSTALTUNGEN

Unter den zahlreichen Kirchenfesten ist der *Karfreitag* mit der großen Prozession besonders wichtig.
Calendimaggio: Dreitägiges, farbenprächtiges Volksfest am ersten Wochenende im Mai mit historischem Festumzug.

Cavalcata di Satriano: Prachtvolle Reiterprozession am 1. Septembersonntag

PARKEN

In Assisi gibt es relativ viele und gut ausgeschilderte Parkmöglichkeiten. Empfehlenswert ist Parkplatz A, auch Parkplatz San Pietro genannt, der nur wenige Gehminuten unterhalb der Basilika San Francesco liegt.

ESSEN

► **Erschwinglich**
① *La Piazzetta dell'Erba*
Via San Gabriele dell'Addolorata 15 b
Tel. 075 81 53 52
Mo. Ruhetag
Bei Einheimischen beliebt; ob einfache bruschetta, hausgemachte pasta oder hochwertige Fleischgerichte – alles schmeckt und ist gut.

② *Trattoria Pallotta*
Vicolo della Volta Pinta
Tel. 075 81 26 49
Di. geschl.
Deftig umbrische Küche wird in rustikalem Ambiente angeboten; etwas

abseits gelegen und daher nicht so überlaufen.

► **Preiswert**
③ *La Stalla*
Via Eremo delle Carceri 8
Tel. 075 81 23 17
Mo. geschl.
Rustikale, sehr beliebte Ausflugsgaststätte in einem Olivenhain neben dem Campingplatz auf dem Weg zur Eremo delle Carceri. Einfache umbrische Gerichte, die auf offenem Feuer zubereitet werden. Man kann auch günstig übernachten.

ÜBERNACHTEN

► **Luxus**
① *Subasio*
Via Frate Elia 2
Tel. 075 81 22 06, Fax 075 81 66 91
www.hotelsubasio.com
Traditionsreiches Hotel in der Nähe der Basilica San Francesco, elegante Zimmer mit schönen Stilmöbeln, Restaurant mit Aussichtsterrasse.

► **Komfortabel**
② *Hotel dei Priori*
Corso Mazzini 15
Tel. 075 81 22 37, Fax 075 81 68 04
www.assisi-hotel.com
Geschmackvoll eingerichtetes Hotel im Herzen von Assisi, nur wenige Schritte von der Piazza del Comune entfernt, in einem Palast aus dem 17. Jh.

► **Günstig**
③ *Hotel Pallotta*
Via S. Rufino 6
Tel./Fax 075 81 23 07
www.pallottaassisi.it
Ein Haus aus dem Mittelalter in der Altstadt, aus den Zimmern sieht man über die Dächer von Assisi. Parkplätze gibt es außerhalb der Mauern.

Highlights *Assisi*

San Francesco
Der Touristenmagnet in Umbrien schlechthin: das Grab des Franz von Assisi und Fresken vom Feinsten
▶ Seite 139

Piazza del Comune
Der schöne Hauptplatz von Assisi mit dem Minervatempel
▶ Seite 151

Dom
Allein die Fassade ist ein Hochgenuss: typisch umbrische Romanik
▶ Seite 152

Rocca
Die alles überragende Burg mit herrlicher Aussicht
▶ Seite 153

Santa Chiara
Grabeskirche der 1253 verstorbenen heiligen Klara
▶ Seite 153

Eremo delle Carceri
Schlicht und ergreifend: Miniaturkloster mit der Zelle des heiligen Franziskus inmitten einer Waldlandschaft
▶ Seite 156

richten. Bevor sich allerdings die kirchliche Herrschaft unter Papst Pius II. endgültig durchsetzen konnte, wurde Assisi von mächtigen Adelsfamilien wie den Michelotti, den Visconti, den Montefeltre, von Braccio Fortebraccio und Francesco Sforza regiert.

Seine herausragende Stellung als **Pilgerort** prägt die Geschichte von Assisi bis in die heutige Zeit. Den täglichen Besucheransturm tragen die Assisani mit Fassung – sie leben schließlich großenteils davon. Anlässlich des 700. Todesjahres von Franziskus im Jahr 1926 wurde das mittelalterliche Stadtbild restauriert und mit Neubauten im mittelalterlichen Stil bestückt. Bei den schweren **Erdbeben**, die Umbrien im Herbst 1997 erschütterten, stürzten in San Francesco zwei Gewölbeabschnitte der Oberkirche ein; vier Menschen kamen dabei ums Leben. Auch der Dom San Rufino und die Kirche Santa Chiara erlitten schwere Schäden.

Sehenswertes in Assisi

✶ ✶ San Francesco

Als Grabeskirche eines der meistverehrten Heiligen der katholischen Kirche, der gleichzeitig auch der **Nationalheilige Italiens** ist, nimmt San Francesco unter den christlichen Pilgerstätten eine herausragende Stellung ein. Durch die Erdstöße im Herbst 1997 erlitt die Kirche schwere, zum Teil irreparable Schäden. Am meisten betroffen war die Oberkirche, wo zwei Gewölbeabschnitte mit Malereien von Cimabue einstürzten. Große zusammenhängende Teile sind bei dem Einsturz für immer verloren gegangen. Die Fresken von Giotto und Cavallini hingegen kann man mittlerweile wieder in ihrer vollen

Schönheit bestaunen (geöffnet: Unterkirche: April – Ende Okt. 6.00 bis 18.45, Nov. – Ende März 6.00 – 18.00, Sonn- und Feiertage 6.00 bis 19.15, Oberkirche jeweils ab 8.30 Uhr).

Colle d'Inferno Colle d'Inferno, Höllenhügel, wurde der Hügel genannt, auf dem die Basilika erbaut wurde – bis zum 13. Jh. wurden hier Galgenhinrichtungen durchgeführt. Heute wird er dagegen Paradieshügel genannt, wann und warum es zu der Namensänderung kam, weiß man nicht.

Baugeschichte Die komplizierte Baugeschichte von San Francesco wirft bis heute Fragen auf. Zwei Jahre nach dem Tod von Franziskus (1226) und einen Tag nach seiner Heiligsprechung, am 17. Juli 1228, legte Papst Gregor IX. den Grundstein für die Kirche. Schon zwei Jahre später wurde der **Leichnam des Heiligen** in das Felsengrab der noch unfertigen Unterkirche überführt. Wann mit der Oberkirche begonnen wurde, ist nicht geklärt, überliefert ist nur das Weihedatum 1253 für Ober- und Unterkirche. Um 1300 hat man die Seitenwände der Unterkirche niedergerissen und die Seitenkapellen geöffnet sowie die Querarme angefügt. Im 13. Jh. entstanden auch die ersten Gebäude für den Konvent und die Papstresidenz. Die Erweiterungen, die der Baukomplex im 14. und im 15. Jh. erfuhr, sowie die Aufschüttung des Geländes vor der Kirche 1279 sorgten dafür, dass die Unterkirche keine Fassade hat und die Doppelgeschossigkeit des Bauwerks am Außenbau kaum mehr manifest ist.

Wer über Via Frate Elia zur Piazza Inferiore hinaufgeht, nähert sich der Seitenfront von San Francesco; zur Fassade der Oberkirche führt ein seitlicher Treppenaufgang.

Kleiderordnung

■ Auch im Hochsommer gilt: Lange Hosen tragen und Schultern bedecken, andernfalls wird einem der Eintritt in die Kirche verwehrt.

Unterkirche

Rundgang Unter- und Oberkirche von San Francesco sind – ungewöhnlich für einen mittelalterlichen Kirchenbau – **nach Westen** ausgerichtet. Durch eine Renaissancevorhalle (1487) und ein gotisches Portal kommt man ins östliche Querhaus aus dem 13. Jahrhundert.

Zwei **Grabmonumente** an der rechten (westlichen) Wand verdienen Beachtung: das gotische, baldachinbekrönte Grabmal für ein Mitglied der Florentiner Familie Cerchi und ein gotisches Grabmal aus den ersten Jahrzehnten des 14. Jh.s, vermutlich für Johann von Brienne geschaffen. Der Tote ist auf dem Monument einmal auf der Tumba liegend und einmal auf einem Löwen sitzend dargestellt.

In der **Kapelle des hl. Antonius Abbas** ist Blasco Fernandez, Herzog von Spoleto, mit seinem Sohn beigesetzt; beide wurden 1367 ermordet. Die **Katharinenkapelle** baute der berühmte, aus Gubbio stammende Baumeister Gattapone für Kardinal Albornoz. Die Fresken von

San Francesco, Unterkirche *Orientierung*

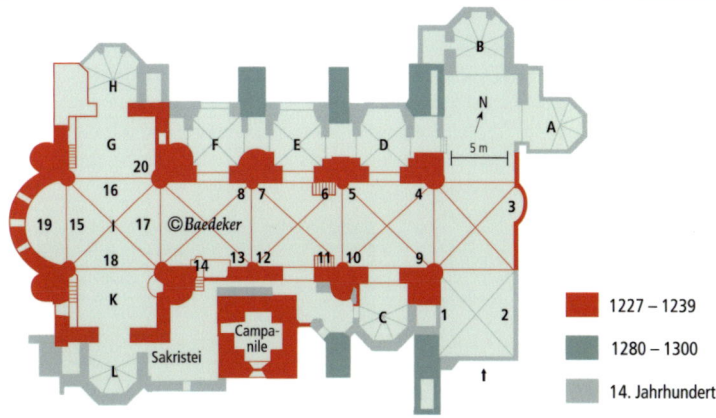

A Kapelle des Antonius Abbas
B Katharinenkapelle
C Martinskapelle
D Kapelle des hl. Ludwig von Toulouse und Stephan
E Kapelle des hl. Antonius von Padua
F Magdalenenkapelle
G Nördliches Querhaus
H Nikolauskapelle
I Vierung mit Hochaltar
K Südliches Querhaus

L Kapelle Johannes des Täufers

1 »Madonna della Salute«, Wandbild von Ceccolo di Giovanni
2 Grabmal der Familie Cerchi
3 Grabmal
4–13 **Wandmalereien im Langhaus**
4 Vorbereitung zur Kreuzigung
5 Kreuzigung
6 Kreuzabnahme
7 Beweinung
8 Emmausmahl
9 Lossagung vom Vater
10 Traum Papst Innozenz´ III.
11 Vogelpredigt des Franziskus
12 Stigmatisation des Franziskus
13 Tod des Franziskus
14 Marienkrönung, Fresko von Puccio Capanna

15–18 **Gewölbemalereien in der Vierung**
15 Verherrlichung des Franziskus
16 Allegorie der Keuschheit
17 Allegorie der Armut
18 Allegorie des Gehorsams
19 Jüngstes Gericht, Apsisfresko von Cesare Semei (1623)
20 Madonna mit Engel und dem hl. Franziskus von Cimabue

Legend: 1227–1239 / 1280–1300 / 14. Jahrhundert

Andrea da Bologna (1368) erzählen Begebenheiten aus dem Leben der hl. Katharina von Alexandrien.

Die bemalten Gewölbe des Langhauses sind weit herabgezogen und mit breiten Bandrippen unterlegt. Sie verleihen dem nur spärlich erhellten Raum einen kryptenartigen Charakter, der durch den tiefblauen Grund der Gewölbemalereien noch verstärkt wird.

Die Wände des Langhauses sind oberhalb einer Sockelzone vollständig mit Malereien in Tempera bedeckt, die zu den eindrucksvollsten Leistungen der frühen italienischen Malerei gehören. Sie entstanden um 1260 und sind das Werk eines **unbekannten Künstlers**, der mit dem Notnamen **»Franziskusmeister«** bedacht wurde. Der Künstler war vermutlich toskanischer Herkunft und gehörte in den Umkreis von Giunta Pisano und Coppo di Marcovaldo. Den Szenen aus der Leidensgeschichte Christi auf der rechten Seite des Langhauses, beginnend mit der Vorbereitung zur Kreuzigung, sind auf der anderen Seite Episoden aus der Franziskus-Vita gegenübergestellt, die mit der

✱ **Wandmalereien im Langhaus**

SAN FRANCESCO

✳ ✳   **San Francesco, die Grabeskirche des heiligen Franziskus, ist eine der meistbesuchten Sehenswürdigkeiten in Umbrien. Pilger aus ganz Europa kommen nach Assisi, um die letzte Ruhestätte des italienischen Nationalheiligen zu sehen. Auch für Kunstfreunde ist San Francesco ein Mekka: Sowohl die Unterkirche als auch die Oberkirche bergen wertvolle Fresken. Ein schweres Erdbeben im September 1997 beschädigte große Teile der Wandmalereien – viele konnten restauriert werden, andere gingen für immer verloren.**

🕐 Öffnungszeiten:
Unterkirche: April – Ende Okt. 6.00 – 18.45,
Nov. – Ende März 6.00 – 18.00, So. u. Feiertage
6.00 – 19.15, Oberkirche jeweils ab 8.30 Uhr

① Eingang in die Unterkirche
Von der großen Piazza Inferiore di San Francesco

② Eingang in die Oberkirche
In die Oberkirche kommt man von der Grünanlage
der Piazza Superiore di San Francesco.

③ Unterkirche
Mit kunstvoll ausgestalteten Kapellen und
Fresken im Langhaus und im Vierungsgewölbe

④ Krypta
Hier befindet sich das Grab des Franz von Assisi.

Vollständig mit einem Innengerüst ausgekleidet wurde die Oberkirche, um nach dem Erdbeben von 1997 die Wandmalereien aus über 100 000 Fragmente zu rekonstruieren.

In mühevoller Kleinarbeit sind die Fresken wieder zusammengesetzt worden.

⑤ Martinskapelle
Zu sehen sind wertvolle Fresken des toskanischen
Künstlers Simone Martini.

⑥ Oberkirche
Fast vollständig ausgekleidet mit Wandmalereien

⑦ Franziskuszyklus
Die Bilderfolge startet im vierten Joch mit der
»Huldigung auf der Piazza«.

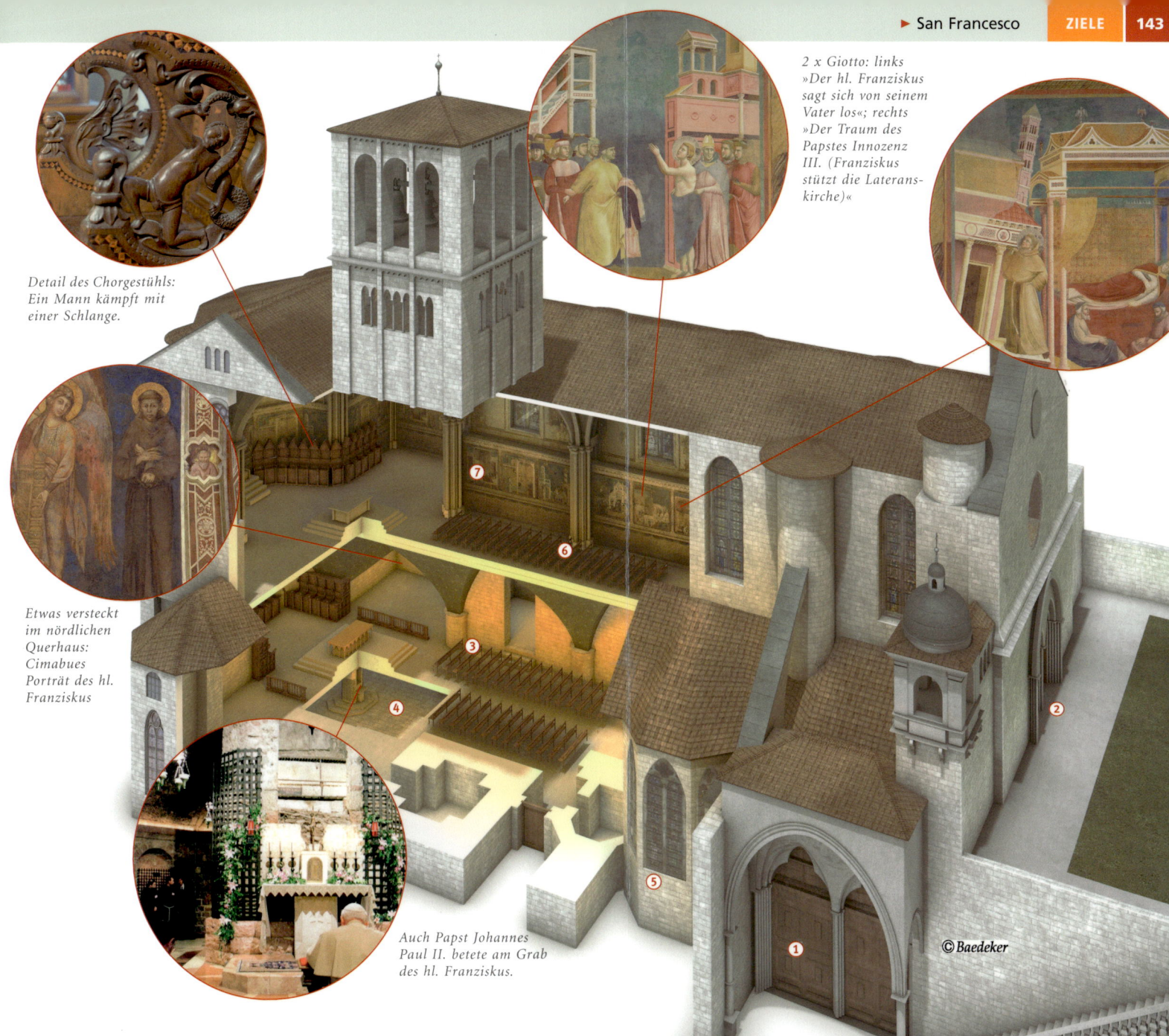

Detail des Chorgestühls:
Ein Mann kämpft mit
einer Schlange.

2 x Giotto: links
»Der hl. Franziskus
sagt sich von seinem
Vater los«; rechts
»Der Traum des
Papstes Innozenz
III. (Franziskus
stützt die Laterans-
kirche)«

Etwas versteckt
im nördlichen
Querhaus:
Cimabues
Porträt des hl.
Franziskus

Auch Papst Johannes
Paul II. betete am Grab
des hl. Franziskus.

©Baedeker

Lossagung des Heiligen vom Vater beginnen und mit dem Tod des Franziskus enden. Durch diese Anordnung soll die Parallele zwischen dem Leben Christi und dem Wirken des ihm nachfolgenden Franziskus sichtbar gemacht werden. Die Komposition der Wandbilder ist noch weitgehend byzantinischen Vorbildern verpflichtet (gleiche Kopfhöhe der Figuren, Frontalität, Flächigkeit usw.), ihre innovative Kraft liegt in der starken Expressivität, die der Künstler seinen Figuren, ihren Gesichtern, Gesten und Gewändern verleiht. Einige Bilder sind stark beschnitten, da man um 1300 die Seitenwände für die Kapellen öffnete und sie dabei zerstörte.

★ ★
Martinskapelle

Mit der Ausmalung der Martinskapelle, der ersten Kapelle links, hinterließ der toskanische Künstler **Simone Martini** (1280/1285 bis 1344) ein **Hauptwerk der Trecentomalerei** in Italien. Sein Stil zeichnet sich durch die höfische Eleganz seiner Figuren, feinabgestimmte, kostbare Farbigkeit, individuelle Gesichtszüge und zahlreiche dekorative Details aus. Die Entstehung der Fresken wird zwischen 1312 und 1315 angenommen. Unter dem Eingangsbogen sind in gemalten gotischen Nischen die Heiligen Maria Magdalena, Katharina von Alexandrien, Klara, Elisabeth von Ungarn, Franziskus, Antonius von Padua, Ludwig von Frankreich und Ludwig von Toulouse dargestellt. An der Eingangswand der Kapelle kniet der Stifter, Kardinal Gentile da Montefiore, zu Füßen des hl. Martin, daneben sind Episoden aus dem Leben des Heiligen festgehalten.

Kapellen
an der rechten
Langhausseite

Gegenüber der Martinskapelle öffnet sich die Kapelle, die den Heiligen Ludwig von Toulouse und Stephan geweiht ist. Ihre Glasfenster entwarf möglicherweise ebenfalls Simone Martini. Die anschließende Kapelle des hl. Antonius von Padua schmücken Fresken des Orvietaners Cesare Semei (1610). Die um 1320 von Schülern Giottos ausgeführten Wandbilder in der **Magdalenenkapelle** schildern die Lebensgeschichte der hl. Magdalena. An zwei Stellen hat sich auch der Stifter der Kapelle, Bischof Teobaldo da Pantano, verewigen lassen – an der linken Wand wird ihm vom Märtyrerbischof Rufinus die Mitra aufgesetzt, rechts kniet er im Pilgergewand vor Maria Magdalena.

★
Krypta,
Franziskusgrab

Die Treppe auf der rechten Seite des Langhauses führt in das Zentrum der Pilgerstätte hinab, in die Krypta mit dem Grab des hl. Franziskus, das erst 1818 wiederentdeckt wurde. Vier Jahre später erfolgte der Bau der Krypta, die den Pilgern den Zugang zum Sarkophag des Heiligen ermöglicht.

Vierung,
Hochaltar

In der Vierung, unter der sich das Franziskus-Grab befindet, steht der um 1230 geschaffene Hochaltar. Bis in das Jahr 1870 war er, wie das Heilige Grab in Jerusalem, von 12 Säulen umstellt – ein weiterer Verweis auf die Parallelität zwischen Christus und Franziskus.

Die Fresken im Gewölbe der Vierung, die auf kostbaren Goldgrund gemalt wurden, symbolisieren in figuren- und detailreichen Szenen die **drei Mönchsgebote** Keuschheit, Gehorsam und Armut. Das Armutsgelübde spielte im Leben des Franziskus und in der franziskanischen Ordensbewegung eine besondere Rolle. In einem Gewölbezwickel (»Verherrlichung des Franziskus«) sieht man den Heiligen in einer goldenen Dalmatika von zahlreichen Engeln umgeben. Wie bei den Wandmalereien im Langhaus ist der Künstler, der die Vierung zwischen 1315 und 1320 ausmalte und im Umkreis des berühmten Giotto vermutet wird, nur unter dem Notnamen Maestro delle Vele (»Vierungsmeister«) bekannt.

✶ ✶
Fresken

Im gleichzeitig mit der Vierung bemalten Tonnengewölbe des rechten Querarms werden Szenen aus der Kindheitsgeschichte Jesu behandelt, die man einem Künstler aus der Werkstatt von Giotto (▶Berühmte Persönlichkeiten) zuschreibt. An den Wänden waren mehrere Künstler zu unterschiedlichen Zeiten tätig. Aufmerksamkeit verdient die **»Thronende Madonna mit Engeln und hl. Franziskus«** an der Ostwand, nicht nur, weil sie 1280 von **Cimabue** (um 1240 bis 1302), dem bedeutendsten Vertreter der italienischen Malerei des 13. Jhs. gemalt wurde, sondern auch, weil man hier vor einem der **ältesten Porträts des hl. Franziskus** steht.

Rechtes Querhaus

Links unten neben der Madonna von Cimabue schuf Simone Martini, der Meister der Fresken in der Martinskapelle, das sehenswerte Fresko »Die Heiligen Franziskus, Ludwig von Toulouse, Elisabeth von Thüringen und Klara von Assisi« (1321–1326). Die Fresken an der Nord- und Westwand stammen von Malern aus der Giotto-Schule und stellen posthume Wunder des Franziskus dar (um 1320). Zeitlich zwischen der Cimabue-Madonna und diesen Malereien liegt die um 1300 entstandene »Verkündigung an Maria« über dem Eingang zur Nikolauskapelle. Diese Kapelle mit Fresken aus der Giotto-Nachfolge birgt das Grabmal des Giovanni Orsini (um 1300), dem Bruder des Stifters.

Das linke Querhaus wurde von **Pietro Lorenzetti** (um 1280 – 1348) und seinen Schülern zwischen 1315 und 1330 mit Szenen aus der Passion Christi ausgemalt. Zu näherer Betrachtung lädt vor allem die figurenreiche **Kreuzigung** an der Ostwand ein, die 1607 durch die Anbringung eines Barockaltars leider im unteren Teil zerstört wurde. Das Fresko »Madonna mit Kind, dem hl. Franziskus und Johannes dem Evangelisten« zeigt den späten Stil des Meisters.

Linkes Querhaus

Ein weiteres Werk von Lorenzetti ist das Altartriptychon in der anschließenden Johanneskapelle »Madonna mit Kind, hl. Franziskus und Johannes dem Täufer« (um 1320).

Johanneskapelle

Vom rechten Querhaus kommt man in die »Sala delle Reliquie«, in der Reliquien des hl. Franziskus gezeigt werden, u.a. seine Kutte,

Kapitelsaal

Sandalen und das »Buch des Lebens«, vom hl. Franziskus erstellte und auf Pergament geschriebene Franziskanerregeln.

Großer Kreuzgang, Museum

Hinter der Apsis von San Francesco liegt der doppelgeschossige Kreuzgang, zu dem man über die Treppenaufgänge im Querhaus kommt. Papst Sixtus IV., der selbst dem Franziskanerorden angehörte, ließ ihn 1476 anlegen. Von hier aus gelangt man in das sehenswerte Museum, das u. a. kostbare Reliquiare, Tafelbilder und Kirchengerät aufbewahrt. Am Eingang fällt ein flämischer Gobelin mit dem Stammbaum der Franziskaner ins Auge (geöffnet Apr. – Okt. tgl. 9.30 – 17.00 Uhr, So. geschl.).

Oberkirche

Über die Treppe neben dem Eingang zur Unterkirche kommt man auf die Piazza Superiore. Die Fassade der Oberkirche von San Francesco ist horizontal dreigeteilt; die mittlere Zone schmücken eine Fensterrose und die Evangelistensymbole. Links schließt sich eine barocke Benediktionsloggia an.

Inneres

Vollkommen anders als die Unterkirche präsentiert sich die Oberkirche, die für den Konvent des Klosters bestimmt war, als ein hoher, lichter Raum, der von einem grazilen, über schlanken Dienstbündeln

Die Grabeskirche des Franz von Assisi: Der schönste Blick auf Unter- und Oberkirche bietet sich von der großen Piazza Inferiore di San Francesco.

aufsteigenden Gewölbe überspannt wird. Für eine Bettelordenskirche zeigt San Francesco eine ungewöhnlich reiche und farbenfreudige Ausstattung. Französisch inspirierte Architektur, italienische Wandmalerei und bunte Glasfenster vereinen sich zu einem kostbaren Raumeindruck. Neben anderen, weniger bekannten, werden vor allem der florentinische Maler **Cimabue** und der knapp dreißig Jahre jüngere **Giotto** (► Berühmte Persönlichkeiten) mit den Fresken in der Oberkirche in Verbindung gebracht. Giotto, der neben der toskanischen und der römischen Malerei auch Einflüsse der französischen und byzantinischen Kunst verarbeitet hat, gilt gemeinhin als Begründer der neuzeitlichen italienischen Malerei. Der Generationswechsel zwischen den beiden Künstlern macht sich u. a. darin bemerkbar, dass die Giotto zugeschriebenen Bilder in der neuen, zukunftsweisenden Technik **»al fresco«** an die Wand gebracht wurden. Bei dieser in Renaissance und Barock höchst beliebten Technik werden die angerührten Farbpigmente auf den nassen Kalkputz aufgetragen, wobei jeweils nur soviel Wandfläche für den Auftrag mit Putz versehen wurde, wie man vor dem Festwerden bemalen konnte (Tagwerk). Gegenüber dem Auftrag auf Trockenputz (»al secco«) ist den echten Fresken eine längere Haltbarkeit beschieden.

✶ ✶
Franziskus-Zyklus

Dem Franziskus-Zyklus im Langhaus kommt unter den Wandmalereien der Oberkirche eine zentrale Rolle zu. In 28 Bildern, die zwischen Sockel- und Obergadenzone des Langhauses sitzen, wird nach der Überlieferung der »Legenda Major« des hl. Bonaventura das Leben des hl. Franziskus geschildert. Der Zyklus beginnt im vierten Joch, und zwar nicht mit der Geburt des Heiligen (wie etwa später bei Benozzo Gozzoli in San Francesco in ►Montefalco), sondern mit der Szene, in der ein einfacher Mann seinen Mantel vor Franziskus ausbreitet und ihm seine große Bedeutung für die katholische Kirche voraussagt, »Huldigung auf der Piazza«. Galt der Franziskus-Zyklus früher als eigenhändiges Werk von Giotto, so hält heute die Mehrheit der Forscher den Künstler für den Erfinder der umfassenden Bildfolge, für die es in dieser Form kein Vorbild gab, während man die Ausführung als **Schüler- und Werkstattarbeit** betrachtet. Dennoch tragen die Fresken insofern die Handschrift des großen Künstlers, als sie wesentliche Elemente seiner stilistischen und formalen Neuerungen aufweisen, u. a. den klar begrenzten Bildraum, die Körperlichkeit der Figuren sowie eine naturalistische Darstellung der Ereignisse.

Obergadenmalereien

Auch die Fensterzone über dem Franziskus-Zyklus ist nach einem einheitlichen Programm ausgemalt, wobei jeweils zwei Wandbilder übereinander sitzen. Der Bildfolge auf der rechten Seite mit **Szenen aus dem Alten Testament** – beginnend mit der »Erschaffung der Welt« und darunter dem »Bau der Arche Noah« – entsprechen auf der linken Langhausseite **Episoden aus dem Neuen Testament**, die mit der »Hochzeit zu Kana« und der »Verkündigung an Maria« einsetzen. Ebenso wie bei den Langhausmalereien der Unterkirche folgt

Assisi • San Francesco

Mariä Verkündigung	Hochzeit zu Kana	Befreiung des Petrus von Alife			Huldigung auf der Piazza	Noah baut die Arche	Erschaffung der Welt
		Beichte der vom Tode Erwachten					
(Heim-suchung)	(Aufer-weckung des Lazarus)	Heilung des Mannes von Jlerda			Traum von den Waffen	Einzug in die Arche	Erschaffung Adams
Geburt Jesu	Gefangen-nahme Christi	Vision Gregors IX.	Christus		Sprechen-des Kreuz in S. Damiano	Abraham opfert Isaak	Erschaffung Evas
		Heilig-sprechung	Maria	Johannes der Täufer	Lossagung vom Vater		
Anbetung der Hl. drei Könige	?	Abschied der hl. Klara	Franziskus		Traum Innozenz des III.	Die drei Engel bei Adam	Sündenfall
Darbringung im Tempel	Kreuz-tragung	Hieronymus überprüft die Wundmale			Bestätigung der Regel	Isaak segnet Jakob	Vertreibung aus dem Paradies
		Visionen vom Tode			Vision des Feuer-wagens	©Baedeker	
Flucht nach Ägypten	Kreuzigung	Tod des Franziskus			Vision der Throne	Esau vor Isaak	(Mühsale Adams u. Evas)
Jesus lehrt im Tempel	Beweinung Christi	Stigma-tisation	Gregor		Vertreibung d. Dämonen aus Arezzo	Josef wird in den Brunnen geworfen	(Opfer Kains und Abels)
		Erscheinung in Arles	Ambrosius	Augustinus	Franziskus v. dem Sultan von Ägypten		
		Predigt vor Honorius III.	Hieronymus		Franziskus in Ekstase	Josef verzeiht seinen Brüdern	Kain tötet Abel
Taufe Jesu	Die Marien am Grabe	Tod des Ritters Don Celano			Weihnachts-feier in Greccio		

Neues Testament

Franziskus-leben

Vogel-predigt / Maria / Quell-wunder

Christi Himmel-fahrt / Pfingsten

Franziskus-leben

Altes Testament

Oberkirche, Freskenschema des Langhauses

diese Gegenüberstellung dem System einer Typologie, derzufolge sich das Alte Testament im Leben und Leiden Christi erfüllt. Die Entwürfe für die Bildfolgen lieferte Cimabue, die Ausführung übernahmen wahrscheinlich seine Gehilfen und Schüler, insbesondere Jacopo Torriti und Filippo Resuti. Auch der junge Giotto war wohl bei diesem Teil der Ausmalung schon in Assisi tätig.

Die beeindruckenden »Isaakszenen« auf der rechten Seite mit auffallend bewegten Gesten und besonders fein ausgearbeiteten Gesichtern gelten als eigenhändige Werke dieses Künstlers.

✶ ✶
Isaakszenen

Die Ausmalung der Vierung und des Sanktuariums, zu dem die Laien ursprünglich keinen Zutritt hatten, ist das Werk Cimabues und seiner Werkstatt (um 1280). Seine »Kreuzigung« im linken Querarm ist zwar durch die Oxidation des Bleiweiß, die die hellen Bildstellen schwarz erscheinen lässt, stark beschädigt, hat aber dennoch nichts von ihrer expressiven Sprache und ihrer ergreifenden Dramatik eingebüßt. An der Stirnwand sind Szenen aus der Apokalypse wiedergegeben.

Malereien im Sanktuarium

Die Wände der Chorapsis füllte Cimabue mit Episoden aus dem Marienleben, im rechten Querarm werden Stationen aus der Lebensgeschichte des Apostel Petrus geschildert und die Enthauptung von Paulus gezeigt. Über diesen Szenen befinden sich die **ältesten Wandmalereien der Oberkirche** von San Francesco aus der Zeit zwischen 1265 und 1280, also noch vor dem Wirken Cimabues.

Von der Via San Francesco zur Piazza del Comune

Die **Via San Francesco** führt von der Franziskuskirche hinauf in die Altstadt von Assisi. Vor allem hier und in der Via Frate Elia blüht der Souvenirhandel, außerdem gibt es zahlreiche Keramik- und Kunsthandwerksläden. Die Via San Francesco säumen schöne mittelalterliche Häuser und Palazzi wie beispielsweise der Palazzo Bernabei (Nr. 19 A), den der einheimische Baumeister Giacomo Giorgetti im 17. Jh. erbaute. Etwas weiter sieht man an Haus Nr. 24 die sogenannte Totentür, eine Pforte neben dem Haupteingang, durch den angeblich die Toten hinausgetragen wurden (vgl. ▶Gubbio).

✶
Straßenbild

Die städtische Gemäldesammlung ist im Palazzo Vallemani (Via S. Francesco, 10) untergebracht. Zu sehen sind abgelöste **Fresken** aus Gebäuden und Kirchen in und um Assisi aus dem 14.–16. Jh., insbesondere von Künstlern der Giotto-Nachfolge, sowie einige Gemälde umbrischer Renaissancemaler wie Ottaviano Nelli, Nicolò di Liberatore (genannt Alunno), Dono Doni oder Tiberio d'Assisi. Mit der »Madonna mit Kind« (um 1340) bewahrt die Pinacoteca das einzige gesicherte Werk des florentinischen Malers Puccio Capanna (geöffnet: 16. 10.–15. 3. tgl. 10.00–13.00, 14.00–17.00, 16. 3. bis 15. 10. 10.00–13.00, 15.00–18.00, im Hochsommer bis 19.00 Uhr).

Pinacoteca comunale

🕐

Casa dei Maestri Comacini

Haus Nr. 14 aus dem 13. Jahrhundert war die Casa dei Maestri Comacini, das Haus der lombardischen Wandersteinmetze, wie man am Zirkel im Wappen noch erkennen kann. 18 Fensterachsen zählt der barocke **Palazzo Giacobetti**, den ebenfalls Meister Giorgetti entworfen hat. Heute ist der Stadtpalast Sitz verschiedener kultureller Institutionen.

Oratorio dei Pellegrini, Fonte Oliviero

Auf der anderen Straßenseite wurde 1432 das Oratorio dei Pellegrini als Kirche eines Pilgerhospitals errichtet. Das Fassadenfresko ist ein Werk des umbrischen Malers Matteo da Gualdo (1435 – um 1503), der neben Pier Antonio Mezzastris und einem Perugino-Schüler auch an der Ausmalung des Innenraums beteiligt war; von ihm stammt das Fresko an der Stirnwand der Kirche (1468). Die sieben Arkadenbögen am Haus Nr. 5/A gehören zur **Loggia des Monte Frumentario**, der aus einem Hospital von 1267 hervorging. Die **Fonte Olivera** ist benannt nach ihrem Erbauer Oliviero Lodovici (1570). Hinter dem Stützbogen aus dem 13. Jh. geht die Via San Francesco über in die Via del Seminario, die weiter oben als Via Portica in die Piazza del Comune einmündet.

Museo Civico

An der Via Portica (Nr. 2) liegt der Eingang zum Museo Civico, dem Stadtmuseum von Assisi. Die kleine archäologische Sammlung in der Krypta besteht aus römischen Fundstücken aus der näheren Umgebung von Assisi und aus dem Stadtgebiet, u. a. römische Sarkophage, Stelen, Inschriften und Fragmente von Säulen. Die aus verschiedenen Nekropolen stammenden **Urnen** zeigen eine ganz typische Form, die mit der herkömmlichen Urnenform wenig gemeinsam hat: flache, reliefgeschmückte Steinplatten, bei denen nur die kleine Öffnung  oben auf einen Hohlraum zur Aufnahme der Asche hinweist (geöffnet: 16. 10. – 15. 3. tgl. 10.00 – 13.00, 14.00 – 17.00, 16. 3. – 15. 10. tgl. 10.00 – 13.00, 15.00 – 18.00, im Hochsommer bis 19.00 Uhr).

★
»Foro Romano«

Der interessantere Teil des Museo Civico ist zweifelsohne das unterirdische Ausgrabungsgelände unter der Piazza del Comune, das durch einen Korridor vom Museo aus erreichbar ist. Am römischen Pflaster unter den Füßen, wandelt man an unzähligen Grabstelen mit Inschriften vorbei, bis sich der schmale Gang zur Archäologischen Zone weitet. Da man früher das römische Forum an dieser Stelle vermutete, heißt es Foro Romano. Heute weiß man allerdings, dass es sich nicht um das einstige Forum handelt, sondern um eine 85 x 44 m große Terrasse vor dem **Minervatempel**, die durch die Anhebung des Bodenniveaus im Lauf der Zeit verschwand. Das Areal war an drei Seiten von Säulenhallen gefasst; der Tempel stand auf einem stark erhöhten Sockel, zu dem zwei seitliche Treppen hinaufführten. In der Achse des Tempels befand sich eine erhöhte Plattform aus Kalksteinblöcken, die man heute als Rest eines Opferaltars oder als Basis für Statuen interpretiert. Ebenfalls in dieser Achse stand ein Tetrastylum, ein Block mit vier Säulen, von dem die Basis aus Travertinsteinen noch zu erkennen ist. Eine Inschrift besagt, dass in diesem Monument Dioskurenstatuen aufgestellt waren.

✳ Piazza del Comune

Auf der Piazza del Comune treffen Ober- und Unterstadt zusammen. Der langgestreckte Platz ist mit vielen Geschäften und Cafés der Mittelpunkt des städtischen Lebens.

Der aus dem 13. Jh. stammende Palazzo del Popolo ist eines jener Gebäude, die anlässlich des 700. Todesjahres von Franziskus 1927 nach dem damaligen Mittelalterverständnis restauriert wurden. Einen markanten Akzent setzt die **Torre del Popolo** rechts daneben, die erst 1305 vollendet wurde. Am Sockel erkennt man noch die hier eingemauerten Maßeinheiten.

Palazzo del Capitano del Popolo

Als **Johann Wolfgang von Goethe** auf dem Weg nach Rom Umbrien durchreiste, zog es ihn nicht wegen der Grabeskirche des hl. Franziskus nach Assisi – die ließ er »links mit Abneigung liegen« –, sondern wegen des antiken Minerva-Tempels, der ihn zutiefst beeindruckte. Der Tempel gehört auch heute noch zu den am besten erhaltenen römischen Bauten in Umbrien. Hinter dem antiken Portikus mit sechs

✳✳ Minerva-Tempel

Feststimmung am Minervatempel auf der Piazza del Comune

Säulen, die ein Gebälk und das Giebeldreieck tragen, verbirgt sich heute die Kirche Santa Maria sopra Minerva, die 1539 gebaut und 1634 barockisiert wurde. Die Zuschreibung an Minerva kam durch die in der Nähe des Tempels aufgefundenen weiblichen Statuen zustande. Einer nicht mehr existenten Inschrift zufolge veranlassten die beiden höchsten Beamten im römischen Assisi den Bau des Tempels.

Palazzo dei Priori

An der gegenüberliegenden Langseite des Platzes bilden vier mittelalterliche Häuser den 1337 errichteten Palazzo dei Priori, der ebenfalls Objekt der Restaurierungskampagne von 1927 wurde. Er ist heute Sitz der Stadtverwaltung von Assisi.

Chiesa Nuova

Nur wenige Meter vom Palazzo dei Priori entfernt, ließ der spanische König Philipp III. 1615 eine Barockkirche über griechischem Kreuz errichten. An der Stelle der Kirche befand sich angeblich das **Elternhaus von Franziskus**.

✴ Dom San Rufino

Über die Via San Rufino steigt man zum Dom hinauf, der ab 1134 über zwei Vorgängerkirchen errichtet wurde. Eine Inschrift nennt Giovanni da Gubbio als Baumeister. Die Weihe fand 1253 statt; ob zu dem Zeitpunkt die Kirche tatsächlich vollendet war, ist ungewiss.

✴✴ Fassade

Die Fassade der Bischofskirche gilt als ein **Juwel der umbrischen Romanik**, obgleich sie nicht in einem Guss entstand. Sie gliedert sich in drei horizontale Zonen. In die unterste, in Felder unterteilte, schneiden die drei rundbogigen Portale ein. Die reiche Dekoration an den Portalrahmungen zeigt biblische Themen und verschiedene dämonische Figuren und Tiere; neben dem typisch romanischen Flechtbandwerk sind auch antikisierende Elemente wie der Mäander zu erkennen. Die Blendarkatur zwischen Portalzone und Rosengeschoss sitzt auf einem Gesims mit Tierreliefs, das von Konsolen mit Menschenköpfen getragen wird. Ein ungewöhnliches Motiv sind die drei Männerfiguren, die die mittlere, große Fensterrose zu tragen scheinen. Der Giebel mit dem eingeschnittenen Spitzbogen geht vermutlich auf das 13. Jh. zurück. Der blendwerkgegliederte Campanile gehörte zum Vorgängerbau aus den 30er-Jahren des 11. Jahrhunderts.

Innenraum

Den dreischiffigen Innenraum erneuerte 1571 der Peruginer Baumeister Galeazzo Alessi grundlegend. Links vom Eingang liegt der Zugang zu der römischen Zisterne unter dem Campanile. Im rechten Seitenschiff steht noch das **Taufbecken**, in dem Franziskus, Klara und Friedrich II., der einen Teil seiner Jugend auf der Rocca zubrachte, die Taufe empfangen haben. Das intarsiengeschmückte Renaissancegestühl schnitzte 1520 Pier Jacopo da Severino. Die Pietà links der Chorapsis ist eine Kopie des in den 1980er-Jahren geraubten Originals aus dem 15. Jahrhundert. Von der Sakristei rechts der Apsis kommt man in das **Oratorium**, in dem Franziskus betete und in dem seinen Mitbrüdern die Vision vom Feuerwagen erschien. Das **Dommuseum** am rechten Seitenschiff birgt Fresken aus der Giotto-Nachfolge, vermutlich von Puccio Capanna, Bilder von Alunno (15. Jh.) und Steinmetzarbeiten aus der alten Domkirche. Die **Krypta** war, wie auch der Campanile, schon Teil des zweiten Vorgängerbaus aus dem 11. Jahrhundert. Der Eingang befindet sich am Domvorplatz (rechts), zu sehen sind der Sarkophag des Heiligen und ein sakrales Museum (geöffnet: tgl. außer Mi. 10.00 – 13.00, 15.00 – 18.00 Uhr). ⏲

✴ Rocca Maggiore

Durch die malerische Oberstadt von Assisi mit ziegel- oder kopfsteingepflasterten Gassen und blumengeschmückten Steinhäusern geht es steil bergauf zur Rocca, die zusammen mit der Stadtmauer und der Rocca Minore die Befestigung von Assisi bildete. Wem der Aufstieg zu beschwerlich ist, der kann von der Porta Nuova über die Piazza Matteotti bis zum Parkplatz unterhalb der Burg hochfahren.

✴ **Aufstieg**

Die im 12. Jh. angelegte Stauferburg war ebenso wie die weiter östlich liegende Rocca Minore Teil der Stadtbefestigung von Assisi. Der junge **Friedrich II.** lebte hier einige Zeit als Schützling des kaiserlichen Statthalters Konrad von Lützen, bevor die Bewohner von Assisi diesen im Jahr 1198 verjagten und die Rocca in Schutt und Asche legten. Ihren Wiederaufbau als päpstliche Zwingburg veranlasste 1367 Kardinal Albornoz (► Berühmte Persönlichkeiten); spätere Erweiterungen sind der achteckige Turm, der lange Verbindungsgang (1458) und der runde Turm beim Eingang, den Papst Paul III. 1535 – 1538 hochmauern ließ. Im Innern der unregelmäßigen, turmbewehrten Festung befinden sich die Ruine des annähernd quadratischen Wohnhauses des Burgherrn und der Bergfried, den man besteigen kann. Durch einen Laufgang in der Wehrmauer erreicht man den achteckigen Turm (Achtung: Taschenlampe mitnehmen, es ist sehr dunkel!).

Besichtigung

Der Rückweg von der Burg lässt sich mit einem Abstecher zur Porta Perlici verbinden, einem der ruhigsten und hübschesten Winkel von Assisi mit schönem Blick in das idyllische Tescio-Tal, durch das die SS 444 führt. Die Häuser zwischen dem Stadttor und der modernen Piazza Matteotti stehen auf den Grundmauern des **römischen Amphitheaters**, was man noch am elliptischen Straßenverlauf erkennen kann. Vom Domplatz kann man über schmale Treppengassen direkt zur Piazza Santa Chiara hinabsteigen.

Porta Perlici

✴ Santa Chiara

Die Grabeskirche der 1253 verstorbenen **Klara von Assisi** (►Berühmte Persönlichkeiten), der Gründerin des Klarissenordens, ist der dritte große Sakralbau in Assisi und eine weitere Pilgerstätte für Besu-

Anklänge toskanischer Bauweise: die Fassade von Santa Chiara

cher aus aller Welt. Bereits zwei Jahre nach der Heiligsprechung von Klara 1255 legte man den Grundstein für die Kirche, in die 1260 die sterblichen Überreste der Heiligen überführt wurden. Die Weihe des Gotteshauses erfolgte 1265.

Äußeres Auch Santa Chiara gehört zu den Bauwerken in Assisi, die durch die Erdbeben Schäden erlitten haben. Das Äußere der Kirche mit seinem Lagenwechsel zwischen rosa und weißem Stein ist nicht unbedingt typisch für Umbrien und lässt eher an toskanische Kirchen denken. Auffällig sind die weiten Strebebögen, die angeblich durch die Erdbebengefahr bedingt waren.

Inneres Das einschiffige Innere greift den t-förmigen Grundriss der Oberkirche von San Francesco auf. Der farbenprächtige, kostbare Eindruck von San Francesco wird bei Santa Chiara u. a. durch kleinere Fenster und eine einfachere Wandgliederung auf eine schlichte, beinahe asketische Raumwirkung reduziert. Eine besondere Bedeutung kommt den **Kapellen** zu, die seit der Restaurierung nicht mehr voneinander abgetrennt sind, sondern einen Raum bilden.

»Sprechendes Kreuz« von San Damiano Die ehemalige Cappella del Crocefisso (Kapelle des Kreuzes) erhielt ihren Namen von dem **Holzkruzifix von San Damiano** (►S. 155). Vor dem Kreuz soll Franziskus die Worte vernommen haben: »Gehe hin und stelle mein Haus wieder her, das zu zerfallen droht.« Das in der zweiten Hälfte des 12. Jh.s gemalte Crocefisso zeigt im Gegensatz zu späteren umbrischen Kreuzesdarstellungen einen triumphierenden Christus, der den Betrachter anblickt.

Die Fresken der ehemaligen Cappella del Sacramento (Sakramentskapelle) stammen aus dem 14. Jh. und sind das Werk von Nachfolgern Giottos. Die Wandmalereien in den Querarmen stammen z. T. ebenfalls von Schülern Giottos, so die Fresken an der Stirnwand des rechten Querarms (um 1330), die »Klaras Begräbnis« und die »Translation in die neue Kirche« thematisieren. Ein unbekannter Maler mit dem Notnamen »Klaramaister« schuf im rechten Querarm die Tafel »hl. Klara und Szenen aus ihrem Leben« (um 1280) und das Kruzifix in der Chorapsis (vor 1260). Die Gebeine der Heiligen ruhen in der 1850 – 1872 neogotisch ausgebauten Krypta.

Weitere Kirchen

An der Piazza di Vescovado im unteren Teil der Altstadt erhebt sich die frühere **Bischofskirche von Assisi**, die ihre Funktion um 1030 an San Rufino abtreten musste; rechts daneben steht der Bischofspalast. Hinter der Fassade von 1163 verbirgt sich ein dreischiffiger, basikaler Innenraum. Rechts vom Hauptportal sieht man einen frühmittelalterlichen Sarkophag mit Ritzzeichnungen.

Santa Maria Maggiore

An der alten Stadtmauer und der Porta San Pietro steht die um 970 erstmals erwähnte **Benediktinerkirche**; der heutige Bau entstand im 13. Jahrhundert. Ähnlich wie beim Dom ist die Fassade in Felder unterteilt. Schöne Steinmetzarbeiten schmücken das Hauptportal. Da das erhöhte Mittelschiff keine Obergadenfenster besitzt, wird das Langhaus fast nur durch die Fensterrose erhellt. Die Kapelle im linken Querhaus schmücken Fresken aus dem 14. Jahrhundert. Unter dem Querhaus liegt die Krypta, in der sich ein Sakralmuseum befindet (geöffnet: Di. – So. 10.00 – 13.00, 15.00 – 13.00 Uhr)

San Pietro

Umgebung von Assisi

Wem der Menschenandrang in Assisi bzw. in San Francesco zu groß wird, der sollte einen Spaziergang zum Kloster San Damiano unternehmen, das etwa 1 km unterhalb der Stadt am Hang liegt und von der Porta Nuova (Parkplatz) in etwa 20 Gehminuten zu erreichen ist. San Damiano spielt eine wichtige Rolle in der Legende des Franziskus, der hier im Jahr 1209 vom sogenannten **sprechenden Kreuz** den Auftrag zur Reform der katholischen Kirche erhielt – Franziskus nahm den Auftrag zunächst wörtlich und renovierte die kleine Kirche. Das Original des berühmten Kreuzes hängt heute in Santa Chiara, und heute über dem Hauptaltar von San Damiano. Für die hl. Klara (► Berühmte Persönlichkeiten) und ihre Schwestern richtete Franziskus hier ein Kloster ein. Während seines Aufenthalts in San Damiano 1225 dichtete er den berühmten **»Lobgesang der Sonne«**.

✴
San Damiano

Zypressengesäumte Wege führen vor die Klosteranlage, die sich malerisch zwischen Olivenhainen versteckt. An der rechten Seite der Portikusfassade steht die **Hieronymuskapelle** mit Fresken des umbrischen Malers Tiberio d'Assisi (um 1520). Neben der Klosterkirche kann man auch den 1507 von Eusebio da San Giorgio freskierten Kreuzgang, die Konventsgebäude und den Klostergarten besichtigen. Im Dormitorium starb am 11. August 1253 die hl. Klara. Im Speisesaal schildern Fresken von Dono Doni, wie das Kreuz von San Damiano zu Franziskus sprach, sowie das sog. Brotwunder der hl. Klara.

Santa Maria in Rivotorto

Auch die 1854 erbaute Kirche in Rivotorto, das 3 km unterhalb von San Damiano liegt, ist eine franziskanische Stätte. Sie wurde über dem »Tugurio« errichtet, einem Schuppen, in dem sich Franziskus am 16. April 1208 oder 1209 mit seinen beiden ersten Gefährten Bernardo di Quintavalle und Pietro Cattani traf und für ihr Zusammenleben eine Regel aufstellte, die später vom Papst bestätigt wurde. Santa Maria in Rivotorto gilt daher als **Wiege der Frati Minori** (Minderbrüder), wie die Anhänger von Franziskus genannt werden.

★
Eremo delle Carceri

Am Hang des Monte Subasio liegt in 791 m Höhe die Einsiedelei Eremo delle Carceri. Man kann hinauffahren oder von der Porta Cappuccini in ca. 1,5 Stunden hinaufwandern. Hinter der schmalen Brücke beginnen Spazierwege durch den Wald, die an **Gebetsgrotten** vorbeiführen.

Die Einsiedelei wirkt wie eine kleine Oase inmitten einer Waldlandschaft, ein Konglomerat von dicht aneinandergesetzten Gebäuden mit flachen Dächern und Fassaden aus grobem, hellem Natursteinmauerwerk. Die **karge Schönheit** dieses abgeschiedenen Ortes vermittelt eine Vorstellung von der meditativen, naturverbundenen Lebensweise und den Armutsidealen seiner früheren Bewohner.

Das Kloster in seiner heutigen Form entstand im 15. Jh. als Gründung von Bernhard von Siena. Vorher gab es hier nur ein paar kleine Kapellen und die im Wald liegenden Felsgrotten. Ein Rundgang verbindet die für die Öffentlichkeit zugänglichen Räume der Einsiedelei. Im Mittelpunkt der Anlage liegt der brunnengeschmückte Hof, der an einer Seite den Blick auf die Waldlandschaft freigibt. Der **Brunnen** führte der Legende nach erst Wasser, als der hl. Franziskus darum bat. In der Zelle des Franziskus sieht man noch die in den Fels gehauene Schlafstätte des Heiligen (geöffnet: im Sommer 6.30 – 19.30 Uhr, im Winter bis Sonnenuntergang).

! Baedeker TIPP

Erholungspause

Der Fußweg zum Eremo delle Carceri ist zwar steinig und nicht ganz einfach – man braucht festes Schuhwerk –, bietet aber herrliche Ausblicke auf Assisi und die Valle Umbra. Auf dem Rückweg kann man gut im Restaurant La Stalla (ausgeschildert Camping Fontemaggio) einkehren. Alle Fleischsorten werden auf offenem Feuer zubereitet, Kartoffeln und Zwiebeln direkt aus der heißen Glut serviert.

Monte Subasio

Der 1290 m hohe Monte Subasio, seit 1991 Parco Naturale Regionale, ist der Hausberg von Assisi und eines der besten **Wandergebiete** in Umbrien. Die Straße zum Gipfel beginnt hinter dem Parkplatz des Eremo delle Carceri (s. o.), passiert den Gipfel und schlängelt sich auf der anderen Seite wieder hinab bis in das malerische Bergdorf Collepino (► Spello, Umgebung). Die Fahrt auf dieser teilweise asphaltierten, teilweise schotterpistenähnlichen Strecke ist bei klarem Wetter ein **unbeschreibliches Naturerlebnis**; man genießt grandiose Ausblicke über die Valle Umbra bis hinüber zum Lago Trasimeno und nach Osten über die Berghänge des umbrisch-märkischen Apennins. Im Mai blüht hier eine farbenprächtige Bergflora.

Man kann die Panoramaroute auch **zu Fuß** gehen; vom Kloster Eremo delle Carceri bis nach Spello braucht man etwa 4 Std. (Wasser und Sonnenschutz mitnehmen, es gibt keine Einkehrmöglichkeiten und keine schattenspendenden Bäume).

✶
Panoramaroute

Santa Maria degli Angeli

Schon von der Autostrada aus sieht man die mächtige Kuppel von Santa Maria degli Angeli, die die umliegenden Häuser in der Ebene unterhalb von Assisi, 5 km südwestlich der Stadt, weit überragt. Zwei der bedeutendsten Stätten der Franziskus-Legende, die Porziuncola-Kapelle und die Sterbekapelle des Heiligen (Cappella del Transito), sind hier zu sehen. Der enorme **Pilgerandrang** zu diesen beiden Gedenkstätten und die Ablassfeiern am 1. und 2. August jedes Jahres ließen einen Kirchenbau dieser Größenordnung nötig werden, mit

Bedeutende Stätte der Franziskus-Legende

dessen Planung Papst Pius V. den peruginischen Baumeister Galeazzo Alessi beauftragte. Von der Grundsteinlegung 1569 bis zur Einwölbung der Kuppel (1679) vergingen mehr als einhundert Jahre. Ein Geschenk der Medici war der große Pilgerbrunnen mit 26 Wasserstellen an der Nordseite der Kirche (1610). 1832 musste nach einem schweren Erdbeben das Mittelschiffsgewölbe neu eingezogen werden. Die Vorhalle wurde erst 1928 in neobarocken Formen gebaut.

Der monumentale Eindruck des Außenbaus bestätigt sich in dem 115 m langen und 64 m breiten **Innenraum** der dreischiffigen, an römischer Barockarchitektur orientierten Basilika. Im Vierungsquad-

Porziuncola: Sterbekapelle des Franz von Assisi

rat unter der Kuppel steht die **Porziuncola** aus dem 11. Jh., eine kleine, tonnengewölbte Kapelle mit einem gotischen Tabernakel auf dem Dach (1832 erneuert), in der Franziskus seinen Orden gegründet hat. Das Fassadenfresko schuf 1829 Friedrich Overbeck, ein deutscher Maler der Romantik, der sich in Rom niedergelassen hatte. Es zeigt Franziskus, der von Christus und Maria den Ablass erhält. Die Rückwand der Kapelle füllt ein Fresko (»Kalvarienberg«) von Andrea d'Assisi. Im Innern schildert das Altarretabel von Ilario da Viterbo die Verkündigung und Szenen aus der Franziskus-Legende (1393). Auf dem Boden der **Cappella del Transito** liegend **starb Franziskus**.

> ! **Baedeker** TIPP
>
> **Spettacolo**
>
> Im Teatro Lyrick am südlichen Ortsrand von Santa Maria degli Angeli gibt's Unterhaltung wie am Broadway. Ob Musical, Ballett, Theater oder Konzerte – die im Jahr 2000 umgebaute Industriehalle hat eine hervorragende Akustik! (Teatro Lyrick, Via G. D'Annunzio, Tel. 075 813 86 26)

Er hatte die Kapelle zur Pflege kranker Mitbrüder errichtet. Im Innern befinden sich Fresken des umbrischen Malers Lo Spagna (1514) und eine Majolikastatue des Heiligen von Andrea della Robbia.

Im Rosengarten hinter dem rechten Querhaus (Roseto) soll sich Franziskus nackt in einen Rosenbusch geworfen haben, der daraufhin seine Dornen verlor und blühte. Ob Legende oder nicht – die Rosen blühen jedes Jahr aufs Neue.

Die Fresken von Tiberio d'Assisi im ersten Raum der **Cappella del Roseto** (1506–1516) schildern in einzelnen Szenen die Geschichte des Ablasses, den Franziskus im Anschluss an dieses Ereignis bei Papst Honorius erwirkte.

Museum Das Museum im Konventsgebäude von Santa Maria degli Angeli bewahrt ein frühes Kruzifix von Giunta Pisano (um 1240) und das Franziskusbildnis des sogenannten Franziskusmeisters (s. San Francesco, Unterkirche).

✴ **Bevagna**

E 8

Provinz: Perugia
Einwohnerzahl: 4800

Höhe: 225 m ü.d.M.

Das ruhige, charmante Städtchen am Westrand der Valle Umbra ist ein echter Geheimtipp. Bevagna rühmt sich, einen der schönsten Plätze Umbriens zu besitzen. Zu Recht, denn wer die Piazza Filippo Silvestri mit den beiden romanischen Kirchen und dem mittelalterlichen Kommunalpalast gesehen hat, wird dem Fremdenverkehrsprospekt wohl zustimmen müssen.

▶ BEVAGNA ERLEBEN

AUSKUNFT

Pro Loco
Piazza Filippo Silvestri 1
Tel. 07 42 36 16 67
info@comune.bevagna.pg.it
www.comune.bevagna.pg.it

VERANSTALTUNGEN

Il Mercato delle Gaite (Markt der Stadtteile), eines der eindrucksvollsten mittelalterlichen Feste in Umbrien. Im Juni werden eine Woche lang mittelalterlicher Alltag, Handwerksberufe wie Papierherstellung oder Münzprägung vorgeführt. Fürs leibliche Wohl ist gesorgt, getrunken wird aus Steinkrügen. Kleine Gruppen können einige der Werkstätten das ganze Jahr über besuchen. Voranmeldung im Museo Civico, Corso Matteotti 70, Tel. 07 42 36 00 31.

PARKEN

An der Porta Cannara gibt es einen großen Parkplatz.

EINKAUFEN

Ca. 2 km außerhalb von Bevagna in Richtung Montefalco liegt rechts (Loc. Arquata) das Weingut Adanti mit 25 ha Weinanbau und 5 ha Olivenhainen. Zu einer Scheibe Brot können Spitzenweine verkostet werden. Außer dem »Rosso di Arquata« unbedingt auch den Weißwein probieren. Direktverkauf von Wein und Olivenöl.

ESSEN

▶ Erschwinglich

① **Ristorante Ottavius**
Via Gonfalone 4
Tel. 07 42 36 05 55
Gemütliches Kellerrestaurant. Zu den Spezialitäten des Hauses gehören antipasto Ottavius, ein Vorspeisenteller mit Mortadella, Bruschetta und Würsten, sowie gnocchi al sagrantino.

Baedeker-Empfehlung

▶ Erschwinglich/Preiswert

② **Alla Via di Mezzo**
Via di Mezzo
Loc. Torre del Colle
Tel. 07 42 36 20 74
Mo. Ruhetag
Ein Wirt wie aus dem Bilderbuch in dem malerischen Dorf Torre del Colle wenige Kilometer von Bevagna entfernt. Der Wirt entscheidet, was auf die Teller kommt, und liegt damit immer richtig. Leider ist es schwer, einen Platz zu bekommen, deshalb unbedingt reservieren!

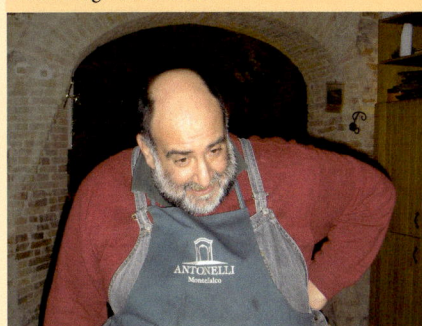

ÜBERNACHTEN

▶ Luxus

① **1. L'Orto degli Angeli**
Via Dante Alighieri 1
Tel. 07 42 36 01 30
Fax 07 42 36 17 56
ortoangeli@ortoangeli.it
www.ortoangeli.it
Historische Residenz mitten in Bevagna. Schlafen wie die Könige unter goldenem Baldachin und Kaminfeuer. Traumhaft schöner Garten. Das Restaurant ist ebenfalls Spitzenklasse.

Geschichte Bevagna war zunächst eine umbrische Siedlung, danach etruskische Kolonie. Seine Blütezeit erreichte das Städtchen unter römischer Herrschaft, ein blühender Ort am Kreuzpunkt wichtiger Handels-

Bevagna Orientierung

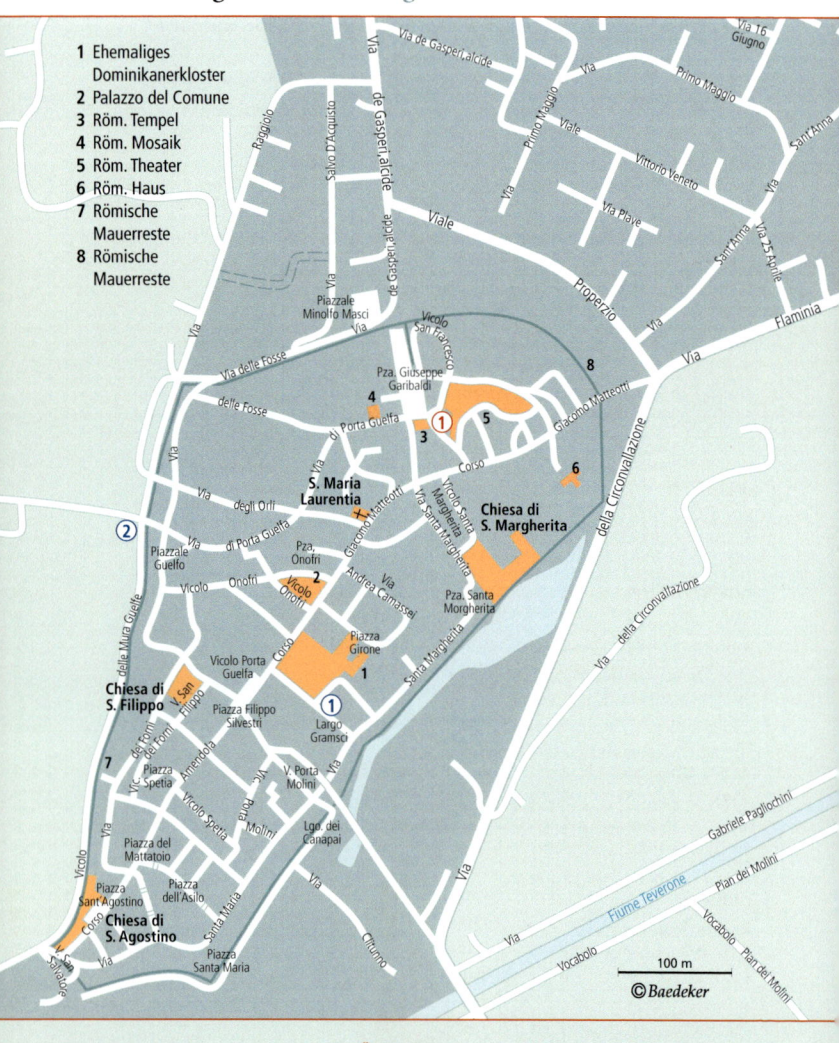

1 Ehemaliges Dominikanerkloster
2 Palazzo del Comune
3 Röm. Tempel
4 Röm. Mosaik
5 Röm. Theater
6 Röm. Haus
7 Römische Mauerreste
8 Römische Mauerreste

Essen
① Ristorante Ottavius
② Alla Via di Mezzo

Übernachten
① L'Orto degli Angeli

straßen. Die wichtigste, die **Via Flaminia**, verlief dort, wo heute der Corso die Stadt durchquert. Ihre Verlegung führte im 3. Jh. zum Niedergang von Bevagna; an seine römische Vergangenheit erinnern die Reste eines Theaters, Abschnitte des antiken Mauerrings sowie das Fußbodenmosaik aus einer Thermalanlage.

Der erste Bischof von Bevagna, **Vincenzo**, starb um 300 im Zuge der Christenverfolgungen Diokletians den Märtyrertod; seine Reliquien gelangten in die deutsche Stadt **Magdeburg**. Kaiser Friedrich Barbarossa legte die papsttreue Kommune 1152 in Schutt und Asche. Knappe 100 Jahre später (1249) ereilte sie dasselbe Schicksal erneut, als der Graf von Aquin auf Geheiß Friedrichs II. alle Häuser von Bevagna niederbrennen ließ. Doch damit war das Schicksal der Stadt noch lange nicht besiegelt. Ihr erneutes Aufblühen verdankt sie hauptsächlich dem Einsatz des Dominikanermönchs Giacomo Bianconi, einem Freund des berühmten Gelehrten Albertus Magnus. Im 14. Jh. wurde Bevagna von der Adelsfamilie Trinci aus Foligno regiert. Die Signoria der Trinci währte bis 1439, dann wurde Bevagna Teil des Kirchenstaates.

Sehenswertes in Bevagna

Bevagna lag in römischer Zeit im Schutz einer Mauer, über der im 13./14. Jh. die mittelalterliche Stadtmauer mit sechs Toren hochgezogen wurde. Die Hauptachse von Bevagna ist der Corso Matteotti zwischen der Porta Sant'Agostino und der Porta di Foligno, außerhalb der Porta di Foligno sind die antiken Mauern noch zu erkennen.

Stadtmauern und Tore

Wenn man die Stadt durch die Porta Cannara betritt, kommt man auf die langgezogene Piazza Garibaldi, von der an der linken Platzseite Treppen zur Kirche San Francesco hinaufsteigen. Das Gebäude an der dem Stadttor gegenüberliegenden Schmalseite des Platzes war ursprünglich ein **römischer Tempel** aus dem 2. Jh., wurde aber in die Kirche Madonna della Neve umgewandelt. Man erkennt noch die Kalksteinverkleidungen der aus Ziegelstein hochgemauerten Pilaster.

Porta Cannara, Piazza Garibaldi

Überreste eines sehr gut erhaltenen römischen **Mosaikbodens** kann man in der Via Guelfa besichtigen. Das in der ersten Hälfte des 2. Jh.s verlegte Mosaik zeigt verschiedene Meerestiere, u. a. Tintenfische, Delphine und Seepferdchen. Die Gassen zwischen dem römischen Tempel und der Kirche San Francesco folgen den Grundmauern des einstigen römischen Amphitheaters, über dem im Mittelalter Wohnhäuser errichtet wurden. An einigen Gebäuden sind die einstigen Substruktionen der Zuschauerränge noch in den ebenerdigen Werkstätten zu entdecken.

Römisches Mosaik, Reste des römischen Theaters

 Baedeker TIPP

Sammelticket

Beim Pro Loco gibt es ein Sammelticket für das römische Mosaik, die Pinacoteca und das kleine Theater Torti.

An der Piazza Filippo Silvestri

Der klassizistische **Palazzo Comunale** am **Corso Matteotti** beherbergt eine archäologische Sammlung, eine Sammlung römischer Münzen sowie die **städtische Pinacoteca** mit Gemälden des 15. bis 18. Jh.s, darunter auch eine Madonna von Dono Doni (geöffnet: April, Mai und Sept. tgl. außer Mo. 10.30 – 13.00, 15.30 bis 18.00, Juni bis August 10.30 – 13.00, 16.00 bis 19.00, Okt. – März Sa. und So. 10.30 – 13.00, 14.30 – 17.00 Uhr). An der Einmündung des Corso Matteotti in die Piazza Filippo Silvestri steht linker Hand die im 13./ 14. Jh. erbaute Kirche San Domenico, die zu einem ehemaligen Dominikanerkloster gehört. Episoden aus dem Leben des Titelheiligen schmücken die mittlere Chorkapelle (14. Jh.), die beiden Holzskulpturen in den seitlichen Chorkapellen entstanden um 1300.

★★
Piazza Filippo Silvestri

Das Herz von Bevagna ist die Piazza Filippo Silvestri, ein in seiner **Einheitlichkeit und Unversehrtheit** beeindruckendes Platzensemble mit den romanischen Kirchen San Silvestro, San Michele und dem Palazzo dei Consoli. Der pseudo-trecenteske Brunnen ersetzt seit 1896 eine ältere Brunnenanlage. Aus römischer Zeit stammt die freistehende Säule, die von den Bewohnern »San Rocco« genannt wird.

Palazzo dei Consoli

Der Palazzo dei Consoli entstand vermutlich schon in der zweiten Hälfte des 13. Jh.s und ist damit einer der ältesten Kommunalpaläste in Mittelitalien. Die gewölbte Halle im Erdgeschoss öffnet sich in drei gespitzten Bögen; seitlich führt eine Freitreppe zum Eingang auf der Höhe des ersten Obergeschosses hinauf, das durch kleine, axial angeordnete Zwillingsfenster erhellt wird.

★
Teatro Torti

Hinter der romanischen Fassade des Gebäudes verbirgt sich seit 1886 das von Domenico Bruschi und Mariano Piervittori als Logentheater angelegte Teatro Torti, das man mittlerweile als **Kleinod der Theaterarchitektur** zu würdigen versteht. Sogar der originale Bühnenvorhang von Domenico Bruschi ist erhalten geblieben.

★
San Silvestro

An den Palazzo dei Consoli schließt sich die Kirche San Silvestro an. Eine Inschrift neben dem Eingangsportal nennt die Jahreszahl 1195 und einen Baumeister namens Binellus. Für die zweigeschossig geplante, **nicht vollendete Fassade** wurde im unteren Teil Travertin verwendet, darüber der rötliche Sandstein des Monte Subasio. In der Mitte der Fassade öffnet sich ein romanisches Rundbogenportal. Den inneren der drei Bögen ziert, wie so oft bei romanischen Portalrahmungen in Umbrien, ein Relief aus Weinranken und Tieren. An antike Vorbilder erinnert der Reliefschmuck an den kleinen Bögen des Drillingsfensters darüber – möglicherweise sind hier Versatzstücke aus antiken Gebäuden zu sehen. Flankiert wird die mittlere Fensteröffnung von Zwillingsfenstern mit zierlichen, gedrehten Säulchen. Das unverputzte Mauerwerk, die kräftigen Säulen und die schweren Tonnengewölbe bestimmen den Charakter des schlichten, fast völlig im Dunkeln liegenden **Innenraums** (1954 restauriert). Unter dem erhöhten Chor befindet sich die kreuzgratgewölbte Krypta.

Das imposante Pendant zu San Silvestro bildet die gegenüberliegende, wohl zeitgleich entstandene Kirche San Michele. Laut Inschrift am Portal waren auch hier Meister Binello sowie ein weiterer Baumeister namens Rudolfo am Werk.

San Michele (zur Zeit geschlossen)

Ihre Fassade zeigt die typischen Ausprägungen der romanischen Baukunst in Umbrien. Der plastische Schmuck konzentriert sich auf das **mittlere Portal**. Auch hier bedienten sich die Baumeister antiker, bereits bearbeiteter Versatzstücke, wie man sie vor allem an den seitlichen Pfosten des aus einzelnen Teilen zusammengesetzten Portalrahmens erkennt. Besondere Aufmerksamkeit verdient das Relief an der Kämpferplatte über der Inschrift links, wo der Erzengel Michael mit einem Drachen ringt. Das in der romanischen Kunst beliebte Motiv steht in direktem Bezug zur Inschrift (»Rodolfus und Binellus erstellten dieses Werk, Christus möge ihnen stets gnädig sein und Michael möge sie beschützen«). Der Campanile wurde im 15. Jh. gebaut. Das Innere ist mehrmals umgestaltet worden, zuletzt 1951–1957, als die barocken Einbauten wieder aus der Kirche verbannt und ein purer mittelalterlicher Raum rekonstruiert wurde.

Hauptportal

✳ Cascia

Provinz: Perugia
Einwohnerzahl: 3300

Höhe: 653 m ü.d.M.

Nach Cascia fährt man weniger der Sehenswürdigkeiten wegen, sondern weil hier die heilige Rita verehrt wird, die nach Franziskus und Klara von Assisi sowie Benedikt von Nursia zu den populärsten Heiligen Umbriens zählt.

Trotz der abgeschiedenen Lage – ca. 19 km südwestlich von Norcia im Corno-Tal, einem Seitental der Nera – ist Cascia durch den Pilgertourismus eine äußerst belebte, allerdings in ihrem heutigen Er-

Moderne Pilgerstadt

▶ CASCIA ERLEBEN

AUSKUNFT

IAT
Piazza Garibaldi 1
Tel. 07 43 711 47
Fax 07 43 766 30
info@iat.cascia.pg.it
www.valnerina.umbria2000.it

VERANSTALTUNGEN

Das *Rosenfest* (22. Mai) beginnt am Abend des 21. Mai mit einem stimmungsvollen Fackelzug. Am nächsten Tag werden Szenen aus dem Leben der Heiligen nachgespielt. In Roccaporena, dem Geburtsort der Heiligen, feiert man am dritten Sonntag im Juni auch ein Rosenfest.

ÜBERNACHTEN / ESSEN

▶ **Komfortabel/Erschwinglich**
Hotel delle Rose/
Casa del Pelligrino
Via Frasce 2

Tel. 07 43 762 41
Fax 07 43 762 40
www.hoteldellerose.com
Ein großes Pilgerhotel in der Nähe des Santuario di Santa Rita. In dem Restaurant, das dem Hotel angeschlossen ist, wird gute umbrische Hausmannsküche serviert.

Ristorante della Locanda Guistini /
Hotel Cursula
Viale Cavour 3
Tel. 07 43 762 06
Fax 07 43 762 62
www.hotelcursula.com
Dreisternehotel mit 28 Zimmern und 3 Suiten am Ortseingang von Cascia. Die Atmosphäre ist ausgesprochen freundlich. Herausragend ist das hauseigene Restaurant della Locanda Giustini, hier wird unverfälschte umbrische Küche auf hohem Niveau serviert.

scheinungsbild für Umbrien höchst untypische Stadt: Hotelkomplexe und Pilgerunterkünfte sowie großzügige Parkplätze, die durch den enormen Verkehrsandrang nötig wurden, lassen eher an einen modernen Luftkurort als an eine Wallfahrtsstätte denken. Drangvolle Enge herrscht am 22. Mai jedes Jahres, wenn Pilger aus allen Teilen Italiens und Europas zum **Rosenfest** zu Ehren der hl. Rita kommen.

Geschichte Vermutlich waren die Bewohner der römischen Siedlung Cursula, die durch ein Erdbeben zerstört wurde, die Gründer von Cascia. Die im Jahr 553 erstmals erwähnte Stadt erlebte eine **Blütezeit im Mittelalter**, als sie sogar eigene **Münzen prägen** durfte. Seit dem 12. Jh. freier Stadtstaat, wurde Cascia von verschiedensten Seiten hart umkämpft und gelangte schließlich 1490 unter päpstliche Herrschaft, gegen die es 1516 letztmals aufbegehrte (Zerstörung der Rocca). Weitaus prägender als die politischen Ereignisse erwiesen sich für die Geschichte Cascias die **zahlreichen Erdbeben**, die das Städtchen und seine Umgebung bis in die jüngste Vergangenheit heimsuchten. Besonders verheerend waren die Erschütterungen in den Jahren 1300, 1599 und 1703; bei letztgenannter fanden 730 Menschen den Tod.

Sehenswertes in Cascia

Das Ziel der Pilgerreisenden ist der 1937–1947 von Spirito Maria Chiapetta über einem Vorgängerbau errichtete Santuario di Santa Rita. Die monumentale Wallfahrtskirche beherrscht die kleine Altstadt von Cascia. Das **Portal** an der von Türmen gefassten Hauptfassade

Santuario di Santa Rita

umrahmen Reliefs mit Szenen aus dem Leben der Heiligen. Die Kirche erhebt sich über einem **griechischen Kreuz**, über der Vierung wölbt sich eine Kuppel mit Fresken von Luigi Montanarini (Apotheose der augustinischen Heiligen). Den Hauptaltar im Chor entwarf der italienische Bildhauer Giacomo Manzù.

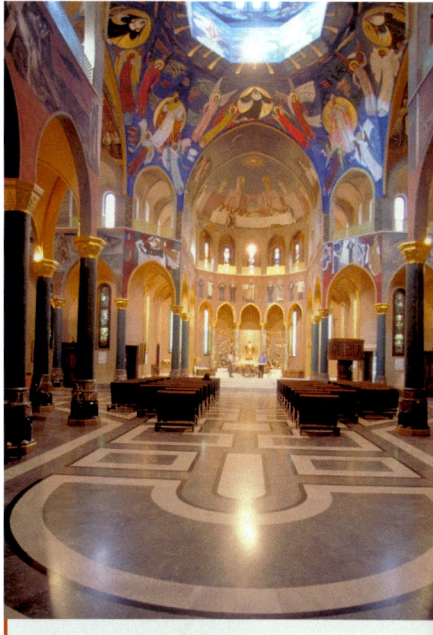

In einer Kapelle befindet sich der **Leichnam der heiligen Rita**. Als man ihren Körper 1745 exhumierte, um ihn für die Gläubigen sichtbar aufzubahren, war er noch nahezu intakt. In der ganz modern gestalteten Unterkirche (1988) hat Mutter Teresa Fasce, der Cascia den Bau des Santuario di Santa Rita verdankt, in einer Andachtskapelle links vom Eingang ihre letzte Ruhestätte gefunden.

Rechts steht ein kleiner, dem seligen Augustinermönch Simone Fidati geweihter Altar. Es handelt sich um das Tabernakel des Wunders von Siena: Ein sienesischer Priester wollte einem Kranken das letzte Abendmahl ermöglichen und

Santuario di Santa Rita, zwischen 1937 und 1947 als Wallfahrtsziel gebaut

legte die Hostie in sein Gebetbuch; als er es öffnete, sah er, dass aus der Hostie Blut getropft war und die Seiten des Buches befleckt hatte. Simone Fidati brachte die Hostie nach Cascia, wo sie in diesem Tabernakel aufbewahrt wird.

An die Kirche schließt sich das Kloster an, in das sich die heilige Rita zurückgezogen hatte. Die geführte Besichtigung umfasst das Chorhaus, den Brunnen der hl. Rita, das Oratorio del Crocifisso, wo die Heilige die Wundmale empfing, und die Zelle mit dem Sarkophag, der bis 1745 ihre sterblichen Überreste barg; außerdem werden hier Ehering und Rosenkranz der Heiligen aufbewahrt. Im Klostergarten steht der **»wundertätige Rosenstock«**, der in Ritas letztem Lebensjahr mitten im Winter zu blühen begann.

Kloster

**Altstadt,
weitere Kirchen**

Das mittelalterliche Cascia mit schmalen, dunklen Gassen findet man noch in dem Viertel hinter der Kirche **San Francesco**, die sich an der Piazza Garibaldi erhebt. Die Fassade dieses 1424 gotisch erneuerten Gotteshauses schmückt eine schöne Fensterrose. Im Inneren sind das Fresko an der Eingangswand (Nicolò da Siena, 1460), das Chorgestühl aus dem 14. Jh. und der Altar im linken Querschiff (Altarblatt von Antonio Pomarancio, 1596) bemerkenswert.

Santa Maria ist nicht nur die Taufkirche der hl. Rita, sondern auch das älteste Gotteshaus am Ort (9. Jh.). Einen Blick lohnen die »Grablegung« an der Eingangswand von Nicolò da Siena und das Gemälde am ersten rechten Seitenaltar, auf dem ein historischer Augenblick in der Geschichte Cascias, der Friedensschluss zwischen den Cascianer Guelfen und Ghibellinen, dargestellt ist (1547).

Museo Civico

Dem Maler Nicolò da Siena begegnet man erneut in der zum Museum umfunktionierten Kirche **Sant'Antonio Abate** (14. Jh.; 1707 erneuert), wo er im ehemaligen Mönchschor einen hervorragenden Passionszyklus ausführte. Sehenswert ist auch die Figurengruppe des Erzengel Raphael mit dem Jungen Tobias im früheren Benediktinerinnenchor (geöffnet: Sa., So. und Feiertage 10.30 – 13.00, 15.00 bis 18.00 Uhr, Mai – Ende Juli auch Fr., August tgl.).

Tobias und der Erzengel Raffael

Umgebung von Cascia

Eine kurvenreiche Strecke führt von Cascia in das 6 km westlich gelegene Dorf **Roccaporena**. Da es von zahlreichen Pilgerreisenden besucht wird, ist es von Cascia auch per Linienbus erreichbar.

In Roccaporena kann man das **Geburtshaus der heiligen Rita** besichtigen sowie das einfache Haus, in dem sie mit ihrem Gatten gelebt hat. In dem hübschen Kirchlein San Montano wurde Rita getraut, und hier wurden auch ihr Mann und ihre Söhne beigesetzt. Zum Wallfahrts-Besichtigungsprogramm gehören auch der »Orto del miracolo« (Wundergarten) und die »Via Crucis« (Straße des Kreuzes). Das Dorf wird überragt vom »Scoglio della preghiera«, einem Fels in Zuckerhutform. Hier zog sich die hl. Rita in die Einsamkeit zurück, um Zwiesprache mit Gott zu halten.

✱ Città della Pieve

A/B 8

Provinz: Perugia   **Höhe:** 508 m ü.d.M.
Einwohnerzahl: 7000

Città della Pieve unterscheidet sich von allen anderen umbrischen Städten durch den roten Ziegelstein, der hier traditionell das bevorzugte Baumaterial ist und dem Ort ein ganz eigenes Flair verleiht. Neben dem Backstein hat aber vor allem ein Maler das Städtchen berühmt gemacht: Pietro Vannucci, besser bekannt als Perugino, wurde hier geboren.

CITTÀ DELLA PIEVE ERLEBEN

AUSKUNFT

APT
Piazza Matteotti
Tel. 05 78 29 93 75
www.cittadellapieve.org

VERANSTALTUNGEN

Palio dei Terzieri (ca. 15.8.) Renaissancefest mit prachtvollem Umzug in historischen Kostümen, die von Peruginos Werken inspiriert sind. Dazu Bogenschießen auf Stierfiguren.

ESSEN

► **Erschwinglich/Preiswert**
① *Ristorante da Bruno*
Via Vannucci 90
Tel 05 78 29 81 08
Mo. Ruhetag
Typisch umbrische Trattoria mitten im Zentrum

ÜBERNACHTEN / ESSEN

► **Luxus**
① *Park Hotel Logge del Perugino*
Viale Cappuccini 7
Tel. 05 78 29 89 27/29 99 26
Fax 05 78 29 73 40
www.loggedelperugino.it
Elegante Renaissancevilla inmitten eines jahrhundertalten Parks in Zentrumsnähe. Das Hotel mit eigenem Wellness Center ist mit viel Liebe zum Detail eingerichtet.

► **Komfortabel**
② ② *Hotel Vannucci / Ristorante Zafferuno, Pizzeria Pieve*
Via Vanni 1
Tel. 05 78 29 80 63
Fax 05 78 29 79 54
www.hotel-vannucci.com
Stillvoll renoviertes, angenehmes Hotel direkt vor der Stadtmauer mit schönem Schwimmbad. La Pizzeria Pieve und das Restaurant Zafferano gehören zum Hotel, auch Nicht-Hotelgäste können hier vorzüglich speisen (Kategorie: Erschwinglich).

Città della Pieve Orientierung

100 m

©Baedeker

Via S. M. Maddalena

Via Beata Colomba

Casalino-Brunnen

Oratorio di Santa Maria dei Bianchi

Via Marconi

Via Pietro Vannucci

① San Francesco

② ② Viale Vanni

Piazza Rocca

✚ Matteotti ℹ

Via Veneto

① Geburtshaus von Perugino

Via F. Melosio

Palazzo della Corgna

Piazza Plebiscito

Via Roma

Torre civica

Dom

Palazzo Bandini

Piazza Gramsci

Viale G. Capporiani

Palazzo dei Priori

Via

Piazza XIX Giugno

Manni

Via

Via Garibaldi

Via Piave

Largo Baglioni

Viale

Santa Maria dei Servi

Orvieto ↘

Essen
① Ristorante da Bruno
② Ristorante Zafferuno/ Pizzeria Pieve

Übernachten
① Logge del Perugino
② Hotel Vannucci

Obgleich Perugino (▶ Berühmte Persönlichkeiten) später überwiegend in Perugia, Florenz und anderen mittelitalienischen Kunstzentren tätig war, gibt es in seiner Heimatstadt einige seiner Werke, darunter auch die wunderbare **»Anbetung der Könige«** im Oratorio Santa Maria dei Bianchi, zu sehen.

Città della Pieve liegt auf einem Hügel über die Valdichiana an der Strada Statale (SS 71) zwischen dem Lago Trasimeno und Orvieto. Besonders schön ist die Anfahrt von Perugia über die Landstraße 220 durch eine überaus **anmutige Landschaft** – grüne Hügel, über die sich Felder und Wiesen ziehen, dazwischen kleine Baumgruppen, Olivenhaine und alte Gehöfte.

Wie viele Orte im Grenzgebiet zur Toskana war auch Città della Pieve schon von den Etruskern besiedelt. Eine kleine Landpfarrkirche (Pieve) vor den Toren der befestigten Stadt gab dem Ort den Namen (»Castello della Pieve«). Karl der Große schenkte ihn dem Papsttum. Obgleich offiziell der Kirche unterstellt, stand Città della Pieve seit dem Ende des 12.Jh.s **unter dem Einfluss des mächtigen Perugia**, gegen das es sich immer wieder vergeblich auflehnte.

Schon im Mittelalter beherrschten die Bewohner die **Ziegelherstellung**, und nicht selten mussten sie für ihre rebellische Haltung Perugia gegenüber mit einer Lieferung von Ziegelsteinen bezahlen. Papst Clemens VII. konnte 1529 die Stadt dem Kirchenstaat angliedern. Er richtete in Città della Pieve ein Bistum ein und verlieh dem Ort im Jahre 1600 das Stadtrecht – das Castello della Pieve war zur Città della Pieve geworden.

Sehenswertes in Città della Pieve

Casalinobrunnen

Die Via Pietro Vannucci ist die große Nord-Süd-Achse in Città della Pieve, die vom nördlichen Stadteingang auf die zentrale Piazza Plebiscito zuführt. Mit ihren alten und neuen Backsteinhäusern ist sie ein schönes Beispiel für eine **gelungene Straßensanierung**. In der Altstadt weitet sie sich zu einer kleinen Piazzetta, wo der 62 m tiefe Casalinobrunnen, eine römische Zisterne, steht.

Über die Via Santa Maria Maddalena, die ebenfalls in die Piazzetta am Casalinobrunnen mündet, erreicht man die Via Baciadonne, die angeblich engste Gasse Italiens: Sie ist etwa 30 m lang und zwischen 50 und 60 cm breit – zwei Passanten kommen hier, wenn überhaupt, nur quer aneinander vorbei. Kein Wunder also, dass man das düstere Sträßchen Baciadonne, **»Küss die Frauen«**, genannt hat.

Via Baciadonne

Geht man die Via Pietro Vannucci weiter stadteinwärts, dann kommt man zur Hauptsehenswürdigkeit von Città della Pieve, dem kleinen, äußerlich unscheinbaren Oratorio di Santa Maria dei Bianchi mit dem **berühmten Fresko von Perugino** (geöffnet Mai – Sept. 10.30 bis 12.30, 16.00 – 19.00, sonst Fr. – So. 10.30 – 12.30, 16.00 – 19.00 Uhr). Die Bruderschaft der Bianchi vergab 1504 den Auftrag für ein Wandgemälde an den in Città della Pieve geborenen Maler, der damals schon den Höhepunkt seiner Künstlerkarriere erreicht hatte. Wie man aus den Urkunden weiß, gingen dieser Arbeit zähe Verhandlungen voraus, bis sich Perugino, wohl aus einem Gefühl der Verbundenheit zu seiner Heimatstadt, mit 75 statt der ursprünglich vereinbarten 200 Florinen zufriedengab, wie er selbst in einer Inschrift an der Wand festhielt (Reproduktion an der linken Wand). Böse Zungen behaupten allerdings, er habe obendrein auch noch ein Grundstück mit dem dazugehörigen Haus erhalten. Das Fresko, das die **Anbetung der Könige** darstellt, nimmt die Rückwand des Oratoriums ein. Charakteristisch für den bedeutendsten Maler Umbriens sind die grazilen, geradezu höfisch wirkenden Figuren und die in weiches Licht getauchte, weitläufige Landschaft, die durch Figurengruppen, Hirtenszenen oder Wanderer belebt wird.

Oratorio di Santa Maria dei Bianchi

»Anbetung der Könige«, Fresko von Perugino im Oratorio di Santa Maria dei Bianchi

Das beherrschende Bauwerk an der Piazza Plebiscito ist der Dom Santi Gervasio e Protasio. Das im 12. Jh. als Pfarrkirche erbaute Got-

Dom

teshaus wurde im Jahr 1600, als man es zur Bischofskirche erhob, grundlegend umgestaltet. **Romanische Baudetails** wie die Biforienfenster erkennt man noch am unteren Teil der Fassade und an der Rückseite des Campanile. Was man zunächst für den Glockenturm halten möchte, ist die Torre civica, ein ebenfalls im 12. Jh. unter Verwendung antiken Baumaterials begonnener Turm, der 1471 in rotem Ziegelmauerwerk auf 38 m aufgestockt wurde.

Weit mehr als außen ist das **Innere** der Kirche von der späteren Veränderung geprägt; insbesondere durch die seitlichen Kapellen und die Verkleidung mit dunklem Stuckmarmor erhielt das Gotteshaus eine für den katholischen Kirchenbau des 17. Jh.s typische Gestalt.

Beim Gang durch die Kirche verdienen folgende **Bildwerke** Beachtung: In der Kapelle links neben dem Eingang hängt eine »Taufe Christi« (1510) von Perugino. Ebenfalls von Perugino stammt das 1514 datierte Gemälde des Hauptaltars, das eine Madonna mit den Heiligen Petrus und Paulus sowie den beiden Titelheiligen Gervasius und Protasius zeigt. Das Apsisfresko (»Maria im Himmel zwischen Heiligen«) ist das Werk des Manieristen Nicolò Pomarancio. Rechts vom Hauptaltar entdeckt man die »Madonna mit Heiligen« von Gian Nicola di Paolo, einem Schüler Peruginos.

Dommuseum

🕐

Im Dommuseum werden u. a. Goldschmiedearbeiten, aus dem Dom entfernte Freskenfragmente, Gemälde sowie Urkunden zur Kirchengeschichte aufbewahrt (geöffnet So. 15.30–19.30 Uhr).

Hinter dem Dom steht der in Backstein erbaute Palazzo Bandini (14. Jh.; Privatbesitz), der Mitte des 16. Jh.s erneuert wurde.

Palazzo Mazzuoli

Schräg gegenüber vom Dom erhebt sich der Palazzo Mazzuoli (auch Palazzo Della Corgna), ein eleganter Renaissancebau mit zwei vollen und einem Mezzaningeschoss. Blickfang ist das Portal mit einer starken Rustika-Rahmung. An der gewölbten Hofdurchfahrt im Erdgeschoss befinden sich **Renaissancefresken**. Auch die Säle im Inneren des u-förmig angelegten Palazzo schmücken Wand- und Deckenmalereien von Circignani (Il Pomarancio) und Salvio Savini.

Galeazzo Alessi hat den Stadtpalast 1551 für die Della Corgnas entworfen, heute wird er von der Stadt für kulturelle Veranstaltungen genutzt und beherbergt ein universitäres Forschungszentrum.

Geburtshaus von Perugino

An der Ostseite des Platzes, wo die Via V. Veneto einmündet, steht das Geburtshaus des Malers Perugino (Gedenktafel an der Fassade; nicht zu besichtigen, da Privatbesitz).

Rocca

Die Rocca am nördlichen Ende der Via Vittorio Veneto wurde 1326 gebaut und war mit einem Mauerring, mehreren Burggräben und sechs Türmen bewehrt, von denen drei bis etwa auf halbe Höhe erhalten sind. Der Mauerring besaß **drei Stadttore**, die Porta del Vecciano im Süden, die Porta di Sant'Agostino im Norden und die Porta della Rocca im Nordosten.

Außerhalb der Stadtmauer steht die Kirche San Francesco oder Santuario della Madonna di Fatima. Der untere Fassadenteil stammt aus dem 13. Jahrhundert. Interessant im Innern, das im 18. Jahrhundert umgestaltet wurde, die beiden ersten Altäre rechts und links mit Gemälden der Perugino-Schüler Domenico Alfani und Nicolò Pomarancio.

San Francesco

An die Franziskanerkirche grenzt das kleine Oratorio di San Bartolomeo an. Berühmt ist das dortige Kreuzigungsfresko aus dem frühen 14. Jh., das im Volksmund unter der Bezeichnung **»Pianto degli Angeli«** (Das Weinen der Engel) bekannt ist. Neuerdings wird das Fresko dem sienesischen Maler **Jacopo di Mino del Pellicciaio** zugeschrieben. Das Oratorium ist 8.00–12.00 und 15.30–18.00 Uhr geöffnet, außerhalb dieser Zeiten kann man den Kustoden um Einlass bitten.

Oratorio di San Bartolomeo

Südlich außerhalb der alten Befestigungsmauern von Città della Pieve steht an der Via Pieve die Kirche Santa Maria dei Servi aus dem 14. Jahrhundert. Das Gotteshaus wurde im 18. Jahrhundert stark verändert. In der Kirche gibt es ein weiteres Werk von **Perugino** zu sehen, eine **»Kreuzabnahme«** aus dem Jahr 1517, die allerdings durch frühere Restaurierungen in ihrer Wirkung stark beeinträchtigt ist.

Santa Maria dei Servi

Umgebung von Città della Pieve

10 km nordöstlich von Città della Pieve liegt an der SS 220 Richtung Perugia das Bergstädtchen Piegaro. Im Unterschied zu den meisten Ortschaften in der näheren Umgebung des Lago Trasimeno unterstand Piegaro nicht dem mächtigen Perugia, sondern erkämpfte sich im 13. Jh., nachdem seine Bewohner den Grafen von Marsciano vertrieben hatten, den Status einer freien Kommune. Die Selbstverwaltung war zwar nicht von langer Dauer, aber die Piegaresi sind bis heute stolz auf dieses Kapitel ihrer Stadtgeschichte.
Piegaro hat keine großartigen Baudenkmäler zu bieten, aber eine erholsame, **ursprüngliche Atmosphäre**. Eichenwälder, Weinhänge und Olivenhaine umgeben den Ort, zu dessen Füßen das Flüsschen Nestore dahinfließt. In der Kirche San Silvestro wird ein Kruzifix aufbewahrt, von dem es heißt, es habe im Jahr 1738 »Blut geschwitzt«. Teile der Stadtmauer sowie Türme und Reste von mittelalterlichen Bauten haben die Zeiten überdauert; ebenso die ins frühe 15. Jh. zurückreichende Tradition der Glasbläserkunst, die von venezianischen Meistern hierher gebracht wurde.
In der **Umgebung von Piegaro** liegen einige Orte, die einen kurzen Ausflug lohnen: das auf 657 m Höhe gelegene Dorf Greppolischieto, wo eine schlichte Burg und die kleine Kirche San Lorenzo zu besichtigen sind, Castiglion Fosco, ein altes Dorf mit einem mittelalterlichen Turm, sowie der Monte Città di Fallera, ein 681 m hoher Hügel mit alten Siedlungsresten.

Piegaro

Ragt auf einer Anhöhe auf: das alte Städtchen Monteleone di Orvieto

Monteleone di Orvieto

Monteleone di Orvieto liegt etwa 7 km südöstlich von Città della Pieve im hügeligen Hinterland. Die Häuser drängen sich auf einem Felsplateau am rechten Ufer des Ripignolo; an den Hängen unter der Stadt dominieren terrassenförmig angelegte Olivenhaine das Bild.

Als in Monteleone ein Brennofen zur Herstellung von Mosaiksteinen und Glas für den Bau des Doms von Orvieto eingerichtet worden war, gewann der Ort in der ersten Hälfte des 14. Jh.s an Bedeutung. Die **Burg von Monteleone** wurde im 12. Jh. als Wachposten über dem Chiani-Tal gebaut. Heute künden nur noch das in den Unterbau eines Turms eingelassene Haupttor, der Turm der Porta di Sopra und Reste des Befestigungswalls von der einstigen Befestigung. Die Kollegiatskirche besitzt eine Pietà von einem Schüler Peruginos.

Montegabbione

3 km östlich von Monteleone liegt auf der gegenüberliegenden Talseite das Städtchen Montegabbione, dessen Burg zusammen mit der von Monteleone di Orvieto eine Befestigungsanlage bildete, um das Straßennetz zwischen Ficulle und Orvieto zu bewachen. Von den alten Festungen sind noch Ruinen bei Poggio della Croce sichtbar, wo auch **Gräber aus römischer Zeit** entdeckt wurden. Genau gegenüber der Befestigungsanlage ragt die Abtei von Acqualta auf.

Von der Burg in Montegabbione aus dem 12. Jh. blieb nur ein auf quadratischem Grundriss errichteter **Wachturm** übrig; um die Befestigungsanlage wuchs der Ort heran, von dessen Verteidigungsmauer noch Teile erhalten sind.

La Scarzuola

Als eine Art Bühnenbild unter freiem Himmel könnte man La Scarzuola, einen **Garten** von ganz besonderer Art, bezeichnen, ein vielfältiges Szenario aus Tuffstein. Die ideale Stadt wollte der Mailänder

Architekt **Tommaso Buzzi** (1900-1981) als Theaterkulisse kreieren. Er kaufte in den 1950er-Jahren ein altes Franziskanerkloster (1218), das ca. 20 km von Città della Pieve unterhalb von Montegiove liegt. Ein kurvenreicher Feldweg führt kurz hinter Montegiove auf der Straße in Richtung Pornello rechts hinab zu dem Anwesen. In dem Kloster befindet sich ein Fresko aus dem 13. Jh., welches den hl. Franziskus darstellt. Heute lebt hier der Neffe von Buzzi und führt durch die von seinem Onkel geschaffene Kulissenlandschaft (ganzjährig geöffnet: Besichtigung nur nach Voranmeldung und in Gruppen von mind. 8 Personen, mit etwas Glück kann man sich auch als Einzelpersonen einer Gruppe anschließen, Tel. 07 63 83 74 63).

Ficulle oberhalb des Chiani-Tals auf halber Strecke zwischen Città della Pieve und Orvieto ist bekannt für seine **Keramik**, die nach dem Vorbild etruskischer Terrakotten produziert wird: Ölkrüge, Schalen und andere Gebrauchsgegenstände. Zweiter wichtiger Erwerbszweig ist die Landwirtschaft – Ficulle gehört zum Produktionsgebiet der **Weine** mit kontrollierter Herkunftsbezeichnung (DOC) von Orvieto. Wahrscheinlich war der Ort schon in vorrömischer Zeit besiedelt, wie die etruskischen Funde in einigen Höhlen, die möglicherweise als Kultstätte oder auch nur als Versammlungsort dienten, nahelegen. Über diesen Höhlen wurde später die Kirche della Maestà erbaut, in der man ein Fresko (»Madonna und Kind«) bewundern kann.

Ficulle

Nach dem Vorbild etruskischer Terrakotten produziert: die typische Keramik aus Ficulle

Den Mittelpunkt der **Altstadt** bildet ein hübscher kleiner Platz, der von einem Labyrinth von Gassen und Gässchen umgeben ist. Die **Burg**, die den mittelalterlichen Ortskern überragt, wurde zwischen dem 10. und 11. Jh. von den damaligen Feudalherren, den Grafen Bovaccini, zur Verteidigung ihrer Besitztümer errichtet. Gut erhalten sind zwei Türme und einige zinnenbekrönte Mauerstücke.

Eine Besichtigung lohnen die gotische Kirche **Santa Maria Vecchia** mit ihrem schönen Portal und den Fresken aus dem 14. und dem 15. Jahrhundert. Im Innern werden zwei Holzskulpturen, die hl. Christina und die hl. Assunta darstellend, aufbewahrt. Aus römischer Zeit stammen die Grabstelen sowie der dem persischen Gott Mithras gewidmete Grenzstein. Gleich neben Santa Maria Vecchia steht die Kirche **Santa Maria Nuova** (17. Jh.); die Entwürfe stammen vermutlich von Ippolito Scalza, dem Dombaumeister von Orvieto.

Castello della Sala

Landschaftlich reizvoll ist ein Ausflug in das 5 km südlich von Ficulle an der SS 71 gelegene Burgdorf Sala, ein Ortsteil von Ficulle. Völlig unerwartet taucht die Burg plötzlich hinter einer der Haarnadelkurven zum Monte Nibbio auf. Das auf unregelmäßigem Grundriss erbaute Castello schließt auch ein paar Wohnhäuser, einige Kirchen und Kapellen mit ein. Etwas abseits vor dem Haupteingang steht ein runder Bergfried, der mit dem Schloss durch zwei Laufgänge verbunden ist. Das Castello wurde 1350 für Angelo Monaldeschi della Vipera aus Orvieto errichtet; heute gehört die Burg, die man nur nach Voranmeldung bei den Besitzern besichtigen kann, zum rund 130 ha großen Weingut des renommierten Winzers Antinori. Der weiße Spitzenwein dieses Weinhauses, »Cervaro della Sala«, erhielt seinen Namen nach dem alten, von der Familie restaurierten Castello.

> **! Baedeker TIPP**
>
> **Wein und umbrische Spezialitäten**
>
> In der »Bottega del Castello della Sala« im Weingut Antinori kann man außer den Top-Weißweinen auch Ziegen- und Schafskäse und andere typische einheimische Produkte probieren. (Geöffnet: Mi., Do., Fr., von April bis Oktober auch Sa., Tel. 07 63 8 60 51, www.antinori.it)

Monte Nibbio

Ein herrlicher Blick auf das Chiani-Tal bietet sich vom 544 m hoch gelegenen Pass des Monte Nibbio (Valico di Monte Nibbio).

Parrano

Etwa 7 km nordöstlich von Ficulle liegt auf der gegenüberliegenden Seite des Chiani-Tals das Dorf Parrano. Zwei Stadttore und das Castello sind die wichtigsten baulichen Zeugnisse aus dem Mittelalter.

Teufelshöhlen

Die in der nahen Umgebung von Parrano liegenden »Tane del Diavolo« (Teufelshöhlen), in denen Knochen aus dem Jungpaläolithikum gefunden wurden, lassen die Herzen von Höhlenliebhabern höher schlagen. Sie sind nur in Begleitung eines Führers zugänglich (Tel. 33 89 61 30 76).

Das wuchtige, fünfgeschossige Castello wurde um das Jahr 1000 über den Mauerresten eines römischen Kastells errichtet. Seine von zwei quadratischen, zinnenbekrönten Türmen flankierte Fassade blickt auf das Chiani-Tal, zu dessen Kontrolle es erbaut worden war.

Castello

✴ Città di Castello

C 5

Provinz: Perugia
Einwohnerzahl: 38 200

Höhe: 288 m ü.d.M.

Città di Castello ist die nördlichste Stadt in Umbrien und eine der wenigen, die sich nicht über einen Hügel, sondern in der Ebene erstrecken. Sie liegt inmitten großflächiger Tabakfelder in der Alta Valle Tiberina, im oberen Tibertal, vor der malerischen Kulisse einer grünen Hügelkette.

Die Altstadt auf der linken Tiberseite wird noch von einem fast vollständig intakten Mauerring aus dem 16. Jh. zusammengehalten. Zum Bild von Città di Castello gehören auch die Kanus auf dem trägen Tiber – der Kanutenclub der Stadt einer der besten Italiens.

Città di Castello war schon seit der Antike ein belebtes Wirtschafts- und Handelszentrum, als hier die Waren aus dem oberen Tibertal einerseits, den benachbarten Marken und der Toskana andererseits umgeschlagen wurden. Die ersten Manufakturen in der weiteren Umgebung entstanden in Città di Castello und die größten und angesehensten **Druckereien** Umbriens sind hier beheimatet. Ein Ehrenplatz in der Industriegeschichte der Stadt gebührt dem zu Beginn unseres Jahrhunderts von der Baronin Alice Franchetti gegründeten **»Laboratorio di tela umbra«**, eine Tuchweberei, die hervorragende Leinwand produziert. Die hohe Qualität der tela umbra, die sich durch reines Gewebe, kräftige Schussfäden und schlichte Eleganz auszeichnet, ist der Stolz der Tifernaten, der Bewohner von Città die Castello. Zudem hat der Tabakanbau seit dem 19. Jh. Tradition.

Wirtschafts- geschichte

Da die Stadt auf der linken Seite des Tibers liegt, der bekanntlich etruskisches und umbrisches Gebiet trennte, gilt Città di Castello als eine Gründung der Umbrer. Der römische Schriftsteller **Plinius d. J.** besaß in der Nähe der Stadt eine Villa und zwar in der Ortschaft Celalba, heute Colle Plinio (Plinius-Hügel) genannt. Zur Zeit der freien Kommunen sah sich die Stadt einem ständigen Wechsel von Unabhängigkeit und Fremdherrschaft (Florenz, Perugia u. a.) ausgesetzt. Am 6. Juli 1422 stand der legendä-

Geschichte

? **WUSSTEN SIE SCHON ...?**

■ ... dass Città di Castello im frühen Mittelalter Castrum Felicitatis hieß, was soviel wie »Stadt der Glückseligkeit« bedeutet?

▶ CITTÀ DI CASTELLO ERLEBEN

AUSKUNFT

IAT
Piazza Matteotti – Logge Bufalini
Tel. 075 855 49 22
Fax 075 855 21 00
info@iat.citta-di-castello.pg.it
www.cittadicastello.umbria2000.it

VERANSTALTUNGEN

Festival delle Nazioni, Kammermusikfestival mit internationalen Künstlern von hohem Rang (Letzte August-/ erste Septemberwoche).

Ausstellung von *Trüffeln und Waldfrüchten*. Neben den edlen weißen Trüffeln werden verschiedene geschmackvolle Wald-Wiesenprodukte angeboten (Erste Novemberwoche).

ESSEN

▶ Fein & teuer

① *Il Postale di Marco + Barbara*
Via de Cesare 8
Tel. 075 852 13 56
www.ristoranteilpostale.it
Mo. Ruhetag u. Sa. Nachmittag
Ein absoluter Gourmettempel, Fisch, Fleisch und irgendetwas mit Trüffeln gibt's fast immer.

▶ Preiswert

② *Enoteca Altotiberina*
Piazza Gabriotti
Tel. 075 855 30 89

Di. Ruhetag
Urige Kellerkneipe am Stadtpark. Pizza, Pasta oder einfach nur Wurst und Käse und dazu ein Glas vom lokalen Wein.

ÜBERNACHTEN

▶ Luxus

① *Tiferno*
Piazza R.Sanzio 13
Tel. 075 855 03 31
Fax 075 852 11 96
www.hoteltiferno.it
Komfortables Luxushotel in einem wunderschönen, zentral gelegenen Palazzo des 17. Jh.s. Das Hotel besitzt ein paar Bilder von Alberto Burri. Spitzenklasse ist ebenfalls das dazu gehörige Restaurant Le Logge.

Baedeker-Empfehlung

▶ Komfortabel

② *La Miniera di Galparino*
Voc. Galparino – Sansecondo 34-35
Tel./Fax 075 854 07 84
www.galparino.it
Akkurat restaurierte ehemalige Braunkohlenmine ca. 15 km südlich von Città di Castello auf einem Hügel in unberührter Natur. Chiara Filippi betreibt wahre Magie in der Küche: Innovation mit Tradition ist ihr Motto (Do. bis So. geöffnet).

re Condottiere **Andrea Braccio da Montone** (▶Berühmte Persönlichkeiten) vor den Toren der Stadt, um sie in Besitz zu nehmen. Die Tifernaten leisteten anfangs Widerstand – weniger, weil sie seine Herrschaft fürchteten, als aus Angst vor der Rache der Rebellen, die einst aus der Stadt verjagt worden waren und im Heer des Söldnerführers Zuflucht gefunden hatten. Erst als **Fortebraccio**, wie man ihn auch nannte, aus Perugia 5000 Soldaten zur Verstärkung kommen ließ, gaben sich die Bewohner von Città di Castello geschlagen. Die im 15. Jh. andauernden innerstädtischen Auseinandersetzungen um die Signoria wurden in der zweiten Jahrhunderthälfte durch die Familie Vitelli beendet, die auch noch im 16. Jh., als Cesare Borgia die Stadt dem Kirchenstaat zugeführt hatte, die Politik in Città di Castello bestimmte.

Vom Ende des 16. bis zum Ende des 17. Jh. lebte das obere Tibertal unter dem Alpdruck der **Pest**; die Stadt war abgeriegelt und die Tore scharf bewacht. Wie aus einer Notiz in der Stadtchronik hervorgeht, öffnete Città di Castello am 21. April des Jahres 1691 wieder die Stadttore und ließ die Wachen endgültig abziehen. Die Tifernaten feierten die gute Nachricht mit einem großen Fest. Bei einem **Erdbeben** 1789 wurde die Stadt schwer beschädigt, u. a. stürzte die Kuppel der Kathedrale ein. Im Zweiten Weltkrieg war Città di Castello wiederholt Ziel von Bombenangriffen, während in den Bergen die Partisanenbrigade San Faustino gegen die Faschisten kämpfte.

Das 16. Jh. brachte bedeutende Künstler nach Città di Castello, u. a. den schon damals hochgeschätzten **Luca Signorelli**, aber auch andere große Meister, die noch am Beginn ihrer Laufbahn

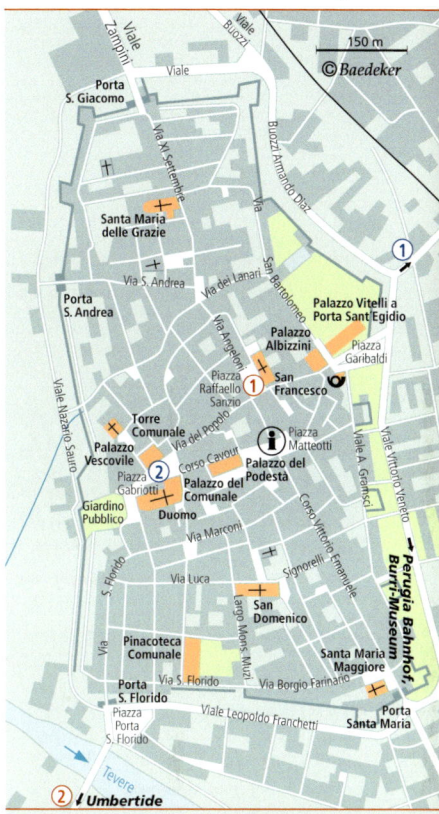

Città di Castello Orientierung

Essen
① Il Postale
② Enoteca Altotiberina

Übernachten
① Tiferno
② La Miniera di Galparino

standen, wie den jungen Raffaello Sanzio aus Urbino. **Raffael** malte hier das berühmte Ölgemälde »Verlobung Mariä«, das sich heute in der Mailänder Pinacoteca di Brera befindet. Ursprünglich für die Kirche San Francesco in Città di Castello bestimmt, kam das Bild 1789 über eine Schenkung der Stadt in den Besitz des Generals Lechi; 1801 wurde es für 50 000 Lire an den Kaufmann Sannazzari veräußert und ging drei Jahre später über einen Nachlass an das Ospedale Maggiore von Mailand; 1806 erwarb es die Regierung für die Brera-Akademie.

UMBRIEN UND DIE MODERNE

Città di Castello ist die Heimat des 1995 verstorbenen Malers, Zeichners und Bildhauers Alberto Burri, der zu den interessantesten Erscheinungen der zeitgenössischen Kunstszene Italiens gehörte und neben Lucio Fontana als einer der wichtigsten Vertreter der sogenannten Arte Povera gilt.

Viele Künstler verbindet mit ihrer Vaterstadt nicht viel mehr als die Tatsache, dass sie hier geboren wurden, nicht so bei Alberto Burri, der mit seinen Werken in seine Geburtsstadt zurückkehrte. In Città di Castello gibt es **zwei Museen**, in denen seine Arbeiten zu sehen sind.

Collezione Burri

Als erstes wurde 1981 im altehrwürdigen **Palazzo Albizzini** im Stadtzentrum die Collezione Burri eingerichtet, ein Museum, das einen repräsentativen Querschnitt des Schaffens des Künstlers zeigt. Die meisten Arbeiten – Ölbilder, Holzassemblagen, Collagen, Zeichnungen – hat Burri dem Museum vermacht. Ein Katalog, 1990 von der Stiftung Palazzo Albizzini herausgegeben, verzeichnet rund 2000 Werke – stolzes Fazit einer über 40-jährigen Schaffenszeit.

Werdegang

Alberto Burri kam erst verhältnismäßig spät zur Kunst. Der 1915 Geborene studierte zunächst Medizin und wurde 1943 als Militärarzt nach Tunesien geschickt. Als Gefangener der Alliierten verbrachte er drei Jahre im amerikanischen Texas, wo er mit dem Malen begann. Nach seiner Rückkehr nach Italien ließ er sich in Rom nieder. Die **Ölmalerei**, über die er den Einstieg in die Kunst gefunden hatte, gab er Ende der 1940er-Jahre auf, um sich anderen Techniken und Werkstoffen zuzuwenden. Eine zentrale Rolle spielte dabei die Collage, eine Kunstform, die zu Beginn des 20. Jh.s Dadaisten wie Kurt Schwitters oder John Heartfield aus der Taufe hoben. Neu bei Burri war vor allem seine Konzentration auf besonders archaische, rohe Materialien wie Holz, Blech, Leinen. Insbesondere Letzteres

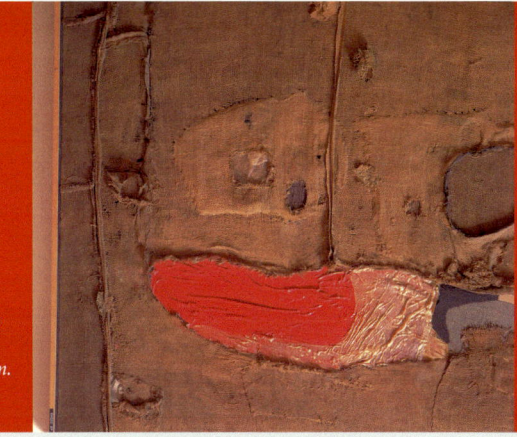

Alberto Burri arbeitete bevorzugt mit rohen, archaischen Materialien.

sollte zum Markenzeichen seiner Kunst werden. Aus grobem, zerschlissenem, abgenutztem Sackleinen klebte, nähte, flickte er seine **Sackbilder**, die als »Sacchi« in der Kunstszene bekannt wurden. Warum gerade dieses Material, wird sich so mancher fragen. Der einfache Leinensack impliziert vieles, was mit Burri, seiner Herkunft, seinem Leben zu tun hat, er steht u. a. für das bäuerliche Umfeld seiner Heimatstadt und die Feldarbeit, bei der er als Behältnis unentbehrlich ist. Für den Künstler ist das Leinen, das übrigens in Città di Castello seit Jahrhunderten in hervorragender Qualität produziert wird, nicht weniger elementar, dient es doch als Träger seiner Bilder.

Die Beteiligung an der **Biennale in Venedig** im Jahr 1957 bedeutete für Burri den internationalen Durchbruch, es folgten Ausstellungen in aller Welt, unter anderem in Los Angeles, Madrid, Wien und im Guggenheim Museum in New York.

Die Montagen aus Sackleinen führten Burri weg vom flachen Bild zur Plastik, für die er sich auch anderen, aber ebenfalls höchst elementaren Werkstoffen, teilweise sogar Abfallprodukten, zuwandte, so z. B. Erde und Holzleim (cretti) oder Eisen (ferri).

Combustioni (Verbrennungen) heißen die Skulpturen, die durch den Vorgang des Verbrennens einer neuen Form zugeführt werden. Bei all diesen Plastiken hat das Material und seine Symbolik einen hohen Stellenwert; es spricht sozusagen für sich selbst.

Tabakhallen

Die zum Teil sehr raumgreifenden Plastiken verlangten nach einem besonderen Ausstellungsraum, den der Künstler wenige Kilometer südlich von Città di Castello fand: hohe, schmucklose Hallen, in denen einst der Tabak aus der Umgebung der Stadt zum Trocknen aufgehängt wurde. Ein ideales, man möchte fast sagen: **kongeniales Ambiente** für die schnörkellosen Arbeiten des Künstlers. Das zweite Burri-Museum von Città di Castello, vom Künstler selbst mit seinen Werken bestückt, um es dann seiner Heimatstadt zu übergeben, öffnete im Jahr 1990 seine Pforten.

Neben Raffael und Luca Signorelli, der im Dom zu Orvieto sein Meisterwerk in Umbrien geschaffen hat, waren auch andere, heute etwas weniger bekannte Künstler nach Città di Castello gekommen, wie Angelo da Orvieto, Antonio da Ferrara, Ottaviano Nelli und Gualfreduccio; später Andrea und Giovanni Della Robbia, Battista di Domenico und dessen Sohn Florido, Antonio da Sangallo der Jüngere, Rosso Fiorentino, Raffaellino del Colle, Cristoforo Gherardi und Vasari, der hier u. a. die herrlichen Sgraffitomalereien an der Hoffassade des Palazzo Vitelli alla Cannoniera (heute Pinacoteca Comunale) hinterließ.

Und heute? Città di Castello hat sich seinen Ruf als Kunststadt wiedererobert – mit **Alberto Burri**, der seiner Heimatstadt zwei Museen mit seinen Werken vermachte.

Sehenswertes in Città di Castello

Piazza Garibaldi, Palazzo Vitelli a Porta Sant' Egidio

Die Besichtigung von Città di Castello beginnt an der Piazza Garibaldi an der nordöstlichen Stadtmauer. Hier steht der größte der insgesamt vier Palazzi der Familie Vitelli. Der Florentiner Architekt **Giorgio Vasari** entwarf diesen Stadtpalast 1540 für Paolo Vitelli, der Papst Paul III. und Kaiser Karl V. als Condottiere gedient hatte. Die Gewölbe in der Erdgeschosshalle malte Cristoforo Gherardi aus, den Saal im ersten Obergeschoss Prospero Fontana. Die schöne Rückfassade blickt auf einen großen Park, an dessen Ende ein kleines, ebenfalls von Gherardi ausgemaltes Lustschloss, die sog. »Palazzina«, steht.

Sammlung Burri, eingerichtet im Palazzo Albizzini

Direkt neben dem Palazzo Vitelli steht der Palazzo Albizzini aus dem 15. Jh., in dem Arbeiten von Alberto Burri zu sehen sind. Die **chronologisch angeordnete Werkschau** beginnt im ersten Saal mit drei wegweisenden Werken aus der Zeit zwischen 1948 und 1950, dem »Grande Pannello Fiat« (»Großes Fiat-Paneel«), dem »Catrame« (»Teer«) und dem ersten aus einer Reihe von Sackbildern. Die nächste Stufe seiner künstlerischen Entwicklung dokumentieren Kompositionen wie »Grande Nero« (»Großes Schwarz«, 1956) oder »Combustione Plastica« (»Plastik-Verbrennung«, 1958). Burris strenge Reduktion auf das Material wird bereits an Titeln wie »Legni« (Hölzer) oder »Ferro« (Eisen) deutlich. Charakteristisch für sein Werk sind auch die »Cretti« (»Krakelüren«), die durch Bühnenbildarbeiten und Plastiken wie »Grande Cretto« ergänzt werden (geöffnet Di. – Sa. 9.00 – 12.30, 14.30 – 18.00, So. und Fei. 10.30 – 12.30, 15.00 – 18.00 Uhr). Ein zweites Museum mit Arbeiten von Burri ist in den ehemaligen Tabakhallen eingerichtet (▶ S. 184).

★ Palazzo Albizzini, Sammlung Burri

☉

Die 1273 vollendete Kirche San Francesco wurde 1707 so grundlegend umgebaut, dass von dem mittelalterlichen Bau nur die drei Apsiden, die Blendzwillingsfenster und das Spitzbogenportal erhalten blieben. Architektonisches Kleinod im einschiffigen Innenraum ist die um 1560 von Vasari gestaltete **Cappella Vitelli** (erste Kapelle an der Nordwand, links des ursprünglichen Eingangs), die durch ein schmiedeeisernes Gitter (1566) abgetrennt ist. Besonders schön sind die Intarsienarbeiten am Chorgestühl, die Episoden aus dem Leben Marias und des hl. Franziskus wiedergeben. Das Altarblatt der Kapelle, eine Marienkrönung mit Heiligen darstellend, ist ebenfalls ein Werk Vasaris. Die Majolika-Arbeit »Stigmatisation des hl. Franziskus« aus der Della-Robbia-Werkstatt schmückt den nächsten Altar im Langhaus. Warum der Kirchenvorplatz Raffaello Sanzio heißt, klärt sich beim vierten Altar der Nordwand, wo ursprünglich das berühmte **Raffaelbild »Verlöbnis Mariens«** (»Sposalizio«) hing – heute vertritt eine Kopie das in der Brera in Mailand aufbewahrte Meisterwerk. Vor Beendigung des Rundgangs sollte man noch in die Kapelle südlich bzw. rechts vom Chor einen Blick werfen, wo sich eine Pietà (15.Jh.) sowie ein spätgotisches Tabernakel befinden. Das Denkmal vor der Kirche, ein Werk des einheimischen Künstlers Elmo Palazzi, gedenkt Umbriens Anschluss an Italien (1860).

San Francesco

Ein Abstecher in die nördliche Altstadt führt zur Kirche Santa Maria delle Grazie an der Via XI. Settembre. Das 1587 umgestaltete gotische Gotteshaus schmückt ein barockes Portal. Im Innern sind rechts das Fresko »Tod Mariens« von Ottaviano Nelli (1436) sehenswert und links im Oratorium das Altarblatt (»Madonna mit Kind und Heiligen«), 1456 gemalt von einem Schüler Piero della Francescas.

Santa Maria delle Grazie

Die Piazza Matteotti ist **belebter Treffpunkt** im Herzen von Città di Castello. Der längsrechteckige, dicht umbaute Platz wird beherrscht

★ Piazza Matteotti

von der barocken Fassade (1686) des **Palazzo del Podestà**, den Mitte des 14. Jh.s Angelo da Orvieto konzipierte. Die mittelalterliche Fassade des Palastes ist an der Seitenfront zum Corso Cavour an den teils noch originalen, teils auch rekonstruierten gotischen Doppelfenstern sichtbar. Die dem Palazzo del Podestà gegenüberliegende Seite der Piazza Matteotti nimmt der Palazzo Bufalini ein (16. Jh.), an der Südflanke des Platzes steht ein weiterer Vitelli-Palast.

Laboratorio di Tela Umbra
🕐

Nur wenige Meter nordöstlich der Piazza ist die weltbekannte Tuchweberei Laboratorio di Tela Umbra beheimatet, in der auch ein interessantes Textilmuseum untergebracht ist (Piazza Costa 3, geöffnet Di. – So. 10.00 – 12.00, 15.30 bis 17.30, So. u. Fei. 10.30 – 13.00, 15.00 bis 17.30 Uhr).

❗ *Baedeker* TIPP

Tela Umbra

Hier wird auf alten Webstühlen in traditioneller Art Leinen hergestellt, die schön gewebten Stoffe sind sicher ein sehr schönes Mitbringsel (Tela Umbra, Piazza Costa 3, Tel. 075 85 56 87)

Der schmale, stimmungsvolle Corso Cavour verbindet die Piazza Matteotti mit der tiefer gelegenen Piazza Venanzio Gabriotti. Der leicht abfallende, dreiecksförmige Platz ist nach einem tifernatischen Partisanenkämpfer benannt, der

Piazza Gabriotti, Palazzo Comunale

1944 von den Nationalsozialisten erschossen wurde. Links erhebt sich der prächtige Palazzo Comunale (1334–1352), ein unvollendetes Werk von Angelo da Orvieto, der auch als Architekt des Palazzo dei Consoli in Gubbio gilt. Die schwere Rustikaquaderung lässt an den Palazzo Vecchio in Florenz denken; das Obergeschoss gliedern schlanke, gotische Zwillingsfenster. An der Stelle, an der der Corso Cavour in den Platz mündet, verbindet eine kleine Loggia aus dem 14. Jh. den Kommunalpalast mit dem Nachbargebäude. Am Gewölbe der Loggia kam bei Restaurierungsarbeiten ein schönes **Fresko** zum Vorschein. Neben dem Eingangsportal des Palazzo Comunale hängt ein schmiedeeiserner **Korb**, in dem einst der Henker von Città di Castello die abgeschlagenen Köpfe der Hingerichteten zur Schau stellte, zuletzt den Kopf eines dreiundzwanzigjährigen Tifernaten namens Gaspare Pierini, der des Raubmords angeklagt war und am 15. Oktober 1842 von dem berühmten Henkermeister Titta geköpft wurde. Jenseits des eleganten Portals liegt eine große **Halle**, deren Gewölbe auf achteckigen Pfeilern ruht. Über eine breite Steintreppe gelangt man nach oben in das Notariatsarchiv und in die »Sala Maggiore«, den Großen Saal.

Palazzo Vescovile, Torre Comunale

Gegenüber vom Palazzo Comunale stößt man auf den Palazzo Vescovile (Bischofspalast) und die mit Wappen besetzte Torre Comunale, auf die man hinaufsteigen kann (derzeit geschl.).

★
Dom

Mit seiner Längsseite stößt der Dom SS. Florido e Amanzio an die Piazza Gabriotti. Er wurde an der Stelle eines römischen Tempels im

11. Jh. erbaut und 1466–1529 im Stil der Renaissance fast vollständig erneuert. Der für Umbrien ungewöhnliche **runde Campanile** geht auf das 11./12. Jh. zurück und ist den Glockentürmen Ravennas nachempfunden. Von einem Umbau 1356 blieb das gotische Seitenportal mit schön gearbeitetem plastischen Schmuck erhalten. Für die Gestaltung des Innenraums stand die florentinische Architektur der Frührenaissance Pate, was vor allem an der Wandgliederung in zwei streng voneinander getrennte Zonen – unten Arkaden, die sich zu Kapellen öffnen, oben durch Lisenen unterteilte Wandfelder mit Fenstereinschnitten – zu erkennen ist. Im 18. Jh. wurden die prächtige Kassettendecke eingezogen, die eingestürzte Kuppel wiederhergestellt (1789) sowie Apsis und Gewölbe ausgemalt. An die vierte Langhausarkade fügte man über

Palazzo Comunale an der Piazza Gabriotti

quadratischem Grundriss eine Kapelle an, in der heute das bedeutendste Kunstwerk des Doms ausgestellt ist, eine 1529 von dem Florentiner Manieristen **Rosso Fiorentino** gemalte »Verklärung Christi«. Ein Novum bei der Behandlung dieses Motivs ist die Anreicherung der Szene mit Figuren aus dem Volk. Schon der Zeitgenosse und Künstlerbiograph Giorgio Vasari bemerkte dies und charakterisierte diese Zuschauer als »Mohren, Zigeuner und die seltsamsten Dinge der Welt«.

Mit kostbaren Exponaten wartet das Dommuseum auf. Besondere Aufmerksamkeit verdient das Antependium (12. Jh.) aus vergoldetem Silber – angeblich ein Geschenk Papst Cölestins II. an seine Heimatstadt. Auch der »Schatz von Canoscio« wird im Dommuseum aufbewahrt: frühchristliche Liturgiegeräte aus dem 5. und 6. Jh., die 1935 bei der Landkirche von Canoscio gefunden wurden (geöffnet April bis Sept. Di. – So. 9.30 – 13.00, 14.30 – 19.00, Okt. – März 10.00 bis 13.00, 14.30 – 18.30 Uhr).

★
Museo della Cattedrale

⊙

Ein besonderer Genuss ist der Besuch der Pinacoteca Comunale im Palazzo Vitelli alla Cannoniera. Der Eingang zur Pinakothek liegt etwas versteckt in der schmalen Via Cannoniera, die ihren Namen von der einst hier ansässigen Kanonengießerei erhielt. **Alessandro Vitelli** ließ den Palast zwischen 1521 und 1545 von Antonio da Sangallo

★ ★
Palazzo Vitelli alla Cannoniera / Pinacoteca Comunale

d. J. bauen und die Gartenseite in Sgraffito-Technik »bemalen«. Die Entwürfe für die Fassadengestaltung stammten vermutlich von Giorgio Vasari, ausgeführt wurden sie von Cristofano Gherardi. Letzterer dekorierte auch die Innenräume. Besonders beeindruckend sind die Fresken im Gewölbe des Treppenhauses, wo neben Masken, floralem Rankenwerk und Grotesken Szenen aus der antiken Mythologie und Geschichte dargestellt sind, so beispielsweise Apoll mit den Musen oder Porträts berühmter Paare aus der Römerzeit.

In den restaurierten Räumen des Palazzo zeigt die Städtische Gemäldesammlung **hochkarätige Werke umbrischer Malerei** vom 13. bis zum 18. Jh. – die nach der Galleria Nazionale dell'Umbria bedeutendste Sammlung umbrischer Malerei. Unter den Altarbildern des 15. Jh.s beachte man die Gemälde aus den Werkstätten von Ghirlandaio und Lorenzo Ghiberti, aus dem 16. Jh. besitzt die Galerie Arbeiten aus der berühmten Werkstatt des Andrea della Robbia. Das Spitzenstück der Pinacoteca Comunale ist zweifellos die **Peststandarte für SS. Trinità** (Hl. Dreifaltigkeit), die **Raffael** neben anderen Werken für Città di Castello malte. Vorder- und Rückseite dieses Gemäldes wurden anlässlich einer Restaurierung getrennt. Auf einer Seite ist die Dreifaltigkeit mit den Heiligen Rochus und Sebastian dargestellt, auf der anderen die Erschaffung Evas mit Gottvater und zwei Engeln, die dem Schöpfungsakt beiwohnen. Zu den bedeutenden Werken der Sammlung zählt auch die Tafel mit dem **»Martyrium des hl. Sebastian«** von 1498. Von demselben Künstler, Luca Signorelli, der im Dom von Orvieto ein grandioses Freskenwerk hinterlassen hat, besitzt die Galerie in Città di Castello auch eine »Madonna mit Kind zwischen Heiligen« (Fragment, 1474). Luca Signorellis stilbildende Wirkung auf die Malerei in Umbrien lässt sich anhand der Arbeiten seiner Nachfolger nachvollziehen, wohingegen die Werke von Raffaellino del Colle den Manierismus, der um die Mitte des 16. Jh.s in Umbrien einsetzte, repräsentieren. Der Hauptvertreter dieses Stils war neben del Colle ein Maler namens Nicolò Circignani, genannt Pomarancio, von dem die Pinakothek ebenfalls mehrere Gemälde ⊙ besitzt (geöffnet täglich außer Mo. April – Oktober 10.00 – 13.00, 14.30 – 18.30, Nov. – März 10.00 – 13.00, 15.00 – 18.00 Uhr).

✶ ✶
Tabakhallen, Burri-Museum

Wer sich für Alberto Burri interessiert, dem sei die Besichtigung des Burri-Museums im Viale Orlando (außerhalb der Altstadt am südöstlichen Stadtrand) wärmstens empfohlen. Besonders beeindruckend ist der Ort der Präsentation: zwölf riesige, einst von Tabakbauern benutzte Trockenhallen, die der Künstler aufkaufte und in ein **Atelier-Museum** umwandelte. Außer dem Anstrich hat Burri die alten Hallen nicht verändert und dadurch eine äußerst ansprechende Verbindung von moderner Kunst und traditioneller Fabrikarchitektur hergestellt – der Kargheit der Gebäude entspricht die minimalistische, nur mit wenigen Materialien, Formen und Farben auskommende Kunst Alberto Burris (geöffnet Di. – Sa. 9.00 – 12.30, 14.30 bis 18.00, So. und Fei. 10.30 – 12.30 und 15.00 – 18.00 Uhr).

Umgebung von Città di Castello

An der Straße nach Umbertide, im Vorort Garavelle, sollte man dem Museum mit dem etwas umständlichen Namen »Centro documentazioni delle tradizioni popolari« einen Besuch abstatten. Es ist das Werk von Livio Dalla Regione, der die hier versammelten Exponate in liebevoller Kleinarbeit zusammengetragen hat und erfrischend unmuseal präsentiert. Alles auf diesem **Gutshof** ist noch so wie in alten Zeiten – Werkzeuge, Ackergeräte, Möbel, Alltagsgegenstände. Eine Schmiede, eine Tischlerei, eine Weberei und verschiedene andere Werkstätten vermitteln ein anschauliches Bild vom vorindustriellen Arbeitsleben in der Region (geöffnet im Sommer Di. bis So. 8.30 bis 12.30, 14.30 bis 19.00, im Winter 9.30 bis 12.30, 14.30 –17.30 Uhr).

Freilichtmuseum

Direkt neben dem Freilichtmuseum begegnet man in der Villa Capelletti einer anderen Sammlerleidenschaft: Graf Capelletti hat hier in seinem Familiensitz unzählige **Modelleisenbahnen** angehäuft. Leider wird die Villa seit Jahren restauriert und ist nicht zu besichtigen.

Raccolta Ferromodellistica

Die Therme von Fontecchio liegt 2 km nordöstlich von Città di Castello. Schon im Jahr 80 n. Chr. begleitete Plinius d. J. seine Gattin Calpurnia zu den Bädern von Fontecchio, um sich Jugend und Anmut zu bewahren. Die Hotel-Thermenanlage ist eingebettet in einen jahrhundertealten Park, der reich an Quellen und Zeugnissen der geschichtsträchtigen Vergangenheit ist. Das sulfidhaltige Wasser wirkt bei Atemwegserkrankungen (www.termedifontecchio.it)

Terme di Fontecchio

Das Obere Tibertal ist reich an schönen Routen und Wanderwegen. Kulturell interessant sind die Ortschaften Monte Santa Maria Tiberina, Citerna und San Giustino mit dem Schloss Bufalini.

Oberes Tibertal

Etwa 10 km südwestlich von Città di Castello thront auf einer Hügelkuppe das Castello von Monte Santa Maria Tiberina. Die von einem Turm überragte Burg war die **Festung der Marchesi del Monte**. Der kleine Ort zieht sich spiralförmig den Berghang hinauf. Als Lehen der toskanischen Marchesi Del Monte, die seit dem 10. Jh. hier ansässig waren, nahm Monte Santa Maria Tiberina an den blutigen Auseinandersetzungen zwischen Guelfen und Ghibellinen teil. In der Pfarrkirche Santa Maria (um 1000) sind ein schönes steinernes Taufbecken und die Krypta der Lehnsherren erhalten.

Monte Santa Maria Tiberina

Knapp 15 km von Monte Santa Maria Tiberina entfernt liegt anmutig das Städtchen Citerna auf einem Hügel, es wirkt wie eine natürliche Terrasse über dem Oberen Tibertal. Die Kirche S. Francesco wartet mit interessanten Gemälden von Luca Signorelli und Raffaellino del Colle und einer wunderschönen Madonna aus Terrakotta auf, die jüngst Donatello zugeschrieben wurde.

Citerna

Elegant und barock verspielt: Schloss Bufalini

San Giustino

★

Schloss Bufalini ▶

Weiter auf der SP 100 und über die E 45 erreicht man nach ca. 14 km San Giustino. Der Ort verdankt seinen Namen einem römischen Soldaten, der wegen seiner starken christlichen Überzeugung getötet wurde. Mittelpunkt von San Giustino ist die einstige Burg, die **Vasari** im Auftrag der Familie Bufalini, seit dem 15. Jh. die Herren über San Giustino, in ein elegantes Schloss umwandelte, eines der schönsten Zeugnisse eines reichen Patrizierhauses. Die Ausmalung der Innenräume besorgte Cristoforo Gherardi. Die Wehranlagen wurden als Zufluchtsstätte für den Kriegsfall ausgebaut. Zum Schloss gehört eine Parkanlage mit Labyrinth (nur im Sommer zu besichtigen, Tel. 075 85 61 15 oder Touristeninformation in Città di Castello).

> ! **Baedeker TIPP**
>
> **Geschichte und Kultur des Tabaks**
>
> In der ehemaligen Tabakkooperative von San Giustino befindet sich eines der wenigen Tabakmuseen Italiens: Museo del Tabacco, Via Toscana, Besichtigung nach Voranmeldung, Tel. 075 861 84 11 oder Tel. 33 83 15 62 10, www.museotabacco.org

Cospaia

Der kleine Grenzort 2 km nördlich von San Giustino blickt auf eine eigenwillige Geschichte zurück, denn zwischen 1440 und 1826, als es dem Kirchenstaat angegliedert wurde, war Cospaia fast 400 Jahre lang **unabhängige Republik** und als solche sicher einzigartig. Diese Freiheit verdankte das Schmugglernest dem lange anhaltenden Streit zwischen dem Herzogtum Toskana und dem Kirchenstaat, die sich über den Verlauf der Grenze nicht einigen konnten. In dem Ort wurde in der zweiten Hälfte des 16. Jh.s die **erste Tabakpflanze Italiens** angebaut. Der Abt Nicolo Tornobuona aus dem nahen San Sepolcro hatte den Samen von einer Missionsreise aus Spanien mitgebracht.

Das knapp 200 Einwohner zählende Dorf liegt ca. 20 km südwestlich **Morra**
von Città di Castello (von der Landstraße in Richtung Umbertide in
dem Ort Trestina rechts abbiegen). Im 1420 errichteten, 1507 umgebauten Oratorio San Crescentino hinterließ der Renaissancemaler
Luca Signorelli einige Wandbilder. Dargestellt sind u. a. die Geißelung
und die Kreuzigung Christi (geöffnet 9.00–12.30, 15.00–18.30 Uhr).

✶ Deruta

D 8

Provinz: Perugia   **Höhe:** 218 m ü.d.M.
Einwohnerzahl: 8200

**Von Vasen, Schüsseln und Übertöpfen in jeder Größe über Madon-
nen, Fabelwesen und Comicfiguren bis zu Gartenzwergen gibt es
hier alles, was nur irgendwie in Ton geformt werden kann: Deruta
ist zum Inbegriff für umbrische Keramik geworden.**

Zwar hat die Herstellung von Majolika auch in Gubbio, Gualdo Tadino oder Orvieto eine lange Tradition, aber nirgends sonst ist die herausragende Bedeutung der Keramik im Ortsbild so offenkundig wie
in dem im Tibertal unweit südlich von Perugia gelegenen Städtchen.
Gleich hinter der Abfahrt von der Superstrada E7 reihen sich die Keramikfabriken aneinander. Die **Geschäfte der Kunsthandwerker**, die
mit den traditionellen Mustern und Formen der Deruta-Keramik arbeiten, findet man dagegen im alten Ortskern oben auf dem Hügel.

Das Mittelalter war für Deruta wie für viele kleine Städte in Umbrien **Geschichte**
geprägt vom Widerstand gegen mächtige Fremdherrscher; im 11. Jh.
fiel der Ort in die Hände Perugias. Die im 13. Jh. errichtete Stadtbefestigung erwies sich als wenig tauglicher Schutz vor den ständigen
Überfällen durch Söldnertruppen, die im Dienste mächtiger Territorialherren auf Eroberungszügen waren. Den Anfang machte **Braccio
da Montone** (► Berühmte Persönlichkeiten), der Deruta 1408 in
Schutt und Asche legte. 1500 plünderte **Cesare Borgia** Deruta, 1534
kam **Braccio Baglioni** aus Perugia. Papst Paul III. rächte sich an den
Baglioni einige Jahre später, als er 1540 in Perugia den »Salzkrieg«
entfesselte. Deruta unterstützte ihn bei der Eroberung der Stadt und
bei der Vertreibung der verhassten Baglioni. Als Dank für die Allianz
befreite Paul III. die Bewohner von Deruta von Steuerzahlungen.

Schon seit dem Mittelalter ist Deruta neben Gubbio eines der Zent- **Keramik**
ren der Keramikherstellung in Umbrien. Majolika wird in Deruta seit
dem ausgehenden 13. Jh. produziert; seit 1387 ist das Keramikgewer-
be urkundlich für die Stadt belegt. Zu diesem Zeitpunkt gab es bereits 50 Keramikwerkstätten, in denen so berühmte Meister wie Giacomo Mancini (»El Frate« genannt) oder die Künstlerfamilie Matu-

▶ DERUTA ERLEBEN

AUSKUNFT

Pro Loco
Piazza die Consoli 4
Tel. 075 971 15 59

EINKAUFEN

Ceramiche Sberna, 1959 von Francesco Sberna gegründet und eine der großen Keramikfabriken in Deruta. Gebrauchsgegenstände mit traditionellen Motiven bis hin zu modernen Mustern, Via Tiberina 146,
Tel. 075 971 02 06, www.sberna.com.

ÜBERNACHTEN/ESSEN

▶ **Luxus**
Relais il Canalicchio/Il Pavone
Via della Piazza 4
Loc. Canalicchio
Tel. 075 870 73 25, Fax 075 870 72 96
www.relaisilcanalicchio.it

Die ehemalige Burg von Canalicchio, ca. 6 km von Deruta entfernt, wurde in ein bezauberndes Hotel umgewandelt. Stillvolle, individuell eingerichtete Zimmer, manche mit eigener Terrasse. In der Küche des Restaurants Il Pavone werden Produkte aus eigenem Anbau verwendet (Kategorie: Erschwinglich).

ranzio tätig waren. Wie die meisten Handwerker waren auch die »vasari« (Töpfer) **in Gilden organisiert**. Schon damals pflegten die Töpfer aus Deruta einen regen Kontakt mit Kollegen aus Faenza, die regionale Zuschreibung von Vasen und Platten ist oft schwierig, da bis zum Beginn des 16. Jh.s die Werke noch nicht signiert wurden.

Rätselhaft ist bis heute, wie der sogenannte **Goldlüster** nach Deruta kam – im 15. Jh. ein wohlgehütetes Geheimrezept der spanischen Töpfer, wo diese Art der Dekoration schon vor 1500 auftauchte und sich zu einem Charakteristikum der dortigen Majoliken entwickelte. Ihre **Blüte** erlebte die Deruta-Keramik in der ersten Hälfte des 16. Jh.s, als auch erstmals eine **Vorliebe für bestimmte Farben** feststellbar ist: ein klares Orangegelb, helles Zitronengelb, Purpurbraun und ein kräftiges Blau. Bis ins 18. Jh. hielt die Keramik aus Deruta ihr hohes künstlerisches Niveau und ihre technische Reife, dann setzte eine langsame, aber unaufhaltsame Rückentwicklung ein. Erst nach 1900 entsannen sich einige Werkstätten wieder der alten Techniken und kehrten zu Töpferscheibe und handbemalter Dekoration zurück.

Auch wenn heute viele Kunsthandwerker in Deruta mit modernen Formen spielen und neue Techniken ausprobieren, so sind die mit **traditionellen Mustern** bemalten Teller, Vasen, Tassen, Amphoren, Schüsseln und vieles andere heute mehr denn je gefragt.

Sehenswertes in Deruta

Oben auf dem Hügel breitet sich die alte, von den Resten einer **Ortsbild** Mauer umgebene Oberstadt aus, deren geruhsame Atmosphäre wohltuend ist. Das Auto kann man auf dem schattigen Parkplatz vor dem Stadttor lassen und den kleinen Ortskern zu Fuß erkunden – die Sehenswürdigkeiten konzentrieren sich auf die zentrale Piazza dei Consoli und die benachbarten Gassen. Viele Hausfassaden schmücken **Majolikaplatten** – sei es als Ladenschilder, als Hausnummernschild oder einfach zur Zierde.

Das Gebäude mit den drei romanischen Zwillingsfenstern ist der Palazzo Comunale aus dem 14. Jahrhundert. Seine Fassade ziert ein venezianischer Löwe, Symbol für den Evangelisten Markus, der als Geschenk der dalmatinischen Stadt Zadar nach Deruta kam. **Palazzo Comunale**

Moderne Keramik aus Deruta

Palazzo Comunale, Pinacoteca

Im Palazzo Comunale ist die kleine städtische Pinacoteca untergebracht. Sie bewahrt u. a. abgelöste **Fresken** aus verschiedenen Kirchen der Umgebung, ein Wandbild von Fiorenzo di Lorenzo (»Hl. Rochus und hl. Romanus«, 1478) mit einer Stadtansicht von Deruta sowie zwei Werke von Nicolò di Liberatore.

Museo regionale della ceramica di Deruta

Das **Keramik-Museum** im ehemaligen Konvent des Franziskanerklosters zeigt Fayencen – Fliesen, Teller, Votivtäfelchen, Amphoren, Krüge und weitere Gefäße –, die überwiegend aus dem 16. und 17. Jh. stammen, als die Majolikaherstellung in Deruta in höchster Blüte stand. Besonders beliebt waren die **Prunkteller**, auf denen der Auftraggeber mit einem Porträt verewigt ist (geöffnet tgl. außer Di. 10.00 bis 13.00, 15.00 –19.00 Uhr, im Winter bis 17.00 Uhr).

Dem Palazzo Comunale gegenüber steht die 1388 errichtete Kirche **San Francesco**. Umbauten von 1652 wurden durch die letzte Restaurierung wieder rückgängig gemacht, durch die ihr gotisches Aussehen wiederhergestellt wurde. Im Hauptschiff der Kirche – an der linken Wand unter einem großen Fresko von 1339, auf dem die Geschichte der hl. Katharina von Alexandrien dargestellt ist – hängt eine **Glocke**, die 1228 anlässlich der **Heiligsprechung von Franz von Assisi** gegossen wurde; das Innere schmücken Fresken der umbrischsienesischen Schule des 14. und 16. Jahrhunderts.

Umgebung von Deruta

An der Superstrada von Deruta in Richtung Terni weist nach knapp 2 km ein kleines Schild auf die Ausfahrt zur **Wallfahrtskirche Madonna dei Bagni** hin, die ein beeindruckendes Zeugnis italienischer Volksfrömmigkeit darstellt. Die Innenwände sind über und über bedeckt mit **Votivtafeln aus Majolika**

Votivtafeln aus Majolika in der Wallfahrtskirche Madonna dei Bagni

– insgesamt sind es etwa 1000 – zu deren Besichtigung man viel Zeit mitbringen sollte. Die Legende erzählt, dass ein Händler namens **Cristoforo di Francesco** aus Casalina ein Madonnenbildnis auf dem Boden gefunden habe, als er seine Waren auf den Markt bringen musste, obgleich seine Frau mit hohem Fieber zu Hause lag. Er steckte das Täfelchen an den Stamm einer Eiche und bat um die Genesung seiner Frau. Bei seiner abendlichen Heimkehr fand er diese völlig genesen am Herd vor. Wenige Monate später kehrte er mit ihr zu der Eiche zurück und brachte die erste Votivtafel an. An der Stelle, an der der Baum gestanden hatte, wurde noch im selben Jahr eine Kapelle errichtet, auf deren Altar die Astgabel mit dem Madonnenbildnis aufgestellt wurde. Immer mehr Menschen baten die Madonna dei Bagni um Hilfe und dankten ihr mit einem Votivtäfelchen, auf dem der Anlass ihres Bittgesuchs abgebildet ist – jede Tafel erzählt eine Geschichte, die man mit etwas Fantasie entziffern kann (geöffnet: Winter Di. – So. 9.30 – 12.00, 14.30 bis 16.30, Sommer 9.30 – 12.30, 15.30 – 19.00 Uhr).

Die alte Eiche im Kirchgarten ist über 400 Jahre alt und spendet ausreichend Schatten für mehrere Großfamilien, die hier gern ein Picknick veranstalten.

Marsciano

Marsciano, den »Brennofen Umbriens«, erreicht man von Deruta über die E 45 in Richtung Süden, nach ca. 12 km. Interessant ist die **Pfarrkirche** (12. Jh.) mit zahlreichen Fresken und einem Glockenturm, dessen **Uhr** nicht nur Stunden und Minuten, sondern auch Tage, Monate und Mondphasen anzeigt.

Marsciano ist bekannt für seine **Ziegelproduktion** (Laterzio), die Ziegel werden aus wertvollem Material gebrannt. Stolz der Stadt ist das **Ziegelsteinmuseum**, Museo del Laterzio e delle Terrecotte, das sich auf verschiedene Gebäude in und um Marsciano verteilt. Beim Besuch kommt man in mehrere alte Ziegelsteinbrennereien. Der Hauptteil des Museums ist im Palazzo Pietrmarchi (14. Jh.) untergebracht, hier beginnt der eigentliche Rundgang (geöffnet tägl. außer Di. März – Nov. 10.30 – 13.00, 15.00 – 17.00, April – Okt. 10.30 bis 13.00, 16.00 – 18.00 Uhr).

★ Foligno

F 8

Provinz: Perugia **Höhe:** 234 m ü.d.M.
Einwohnerzahl: 52 000

»Lu centru de lu mundu«, das Zentrum der Welt zu sein, behauptet Foligno von sich selbst wegen seiner zentralen Lage. Die Stadt mit dem ungewohnt geradlinigen, rechtwinkeligen Straßennetz gilt als Wiege des Buchdrucks in Italien.

► FOLIGNO ERLEBEN

AUSKUNFT

IAT
Corso Cavour 126
Tel. 0742 354459; Fax 0742 2340545
www.foligno.umbria2000.it
Weitere Informationen und Prospekt-
material, auch auf Deutsch, gibt es

direkt an der Porta Romana und unter:
www.comune.foligno.pg.it

VERANSTALTUNGEN

Giostra della Quintana: Großartiges,
mittelalterliches Reiterturnier mit
Ringstechen (Mitte Juni und Mitte

Foligno Orientierung

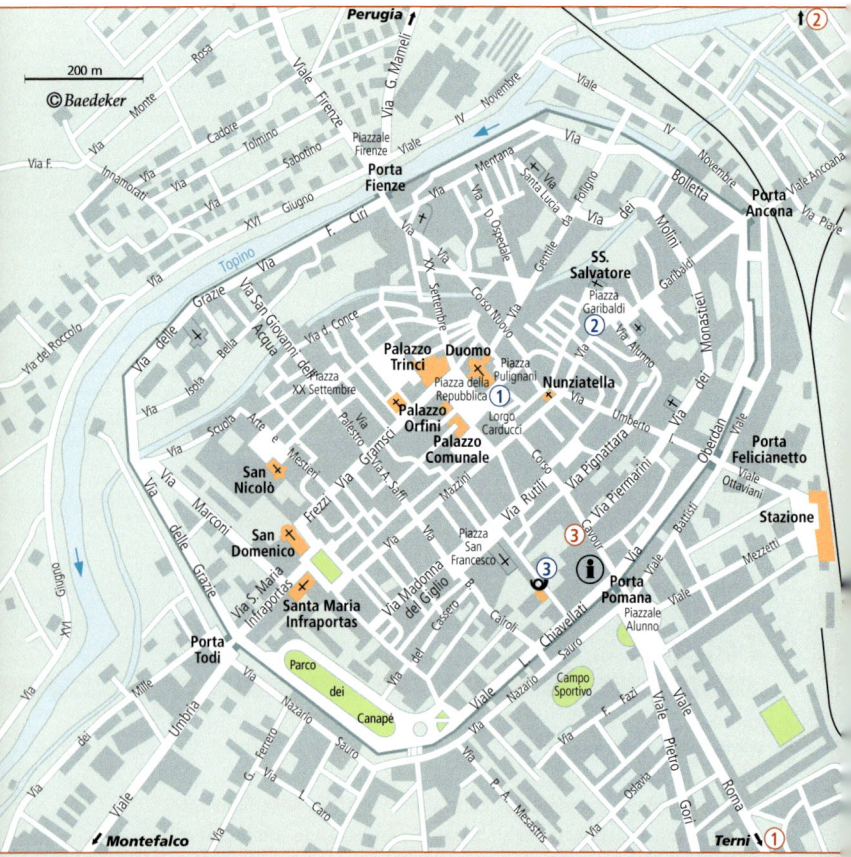

Essen
① Sparafucile   ③ Caffè della
② Broseccheria   Piazzetta

Übernachten
① Villa Roncalli   ③ Casa Beata Angelina
② Casa Mancia

September); am Vorabend Prunkumzug mit schönen Kostümen. Private Gärten und alte Kellergewölbe werden während der Festzeit zu Spitzenrestaurants umgewandelt.

EINKAUFEN

Editoriale Umbra, Kunstbuchantiquariat zum Stöbern: 25 000 Kunstbuchtitel, seltene Erstausgaben, Ausstellungskataloge, Künstlermonografien, Werksverzeichnisse und wertvolle Kunstdrucke, Via Pignattara 34, Tel. 07 42 35 75 41.

ESSEN

► **Erschwinglich/Preiswert**

① *Sparafucile*
Piazzetta Duomo 30
Tel. 07 42 34 26 02; Mi. Ruhetag
Das schlichte Restaurant am Domplatz serviert feine umbrische Spezialitäten. Eine Speisekarte gibt es nicht, nur ein stets gutes Tagesmenü.

② *Broseccheria*
Via Garibaldi 53/55
Tel. 07 42 35 11 84; Di. Ruhetag
Duilio Brodoloni, Sommelier, Koch und Showman (s. u.), hat sich auf edelste Proseccos spezialisiert. Man kommt zu einem köstlichen Dinner

oder auch nur zu einem Glas Prosecco mit Canapes.

③ *Caffè della Piazzetta*
Etwas versteckt hinter der Hauptpost in einer Seitenpassage des Corsos. Mittags gibt's einfache Tellergerichte, besonders beliebt ist die Bar von Rita und Silvia (Mutter und Tochter) als Treffpunkt ab 19.00 Uhr zum spottbilligen Aperitif und kleinen Snacks.

ÜBERNACHTEN

► **Komfortabel**

① *Villa Roncalli*
Viale Roma 25
Tel. 07 42 39 10 91; Fax 07 42 39 10 01
Stilvolles Hotel in einer ehemaligen Jagdvilla aus dem 18. Jh., ca. 1,5 km südlich von Foligno in wenig attraktiver Umgebung, aber absolut ruhiger Lage inmitten eines alten Gartens. 10 moderne und komfortable Zimmer, den Aufenthaltsräumen und dem Speisesaal verleihen antike Möbel und Gemälde eine elegante Atmosphäre.

② *Casa Mancia*
Via Trinci 44
Tel. 07 42 222 65; Fax 07 42 207 95
www.casamancia.com
Historische Residenz am nördlichen Standrand von Foligno. Die moderne Ausstattung wurde harmonisch in das alte Gemäuer integriert. Schwimmbad und Fahrräder stehen kostenlos zur Verfügung.

► **Günstig**

③ *Casa Beata Angelina*
Via dei Monasteri 46
Tel. 07 42 34 26 88
www.beataangela.it/foligno.asp
Das Kloster der Franziskanerschwestern ist nicht nur bemerkenswert wegen seines freskierten Innenhofs, sondern hier kann man auch günstig und ausgesprochen ruhig nächtigen.

Das erste in italienischer Sprache gedruckte Buch

Handwerk und Handel haben der Industriestadt auf der linken Seite des Topino-Flusses ihren Stempel aufgedrückt. Am 11. April 1472 druckten der Folignat Emiliano Orfini und der aus Deutschland zugewanderte Johann Neumeister die ersten 300 Exemplare der **»Divina Commedia«**, der »Göttlichen Komödie« von Dante. Sie brachten damit das erste gedruckte Buch in italienischer Sprache heraus. Auch auf dem Gebiet der Künste hat Foligno zwei über die Stadtgrenzen hinaus bekannte Persönlichkeiten hervorgebracht, den Maler **Nicolò di Liberatore**, genannt Alunno (1430–1502), und den bedeutenden Architekten **Giuseppe Piermarini** (1734–1808), den Erbauer des Mailänder Teatro alla Scala und des Palazzo Reale in Monza.

Geschichte

Dank günstiger Böden war Foligno schon von Umbrern besiedelt. In römischer Zeit entwickelte sich das Gebiet zu einem Verkehrs- und später zu einem Handelszentrum, da hier mehrere antike Straßen, insbesondere die alte und die neue **Via Flaminia**, zusammentrafen.

Im frühen Mittelalter entstand neben dem römischen Fulginium und dem Forum Flaminii über dem **Grab des Märtyrers Feliciano** eine kleine Kirche (heute Domkrypta), die später mit Mauern und Türmen befestigt wurde. Allmählich mauserte sich das Castellum Feliciani zur Stadt. Im 12. Jh. stieg sie zur **freien Kommune** auf, in der sich Guelfen und Ghibellinen die Stadtherrschaft streitig machten. Bis 1310 waren die Ghibellinen in der Übermacht, doch mit der Unterstützung des papsttreuen Perugia wurden sie von den Guelfen geschlagen, die den päpstlichen Vikar **Rinaldo Trinci** zum »Capitano del popolo« (Volkshauptmann) ernannten.

Damit begann der Aufstieg der Familie Trinci, die die Stadt von 1305 bis 1439 regierte. Die **Protektion des Papstes** ermöglichte die Ausdehnung ihrer Herrschaft auf kleinere Städte in der Umgebung wie Spello, Bevagna, Nocera Umbra, Montefalco, Assisi und Trevi. Die durch Familienzwiste geschwächte Macht der Trinci nutzte Papst Eugen IV. 1439 zur Einnahme der Stadt und zur Hinrichtung von Corrado Trinci und seinen Männern. Unter päpstlichem Regiment (bis 1860) gedieh die Stadt weiter; Handwerk und Handel blühten und in der fruchtbaren Ebene der Valle Umbra auch die Landwirtschaft.

Als Standort einer Flugzeugindustrie war Foligno im zweiten Weltkrieg Bombardements ausgesetzt, durch die die Altstadt schwer beschädigt wurde. Heute ist Foligno eine rege Industriestadt. Von den **Erdbeben im Herbst 1997** war Foligno besonders schwer betroffen.

Sehenswertes in Foligno

Piazza della Repubblica

Die herausragenden Gebäude in der Altstadt, die von einem mittelalterlichen, bereits im 13. Jh. angelegten Mauerring umschlossen wird, gruppieren sich um die autofreie Piazza della Repubblica: Dom, Palazzo Trinci und Palazzo Comunale.

Der Dom von Foligno: das Südportal an der Piazza della Repubblica →

✳
Dom

Wie man einer Inschrift über dem Portal der Hauptfassade entnehmen kann, wurde der Dom 1133 von einem Meister Atto errichtet. Er erhebt sich über der Grabstätte des heiligen Feliciano, dem er auch geweiht wurde. Mehrfache spätere **Umgestaltungen** haben sein ursprünglich romanisches Aussehen fast völlig überlagert. 1201 fügten die aus Bevagna stammenden Baumeister Rodolfus und Binellus das südliche Querschiff mit prächtiger Fassade an. Während der Renaissance wurde der **Innenraum** der Kirche dem Zeitgeschmack entsprechend umgestaltet, das Langhaus eingewölbt (1513) und einige Jahre später (1541) der Vierung eine Kuppel aufgesetzt; an diesen Umbauten waren Antonio Sangallo d. J. und Baccio d'Agnolo, zwei erfahrene Baumeister aus Florenz, sowie Cola da Caprarola, der sich bereits mit der Kirche Santa Maria della Consolazione einen Namen gemacht hatte, beteiligt. Eine weitere Renovierung im 18. Jh. gab dem Innenraum sein klassizistisches Aussehen.

Der Dom hat **zwei Fassaden**, wobei die zur Piazza del Duomo zugewandte Hauptfassade durch Umgestaltung zu Beginn des 20. Jh.s an Glanz verloren hat – zu sehen ist ein Mosaik mit dem thronenden Christus, dem Stadtheiligen San Feliciano, Papst Leo XIII. und der Märtyrerin Santa Messalina. Die **Fassade des südlichen Querarms** an der Piazza della Repubblica lässt dagegen noch etwas von der Schönheit des romanischen Baus erahnen. Typisch für die umbrischen Kirchenfassaden dieser Zeit sind die horizontale Zweiteilung, das rundbogige, mehrfach gestaffelte Portal, die Rosetten und die Polyphorenfenster über dem Gesims, auf dem vier Fabelwesen sitzen; die Maßwerkfenster über den seitlichen Rosetten wurden im 15. Jh. von der Familie Trinci veranlasst. Besondere Beachtung verdient das reich verzierte **Portal** mit den Portraits von Friedrich Barbarossa und dem Bauherrn Bischof Anselm an den Pfeilerinnenseiten. Den inneren Bogen schmücken Evangelistensymbole und Sternzeichen, den äußeren Reliefs mit der Darstellung von Sonne, Mond und Sternen.

Beim Betreten der Kirche fällt zuerst der **Baldachin** über dem Hauptaltar auf. Er ist dem berühmten, 1624–1633 von Bernini für San Pietro in Rom geschaffenen Bronzebaldachin nachempfunden, dem er sehr nahe kommt. Davor ein schmiedeeisernes Gittertor aus dem 14. Jh., hinter dem der Abgang zur Krypta von San Feliciano liegt.

An den Heiligen erinnert eine lebensgroße Sitzfigur in einer Nische im rechten Querarm. Im rechten Querschiff hängt eine Kopie der berühmten **»Madonna von Foligno«** von **Raffael** (Original in der Pinacoteca Vaticana), hinter dem linken Querschiff liegt die Cappella del Sacramento, die Antonio da Sangallo 1527 entwarf und Vespasiano Strada (Geschichten des hl. Feliciano) und Baldassare Croce da Bologna (Wunder des hl. Martin) ausmalten. In der **Sakristei** werden zwei Marmorbüsten aufbewahrt, angeblich Werke des Barockbildhauers Gian Lorenzo Bernini. Auf dem Weg zum Eingang sieht man am mittleren Wandpfeiler rechts das abgelöste Fresko »Kreuzigung mit Heiligen« eines unbekannten Malers aus Foligno (Anf. 16. Jahrhundert).

An den Dom angeschlossen ist der ehemalige Palast der Kanoniker aus dem 14. Jahrhundert. Sein heutiges Erscheinungsbild ist das Ergebnis einer umfassenden Restaurierung zwischen 1923 und 1926.

Palazzo della Canonica

Die Nordwestseite der Piazza della Repubblica nimmt der 1389–1407 für die Familie Trinci erbaute Palazzo ein, einer der **ältesten und schönsten Signorenpaläste** in Umbrien. Um seinen Nachfahren die Baugeschichte zu überliefern, ließ Nicolò Trinci, Sohn des Bauherrn Ugolino, den Text von einer römischen Grabstele mit der Darstellung von Amor und Psyche entfernen und stattdessen **sechs Verse** einritzen. Sie erzählen, wie Ugolino 1389 die hier bereits bestehende Burg einnahm und sie zur Residenz seiner Familie umgestaltete.

 ★ ★
Palazzo Trinci

Es entstand ein gewaltiger Vierflügelbau um einen offenen Innenhof, auf den sich freskengeschmückte Loggien öffnen. Wunderschöne geometrische Fresken sind in dem gotischen Treppenaufgang zu sehen. Nach einem Erdbeben 1832 wurde die Straßenfront 1841–1847 mit einer klassizistischen Fassade versehen. Bombenschäden von 1944 wurden 1949 nur provisorisch behoben; erst Ende des Jahrtausends wurde das Bauwerk völlig instandgesetzt.

Im Palast ist das **Archäologische Museum** untergebracht, im zweiten Obergeschoss hat die **Pinacoteca** ihren Sitz. Im Vestibül vor dem Eingang zur Gemäldegalerie haben

 Baedeker TIPP

Die Ritter im Museum
Im Palazzo Trinci kann man in einem multimedialen Museum ganz und gar in die faszinierende Welt der Ritterturniere und Ritterspiele eintauchen.

sich Wandgemälde aus dem 15. und 16. Jh. und eine prächtige Holzdecke mit dem Wappen von Papst Sixtus IV. erhalten. Die Palastkapelle wurde 1424 von Ottaviano Nelli mit einem Freskenzyklus zum Leben Marias ausgemalt. Auch die anderen Räume der Pinacoteca sind freskiert. Ein besonders **interessantes Freskenprogramm** birgt die »Sala delle Arti Liberali e dei Pianeti« (Saal der Freien Künste und der Planeten), den Gentile da Fabriano um 1420 mit den weiblichen Figuren der Freien Künste (Grammatik, Dialektik, Musik, Geometrie, Philosophie, Astrologie, Arithmetik, Rhetorik) und mit den Darstellungen der Planeten (Mond, Mars, Merkur, Jupiter, Venus, Saturn, Sonne) ausschmückte. Die 15 überlebensgroßen Helden der römischen Geschichte in der berühmten »Sala dei Giganti« (Saal der Riesen) wurden von Schülern Ottaviano Nellis (1424) gemalt. Tafelbilder und abgelöste Fresken stammen v. a. aus dem 14. und 15. Jh.; sie werden ergänzt durch Gemälde aus der Spätrenaissance und dem Barock.

Zu den **Hauptwerken der Gemäldesammlung** gehören ein Tafelbild von Nicolò Alunno (»Stigmatisation des hl. Franziskus«), sowie die gemeinsam mit seinem Sohn Lattanzio ausgeführte Predella mit vier Propheten und ein auf Leinwand gemaltes Bild mit einem Verkündigungsengel, das die Jahreszahl 1523 und den Namenszug Lattanzio

Palazzo Trinci: Adelspalast mit ungewöhnlicher Freskenausmalung

di Nicolò trägt. Zudem besitzt die Sammlung Fresken aus der Schule von Foligno, ein Kruzifix mit Engeln und Heiligen, das dem Lehrer von Nicolò Alunno, Piero Mazzaforte, zugeschrieben wird, und ein Freskenfragment (Verkündigungsengel), das vermutlich von Benozzo Gozzoli stammt. Von dem umbrischen Maler Dono Doni bewahrt die Pinacoteca ein Fresko mit dem Martyrium der hl. Katharina (geöffnet: Di. – So. 9.00 – 13.00, 15.00 – 19.00 Uhr).

Palazzo Comunale, Palazzo Orfini An der Südseite des Platzes dominiert der im 13. Jh. erbaute, zwischen 1546 und 1620 erneuerte Palazzo Comunale. Aus dem frühen 19. Jh. stammt seine klassizistische Fassade mit den wuchtigen, kolossalen Halbsäulen. Der zinnenbekrönte Turm aus dem 15. Jh. stürzte bei dem Erdbeben 1997 ein. Ein überdachter Gang verbindet den Palazzo Comunale mit dem eleganten Palazzo Orfini mit einem schönen Portal von 1515. Möglicherweise war der Stadtpalast **Sitz der Druckerei** von Emiliano Orfini, der mit der ersten gedruckten Ausgabe der »Göttlichen Komödie« von Dante berühmt wurde.

Oratorio della Nunziatella Am benachbarten Largo Carducci steht das Oratorium della Nunziatella, ein 1494 errichteter Renaissancebau, der wegen eines Freskos von **Perugino** (»Taufe Christi«, um 1507) und eines Tabernakels von Lattanzio di Nicolò einen Blick lohnt (geöffnet: Di. – So. 10.00 bis 13.00, 15.00 – 18.00, im Sommer 16.00 – 19.00 Uhr).

SS. Salvatore Der ehemaligen Benediktinerkirche Santissimo Salvatore (14. Jh.) an der Piazza Garibaldi ist eine Fassade aus weißen und roten Hausteinen, drei spitzbogigen Portalen und drei kleinen, im späten 19. Jh. erneuerten Fensterrosen vorgesetzt. Der Glockenturm mit gotischen Zwillingsfenstern stammt ebenfalls aus dem 14. Jahrhundert. Das Innere des Gotteshauses wurde von dem neapolitanischen Baumeister Luigi Vanvitelli 1748–1757 umgebaut.

Die sehenswerte Chiesa Santa Maria Infraportas in der südwestlichen Altstadt ist die älteste Kirche von Foligno. Die Fassade dieses **romanischen Gotteshauses** schmückt ein zierlicher Portikus, der durch den erhöhten mittleren und die zwei niedrigeren seitlichen Arkadenbögen seine besondere Note erhält. Darüber ist in die schlichte, rotweiß gestreifte Fassade an der Stelle einer früheren Fensterrose ein gotisches Zwillingsfenster mit Kleeblattbogen eingeschnitten.
Das dreischiffige **Innere** ist großenteils mit Fresken bedeckt. Das erste Wandbild der Kreuzigungsszenen im rechten Seitenschiff wird Pier Antonio Mezzastris aus Foligno zugeschrieben. Die frühesten Wandmalereien findet man (allerdings schlecht erhalten) in der Cappella dell'Assunta im linken Seitenschiff (12. Jh.). An der Stirnwand ist »Christus zwischen Petrus und Paulus« zu erkennen, davor die Darstellung eines orientalischen Teppichs.

✱ Santa Maria Infraportas

An der nördlichen Schmalseite des Platzes steht die 1251 erbaute Kirche San Domenico, deren Inneres mit Fresken aus dem 14. und 15. Jh. dekoriert ist (u. a. von Mezzastris).

San Domenico

Über die Via Scuola delle Arti e Mestieri erreicht man die Piazza San Nicolò mit der gleichnamigen Kirche. Sie hat zwar ihr ursprüngliches Aussehen aus dem 14. Jh. eingebüßt, wartet aber mit zwei interessanten Werken des aus Foligno gebürtigen Renaissancemalers **Nicolò di Liberatore** auf. Von ihm stammen eine Marienkrönung am letzten Altar des rechten Seitenschiffs sowie die 1492 gemalten Altartafeln »Geburt Christi« und »Auferstehung Christi mit Heiligen«. Die zu den beiden Tafeln gehörende Predella mit Szenen aus der Leidensgeschichte Christi nahmen 1812 französische Truppen mit nach Paris, sie gehört heute dem Louvre. Die Madonnendarstellung in der Sakristei stammt von Luca di Tommè (14. Jh.) aus Siena.
Über die Via Mezzalancia kommt man auf die Piazza XX. Settembre mit dem mächtigen Palazzo Barnabò und einigen mittelalterlichen Häusern – ein Stadtviertel, in dem die Zeit stillzustehen scheint.

San Nicolò

Umgebung von Foligno

Die in völliger Waldeinsamkeit gelegene Abbazia di Sassovivo ist eine Einsiedelei, wie sie für Umbrien typisch sind. Man fährt zunächst ein Stück auf der Strada Statale 3, von der schon bald rechts die (ausgeschilderte) Straße nach Sassovivo abbiegt. Bei der Weggabelung im hinteren Teil des Tals geht es rechts zur Quelle (Fontanelle di Sassovivo), links führt die Straße hoch zur Abbazia (für die Besichtigung beim Konvent klingeln). Der Klosterkomplex liegt inmitten eines Steineichenwaldes und wird von dem grünen Monte Serrone und dem Gipfel des Monte Aguzzo überragt.

✱ Abbazia di Sassovivo

Mitten im Grünen: die Abbazia di Sassovivo

Das um 1000 gegründete **Benediktinerkloster** besitzt eine schlichte Kirche und einen **außergewöhnlich schönen Kreuzgang**, den laut einer Inschrift am Südflügel der römische Baumeister Pietro de Maria 1229 geschaffen hat. Besondere Aufmerksamkeit verdienen die 128 teils glatten, teils spiralförmig gedrehten Doppelsäulen. Die Rundbögen und Teile des Gebälks ließ Pietro de Maria in Rom anfertigen und vor Ort zusammensetzen. Nach der Besichtigung laden die schattigen Grünflächen im Vorhof der Abtei zu einem Picknick oder einer kleinen Ruhepause ein.

San Bartolomeo Auf dem Rückweg nach Foligno sieht man, kurz bevor man in die SS 3 einbiegt, auf einem Hügel links der Straße die Kirche San Bartolomeo. Aus der Nähe ist das Gotteshaus nicht allzu beeindruckend: Die einstige Renaissancefassade wirkt überrestauriert, das Innere wurde im 17. und 18. Jh. dem Zeitgeschmack angepasst.

Gualdo Tadino

F 6

Provinz: Perugia   **Höhe:** 536 m ü.d.M.
Einwohnerzahl: 15 000

Ganz zu Unrecht verschwindet Gualdo Tadino etwas im Schatten des benachbarten Gubbio. Mit Erdbebengeldern, die sichtbar sinnvoll in die Stadtrenovierung investiert wurden, hat es sich schön herausgeputzt.

Die Stadt, auf einer Anhöhe am Rande des Hochplateaus von Gualdo   **»Gualdo«,**
gelegen, ist geschichtsträchtig, in ihrem Ortsbild aber sehr modern.   **der Wald**
Das bergige, beinahe schon alpine Hinterland von Gualdo Tadino ist
nicht so lieblich wie der südliche
Teil der Region, eignet sich aber
bestens für **Bergwanderungen**.
Mit seiner weithin bekannten,
traditionsreichen **Keramikproduk-**
tion ist Gualdo Tadino die große
Konkurrentin von Deruta. Die
meisten Keramikgeschäfte findet
man im Zentrum, viele aber auch
an der Straße nach Foligno. All-

 WUSSTEN SIE SCHON …?

■ Der Ortsname Gualdo Tadino wurde aus den germanisch-lateinischen Wurzeln Waldum Tadinum abgeleitet. Der Namensbestandteil »Gualdo« (Wald) weist auf die waldreiche Umgebung hin.

jährlich zwischen August und September findet in Gualdo Tadino
der »Concorso internazionale della Ceramica d'Arte« statt, eine Ver-
kaufsmesse, die nicht nur von Keramikhändlern, sondern auch von
Majolika-Liebhabern besucht wird. In Gualdo wurde um 1430 der
Maler **Matteo di Pietro** geboren, der später nach seiner Heimatstadt
Matteo da Gualdo genannt wurde.

Die Rocca Flea in Gualdo Tadino

GUALDO TADINO ERLEBEN

AUSKUNFT

Comune
Piazza Martiri della Libertà 4
Tel. 075 91 50 21
Fax 075 914 50 99
www.comunegualdotadino.it
Weiteres Informationsmaterial bei:
Pro Loco Tadino
Via R. Calai 39

VERANSTALTUNGEN

Wettspiele der Stadttore: Hauptfigur
ist der Esel; Eselwettstreit mit Karren,
Eselreiten ohne Sattel, Bogen- und
Schleuderschießen. Der Sieger darf die
Hexe »Bastola«, Feindin von Gualdo,
auf dem Scheiterhaufen verbrennen
(letztes Septemberwochenende).

Fest der mittelalterlichen Statuten in
Fossato di Vico ist den Statuten von
Fossato gewidmet, die zu den ältesten
(1386) in Umbrien zählen (zweites
Maiwochenende).

ÜBERNACHTEN / ESSEN

▶ **Komfortabel**
*Borgo Hotel Le Terre del Verde/
Ristorante La Muccheria*
Loc. Badia – Val di Rasina
Tel. 075 91 07 01; Fax 075 91 07 05 17
www.leterredelverde.it
Schön gelegener Hotelkomplex 7 km
außerhalb von Gualdo in Richtung
Perugia. Schwimmbad, Angelteich,
Bogenschießplatz, Wellness und an-
dere Attraktionen. Schmuckstück des
Hoteldörfchens ist das Restaurant La
Muccheria, umbrische Spezialitäten
werden aus hauseigenen Bio-Pro-
dukten gezaubert (Kategorie:
Erschwinglich).

Geschichte Die umbrische Siedlung – in den Eugubinischen Tafeln bereits erwähnt – fiel 266 v. Chr. unter römische Herrschaft. Das römische Tadinum lag an der Via Flaminia in der Talebene. Während der Völker-
wanderungszeit verwüsteten die Krieger des Ostgotenkönigs Totila
die Stadt. 996 legte Otto III. Gualdo Tadino in Schutt und Asche als
Strafe für ihre Unterstützung des römischen Konsuls Crescencius.
1180 wurde Tadinum unter dem Namen Gualdo zu neuem Leben er-
weckt und unter Friedrich II. (reg. 1212–1250) durch eine »rocca«
befestigt. Der Aufschwung war allerdings nur von kurzer Dauer,
denn schon 1251 musste sich der Ort dem mächtigen Perugia, später
dann dem Kirchenstaat unterwerfen.

Sehenswertes in Gualdo Tadino

Dom Die wichtigsten Sehenswürdigkeiten liegen an der Piazza Martiri della Libertà, an deren Schmalseite der Dom Benedetto aufragt. Er wurde 1256 errichtet, im 19. Jh. aber vor allem im Innern stark verändert. Den ursprünglichen Zustand zeigt noch die dem Platz zugewandte **Hauptfassade**. Das Gewände des Mittelportals ist reich
dekoriert; darüber sitzt eine große Fensterrose mit einem zweifachen
Säulenring. An der rechten Seite des Gebäudes ist ein **Brunnen** von

Antonio da Sangallo d. Ä. angebracht. Im Innern sind das Taufbecken aus der Renaissance, der Altar aus dem 14. Jh., das in der Sakristei aufbewahrte kostbare Silberkreuz (1381) sowie ein mit Einlegearbeiten verziertes und vergoldetes Tabernakel aus dem späten 16. Jh. sehenswert.

Die 1315 geweihte Kirche **San Francesco** auf der gegenüberliegenden Platzseite ist der Franziskus-Kirche in Assisi nachempfunden. Im Kirchenschiff sind Fresken von **Matteo da Gualdo** und anderen großen Meistern erhalten. Ein weiteres Werk von Matteo da Gualdo, ein Triptychon aus der Zeit um 1480, kann man in der Kirche Santa Maria dei Raccomandati am Corso Italia bewundern.

! *Baedeker* TIPP

Wohlschmeckendes quellfrisches Wasser

Gualdo Tadino ist reich an Wasser. Die vielen Brunnen und Wasserhähne, die in großer Zahl im Stadtbild zu finden sind, werden von der nahen Quelle »Rocchetta« gespeist. Das Wasser aus den Hähnen – u. a. auch des Brunnens am Dom – ist trinkbar und schmeckt äußerst gut.

Palazzo Comunale

Der Palazzo Comunale an der Piazza Martiri della Libertà wurde in der zweiten Hälfte des 18. Jh.s auf den Trümmern des Palazzetto delle Arti e dei Priori errichtet. Der Stadtturm an der Piazza Soprammuro geht auf das 13. Jh. zurück, er wurde später, als man ihm die charakteristische Barocklaterne aufsetzte, um einiges verkürzt.

Palazzo del Podestà / Museo dell'Emigrazione

Wer etwas über die umbrische und italienische Emigration wissen will, sollte dem Palazzo del Podestà ebenfalls an der Piazza Soprammuro einen Besuch abstatten. Das Museo dell'Emigrazione informiert ausführlich über Auswanderungen, die Ende des 19. Jh.s ihren Anfang nahmen (geöffnet Di. – So. 10.00 – 13.00, 16.00 – 18.30 Uhr, ⊘ So. und Fei. 16.00 – 18.00 Uhr, www.emigrazione.it).

★ Rocca Flea, Pinacoteca

Rechts neben dem Dom führt ein steiles Sträßchen hinauf zu der imposanten Rocca Flea, der Festung Friedrichs II., seit 1998 Sitz der Städtischen Gemäldegalerie. Die Sammlung besteht vor allem aus Fresken und Altartafeln von Künstlern, die in Umbrien tätig waren wie Matteo da Gualdo, Girolamo und Bernardo da Gualdo, Ottaviano Nelli oder Antonio da Fabriano. Besondere Beachtung verdient das prachtvolle Polyptychon von Niccolò Alunno (geöffnet: Jan. bis ⊘ März und Okt. – Dez. Sa., So. und Fei. 10.30 – 13.00, 14.30 – 17.00, April – Mai Do. – So. 10.30 – 13.00, 15.00 – 18.00, Juni – Sept. Di. bis So. 10.30 – 13.00, 15.30 – 19.00 Uhr).

Keramikmuseum

Ab Ende 2008 soll es in der Via G. Discepoli Nr. 16 nahe der Rocca Flea ein städtisches Keramikmuseum geben. In dem Haus lebte und arbeitete Paolo Rubboli, der die Kunst der Lüsterglasur, »a Lustro« genannt, 1873 in Gualdo Tadino wieder ins Leben rief. Die Idee für ein Museum geht auf die Initiative seines Urenkels Maurizio Tittarelli

Keramik des Künstlers Maurizio Tittarelli Rubboli, sorgfältig im Brennofen gestapelt

Rubboli zurück. Maurizio Tittarelli Rubboli, der die Tradition der Keramikerfamilie Rubboli aufrecht erhält, beherrscht die spezielle Technik des Brennens, er brennt wie vor 150 Jahren in uralten Brennöfen (Muffole), vermutlich die weltweit einzigen noch existierenden (Tel. 33 92 29 80 13, www.maiolicherubboli.it).

Umgebung von Gualdo Tadino

Nocera Umbra Knapp 15 km südlich von Gualdo Tadino liegt Nocera Umbra, dessen Altstadt sich auf einer Anhöhe über dem Tal des Topino erstreckt. Von den Erdbeben 1997 war die Kleinstadt, die für ihr **hervorragendes Mineralwasser** bekannt ist, besonders schwer betroffen. Die ehemalige Kirche **San Francesco** aus dem 14. Jh. wird heute als Museum genutzt. Das Spitzenstück von San Francesco ist das große Polyptychon aus der Werkstatt des umbrischen Malers Nicolò di Liberatore, genannt Alunno, auf dem eine »Geburt Christi« und eine »Marienkrönung« geschildert werden. Die Hauptchorkapelle birgt ein bemaltes Holzkruzifix mit der Figur des hl. Franziskus (um 1280/ 1290), das eine stilistische Nähe zu den Arbeiten des sogenannten Franziskusmeisters (►Assisi) aufweist.

Über einem romanischen Bau wurde 1488 der Dom errichtet, im 18. Jh. hat man ihn barockisiert. Als Überrest einer Burg steht gegenüber der Kirche der Wachturm, in dem sich 1421 ein Eifersuchtsdrama abspielte: Der Burgherr Pasquale di Vagnolo überraschte seine Gemahlin bei einem Stelldichein mit seinem Gast, dem Familienoberhaupt der Trinci aus Foligno, und erstach beide auf der Stelle.

Bagni, Schiagni

Im benachbarten Dorf Bagni, etwa 5 km südöstlich von Nocera Umbra, und in Schiagni, 5 km nordwestlich von Nocera Umbra, entspringen die berühmten Heilquellen. Das in Bagni aus der Sorgente Angelica sprudelnde Wasser ist bikarbonat- und kalziumhaltig und wird auch zur Behandlung von Hautkrankheiten verwendet.

San Pellegrino

6,5 km nordwestlich von Gualdo Tadino liegt oberhalb der SS 219 nach Gubbio in herrlicher Aussichtsposition das Dorf San Pellegrino. Die Kirche ist gotischen Ursprungs (im 15. und 16. Jh. renoviert). Im Innern blieben einige Fresken des Renaissancemalers Matteo da Gualdo erhalten sowie ein steinernes Tabernakel aus dem Jahr 1521. In San Pellegrino wird jedes Jahr in der Nacht vom 30. April auf den 1. Mai der »Maggio Fiorito« gefeiert und ein Maibaum aufgestellt.

Fossato di Vico

Knapp 8 km nördlich von Gualdo Tadino liegt Fossato di Vico. Die Gründung im Jahr 980 wird einem Grafen von Nocera namens Lupo di Monaldo, mit dem Beinamen Vico, zugeschrieben. 1208 eroberte Perugia das Dorf, um es an Gubbio zu verkaufen und fünfzig Jahre später wieder zurückzuerobern. Der Friede, den Fossato anschließend genoss, hatte im 16. Jh. ein Ende, als der Ort vom Heer Cesare Borgias überfallen und für den Kirchenstaat eingenommen wurde.
Fossato di Vico besteht aus **zwei Ortsteilen**: Während der alte, von Lupo di Monaldo gegründete Ortskern auf einem Felsvorsprung liegt, hat sich der neue Teil im Tal ausgedehnt. An der Straße zur Altstadt hinauf (Fossato Alto) steht linker Hand das Kirchlein San Benedetto mit einer 1337 datierten Inschrift. An den fragmentarisch erhaltenen Fresken ist das Porträt von Papst Urban V. zu erkennen. Das mittelalterliche Ortsbild von Fossato Alto blieb vollständig erhalten. In der Via San Pietro befindet sich die hübsche Cappella della Piaggiola mit Fresken von Ottaviano Nelli (15. Jh.). Der Hauptplatz wird von einem **Uhrturm** überragt; die Uhr wurde im 16./17. Jh. von der Uhrmacherfamilie Gricci hergestellt und funktioniert noch.
Fossato di Vico ist übrigens die erste Gemeinde in Umbrien, die mit einer Windenergiezentrale in dem Ort Cima Mutali Strom herstellt.

Sigillo

Knapp 6 km hinter Fossato di Vico liegt an der SS 3 Sigillo, Ausgangspunkt für Fahrten auf den Monte Cucco und zur berühmten Grotta del Monte Cucco. Außerdem gilt es als Eldorado für Paraglider, die weiten Hochebenen sind ideal zum **Gleitfliegen**.
Relikte aus der römischen Vergangenheit von Sigillo sind Überreste einer aus quadratischen Hausteinen errichteten Brücke kurz vor dem

Ortseingang. In Sigillo wurde der Barockmaler Ippolito Borghese geboren, der in der ersten Hälfte des 17. Jh.s einige Kirchen des Königreichs Neapel freskierte. In seinem Heimatort wird in der Kirche Sant'Agostino ein Tafelbild (»Verkündigung«) von ihm aufbewahrt.

Costacciaro

Verlässt man Sigillo auf der SS 3 in nördlicher Richtung, dann erreicht man nach etwa 4 km Costacciaro. Das Dorf liegt im Chiascio-Tal, vor der malerischen Kulisse der Bergkette um den **Monte Cucco**. Auch in Costacciaro sind die Überreste einer römischen Brücke erhalten, die im Ort allerdings unter der fälschlichen Bezeichnung »ponte etrusco« bekannt sind. Wie viele andere Ortschaften der Provinz unterstand auch Costacciaro abwechselnd der Herrschaft Perugias, Gubbios und der Montefeltre, für die der Ort zur Verteidigung ihrer Ländereien von strategischer Bedeutung war. Zeugen dieser bewegten Zeiten sind die Ruinen der Burg, ein Stück des Mauerrings und die dreischiffige Kirche San Francesco (14. Jh.); Letztere enthält Matteo da Gualdo zugeschriebene Fresken, eine mit Gravuren verzierte Urne, die die sterblichen Überreste des seligen Tommaso da Costacciaro birgt, und Altäre aus dem 17. Jahrhundert. Auch Costacciaro eignet sich als Ausgangspunkt für Wanderungen und Ausflüge in das Naturschutzgebiet um den Monte Cucco.

> ! *Baedeker* TIPP
>
> **Parco Regionale del Monte Cucco**
> Wer mit dem Wohnmobil oder Wohnwagen unterwegs ist, findet in Sigillo, Loc Val di Ranco, einen schönen kostenpflichtigen Stellplatz mit guten sanitären Einrichtungen. Den grünen Stellplatz erreicht man über die SS 3 nach Sigillo, von dort über die kurvenreiche Landstraße bis Val di Ronco, von dort ausgeschildert.

Monte Cucco

Nordöstlich von Sigillo erhebt sich der 1566 m hohe Monte Cucco. Der Monte Cucco und seine Umgebung, als **Naturpark** (Parco Naturale Regionale) besonders geschützt, gehören zu den schönsten **Wandergebieten** in Umbrien. Zahlreiche markierte Bergpfade führen durch die herrliche Landschaft des kargen umbrisch-märkischen Apennins. Die **Anfahrt** erfolgt über die Panoramastraße, die in Sigillo beginnt und bis etwa 1200 m hinaufführt (man folgt dem Straßenschild »Val di Ranco«). Nach ca. 8 km kommt man zur Abzweigung nach Val di Ranco, einem von Buchenwäldern umgebenen Ort, der nur aus ein paar Häusern und zwei Hotels besteht. 1 km hinter dieser Abzweigung endet die Straße zum Gipfel (Parkplatz); ab hier geht es zu Fuß weiter. Auch die Grotta del Monte Cucco ist nur zu Fuß über einen leicht begehbaren Bergpfad erreichbar (ca. 30 min.).

Grotta del Monte Cucco

Eine der **größten Karsthöhlen Italiens** öffnet sich am Ostabhang des Monte Cucco auf 1390 m Höhe. Noch lange sind nicht alle Gänge dieser riesigen und weitverzweigten Höhle erforscht. Bis zu 929 m tief reichen die gewundenen Gänge und die weitläufigen Säle mit prächtigen Tropfsteinbildungen hinab, die sich mehr als 30 km in

den Berg hineingraben. Die Bege-
hung der Grotta del Monte Cucco
ist möglich, allerdings nur in Begleitung eines höhlenkundigen
Führers. Bei **Höhlenwanderungen**
wird empfohlen, sich vor dem Ab-
stieg bei seiner Unterkunft oder an
anderer Stelle abzumelden. In den
Hotels von Val di Ranco kann man
Fackeln kaufen, besser sind allerdings große Taschenlampen, für
die man unbedingt eine zusätzliche
Batterie in der Hosentasche haben
sollte.

> **!** *Baedeker* TIPP
>
> **Für Höhlenfans**
> Ideal für Höhlenfans ist das unterirdische
> Höhlensystem des Monte Cucco. Mit einer
> Strecke von über 32 km und mehr als 900 m
> Tiefe gehört es zu den weitläufigsten in Italien.
> In Costacciaro werden Kurse in Speläologie und
> Höhlenführungen angeboten: Centro Escursio-
> nistico Naturalistico Speleologico, loc. Calcinaro
> 7/A, Tel. 075 917 04 00, www.cens.it

✶ ✶ Gubbio

E 5

Provinz: Perugia   **Höhe:** 500 m ü.d.M.
Einwohnerzahl: 31 500

**Die alte Umbrerstadt gehört zu den meistbesuchten Reisezielen in
Umbrien. Die von einem geschlossenen Mauerring umgebene Altstadt klettert an den Hängen des Monte Ingino hoch, und schon
von Weitem leuchtet einem der helle Kalkstein des imposanten Palazzo dei Consoli entgegen, der das Stadtbild dominiert.**

In den typischen mittelalterlichen Gassen von Gubbio findet man
zahlreiche kleine Keramikwerkstätten und -läden, die die alte Tradition der **Majolikaproduktion** für die Bedürfnisse des Fremdenver-
kehrs bewahren. Die modernen Ortsteile von Gubbio, in denen die
meisten Bewohner leben und arbeiten, liegen unten im Tal. Im rauen
Hinterland von Gubbio wachsen die köstlichen weißen **Trüffeln**, die
Ende Oktober/Anfang November auf der »Mostra mercato del tartufo bianco e dei prodotti locali« (Verkaufsmesse für weiße Trüffeln
und andere einheimische Erzeugnisse) verkauft werden.

**Mittelalterliche
Gassen**

In Gubbio wurde Matteo di Giovannello, »**Il Gattapone**« (►Berühm-
te Persönlichkeiten), geboren, einer der meistbeschäftigten Baumeister des 14. Jh.s, von dem u. a. die Pläne für die Rocca del Sole in Perugia und für die Rocca von Spoleto stammen. Wer sich für Majolika
interessiert, die in Gubbio ebenfalls eine lange Tradition hat, wird
über kurz oder lang dem Namen **Giorgio Andreoli** (►Berühmte Persönlichkeiten) begegnen, der in den ersten Jahrzehnten des 16. Jh.s
die Majolika-Bemalung mit Rot- und Goldlüster verbreitete und als
einer der ersten Künstler seine Werke datierte und signierte.

**Künstler
in Gubbio**

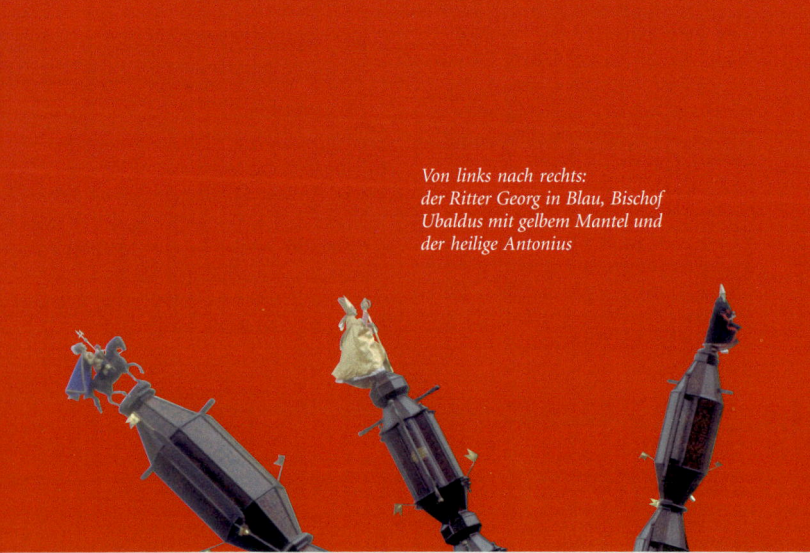

*Von links nach rechts:
der Ritter Georg in Blau, Bischof
Ubaldus mit gelbem Mantel und
der heilige Antonius*

DIE VERRÜCKTEN VON GUBBIO

I matti, die Verrückten, werden sie genannt – die Bewohner von Gubbio. Und
sie selbst bezeichnen sich auch als solche. Wohlgemerkt nur am Tag ihres
wichtigsten Stadtfestes, der »Corsa dei Ceri«, die am 15. Mai ansteht. Wer
noch nie dabei war, wird vielleicht den Kopf schütteln ob dieser Betitelung,
doch wer das Fest, und vor allem die Eugubiner, auch nur einmal erlebt hat,
weiß, dass diese Behauptung alles andere als aus der Luft gegriffen ist.

Jedes Jahr am 15. Mai platzt Gubbio
aus allen Nähten: Schon kilometerweit vor der fahnengeschmückten
Altstadt sind die Parkplätze belegt,
Menschentrauben schieben sich
durch die schmalen Gassen hinauf
zur Piazza Grande, wo das Gedränge
so dicht ist, dass man beinahe keinen
Fuß mehr auf den Boden bekommt.

Drei Heilige, drei Farben, drei Mannschaften

Wenn die Besucher im Lauf des
Vormittags die Stadt überschwemmen, ist für die Einheimischen das
Fest bereits in vollem Gang. Um 6.00
Uhr in der Früh feiern die Kerzenträger eine Messe und wählen ihre
künftigen Mannschaftsführer. Den
drei Mannschaften, die in einem
Wettlauf, der »corsa«, gegeneinander
antreten, entsprachen ursprünglich
drei Zünfte bzw. Berufsstände: **Maurer, Kaufleute und Bauern**.
In einer ersten Prozession ziehen sie,
begleitet von Trommlern und Fah-
nenschwingern, mit den Statuen ihrer
Heiligen – **St. Ubaldus** für die Maurer,
der **hl. Georg** für die Kaufleute und
der **hl. Antonius** für die Bauern – zum

Palazzo dei Consoli. Drei Farben beherschen das Geschehen an diesem Tag in Gubbio: gelb, blau und schwarz. Gelb ist der Bischof Ubaldus gekleidet und ebenso seine Anhänger, die Maurer, Blau tragen der Ritter Georg und seine Truppe, und Schwarz die Bauern um den heiligen Antonius.

The same procedure as every year...

Am Palazzo dei Consoli werden die Heiligenstatuen auf die sieben Meter hohen, kerzenförmigen Holzgerüste montiert. Aufgerichtet werden sie erst auf der Piazza Grande zwischen 11.30 und 12.00 Uhr. Nach einem gemächlichen Schaurundgang durch die Altstadt bringen die Kerzenträger ihre Ceri zur Via Savelli della Porta und legen beim Festmahl im Palazzo dei Consoli eine Pause ein. Der eigentliche **Kerzenwettlauf** beginnt erst um 17.30 Uhr, nachdem der Bischof die Ceri gesegnet hat und die Kerzen-

läufer auf der Piazza Grande eingetroffen sind. Seinen Höhepunkt erreicht das Fest, wenn die Träger mit ihren zentnerschweren Holzkerzen drei Runden um den Platz drehen. Unter den frenetischen Anfeuerungen der Zuschauer schleppen sie ihre Last in rasendem Tempo durch die Gassen der Altstadt, die Treppen und steilen Straßen hinauf auf den Monte Ingino zur Basilika Sant'Ubaldo. Dabei gilt »the same procedure as every year«: Immer muss **der Bischof, der heilige Ubaldo**, als Erster oben ankommen – ein großes wirbelndes Wettlaufen ohne wirklichen Wettkampf: Stets steht der Sieger schon fest.

Während die Ceri in Sant'Ubaldo verbleiben, werden die Heiligenstatuen in einer nächtlichen Fackelprozession wieder in die kleine Chiesa San Francesco della Pace, der Kirche der Maurerzunft, zurückgebracht, wo sie bis zum nächsten Jahr auf ihren großen Auftritt warten.

⏵ GUBBIO ERLEBEN

AUSKUNFT

IAT
Piazza della Repubblica 15
Tel. 0 75 922 06 93
Fax 0 75 927 34 09
info@iat.gubbio.pg.it
www.gubbio-altochiascio.
umbria2000.it
Weitere Informationen an der Piazza
Oderisi

VERANSTALTUNGEN

Corsa die Ceri: Kaum ein anderes
Volksfest in Umbrien genießt eine
solche Popularität wie die Corsa die
Ceri. Der Kerzenlauf findet am
Vorabend des Todestages des hl.
Ubaldus (15. Mai) statt – für diejenigen, die Umbrien im Mai besuchen, ein absolutes Muss! Wer den
Corsa die Ceri versäumt hat, kann am
letzten Maisonntag beim Armbrust-
schießen, dem *Palio della Balestra*,
noch einmal ein Bad in der Menge
nehmen.

ESSEN

▶ Fein & Teuer

① *Taverna del Lupo*
Via Ansidei 21
Tel. 075 927 43 68; Mo. geschl.
Stilvolles Restaurant in einem Palazzo
aus dem 14. Jh. Die Küche ist ebenso
ansprechend wie das Ambiente. Auf
der Weinkarte findet man alles, was
Rang und Namen hat.

▶ Erschwinglich

② *Federico da Montefeltro*
Via della Repubblica 35
Tel. 075 927 39 49
Do. geschl.
Angenehmes Restaurant im Zentrum,
traditionelle umbrische Gerichte.

ÜBERNACHTEN

▶ Luxus

① *Park Hotel ai Cappuccini*
Via Tifernate
Tel. 075 92 34, Fax 075 922 03 23
www.parkhotelaicappuccini.it
Gediegenes Hotel in einem restau-
rierten Kapuzinerkonvent in ruhiger
Lage 500 m vom Ortszentrum
entfernt. 95 Zimmer, Restaurant,
Weinkeller, Konferenzräume,
Schwimmbad sowie diverse Fitness-
einrichtungen.

▶ Komfortabel

② *Villa Montegrannelli*
Loc. Monteluiano
Tel. 075 922 01 85, Fax 075 927 33 72
www.villamontegranellihotel.it
Aussichtsreich gelegene Villa über dem
Ort mit modernem Komfort.

Geschichte Gubbio war eine der bedeutendsten Stadtgründungen der Umbrer.
Vom ehemaligen Glanz des umbrischen Ikuvium zeugen heute nur
noch wenige Teile der im Mittelalter erneuerten und erweiterten
Stadtmauer und die berühmten **Eugubinischen Tafeln**, die 1444 ge-
Tavole Eugubine ▶ funden und heute im Museum im Palazzo dei Consoli aufbewahrt
werden. Die sieben beschrifteten Bronzetafeln stammen aus dem 3.
bis 1. Jh. v. Chr.; die ältesten Inschriften sind in etruskischem, die
jüngeren in lateinischem Alphabet verfasst. Die Tafeln gelten als das
wichtigste Zeugnis der umbrischen Kultur (▶ S. 31). Die Texte be-

richten von religiösen Läuterungszeremonien und Opferriten, geben Auskunft über gesellschaftliche Zustände und über die Topographie der umbrischen Stadt im 5. u. 4. Jh. v. Christus.

Die vom frühen 3. Jh. v. Chr. an **mit Rom verbündete Stadt** wurde nach dem Bundesgenossenkrieg (89 v. Chr.) römisches Munizipium. Unter der römischen Herrschaft, gegen die sich die Umbrer im Gegensatz zu den Etruskern anscheinend nicht auflehnten, erweiterte sich Gubbio talwärts – die **römischen Bauzeugnisse** liegen deshalb in der Ebene und nicht in der mittelalterlichen Stadt am Hang.

Schon im 11. Jh. besaß Gubbio den Status einer **freien Kommune**, die zunächst die Ghibellinen, dann die Guelfen unterstützte. Als freie Kommune war Gubbio bis um die Mitte des 14. Jh.s eine für mittelalterliche Verhältnisse große – mit bis zu 50 000 Einwohnern –,

Gubbio *Orientierung*

Essen		Übernachten	
①	Taverna del Lupo	①	Park Hotel ai Cappuccino
②	Federico da Montefeltro	②	Villa Montegrannelli

mächtige und wohlhabende Stadt, wie man an den beiden Kommunalpalästen an der Piazza Grande erkennen kann. Erst durch die Machtkämpfe führender Familien, die die Stellung der Kommune schwächten, wurde diese Phase der Stadtgeschichte beendet.

1384 unterstellte die Stadt sich der **Familie Montefeltro** von Urbino, die mit wenigen Unterbrechungen bis 1508 regierte. Unter den kunstliebenden Montefeltro erfuhr das kulturelle und künstlerische Leben von Gubbio eine neue Blüte. Nach dem Tod Guidobaldos von Montefeltro traten die Della Rovere die Nachfolge an. Der letzte ihrer Familie, Francesco Maria II. Della Rovere, vermachte die Stadt 1624 dem Kirchenstaat.

Als im **Zweiten Weltkrieg** in den Bergen hinter Gubbio Partisanen gegen die deutsche Truppen kämpften, musste die Stadt dafür teuer bezahlen: Als Rache für eine Partisanenaktion wurden am 22. Juni 1944 vierzig Personen, darunter auch Frauen und Kinder, in der Kirche Madonna del Prato hingerichtet – die Piazza Quaranta Martiri (Platz der 40 Märtyrer) erinnert heute daran. Bis zum Ende des Krieges stand Gubbio unter Beschuss von deutschen Truppen, die von den Bergen aus versuchten, die vorrückenden Alliierten aufzuhalten.

Sehenswertes in der Altstadt von Gubbio

✳
San Francesco

Die imposante Bettelordenskirche mit ihrem schlanken, polygonalen Campanile (15. Jh.) ist das beherrschende Bauwerk an der Piazza Quaranta Martiri. Bereits für das Jahr 1256 ist urkundlich eine Klosteranlage der in Gubbio ansässigen Franziskanermönche belegt. San Francesco ist das Ziel des Franziskanischen Friedenspfades, der von Assisi über Valfabbrica nach Gubbio führt.

San Francesco ist eine **dreischiffige Hallenkirche** mit leicht erhöhtem, aber fensterlosem Mittelschiff. Alle drei Schiffe münden in polygonale Apsiden. Ursprünglich deckte das Mittelschiff ein offener Dachstuhl, der im 18. Jh. durch ein Tonnengewölbe ersetzt wurde. Die **Fensterrose** wurde 1958 aus der Kirche San Francesco in Foligno hierher versetzt. An der linken Längsseite sitzt über dem zugemauerten Doppelportal eine weitere, sehr schön gearbeitete Rose. Der schlichte Außenbau wird ansonsten nur durch die nachträglich eingesetzten Fenster (17. Jahrhundert) und die schmalen Lisenen gegliedert.

Die linke Chorkapelle schmückt ein **Freskenzyklus** (1408–1413) des hiesigen Künstlers Ottaviano Nelli mit Szenen aus dem Leben Marias. Von Nelli stammen auch die Fresken am rechten Pfeiler: Mystische Vermählung der hl. Katharina von Alexandrien, Christophorus, Antonius Abbas und ein Schmerzensmann mit Marterwerkzeugen.

In der **mittleren Chorapsis** sind in den Lünettenfeldern Fresken aus den 70er-Jahren des 13. Jh.s erhalten, die im Umkreis des sog. Franziskusmeisters (▶Assisi, San Francesco) entstanden. Das zentrale Bild »Christus auf dem Richterstuhl« wird begleitet von Darstellungen der Heiligen Petrus, Paulus, Franziskus und Antonius von Padua.

Dort, wo sich heute die rechte Chorkapelle (Cappella Sforzolini) befindet, soll der **hl. Franziskus** von der Wollhändler-Familie Spadalonga seine **Kutte empfangen** haben. Die Mauerreste des Wohn- und Geschäftshauses dieser Familie wurden in den Bau der Kirche integriert (rechts vor der Kapelle zu erkennen). Zwei Fresken aus dem 14. Jh., möglicherweise das Werk von Palmerino di Guido, nehmen auf das Leben des Franziskus Bezug; auf dem einen reicht der Bischof dem Heiligen einen Mantel, nachdem dieser sein väterliches Erbe abgelehnt hatte, auf dem anderen ist Papst Innozenz III. dargestellt, dem im Traum Franziskus als Stütze der Kirche erscheint.

Unter den Franziskus-Szenen sind verschiedene **Heilige** versammelt: Ludwig IX. von Frankreich, Johannes der Täufer, Elisabeth (Mutter von Johannes), Ludwig von Anjou, der Evangelist Johannes und Klara (oder Elisabeth von Thüringen). Darunter ein »Pankreator« mit den vier Evangelisten.

Durch die Sakristei gelangt man in den schönen **Chiostro della Pace**, der erste und kleinere von zwei Klosterhöfen. Seine schlichten Rundbogenarkaden werden in die Zeit um 1300 datiert. Im **Kapitelsaal**, den man von hier aus erreicht, ist ein Fresko mit dem Transport der Casa Loreto erhalten. Das ins 14. Jh. datierte Fresko ist angeblich die älteste Darstellung dieses religiösen Sujets.

Die Altstadt von Gubbio – Blick über die Dächer

Loggia dei Tiratori

Auf der anderen Seite des Platzes steht die Loggia dei Tiratori, eine lange, zweigeschossige Säulenhalle. Das im 14. Jh. als **Krankenhaus** errichtete Gebäude übernahm später die Wollweberzunft (Tiratori dell'Arte della Lana), die im 1603 aufgesetzten Obergeschoss ihre Stoffe nach dem Färben zum Trocknen ausbreitete.

Santa Maria dei Laici

An die Loggia schließt sich die Kirche Santa Maria dei Laici (14. Jh.) an, die nur bei kulturellen Veranstaltungen zugänglich ist. Interessant ist sie wegen des Zyklus' von 24 kleinformatigen Gemälden mit **Szenen aus dem Marienleben** von Felice Damiani (2. Hälfte 16. Jh.) und wegen der »Verkündigung« am linken Altar, dem letzten Werk von Federico Barocci (1612).

 **WUSSTEN SIE SCHON ...?**

■ Drei rote Ceri zieren das Wappen der Region Umbrien. Wegen der historischen und kulturellen Bedeutung des Festes »Corsa dei Ceri« wurden sie als Symbol für Umbrien gewählt.

Nur ein paar Meter links der Via della Repubblica, die in die Altstadt hinaufführt, liegt die Kirche **San Giovanni Battista**, vermutlich das erste Gotteshaus in Gubbio, das im romanischen Stil erbaut wurde. Ihre Fassade wird von einem kräftigen Campanile flankiert. Im einschiffigen, von Schwibbögen überspannten Innenraum lohnt die von Künstlern aus der Schule des Perugino ausgemalte **Taufkapelle** einen Blick. Das im 16. Jh. entstandene Taufbecken aus Terrakotta zieren Szenen aus dem Leben Johannes des Täufers. Benedetto Nucci aus Gubbio malte die beiden Tafeln zuseiten des ersten Altars links, die hl. Lucia und die hl. Barbara darstellend.

★
Via Baldassini, Totentüren

Den steilen Weg hinauf zur Piazza Grande kreuzt die Via Baldassini, in der es noch einige Häuser aus dem 13. und 14. Jh. mit den charakteristischen Totentüren (»Porte del Morto«) gibt – jenen kleinen Eingängen neben dem Haupteingang, die ein wenig über dem Straßenniveau liegen und so schmal sind, dass gerade eine Person hindurchgehen kann. Angeblich sollen diese Türen nur geöffnet worden sein, um die Verstorbenen hinauszutragen.

★ ★
Piazza Grande

In der Verlängerung der Via della Repubblica führt von der Via Baldassini eine Treppe zur Piazza Grande hinauf. Die grandiose Wirkung dieses Platzes ist nicht nur das Verdienst des mächtigen Palazzo dei Consoli an seiner Nordwestseite, sondern auch der Tatsache zu verdanken, dass er sich wie ein **Aussichtsbalkon** zur Stadt hin öffnet.
Die Anlage eines solchen Platzes am steilen Hang war für die damalige Zeit eine **Pioniertat der Ingenieurkunst**, da sie nur mit Hilfe von mächtigen Substruktionen zu bewältigen war, deren Arkadenbögen noch in der Via Baldassini zu sehen sind. Die Entscheidung für eine so aufwendige Konstruktion hängt vermutlich damit zusammen, dass der Palazzo dei Consoli gerade hier, am Schnittpunkt der Stadtviertel von Gubbio, entstehen sollte.

Der 1332–1337 erbaute Palazzo dei Consoli ist das weithin sichtbare **Wahrzeichen von Gubbio** und einer der schönsten Kommunalpaläste in Umbrien. Eine Inschrift über dem Hauptportal nennt zwar Angelo da Orvieto als Baumeister, doch die Mitwirkung des Eugubiners Matteo di Giovanello, genannt Gattapone (▶ Berühmte Persönlichkeiten), wird mittlerweile kaum mehr bezweifelt. Der blockhafte und ernste Eindruck des dreigeschossigen, von einem schlanken Glockentürmchen überragten Palazzo wird durch die herrliche, fächerartig sich öffnende Freitreppe und die Verwendung des hellen Kalksteins als Baumaterial gemildert. Der hohe Saal hinter dem rundbogigen Eingangsportal war zu Zeiten der freien Kommune Versammlungsraum des städtischen Rates.

✶ ✶
Palazzo dei Consoli

Der Palazzo dei Consoli ist Sitz des Museo Civico, der Pinacoteca Comunale und einer archäologischen Abteilung. Im **Museo Civico** werden alte Maße gezeigt, Fragmente römischer und mittelalterlicher Skulpturen, antike Inschriften, in Gubbio geprägte Münzen aus verschiedenen Zeiten, Sarkophage, alte Stadtansichten von Gubbio und vieles mehr. Das Spitzenstück des Museums sind die **Eugubinischen Tafeln**, die 1444 im römischen Theater der Stadt von einem gewissen Paolo di Gregorio gefunden wurden, welcher sie der Kommune für ein kümmerliches Stück Weideland überließ (▶ S. 31).

✶
◀ Museo Civico, Pinacoteca Comunale

In der **Pinacoteca** sind der Reliquienschrein mit dem byzantinisch anmutenden Diptychon »Madonna mit Heiligen«, das Polyptychon »Madonna mit Heiligen«, vermutlich das Werk eines Malers aus Gubbio, sowie die »Madonna mit Kind« von Mello da Gubbio. Von diesem Künstler stammen auch die Fresken aus der Kirche Santa Maria Nuova, die sich im Besitz des Städtischen Museums befinden. Interessant ist auch die Sammlung der Glanz-Keramik, besonders schön einige Teller des berühmten Renaissancetöpfers Giorgio Andreoli (geöffnet Di. bis So. April – Okt. 10.00 – 13.00, 15.00 – 18.00, Nov. – März 10.00 bis 13.00, 14.00–17.00 Uhr).

🕑

Gegenüber vom Palazzo dei Consoli steht der Palazzo Pretorio, heute Sitz der Stadtverwaltung, der 1349 nach dem Entwurf Gattapones begonnen, aber nicht vollendet wurde. Die lange Bergseite des Platzes nimmt der Palazzo Ranghiasci-Brancaleoni ein, den zu Beginn des 19. Jh.s Graf Ranghiasci im Stil des Klassizismus erbauen ließ.

Palazzo Pretorio, Palazzo Ranghiasci-Brancaleoni

Über die Via dei Consoli, eine der insgesamt fünf parallel zum Berghang verlaufenden Hauptstraßen Gubbios, erreicht man den Largo del Bargello genannten, intimen Platz mit dem **Lieblingsbrunnen der Bewohner** von Gubbio. Auch Besucher zieht es dorthin, denn einer alten Tradition zufolge erwirbt der Fremde, der drei Runden um den Brunnen dreht, das eugubinische Bürgerrecht und damit auch die Auszeichnung »Matto di Gubbio« (Verrückter von Gubbio).

Largo del Bargello, Fontana dei Matti

Der schlichte Palazzo del Bargello, zu Beginn des 14. Jh.s erbaut, ist mit seiner durchgängigen Hausteinverkleidung und den schmalen

Palazzo del Bargello

PALAZZO DEI CONSOLI

✶ ✶ **Das Wahrzeichen von Gubbio, der Palazzo dei Consoli, erhebt sich weithin sichtbar über der verwinkelten Altstadt. An dieser Stelle öffnen sich die engen Gassen zu der weiten Piazza Grande, dem »Aussichtsbalkon« von Gubbio. Die Platzanlage gilt als eine der eindruckvollsten in Umbrien. Der Palazzo dei Consoli beeindruckte seinerzeit Herrmann Hesse auf einer Reise durch Umbrien: »Die grandiose, fast lästerliche Kühnheit dieser Architektur ist schlechthin verblüffend und hat etwas aufregend Unwahrscheinliches.«**

🕐 Öffnungszeiten:
Di.–So. April – Okt. 10.00 – 13.00, 15.00 – 18.00,
Nov. – März 10.00 – 13.00, 14.00 – 17.00 Uhr

① Piazza Grande
Der Platz öffnet sich an seiner Südwestseite wie eine Aussichtsterrasse. Von hier bietet sich ein weiter Blick über Gubbio und die Umgebung der Stadt. Dass Gubbio als freie Kommune Mitte des 14. Jh.s eine sehr große und wohlhabende Stadt war, wird daran deutlich, dass gleich zwei Kommunalpaläste am Platz gebaut wurden.

② Künstliche Unterbauten
Die Piazza Grande wurde auf einer künstlichen Plattform errichtet – anders wäre eine Platzanlage dieser Größe in einer an den Hang gebauten Stadt nicht möglich gewesen. Die Substruktionen waren damals eine echte Herausforderung für die Ingenieure.

③ Palazzo dei Consoli
In dem imposanten, im 14. Jh. errichteten Palast fanden früher die Kommunalversammlungen statt. Heute ist hier das Museu Civico mit Pinakothek und archäologischer Sammlung untergebracht.

④ Aussichtsloggia
Von hier hat man einen noch eindrucksvolleren Blick als vom Platz unten.

⑤ Palazzo Pretorio
Der zweite Kommunalpalast entstand ebenfalls im 14. Jh., wurde allerdings nicht vollendet.

⑥ Palazzo Ranghiasci-Brancaleoni
Ein klassizistischer Bau vom Anfang des 19. Jh.s

Das große Traditionsfest von Gubbio, der »Corsa dei Ceri«, beginnt vor dem Palazzo dei Consoli auf der Piazza Grande.

Festungsartig: die
Hauptfassade des
Palazzo dei Consoli

»Madonna mit
Heiligen« in der
Pinakothek

Die Eugubinischen
Tafeln aus dem
3. bis 1. Jh. v. Chr.
zählen zu den ältes-
ten Dokumenten
altitalischer Sprache.

Blick vom Palazzo dei
Consoli über die
Piazza Grande hinweg
zum Palazzo Pretorio

© Baedeker

Gesimsen zwischen den einzelnen Geschossen ein typisches eugubinisches Stadthaus. Seinen Namen erhielt der Palazzo nach dem Polizeihauptmann Bargello, der hier wohnte.

San Domenico Die 1278 dem hl. Martin geweihte Kirche wurde um 1300 erweitert und ging 1304 an die Dominikaner über. In den ersten beiden Kapellen auf der rechten Seite sieht man Fresken umbrischer Künstler (spätes 15. Jh.). Weitere beachtenswerte Arbeiten sind die »Hl. Maria Magdalena« von Giovanni Baglione (17. Jh.), eine Pietà aus Terrakotta (15. Jh.) in der 6. Kapelle links und das mit Intarsien verzierte Lesepult im Chorraum. Vom berühmtesten Keramik-Künstler Gubbios, **Meister Giorgio Andreoli**, stammt angeblich die Majolika-Arbeit »Antonius Abbas« in der 7. Kapelle links (16. Jh.).

Palazzo del Capitano del Popolo Folgt man der Via Vantaggi, die in die Via Gabrielli übergeht, dann kommt man in die nördliche Altstadt. Kurz vor dem Stadttor Porta Metauro steht linker Hand der ehemalige **Palast des Stadthauptmanns**, ein dem Palazzo del Bargello ähnliches, ebenfalls recht schlichtes Gebäude, das sich nur wenig von den umgebenden Häusern abhebt.

★ **Palazzo Ducale** Obgleich an der höchsten Stelle der Altstadt gelegen, entdeckt man den Palazzo Ducale ebenso wie den Dom schräg gegenüber erst, wenn man direkt vor ihnen steht. Den Palazzo Ducale ließ sich um 1471–1474 Federico da Montefeltro, Herzog von Urbino und Stadtherr von Gubbio, an der Stelle eines langobardischen Verwaltungssitzes erbauen. Das Zentrum bildet der herrliche **Cortile d'onore** (Ehrenhof). Im Erdgeschoss öffnen sich zum Hof an drei Seiten zierliche Rundbogenarkaden. Im Obergeschoss trennen Pilaster in der Verlängerung der Stützen gleichmäßige Wandfelder gegeneinander ab. Für die Stützen, die Pilaster und die Fensterrahmungen wurde die kühle **»pietra serena«**, grauer Stein, verwendet, der einen schönen Kontrast zum rostbraunen Ziegelmauerwerk des Obergeschosses bildet (geöffnet: Di. – So. 8.30 – 19.00 Uhr).

★ **Aussichtsterrasse** Ein Durchgang am Palazzo führt in eine kleine, bewirtschaftete Gartenanlage mit Aussichtsterrasse – von hier aus bietet sich ein herrlicher Blick über die Altstadt von Gubbio!

★ **Dom Santi Mariano e Giacomo** Der Dom Santi Mariano e Giacomo wurde in der ersten Hälfte des 13. Jh.s über einer dem Märtyrer Mariano geweihten, vermutlich um 1040 zur Kathedrale erhobenen Vorgängerkirche errichtet. Die **Skulpturen** an der um 1300 hochgezogenen Fassade stammen von der älteren Kirche. Der Eindruck des einschiffigen, verhältnismäßig dunklen Innenraums wird wesentlich durch die zehn Schwibbögen bestimmt, die über Wandpfeilern aufsteigen und den offenen Dachstuhl tragen. Eine Ausnahme bilden die beiden letzten Joche vor dem Chor, die zusammengefasst und eingewölbt wurden. Die zwischen den Wandpfeilern eingelassenen Kapellen bieten einigen sehenswerten Altarbildern aus dem 16. Jh. Platz. In der ersten Kapelle links hängt eine 1513–1521 entstandene **»Anbetung der Hirten«**, die Eusebio da San Giorgio in Anlehnung an Pinturicchios Version dieses Themas malte. In der dritten Kapelle ein Altarblatt (»Madonna mit Kind und den Heiligen Sebastian und Ubaldus«, dem Stadtpatron von Gubbio) von Sinibaldo Ibi, einem Epigonen Peruginos.

Im ehemaligen Kanonikerhaus des Doms ist das sehenswerte Dommuseum untergebracht. Das Altarbild »Maria in der Gloriole«, lange Zeit als Werk des Guido Palmerucci gehandelt, musste nach einer Restaurierung dem Maler Mello da Gubbio zuwiesen werden. Der Stolz des Museums sind das mit Passionsszenen bestickte, flämische Pluviale und das **Fass der Kanoniker** aus dem 16. Jh. mit einem Fassungsvermögen von 20 000 Litern (geöffnet: im Sommer 10.00 bis 19.00, im Winter bis 18.00 Uhr).

* Dommusem

⏱

Besonders malerisch ist die unterhalb des Doms parallel zur Via dei Consoli verlaufende Via Galeotti, die an vielen Stellen überbaut und von Stützbögen und niedrigen Gewölben überspannt ist.

* Via Galeotti

Santa Maria Nuova (zweite Hälfte 13. Jh.) wird vor allem wegen des **Freskos »Madonna del Belvedere«** von Ottaviano Nelli (1403 oder 1413) besucht, das als eines der schönsten Beispiele für die internationale Gotik in Umbrien gefeiert wird. Es schmückt die rechte Längswand der Kirche und zeigt die Madonna mit dem Jesuskind auf dem Schoß, das sich den musizierenden Engeln und den Heiligen (Emilianus und Antonius Abbas) sowie dem Stifterpaar zuwendet. Außerdem birgt die Kirche zwei an den Innenseiten bemalte Sarkophage des heiligen Ubaldo.

* Santa Maria Nuova

Wer nach der Besichtigung von Santa Maria Nuova weitere Werke von Ottaviano Nelli sehen möchte, sollte noch die Kirche Sant'Agostinio direkt hinter der Porta Romana aufsuchen. Die mittlere Chorkapelle dieses 1251–1294 errichteten Gotteshauses ist mit einem Freskenzyklus von 26 Bildern zum Leben des hl. Augustinus ausgemalt (1422–1424). Auch das »Jüngste Gericht« am Triumphbogen stammt von Nelli bzw. einem seiner Mitarbeiter.

Sant'Agostino

Der **Turm der Porta Romana** in der Via Dante – mitunter auch Turm Sant'Agostino genannt – beherbergt eine wertvolle, in Italien ein-

! *Baedeker* TIPP

Nur für Schwindelfreie ...

... ist die Fahrt mit der Drahtseilbahn hinauf zum Monte Ingino. In käfigartigen Stahlkörben fährt die »Funivia« schwankend von der Talstation bei der Kirche Sant'Agostino hinauf in luftige Höhen. Oben wird man mit einem faszinierenden Ausblick auf das Umland von Gubbio belohnt. Wer will, kann in der Bergstation einen Cappuccino zu sich nehmen. Achtung: Beim Fotografieren gut am Käfig festhalten!

Freskenzyklus von Octaviano Nelli in der Kirche Sant'Agostino

zigartige Sammlung von **Glanzmajoliken**. Über 350 Werke aus der Zeit von der Renaissance bis zum 20. Jh., u. a. zahlreiche Exponate von Giorgio Andreoli, werden hier präsentiert. Der Turm war ursprünglich mit einer Zugbrücke versehen, die mit zwei Ketten betätigt wurde; sie sind noch heute an der Frontseite zu sehen (geöffnet: tgl. 9.00 – 13.00, 15.30 – 19.30 Uhr).

San Pietro Im Süden der Altstadts steht an der gleichnamigen Piazza die Kirche San Pietro, die im 13. Jahrhundert über einem romanischen Vorgängerbau entstanden ist. Das Gehäuse der Orgel fertigten 1598 die aus Gubbio stammenden Brüder Antonio und Giambattista Maffei.

Außerhalb der Altstadt

Sant'Ubaldo Die Kirche des **Stadtheiligen Ubaldo** erhebt sich in aussichtsreicher Lage etwa 300 m oberhalb von Gubbio am Hang des Monte Ingino. Es gibt drei Möglichkeiten, dort hinzukommen: zu Fuß (ca. 2 km, vom Dom aus über die Via Sant'Ubaldo), mit der Drahtseilbahn (Talstation bei der Chiesa Sant'Agostino am südwestlichen Ortsausgang) oder mit dem Wagen durch das enge Flusstal des Camignano, genannt Gola del Bottaccione (zunächst auf der SS 298, dann ausgeschildert).

Seit 1194 ruhten die Gebeine des Ubaldo in einer kleinen Landpfarrkirche, die 1514 auf Veranlassung der Familie Della Rovere zu einer Basilika ausgebaut wurde. An der Wand des rechten Seitenschiffs stehen die **Ceri**, jene großen Holzstatuen, die alljährlich am 15. Mai in einem Wettlauf vom Palazzo dei Consoli hier heraufgetragen werden (►Veranstaltungen bzw. Baedeker Special S. 208).

Außerhalb der Altstadt steht das Römische Theater (Teatro Romano) aus dem ersten vorchristlichen Jahrhundert. Mit einem Durchmesser von 70 m und einem Platzangebot für rund 10 000 Zuschauer ist es eines der großen römischen Theater in Italien (geöffnet: Apr. – Sept. tgl. 8.30 – 19.30, Okt. – März bis 17.30 Uhr).

Römisches Theater

Ein weiteres römisches Bauzeugnis ist das kleine Mausoleum in der Via del Mausoleo ganz in der Nähe des römischen Theaters. Von dem Mausoleum ist nur die etwa 6 auf 5 m große, tonnengewölbte Grabkammer erhalten geblieben.

Mausoleum

Umgebung von Gubbio

Der Weg zu der **Abtei Santa Maria di Sitria** (24 km nordöstlich von Gubbio) führt über Scheggia an der SS 298 und Isola Fossara an der SS 360. Der hl. Romuald hatte diese Klostergemeinschaft zu Beginn des 11. Jh.s ins Leben gerufen. Es wird berichtet, dass der Heilige in einer der Klosterzellen von seinen Mitbrüdern sechs Monate festgehalten wurde. Sehenswert ist die romanische, im 12./13. Jh. errichtete Klosterkirche mit halbrunder Apsis und Krypta unter dem Chor.

Pascelupo

Nur wenige Kilometer nördlich von Santa Maria di Sitria, direkt hinter der Grenze zwischen Umbrien und den Marken, liegt an den felsigen Abhängen des 1701 m hohen Monte Catria die kurz vor 1000 gegründete Einsiedelei S. Croce di Fonte Avellana, vermutlich das Mutterkloster von Santa Maria di Sitria.

Eremo di Fonte Avellana

✳ Lago di Piediluco

                                                         F 10

Provinz: Terni   **Fläche:** 1,52 km²

Eingebettet in bewaldete Berghänge, hinter denen die meist schneebedeckten Gipfel der Monti Reatini aufragen, liegt ganz im Süden von Umbrien an der Grenze zu Latium der idyllische Lago di Piediluco. Das heutige Gewässer ist nur der kleine Rest eines weitaus größeren Sees – des Velino-Sees –, der in vorgeschichtlicher Zeit die ganze Ebene von Rieti füllte.

Von Terni aus sind es nur etwa 10 km auf der SS 79 (Richtung Rieti), bis man dieses idyllische Fleckchen Erde erreicht hat. Der in drei schmalen Armen auslaufende, fischreiche See ist etwa 3 km lang und an der breitesten Stelle 2,5 km breit.

**Naherholungs-
gebiet**

Dank der umsichtigen Baupolitik der Stadtverwaltung von Terni sind die Ufer des Lago di Piediluco bis heute unverbaut und die Wälder an den Berghängen weitgehend noch gesund. Da das Ufer nur an wenigen Stellen zugänglich ist – vor allem bei Piediluco – und die Wasserqualität etwas zu wünschen übrig lässt, eignet er sich nur bedingt zum Baden. Empfehlenswert ist dagegen die Erkundung des Sees mit dem **Tret- oder Ruderboot** (Bootsverleih in Piediluco). Am Lago di Piediluco gibt es ein Rudersportzentrum und -trainingslager, auch internationale Ruderregatten werden auf dem See ausgetragen.

? WUSSTEN SIE SCHON …?

■ Wenn man vom Monte Caperno laut ruft, gibt es ein so deutliches Echo, dass bis zu zwei elfsilbige Sätze innerhalb von etwa vier Sekunden wiederholt werden können.

Piediluco

**Mal verschlafen,
mal überlaufen**

Der Ort Piediluco hat zwei Gesichter, die so verschieden sind, dass man sich das jeweils andere kaum vorstellen kann. Kommt man während der Woche, möglichst noch im Frühjahr oder Herbst, hierher, trifft man auf ein **beschauliches**, ja geradezu verschlafenes

*Der Lago di Piediluco – Blick über die spiegelglatte Wasserfläche auf den Ort Piediluco
und in die schneebedeckten Berge*

► LAGO DI PIEDILUCO ERLEBEN

AUSKUNFT

Pro Loco
Via IV November 7
Tel. 07 44 36 82 25

VERANSTALTUNGEN

Memorial Paolo D'Aloja: internationale Ruderregatta (Ende April)

Festa delle Acque: Wasserfest, bei dem
die Sommersonnenwende auf dem
Wasser gefeiert wird (Ende Juni/An-
fang Juli)

ÜBERNACHTEN / ESSEN

► **Komfortabel**
*Hotel del Lago Piediluco/Ristorante
La Ginstrella*
Voc. Mazzelvetta 4
Tel. 07 44 38 64 50
Fax 07 44 36 01 42
www.hoteldellago.com
Ruhe und Erholung wird in dem
Hotel groß geschrieben. Direkt am
See lässt es sich auf der Panorama-
terrasse zudem wunderbar speisen
(Kategorie: Erschwinglich).

umbrisches **Städtchen** am Seeufer. Keine Spur von Tourismus, ein
paar Hotels, die um die wenigen Gäste buhlen, ein paar kleine, gemütliche Pensionen und am Abend als einzige Abwechslung die trai-
nierenden Ruderer auf dem ansonsten ruhigen See. Ganz anders
sieht es an heißen Sommerwochenenden in Piediluco aus, wenn die
Ausflügler aus Terni und Umgebung den Ort überschwemmen, die
Seeterrassen der Lokale gefüllt sind und der großzügige Parkplatz am
Ortsrand plötzlich seinen Zweck erfüllt.
Piediluco ist zwar – da nicht auf einem Hügel gelegen – kein proto-
typischer, aber dennoch ein für Umbrien charakteristischer Borgo
mit engen Gassen und kleinen Plätzen ohne bedeutende Bauwerke.
Der Fischfang ernährt auch heute noch einige Familien; die anderen
leben vom Tourismus oder arbeiten in Terni.

Zu der Annahme, dass das Gebiet bereits von einem italischen Volks-   **Geschichte**
stamm besiedelt war, berechtigt der sogenannte »**Tesoretto di Piediluco**« (Schatz von Piediluco), der 1868 beim Bau der Verbindungsstraße Terni-Rieti entdeckt wurde. Der aus Fibeln, Äxten und anderen Bronzegegenständen bestehende Fund, heute im Museum für
Paläontologie in Rom ausgestellt, wird ins 9./8. Jh. v. Chr. datiert.
Im Jahr 1028 ist auf dem Berg eine Burg bezeugt, ihre Ruine ist noch
zu sehen. Im 13. Jh. gerieten die Bewohner von Piediluco in die Auseinandersetzungen zwischen Guelfen und Ghibellinen sowie zwischen Perugia und Spoleto. Nach der Rückkehr der Päpste aus dem
Exil in Avignon bezog man auch Piediluco in das **Verteidigungssys-
tem der kirchlichen Besitztümer** mit ein, das sich Kardinal Albornoz
ausgedacht hatte. Er überließ das Castello seinem Neffen Blasco di
Fernando di Belviso, der aber ein Jahr nach dem Tod des Kardinals
mit seinem Sohn von den Bewohnern Piedilucos ermordet wurde.

Um den Aufstand niederzuschlagen, befahl Papst Urban V. die **Hinrichtung etlicher Bewohner** und die Zerstörung des Ortes. Die Burg blieb erhalten und fiel im 15. Jh. in die Hände der Familie Trinci aus Foligno. Ihre späteren Besitzer, die Familie Poiani, zogen im 17. Jh. hinab in den Ort, und die Festung wurde in einen Kerker verwandelt. 1927 wurde Piediluco zu Terni eingemeindet.

San Francesco

Einen Besuch lohnt die Kirche San Francesco, die im Zentrum von Piediluco recht eigenwillig den zentralen **Corso Umberto** überragt. Ursprünglich soll der See bis an den Fuß der steilen, aber breit angelegten Treppe gereicht haben, die zur Kirche hinaufführt. Das im 13./14. Jh. errichtete Gotteshaus ist dem **hl. Franziskus** geweiht, der 1217 in Piediluco eine **Predigt** gehalten hatte. Am reich skulptierten Hauptportal findet man die Jahreszahl 1339 sowie Darstellungen des Fischfangs. Im einschiffigen Kirchenraum sieht man links vom Eingang ein Fresko (»Madonna mit Heiligen«, 1514) des Malers Marcantonio di Antoniazzo. Das Weihwasserbecken ist ein zusammengesetztes Stück aus dem Kapitell und der Basis einer Säule.

✴ Lago Trasimeno

B/C 6/7

Provinz: Perugia
Fläche: 128 km²

Höhe: 258 m ü.d.M.

Den Namen des flachen Sees im Nordwesten Umbriens kennen viele aus dem Geschichtsbuch: In der Schlacht am Trasimenischen See im Jahr 217 v. Chr. mussten die Römer eine bittere Niederlage gegen den karthagischen Feldherrn Hannibal einstecken, der mit einem Heer von 26 000 Mann die Alpen überschritten hatte und – zum Entsetzen der Römer – auf die Stadt Rom zumarschierte.

Erholungsregion

Heute erinnert nichts mehr an das grausame Geschehen, das sich bei Sanguineto, einem Dorf bei Tuoro sul Trasimeno abspielte (► Baedeker Special S. 232). Vielmehr ist der Lago Trasimeno eines der bevorzugten Erholungsgebiete in Umbrien mit diversen Campingplätzen, Ferienwohnungen, Freizeit- und Sporteinrichtungen. Die flachen Ufer des Sees sind verhältnismäßig dünn besiedelt – kleine Fischerdörfer schmiegen sich unauffällig in die stark verschilfte Uferlandschaft. Am stärksten frequentiert, aber in Nebensaisonzeiten immer noch beschaulich, sind die beiden größeren Ortschaften **Passignano sul Trasimeno** und das etwas erhöht am Westufer gelegene **Castiglione del Lago**. Wassersport steht hoch im Kurs, aber auch zum Reiten, Wandern und Fahrradfahren gibt es genügend Möglichkeiten. Obwohl es fast überall Badeanstalten gibt, ist das Schwimmen im Trasimeno wegen der geringen Wassertiefe und des starken Algenwachstums ein zweifelhaftes Vergnügen.

LAGO TRASIMENO ERLEBEN

AUSKUNFT

IAT Lago Trasimeno
Pizza Mazzini 10
06061 Castiglione del Lago
Tel. 075 965 24 84 – 075 965 27 38
Fax 075 965 27 63
www.trasimeno.umbria2000.it
info@iat.castiglione-del-lago.pg.it
In den einzelnen Orten um den See
gibt es kleinere Infobüros, teilweise
nur während der Saison geöffnet.

VERANSTALTUNGEN

Coloriamo i cieli: Drachensteigenlas-
sen auf einem ehemaligen Flugplatz
außerhalb von Castiglione (Anfang
Mai)

Bootsrennen: spektakulärer Wettkampf in Passignano, es wird mit
Booten um die Wette gerudert und
gerannt (findet Ende Juli statt).

Trasimeno Blues: ein Muss für
Bluesfans – rund um den See in den
letzten zehn Julitagen

Mission Hannibal: theatralischer
Event, der die Trasimeno-Schlacht des
Jahres 217 v. Chr. aufleben lässt
(Mitte Juli bis Mitte August in Tuoro
sul Trasimeno, www.annibale.net).

ESSEN

► Erschwinglich

Spiaggia del Giramondo
Loc. San Feliciano; Via Gandhi 29
Tel. 075 847 62 71
Angenehmes Restaurant etwa 1 km
nördlich außerhalb von San Feliciano
an der Uferstraße mit Blick auf die
Isola Polvese. Direkt an die großzügige Terrasse grenzt der Rasenliege-
platz mit Bäumen und einer Dusche.
Das Restaurant ist nur April – Sept.
geöffnet, Di. Ruhetag.

L'Acquario
Via Vittorio Emanuele II 69
Castiglione del Lago
Tel. 075 965 24 32
Mi. geschl.
Ein schlichtes traditionelles Lokal, in
dem Gerichte wie Tagliatelle mit
Karpfenrogen ebenso serviert
werden wie Pasta mit Gänsesugo
oder Kaninchen mit Oliven und
Wacholder. Ausgesprochen schmack-
haft ist alles!

ÜBERNACHTEN

► Luxus/Komfortabel

Relais La Fattoria
Via Rigone 1
Loc. Castel Rigone
Tel. 075 84 53 22
Fax 075 84 51 97
www.relaislafattoria.com
Sehr angenehmes Hotel mitten in
dem alten Dorf Castel Rigone. Das
Hotel besteht aus einem Komplex mit
mehreren Häusern. Man hat einen
traumhaften Blick auf den See; besonders schön sitzt man auf den
bepflanzten Terrassen um den Pool,
wo bei gutem Wetter das Frühstück
serviert wird.

► Komfortabel

Miralago
Piazza Mazzini 6
Castiglione del Lago
Tel. 075 95 11 57
Fax 075 95 19 24
www.hotelmiralago.com
Ein kleines, traditionsreiches Hotel
mit 19 Zimmern, das in einem Palast
im Zentrum des Städtchens eingerichtet wurde. Man hat einen herrlichen Blick auf den See. Im Sommer
werden in dem angenehmen Garten-
restaurant regionale Spezialiäten serviert.

★
**Eingebettet
zwischen sanften
Hügeln**

Italiens viertgrößter See liegt eingebettet in eine sanfthügelige Agrar-landschaft, in der Getreide, Wein und Obst angebaut werden. Beson-ders schön ist ein Blick auf den See von einer der etwas höher gelege-nen, befestigten alten Ortschaften im Hinterland des Trasimeno. Drei Inseln liegen im See: die **Isola Maggiore**, zu der es eine regelmäßige Schiffsverbindung gibt, die **Isola Minore** (Naturschutzgebiet und in Privatbesitz) und die **Isola Polvese**, die nur zwischen April und Mitte September angesteuert wird.

Fischerei

Der Trasimenische See ist reich an Fischen, u. a. Karpfen, Hechte, Aale, Schleien, Barben, Döbel und Flussbarsche leben hier. Rund 30 % der Fangerträge aus italienischen Gewässern stammen aus dem Lago Trasimeno – Fischfang und fischverarbeitende Industrie bilden auch heute noch **wichtige Erwerbszweige**. Beinahe unnötig zu er-wähnen, dass frisch zubereiteter Fisch fast überall um den Trasimeno auf der Speisekarte zu finden ist.

**Verlandungs-
gefahr**

Der Lago Trasimeno erreicht nur eine durchschnittliche Tiefe von et-wa 4,5 m, an der tiefsten Stelle misst er etwas über 6 m. Seine geringe Tiefe erklärt sich aus der geologischen Entstehung des Gewässers durch das Absinken der Erdkruste. Er wird nur von kleinen Wasser-läufen gespeist, so vom Macerone, von der Tresa und vom Rio Mag-giore, und sein Wasserstand ist stark schwankend. In den letzten Jah-ren **sank der Wasserspiegel** kontinuierlich, so dass man befürchtete,

Am flachen, verschilften Ostufer bei Magione

der See würde gänzlich austrocknen. Auf alten Landkarten ist zu sehen, dass der See früher tatsächlich größer war.

Immer wieder gab es Versuche, **Schwankungen im Wasserstand aus-
zugleichen**. Bereits die Römer konstruierten am südöstlichen Ufer
des Sees, bei San Savino, einen unterirdischen Abflusskanal, der bei
Hochwasser die überflüssigen Wassermengen ableitete. Er blieb so
lange in Betrieb, wie das kaiserliche Rom über seine Instandhaltung
wachte, danach verlandete er. Im Mittelalter war er bereits so ver-
schüttet, dass sich eine Instandsetzung nicht lohnte. Den Bau eines
neuen Abflusskanals nahm erst Braccio Fortebraccio (► Berühmte
Persönlichkeiten) in Angriff, als er Herr über Perugia war, zu dessen
Contado der See gehörte. 1421 ließ er einen römischen Kanal öffnen,
der zunächst als Wundermittel gegen die Wasserstandsschwankungen
gerühmt wurde, sich aber bald als ebenso unbrauchbar erwies wie
sechzig Jahre später der Versuch von Papst Sixtus IV., durch die Um-
leitung der Tresa das Problem zu lösen. Der Lago Trasimeno wech-
selte somit weiterhin zwischen Überschwemmungen, Morastbildun-
gen und dem Absinken des Wasserstands während langer Trockenpe-
rioden. Abhilfe schaffte erst ein 1898 angelegter Abflusskanal, der
den See seither vor Überschwemmungen bewahrt, aber für die Ver-
landungsgefahr immer noch keine Lösung bietet.

Rundfahrt um den Lago Trasimeno

Die beschriebene Route beginnt in Magione am östlichen Seeufer
und folgt der Uferstraße entgegen dem Uhrzeigersinn. Man kann
den See ohne Mühe an einem Tag umrunden – allerdings bleibt
dann für die Besichtigung der Städtchen und Ortschaften nur wenig
Zeit. Wer einen Besuch der Isola Maggiore in die Rundfahrt mitein-
bezieht, sollte dafür mindestens einen halben Tag einplanen.

Magione und Umgebung

Wer von Perugia über die SS 75 zum Lago Trasimeno fährt, sieht wenige Kilometer vor dem See ein Kastell, das Magione, eine Industriestadt mit 12 200 Einwohnern, überragt. Magione hat sich in den letzten Jahren weit in die Ebene ausgedehnt, auch Industriebetriebe wurden hier angesiedelt. In der Umgebung von Magione werden
Gemüse, Oliven und Wein angebaut. Viele Bewohner der kleinen, zu
Magione eingemeindeten Dörfer leben nach wie vor vom Fischfang
bzw. von der Fischzucht.

**Hauptort am
Ostufer**

Magione ist die Geburtsstadt des Franziskanermönchs Fra Giovanni
da Pian di Carpine (1182–1252?), der als einer der ersten Europäer
Zentralasien bereist hat. Fra Giovanni brach im Jahre 1245 in mis-
sionarischem Auftrag als Gesandter Papst Innozenz IV. auf und lan-
dete 15 Monate später am Hof des Mongolenherrschers Kujuk in Ka-
rakorum. 1247 kehrte er von seiner weiten Reise zurück und machte

**Fra Giovanni da
Pian di Carpine**

sich an die Niederschrift seiner Eindrücke. Seine **Historia Mongolorum** (Geschichte der Mongolen), die erste von einem Euopäer verfasste Abhandlung über die Gesellschaft des mongolischen Volkes, wurden für spätere Orientreisende, u. a. auch für Marco Polo, ein wichtiges Handbuch. Vermutlich, weil Magione als Ortschaft zu Lebzeiten von Giovanni noch gar nicht existierte, wurde als Bezeichnung seiner Herkunft **»Pian di Carpine«** verwendet, was soviel wie »Ebene mit den Buchen« heißt und sich auf die einstigen Buchenwälder in der Umgebung von Magione bezieht.

Castello dei Cavallieridi Malta

Die Burg von Magione ist eines der wenigen Beispiele für eine **Ritterordensarchitektur** in Umbrien. Die Anfänge bildete ein von den Rittern des Johanniterordens gegründetes Hospital für Pilger und Kranke, um das sich im Laufe der Zeit die Siedlung Magione bildete. 1420 wurde das Hospiz zu einer kastellförmigen, von überdachten Ecktürmen flankierten Anlage über quadratischem Grundriss ausgebaut. 1502 war die imposante Burg Schauplatz einer Verschwörung verschiedener umbrischer und märkischer Adeliger gegen Cesare Borgia, der die Abtrünnigen mit blutiger Rache für ihre Tat bestrafte.

Weitere Sehenswürdigkeiten

Nicht nur das Castello dei Cavallieri di Malta, sondern auch die um 1200 erbaute **Torre dei Lombardi** ragt aus dem Ortsbild heraus. Der Turm wurde im Jahr 1800 in ein Nonnenkloster integriert und später von Erdbeben beschädigt. Die auf mittelalterliche Ursprünge zurückgehende Kirche **Santa Maria delle Grazie** birgt ein Fresko von Giovanni da Orvieto (1371). Die im 16. Jahrhundert errichtete Kirche **San Giovanni Battista** wurde 1947 von dem futuristischen Maler Gerardo Dottori, der auch in anderen Kirchen am Trasimenischen See Werke hinterließ, mit Fresken ausgemalt. Dottori soll zusammen mit Balla, Carrà und Marinetti das berühmte »Manifesto del Futurismo« verfasst haben. Auch die **Sala del Consiglio Comunale**, den Ratssaal der Gemeinde, hat Dottori freskiert. Dort stellte er die Begegnung von Fra Giovanni da Pian di Carpine mit dem Großen Khan dar.

Monte Sperello

Burgen (castelli) zum Schutz der kleinen Orte bzw. als Verteidigungsposten für das Grenzgebiet findet man in der Umgebung des Lago Trasimeno in großer Zahl, die meisten sind allerdings verfallen oder nur in Teilen erhalten. Zu den wenigen, die heute noch (oder wieder) bewohnt werden, gehört das Castello von Monte Sperello, einem Dorf etwa 4 km südlich von Magione. Etwas weiter südlich ragt aus der Ebene auf einem 411 m hohen Hügel **Agello** auf, ein ebenfalls von einer Burg bewachter kleiner Ort.

★
Castel Rigone Aussicht

Von Magione kann man auf direktem Weg zum See durchfahren, oder aber einen kleinen Umweg in das 653 m hoch gelegene Hügeldorf Castel Rigone wählen, wo man den **Trasimeno in seiner ganzen Größe überblicken** kann. Die Befestigungsmauer des alten Borgo aus dem 13. Jh. hielt dem Angriff der Florentiner 1479 nicht stand, doch die Burg blieb erhalten. Bevor man nach Castel Rigone hinauffährt, sind am Straßenrand die Ruinen des Monteruffiano-Turms aus dem 11. Jh. zu erkennen. Nach einer Volkslegende gaben sich hier alljährlich sämtliche Hexen Umbriens ein Stelldichein.

Im Ort sind das **Ospizio**, ein ehemaliges Krankenhaus aus dem 15. Jh., und die 1494 begonnene **Wallfahrtskirche Maria Santissima dei Miracoli** sehenswert. Den Skulpturenschmuck am Portal der Renaissancekirche schuf Domenico Bertini da Settignano im Jahr 1512. Das Innere schmücken Fresken und Tafelgemälde der umbrischen Renaissancemaler Giovanni Battista Caporali (»Krönung Mariens«) und Domenico Alfani (»Anbetung der Könige«; Kopie).

Über eine kurvenreiche Straße geht es bergab nach San Vito, wo man auf die Uferstraße von Magione nach Passignano stößt. Einen kurzen Halt lohnt die Kirche aus dem 13. Jh. mit einem niedrigen Glockenturm und einem Fresko, das einem Künstler im Umkreis von Fiorenzo di Lorenzo (um 1440–1525) zugeschrieben wird.

San Vito

Passignano sul Trasimeno

Passignano ist ein hübscher Bade- und Hafenort mit knapp 5000 Einwohnern und in den Sommermonaten **Hauptanziehungspunkt am Nordufer** des Lago Trasimeno. Das Erscheinungsbild von Passignano erinnert etwas an die Uferstädtchen der oberitalienischen Seen:

✳

Hübscher Hafenort

Frühlingslandschaft am Ufer des Trasimenischen Sees

Ein schmaler Streifen mit einer gepflegten Strandpromenade, dahinter die Uferstraße mit ein paar Hotels und Geschäften, hinter denen die alten Häuser von Passignano den Hang hochklettern. Auf dem höchsten Punkt des alten Borgo ragen die Ruinen des Castello empor. Die ehemalige Hauptstadt des unter Napoleon eingerichteten Departements Lago Trasimeno ist heute das **Wassersportzentrum** am Lago Trasimeno (Badeanlagen, Yachthafen, Bootsverleih u. a.). Wer Ruhe und Natur mehr schätzt als das Strandleben, sollte Ausflüge in das Hinterland von Passignano unternehmen.

Uferpromenade An der Uferpromenade kann man unter Schatten spendenden Pinien bei einer Tasse Kaffee den Seeblick genießen. Die aus dem Wasser ragende **Fliegerskulptur** erinnert daran, dass Passignano seit 1922 Sitz einer kleinen Flugzeugwerft und einer Pilotenschule ist und im Zweiten Weltkrieg schwer bombardiert wurde. Blickt man in die andere Richtung, dann tauchen die etwa 100 m lange Landzunge und daneben die beiden Inseln Isola Minore und Isola Maggiore auf.

Baedeker TIPP

Eisparadies

Die Gelateria Tropical am Fähranleger ist ein wahres Eisparadies, die Auswahl ist riesig, alles ist Eigenproduktion und schmeckt himmlisch!

Von Passignano gibt es das ganze Jahr über regelmäßig mehrmals täglich **Schiffsverbindungen** zur Isola Maggiore. In den Sommermonaten fährt zudem ein Schiff von Passignano oder San Feliciano nach Castiglione del Lago mit Zwischenstation an der Isola Maggiore sowie an der Isola Polvese.

Isola Maggiore

★ ★
Inselidyll Wer etwas Zeit mitbringt, sollte einen Tagesausflug zur Isola Maggiore unternehmen, eine kleine Insel mit idyllischen Spazierwegen, einem Minidorf und herrlichen Ausblicken auf die Uferlandschaften des Trasimeno. In den Sommermonaten sollte man möglichst an einem Wochentag hierher kommen, an Sonn- und Feiertagen ist es meist sehr voll. Im Sommer fahren von Passignano fast stündlich Schiffe zu der autofreien Insel.

Auf der Isola Maggiore gibt es nur eine **winzige Siedlung**, ein Fischerdorf aus dem 15. Jh., dessen niedrige Häuser sich an einer kopfsteingepflasterten Straße aneinanderreihen. Neben dem Inselfriedhof steht auf dem höchsten Punkt der Insel die gotische Kirche **San Michele Archangelo** mit Fresken aus dem 14. und 15. Jh. In der romanischen Kirche **San Salvatore** hängt ein Gemälde der »Madonna mit Kind«, das seinen Platz ursprünglich in der Kirche San Francesco hatte. Einer Überlieferung zufolge hat der hl. Franziskus im Jahr 1211 nicht weniger als 42 Tage betend auf der Insel verbracht und währenddessen nur einen halben Brotlaib verspeist.

Die Isola Maggiore im Morgendunst. Auf der autofreien Insel gibt es ein winziges Dorf.

Über einem verfallenen Kloster ließ sich 1855 der römische Marchese Guglielmi das turmbewehrte und von Mauern umgebene Castello erbauen. Der festungsartige Charakter dieser Residenz war eine romantische Attitüde des Bauherrn, denn zur Verteidigung diente das Castello, das heute ziemlich verfallen ist, zu keiner Zeit. Die Gemahlin des Marchese Guglielmi führte auf der Isola Maggiore eine **Häkeltechnik** ein, die auf der Insel bis heute gepflegt wird.

Castello Guglielmi

Tuoro sul Trasimeno

Tuoro besteht aus zwei Teilen, der eigentlichen Stadt an den flach abfallenden Hügeln und der am Seeufer entstandenen Feriensiedlung mit Hafen und Badestrand. Neben Handel und Kunstgewerbe ist der Fischfang bis heute wichtig.
217 v. Chr. trafen bei **Sanguineto** in der Nähe von Tuoro die Truppen Hannibals auf das römische Heer (► Baedeker Special S. 232). Dort zeichnet ein Lehrpfad die Stationen der kriegerischen Begegnung nach. Im Ort selbst und im näheren Umkreis sind zahlreiche Einäscherungsgräben freigelegt worden, in denen nach der Schlacht am Trasimenischen See die Leichen von mehreren tausend römischen und afrikanischen Soldaten eingeäschert wurden. Tuoro entstand erst einige Jahrhunderte nach der verheerenden Schlacht, im Mittelalter war es eine wichtige Post- und Zollstation.

Kleine Stadt und Feriensiedlung

Einen Besuch lohnt der zwischen dem Städtchen und dem Seeufer in Punta Navaccia angelegte Campo del Sole, ein Ausstellungsgelände, auf dem 28 große **Skulpturen** von verschiedenen italienischen und ausländischen Künstlern zu sehen sind. Die Künstler arbeiteten mit dem hellen Sandstein der Region, der sogenannten Pietra Serena.

Campo del Sole

Hannibals Ankunft in Italien. Fresko von Jacopo Ripanda, 16. Jh., Palazzo dei Conservatori, Rom

HANNIBAL AM TRASIMENO

Mit rund 60 000 Soldaten und fast 40 Elefanten war er über die winterlich verschneiten Alpen gekommen. Im Frühjahr 217 v. Chr. stand Hannibal mit seinen Mannen kampfbereit am Trasimenischen See.

In der Ebene am Nordufer des Lago Trasimeno herrschte dichter Nebel, als **Gaius Flaminius** mit seinen vier Legionen dem karthagischen Feldherrn Hannibal entgegenrückte. Flaminius bemerkte nicht, dass die Karthager auf den Hügelketten standen, die das Tal nach drei Seiten abschließen. Als die Römer weit genug in die Ebene vorgerückt waren, griff Hannibal an. Das Seeufer im Rücken, gab es für die Römer **keine Fluchtmöglichkeit**; im Kessel bei Tuoro starben rund 15 000 römische Soldaten, Hannibal verlor etwa 1500 Mann. Die Schlacht am Trasimenischen See war nicht die erste und einzige, die der karthagische Feldherr auf seinem insgesamt 18 Jahre dauernden Feldzug gegen das römische Imperium gewonnen hatte. Doch während Hannibal und seine Truppen nach den Schlachten an Ticinus und Trebia im Jahr 218 v. Chr. noch weit im Norden des Reiches standen, waren er im Frühjahr 217 am Lago Trasimeno nur noch knapp 200 km von Rom entfernt. Der Sieg über die Römer am Trasimeno war ein erneuter Beweis von Hannibals **überragenden Fähigkeiten als Feldherr**. Doch obwohl Hannibal ein Jahr später in Cannae den Römern eine weitere schwere Niederlage beibringen konnte, sollte ihm die Einnahme Roms nicht gelingen – im Jahr 203 musste er nach Karthago zurückkehren, ohne sein Ziel erreicht zu haben.

Castiglione del Lago und Umgebung

Die befestigte Stadt liegt etwas erhöht am Westufer des Lago Trasimeno. Schon von Weitem erkennt man die Türme der Burg, die die
Spitze der Landzunge einnimmt und das Panorama von Castiglione
del Lago beherrscht. Das gepflegte Städtchen mit 13 800 Einwohnern
ist das **touristische Zentrum** am Westufer des Trasimeno mit Restaurants, Geschäften, Bade- und Sportmöglichkeiten.

✴ Touristisches Zentrum am Westufer

An der Stelle, an der heute Castiglione del Lago liegt, war früher eine
Insel. Als der Wasserspiegel sank, blieb der Hügel von Castiglione als
Halbinsel zurück. Dass die Besiedlung von Castiglione bis in die
Frühgeschichte zurückreicht, belegt die sogenannte **Trasimenische
Venus**, eine 37 cm große Speckstein-Statuette ohne Kopf, die in der
Nähe der Stadt gefunden wurde und vermutlich aus der Altsteinzeit
stammt. Heute wird die kleine Statue im archäologischen Museum
in Florenz aufbewahrt. Andere Funde, die heute in den Museen in
Rom oder Perugia bewahrt werden, deuten auf die Existenz einer
prähistorischen **Pfahlbauten-Kultur** hin.

Geschichte

Gegen Ende des 11. Jh.s geriet Castiglione unter die Herrschaft Perugias. Angeblich war Castiglione unter allen Städten, die Perugia un-
terworfen hatte, die widerspenstigste. Friedrich II. verwandelte das
eher bescheidene Castello in eine wehrhafte Burg, das **»Castello del
Leone«**, aus dem später der Name Castiglione entstand.
Besonders eng ist Castiglione del Lago mit dem Geschlecht der **Della
Corgna** verbunden, unter deren Herrschaft (1550 – 1643) die Stadt
eine Blüte erlebte. Ascanio Della Corgna besaß humanistische Bil-
dung und war ein begabter Feldherr, der sich auch dem Papst entgegenstellte. Den Kampf um die Markgrafschaft Castiglione, das seit
1616 Herzogtum war, gewann schließlich doch die Kirche; nach vo-
rübergehender Zugehörigkeit zum Großherzogtum Toskana wurde
Castiglione del Lago im 18. Jh. endgültig Teil des Kirchenstaats.

Wenige Meter vor dem Eingang zum Burghof liegt linker Hand ein
äußerlich wenig attraktives Gebäude, dem man unbedingt einen Besuch abstatten sollte: der ehemalige Palazzo Della Corgna, heute Sitz
der Gemeindeverwaltung (vormittags geöffnet). Der Palast ging aus
einem früheren Wohnturm der perusinischen Familie Baglioni hervor, den Ascanio Della Corgna zu einem zeitgemäßen Palast um-
bauen ließ.

✴ Palazzo Della Corgna

Das Besondere an diesem Gebäude sind die in der zweiten Hälfte des
16. Jahrhunderts im Auftrag der Della Corgna ausgemalten **Säle im
Erdgeschoss**. An der Ausführung waren u. a. auch Giovanni Antonio
Pandolfi aus Pesaro und der florentinische Maler Salvio Savini beteiligt. Die Darstellungen zum Ruhm der Della Corgna zeigen entweder
Motive aus der griechischen Mythologie (u. a. »Urteil des Paris« im
ersten Saal) oder illustrieren das kulturelle und politische Engage-
ment und kriegerische Unternehmungen des Herrschergeschlechts.

✱ Burg
Ein mittelalterlicher, überdachter Wehrgang verbindet den Palast der Della Corgna mit der von Friedrich II. ausgebauten »Rocca del Leone«. Mit ihren vier Türmen und dem 39 m hohen Bergfried an der Westspitze gehörte sie zu den **größten Wehranlagen Europas** und galt als **uneinnehmbar**. Der Burgweg führt von der Piazza Gramsci durch einen grünen Olivenhain bis vor die mächtigen zinnenbekrönten Mauern des Burghofs, der in den Sommermonaten eine eindrucksvolle Kulisse für Freilichtaufführungen abgibt. Auf dem Wehrgang kann man entlangspazieren und hat dabei schöne Blicke auf den blau schimmernden See (geöffnet bis zum Sonnenuntergang).

Santa Maria Maddalena
Die von einer Mauer umschlossene Altstadt westlich der Piazza Mazzini wird von der Kuppel der klassizistischen Chiesa Santa Maria Maddalena beherrscht, die die Grundrissform eines griechischen Kreuzes aufweist. Im Innern ist das Gemälde »Madonna mit Kind und den Hll. Antonius Abbas und Maria Magdalena« links neben dem Hauptaltar sehenswert, das ein Schüler von Perugino fertigte.

Badestrand
Der kleine, frei zugängliche Badestrand von Castiglione del Lago besteht aus einer teils baumbestandenen Liegewiese und einem schmalen Sand-/Kiesstreifen. Hier kann man auch Tretboote mieten.

Die imposanten Burgmauern von Castiglione del Lago

Im fruchtbaren Hinterland von Castiglione lohnt sich das knapp **Gioiella**
9 km entfernte Gioiella, das auf eine etruskische Siedlung zurückgeht.
Ausgrabungen brachten etwa **13 Etrusker-Gräber** ans Tageslicht. Ab-
gesehen von der Pfarrkirche San Lorenzo, die Mitte des 18. Jh.s barock umgestaltet wurde, ist das Ortsbild noch weitgehend mittelalterlich. In der Kirche Santa Lucia hängt ein Madonnenbild aus dem
Umkreis Peruginos.

Südufer

Das Dorf am Südufer des Trasimeno rückte ins Licht der Öffentlich-   **Panicarola-**
keit, als der Automobilhersteller **Ferruccio Lamborghini** (1916 bis   **Mácchie**
1993) sich zu Beginn der 1970er-Jahre auf sein 300 ha großes Landgut La Fiorita zurückzog. Er betä-
tigte sich erfolgreich als Winzer
und errichtete eine Ferienwohnan-
lage für gehobene Ansprüche mit
Golfplatz, Reitmöglichkeiten, Ten-
nisplätzen. Angeschlossen ist ein
kleines Automuseum, in dem ein
paar Lamborghini-Oldtimer zu sehen sind.

Sant'Arcangelo ist das nächste Fischerdorf an der Uferstraße mit einer bescheidenen touristischen Infrastruktur – u. a. gibt es einen

> ! **Baedeker** TIPP
>
> **Trasimeno aus der Vogelperspektive**
> Am Lago Trasimeno werden Kurse im Fall-
> schirmspringen angeboten. Nach nur 20 Minuten
> kann man bereits einen Tandemsprung mit
> einem erfahrenen Springer machen und die
> Landschaft am See von oben auf sich wirken
> lassen! Auskünfte im Internet unter
> www.skydivetrasimeno.com

Campingplatz und einen Badestrand. Etwa 1 km landeinwärts liegt
eine im 11. Jh. gegründete Abtei, die heute in Privatbesitz ist.

Ostufer

An San Savino führt die SS 599 östlich vorbei. Das idyllische Dorf   **San Savino**
liegt auf einem Hügel und ein Teil des Ortes schmiegt sich in die
Bucht am südöstlichsten Zipfel des Trasimeno. Für Wassersportler
eher hinderlich, dafür aber landschaftlich stimmungsvoll ist der breite **Schilfgürtel**, der bei San Savino das Ufer säumt.

Weiter am See entlang kommt man nach San Feliciano, ebenfalls ein   **San Feliciano**
typisches Fischerdorf am Trasimeno, in dem man bis vor ein paar
Jahrzehnten noch hauptsächlich vom Fischfang lebte. Auch heute gehört der Fischfang zum Alltag, wie man u. a. an den Reusen im flachen Wasser noch erkennen kann. Im **Museo della Pesca** (Fischerei-
museum) in der Via Lungolago Alicata Porto Nord werden alte
Fischfangtechniken vorgestellt und die Rolle der Fischerei für die
Menschen am Lago Trasimeno erläutert (geöffnet März – Mai und   ⊙
Okt. 10.00 – 12.30, 15.00 – 17.30, Juni – Sept. 10.00 – 12.30, 16.00 bis
18.30 Uhr, sonst auf Anfrage, Tel. 0 75 847 92 61).

Sonnenuntergang am Lago Trasimeno

Isola Polvese Im kleinen Yachthafen von San Feliciano starten zwischen April und September mehrmals täglich Schiffe zur Isola Polvese. Die Insel ist auch von Passignano, Tuoro und Castiglione del Lago aus erreichbar. Mit einer Fläche von 0,54 km² ist sie die größte der drei Inseln im Lago Trasimeno. Das **naturgeschützte Eiland** bezaubert durch seine üppige Vegetation und die artenreiche Vogelwelt, die man bei einer Wanderung über die Insel in Ruhe erleben kann.

Auf der Insel lebten vermutlich schon seit frühmittelalterlicher Zeit **Mönche vom Olivetaner-Orden** und **Fischer**. Als Perugia 1139 seine Herrschaft auf den Lago Trasimeno ausdehnte, wurde auf der Insel ein Statthalter eingesetzt, der das Eiland von der Burg aus, deren Ruinen heute noch zu sehen sind, regierte. Im 17. Jh. verließen fast alle Bewohner die Insel, Wohnhäuser, Abtei und Kirchen verfielen. Noch bis vor wenigen Jahrzehnten diente die dicht bewachsene Insel als Jagdrevier, bevor es die Provinzverwaltung von Perugia aufkaufte und als Naturpark öffentlich zugänglich machte.

✳
Monte del Lago Der hübscheste Ort am Ostufer des Lago Trasimeno ist zweifelsohne Monte del Lago, das sich in exponierter Lage auf einem steilen Felsvorsprung ausbreitet. Die Stadtmauern des im 12. oder 13. Jh. angelegten Borgo wurden angeblich sieben Mal zerstört und wieder aufgebaut. In der Kirche Sant'Andrea sind Fresken der Schule von Siena zu besichtigen.

Als Ferienort schätzte man Monte del Lago schon seit dem frühen 19. Jh.; zu den berühmtesten ausländischen Gästen zählte der bayrische König Ludwig I., der sich hier angeblich mit seiner Geliebten getroffen hatte. In der Villa Palombaro logierten die Komponisten Pietro Mascagni und der in Deutschland weitaus berühmtere Giacomo Puccini, von dem es heißt, er sei ein passionierter Entenjäger gewesen.

Von Monte del Lago sind es nur wenige Kilometer hinauf nach Montecolognola, einem hübschen mittelalterlichen Ort, der durch ein höher gelegenes Castello befestigt war. Von dieser Burg blieben nur die Außenmauern, Reste der Wachtürme und die Tore übrig.

Montecolognola

In Torricella endet die Rundfahrt um den Trasimeno. Auch dieses ehemalige Fischerdorf lebt heute überwiegend vom Fremdenverkehr. Es gibt einen schönen Badestrand.

Torricella

⋆ ⋆ Montefalco

E 8

Provinz: Perugia
Einwohnerzahl: 5500

Höhe: 472 m ü.d.M.

Als »La Ringhiera dell'Umbria«, als Aussichtsterrasse Umbriens, wird das mittelalterliche Städtchen 12 km südwestlich von Foligno gern bezeichnet. Tatsächlich genießt man vom Hügelkamm oberhalb der Valle Umbra einen herrlichen, umfassenden Blick ins Land.

Doch das Panorama ist bei Weitem nicht das Einzige, was Montefalco zu bieten hat. Hinter der alten Stadtmauer verbirgt sich ein reizvoller Ortskern mit **malerischen engen Gassen** und typisch umbrischen Steinfassaden, deren rauer Charakter durch das Grün der Fensterläden und ein paar Blumenkästen hier und da gemildert wird. Bei einem Spaziergang durch die Stadt kommt man fast nicht umhin, in eine der gemütlichen **Weinprobierstuben** einzukehren und den Wein von Montefalco zu kosten. Neben dem arrivierten »Rosso di Montefalco« ist der lieblichere »Sagrantino« mittlerweile eine kleine Berühmtheit (►Baedeker Special S. 68). Auch Kunstfreunde kommen in Montefalco auf ihre Kosten, denn mit dem Freskenzyklus in der ehemaligen Kirche San Francesco besitzt die Stadt ein schönes **kunsthistorisches Juwel**.

Im 12. Jh. strebte Montefalco wie viele andere umbrische Städte danach, freie Kommune zu sein. Dem machte Friedrich Barbarossa 1184 ein Ende, indem er sie dem benachbarten ghibellinischen Foligno übergab. Seit 1209 war Montefalco wieder direkt dem Reich unterstellt. Die Auflehnung gegen Friedrich II. 1249 bezahlte die Stadt mit dem Verlust ihrer Reichsunmittelbarkeit. Der Kaiser ließ sie dem Erdboden gleichmachen. Mit dem Wiederaufbau legte sich der Ort den neuen Namen Montefalco zu. Zwischen 1320 und 1355 ließen die Päpste das Herzogtum Spoleto von Montefalco aus regieren; zu diesem Zweck wurde sogar ein (nicht mehr existierender) Papstpalast und eine Burg errichtet und die Stadtmauer erneuert. Später überließ die Kirche der Familie Trinci aus Foligno die Herrschaft über Montefalco, um sich dann im 16. Jh. seiner wieder zu bemächtigen.

Geschichte

▶ MONTEFALCO ERLEBEN

AUSKUNFT

Comune di Montefalco
Corso G. Mameli 46
Tel. 07 42 37 90 45
www.comune.montefalco.pg.it

Piazza del Comune 17
Tel. 07 42 37 84 90
Fax 07 42 37 99 21
www.stradadelsagrantino.it
Informationen über Montefalco und
den berühmten Sagrantino

VERANSTALTUNGEN

Fuga del Bove: Flucht des Ochsen, vor
der eigentlichen Corsa gibt es einen
Umzug in historischen Kostümen
(August).

Viel gerühmt: Wein aus Montefalco

Weinfest: Konzerte und Weinproben
auf der Piazza und in den Weinkellern
(September).

PARKEN

Einen Parkplatz gibt es vor der Porta
Sant'Agostino.

EINKAUFEN

In und um Montefalco dreht sich alles
um den Wein, es gibt viele empfehlenswerte Weinkellereien, die Auswahl
ist groß.

ÜBERNACHTEN / ESSEN

▶ Luxus

① ① **Villa Pambuffetti**
Via della Vittoria 20
Montefalco
Tel. 07 42 37 94 17
Fax 07 42 37 92 45
www.villapambuffetti.com
Villa aus dem 18. Jahrhundert mit
15 Zimmern in einem Park in Zentrumsnähe. Schon Gabriele d'Annunzio stieg hier ab. Das elegante
Restaurant im Haus ist bekannt für
seine hervorragende Weinkarte und
seine delikate Küche (Kategorie: Fein
& teuer).

▶ Günstig

② ② **La Ringhiera Umbra**
Corso Mameli 20
Montefalco
Tel./Fax 07 42 37 91 66
www.ringhieraumbra.com
ilverziere@tiscalinet.it
Ein kleiner, familiärer Gasthof im
Zentrum von Montefalco mit
11 einfachen, aber sauberen
Zimmern ohne besonderen Komfort.
Gemütlich sitzt man im Restaurant
des Hauses, wo garantiert hausge-
machte Spezialitäten auf den Tisch
kommen.

Die päpstlichen Statthalter bescherten dem Städtchen eine **kulturelle Blüte**. Ihre Aufträge zogen bedeutende Künstler hierher wie etwa Benozzo Gozzoli, der in den Kirchen San Francesco und San Fortunato tätig war, den Baumeister Leonardo Maitani, der am Dom von Orvieto mitgewirkt hatte und in Montefalco den Bau des heute nicht mehr vorhandenen päpstlichen Palastes beaufsichtigte, sowie die Maler Nicolò Alunno oder Tiberio d'Assisi.

Sehenswertes in Montefalco

Von Foligno kommend, betritt man die Altstadt durch die Porta Sant'Agostino. Hinter dem Tor beginnt der steile Corso Goffredo Mameli, der zur zentralen Piazza am höchsten Punkt hinaufführt. Im unteren Teil des Corso sollte man auf der linken Seite einen Blick in die Kirche **Sant'Agostino** (um 1300) werfen. Im Innern sind hervorragende Fresken erhalten, insbesondere an der linken Langhauswand. Besonders interessant sind die »Marienkrönung« (1. Hälfte 14. Jahrhundert Umkreis von Ambrogio Lorenzetti) wegen der als Liegefigur aufgenommenen Eva und rechts daneben eine »Sacra Conversatione« vor einem weiten Landschaftshintergrund, die Giovanni Battista Caporali zugeschrieben wird. Das daran anschließende Fresko ist eine Arbeit von Ugolino di Gisberto aus Foligno (um 1475).

Corso Goffredo Mameli

Montefalco Orientierung

Das beherrschende Gebäude an der Piazza del Comune ist der einstige **Kommunalpalast** (1270), der durch zahlreiche Umbauten sein ursprüngliches Aussehen eingebüßt hat. Das gotische Zwillingsfenster an der linken Seite ist das einzige Relikt des mittelalterlichen Baus. Im 15. Jh. wurde die Loggia mit Rundbogenarkaden angefügt. Oberer Fassadenabschluss ist das **Stadtwappen**, das einen Falken abbildet.

Über schmale Treppenwege geht es von der Piazza hinunter zur **Porta Federico II** (1244), an der zu Ehren des Kaisers der staufische Doppeladler angebracht wurde. Der Ein-

1 Museo di San Francesco
2 Sant'Agostino
3 Santa Chiara
4 Palazzo Comunale
5 San Bartolomeo
6 Santa Illuminata

↓ Spoleto, San Fortunato

Übernachten/Essen
① ① Villa Pambuffetti
② ② Ringhiera Umbra

gang zu der Kirche San Bartolomeo liegt an der Piazza Dante. Von der ursprünglichen, 1219 urkundlich bezeugten Kirche ist nur die Apsis erhalten.

Santa Chiara An der Ausfallstraße nach Spoleto steht im Schatten der Stadtmauer die Augustinerinnenkirche Santa Chiara. Die heilige **Chiara von Montefalco** – nicht zu verwechseln mit ihrer weitaus berühmteren Namensvetterin Klara von Assisi – lebte im ausgehenden 13. Jahrhundert; sie war bis zu ihrem Tod 1308 Vorsteherin des Augustinerinnenkonvents.

✳ **Cappella di Santa Croce** Der barocke Neubau der Kirche wurde 1615–1670 realisiert, wobei der Chor der Vorgängerkirche, heute Cappella di Santa Croce genannt, gewahrt blieb (Eingang zur Kapelle links vom Hauptaltar; wenn geschlossen ist, bitte klingeln). Sie ist wegen ihrer **Freskenausmalung** sehenswert, die 1333 der Rektor des Herzogtums Spoleto, Jean d'Amiel, in Auftrag gegeben hatte. Von einem Künstler (von der Forschung »Erster Meister von Santa Chiara von Montefalco« genannt) stammen die figurenreiche Kreuzigung und die Fresken an der rechten Seitenwand, wo neben einer »Madonna zwischen Erzengeln« Stationen aus dem Leben der heiligen Klara und des heiligen Blasius gezeigt werden. Die Gewölbeausmalung mit Evangelistensymbolen und die Gemälde an der linken Wand (Martyrium der heiligen Katharina, Ecce Homo, Tod der heiligen Chiara von Montefalco; darüber die Empfehlung des Auftraggebers an Christus durch die heilige Katharina und den heiligen Blasius) werden einem anderen, dem sogenannten »Zweiten Meister von Santa Chiara von Montefalco« zugeschrieben.

✳ ✳ Museo di San Francesco

Einen der **schönsten Freskenzyklen Umbriens** birgt die ehemalige Chiesa San Francesco in der Via Ringhiera Umbra, die heute zusammen mit einer kleinen, aber qualitätvollen **Gemäldegalerie** und einem **Lapidarium** museal zugänglich ist (geöffnet: März – Mai und Sept./Okt. tgl. 10.30 – 13.00, 14.00 – 18.00, Juni/Juli 10.30 – 13.00, 15.00 – 19.00, Aug. bis 19.30, Nov.–Feb. Di.–So. 10.30–13.00, 14.30 bis 17.00 Uhr).

Der Eingang zum Museum liegt rechts neben dem ehemaligen Kirchenportal aus der Renaissancezeit mit Holzflügeln von 1555. An der Kirchenfassade prangt auch ein Gedenkmedaillon für den einheimischen Maler Francesco Melanzio, von dem Gemälde in der Pinacoteca zu sehen sind.

Die schlichte einschiffige Kirche wurde nach nur vierjähriger Bauzeit 1340 vollendet. Das Seitenschiff an der Südseite bestand ursprünglich aus sechs einzelnen Kapellen, die man vermutlich im 15. Jh. anfügte. Später wurden die Trennwände herausgenommen, so dass ein durchgehendes Seitenschiff entstand.

San Francesco • Apsisfresken

© Baedeker

1 Geburt des hl. Franziskus
2 Mantelspende, Traum von den Waffen
3 Verzicht auf das väterliche Erbe
4 Fürbitte Mariens bei Christus, Begegnung zw. Franziskus und Dominikus
5 Traum Innonenz III. (Franziskus stützt die Lateransbasilika), Bestätigung der Ordensregel
6 Franziskus vertreibt die Dämonen aus Arezzo
7 Vogelpredigt und Segnung von Montefalco
8 Gastmahl und Tod des Edlen Celano
9 Krippenspiel in Greccio (Terni)
10 Predigt vor dem Sultan
11 Stigmatisation
12 Tod des hl. Franziskus
13 franziskanische Heilige
14 franziskanische Heilige
15 Glorie des hl. Franziskus
16 Franziskus und 12 seiner ersten Gefährten
17 23 Porträts berühmter Franziskaner
18 Porträts von Pertrarca, Dante und Giotto

Die Besichtigung der ehemaligen Kirche beginnt bei der Hauptchorkapelle, die 1450–1452 von **Benozzo Gozzoli** (1420–1497) mit einem Zyklus zum Leben des hl. Franziskus ausgemalt wurde.

✳ ✳
Hauptchorkapelle, Freskenzyklus

Der aus Florenz gebürtige Künstler war bei Fra Angelico in die Lehre gegangen und hatte im Anschluss daran einige Arbeiten mit seinem Lehrer zusammen ausgeführt, bevor er mit diesen Wandbildern seinen ersten großen Auftrag annahm. Gozzoli gehört zu der italienischen Künstlergeneration am Übergang zur Renaissance, die die mittelalterliche »Erzählform« verlässt und bereits verschiedene »moderne« Stilmittel anwendet, wie beispielsweise die Zentralperspektive, die individuellen, geradezu psychologisierten Gesichtszüge der Dargestellten bzw. die naturgetreue Wiedergabe der Handlungsorte. Den rund 150 Jahre zuvor von Giotto und seinen Schülern geschaffenen Franziskus-Zyklus in der Oberkirche von San Francesco in Assisi kannte Gozzoli gewiss.

Die 12-teilige Bilderfolge zum **Leben des Franziskus** beginnt links unten mit der Geburt des Heiligen in einem Stall. Parallel dazu ist im gleichen Bildfeld dargestellt, wie Christus als Pilger an das Elternhaus des Franziskus klopft und ein einfacher Mann vor dem Heiligen seinen Mantel ausbreitet. Die Szene daneben schildert die Mantelteilung und den Traum von Franziskus, in dem Jesus ihm einen flaggengeschmückten Palast zeigt. Die nächste Szene zeigt den Verzicht auf das väterliche Erbe, gefolgt von der Fürbitte Mariens und der Begegnung zwischen Franziskus und dem hl. Dominikus, dem Gründer des Dominikanerordens.

Franziskuslegende

Die zum Museum umgestaltete Kirche San Francesco

Die **zweite Reihe** beginnt mit dem Traum von Papst Innozenz III., dem Franziskus als Stütze der Lateranskirche erscheint und der Bestätigung der franziskanischen Ordensregel durch Papst Honorius III. Auf die Vertreibung der Dämonen aus Arezzo mit einer Ansicht der mittelalterlichen Stadt folgt die berühmte **Vogelpredigt** in Bevagna und die Segnung von Montefalco mit einem Portrait des Auftraggebers Fra Jacopo da Montefalco. Im nächsten, ganz rechten Wandfeld der zweiten Reihe ist Franziskus bei dem Edlen von Celano zu Gast und sagt ihm bei Tisch seinen Tod voraus.

Das erste Bild der **dritten Reihe** erzählt die Begründung des weihnachtlichen Krippenspiels in Greccio und im zweiten Feld wird die Feuerprobe vor dem Sultan von Ägypten geschildert, mit der Franziskus bewies, dass sein Glaube der richtige sei. Der Stigmatisation des Franziskus auf dem Berg Verna und dem »Tod des Heiligen« sind die beiden letzten Fresken gewidmet.

Neben den Wandfeldern mit den Episoden aus der Franziskus-Legende sind in der Kapelle wichtige **Personen der franziskanischen Bewegung** (in den Portätmedaillons), franziskanische Heilige (im Gewölbe und in der Laibung des Apsisfensters) sowie die beiden herausragenden Dichter Petrarca und Dante neben dem Maler Giotto (unter dem Apsisfenster) dargestellt. Im Gewölbescheitel ist die Glorie des hl. Franziskus zu sehen. Den Eingangsbogen schmücken die Porträts von Franziskus und 12 seiner ersten Gefährten.

Der **Rundgang durch die Kirche** führt zur nördlichen Chorkapelle links der Hauptchorkapelle. Sie enthält Fresken des folignatischen

Benozzo Gozzoli: Darstellung des Matthäus

Malers Giovanni di Corraduccio aus dem 14. Jh. (v.l.n.r.: »Kreuzigung«, »Verkündigung« und Fragmente eines Gekreuzigten, »Christus in der Vorhölle« und »Noli me tangere«).

An der nördlichen Langhauswand wurde 1506 die Lünette einer Bogenarchitektur mit dem Fresko »Madonna mit Kind, Raphael, Tobias und Ludwig von Toulouse« ausgemalt, links daneben eine Kreuzigung in der Nachfolge Giottos. Die Bontadossi-Kapelle birgt ein Altargemälde von Ascensidonio Spacca aus Bevagna. In der folgenden Nische illustrieren Fresken des 14. Jh.s die Wunder des **hl. Antonius von Padua**, anschließend eine »Thronende Madonna zwischen den Heiligen Andreas und Bonaventura« von Tiberio d'Assisi (1510).

Besondere ▶ Beachtung verdient die Nische an der Stirnwand, die **Perugino** (▶ Berühmte Persönlichkeiten) architektonisch rahmte und mit einer »Anbetung der Hirten« sowie dem Gottvater in der Mandorla darüber füllte (1503). Auf der anderen Seite der (verschlossenen) Eingangstür zeigt die 1604 datierte Bemalung der Sängerkanzel die 12 Apostel sowie Franziskus und Antonius von Padua.

Die Ausmalung der ersten Kapelle an der Südwand (Hieronymuskapelle) ist ebenfalls das Werk von **Benozzo Gozzoli**, wohl im Anschluss an die Freskierung der Hauptchorkapelle. Ein vorgetäuschtes, nur **aufgemaltes Polyptychon** an der Hauptwand der Kapelle zeigt eine Madonna mit Heiligen und seitlich Episoden aus dem Leben des hl. Hieronymus. Die Kapelle des hl. Bernhard von Siena wurde von einem unbekannten umbrischen Maler mit Fresken ausgestaltet. In der dritten Kapelle befindet sich ein sehenswertes Kruzifix mit dem hl.

Franziskus zu Füßen des Gekreuzigten. Es ist das Werk eines unbekannten Künstlers aus dem späten 13. Jh., der mit dem Notnamen »Meister der Kreuzigung von Montefalco« bedacht wurde. Die Fresken der übernächsten Kapelle, wo sich der Eingang zur Kirche befindet, beleuchten das Leben des hl. Antonius Abbas und stammen von Giovanni di Corradduccio, dessen Werkstatt auch die nächste Kapelle ausmalte.

In der südlichen Chorkapelle hängt ein Tafelbild mit der thronenden Madonna (1332) und Fresken aus dem frühen 15. Jahrhundert.

Pinacoteca
★
Im Obergeschoss der Anlage hat die städtische Gemäldesammlung einen würdigen Ausstellungsrahmen gefunden. Bis zur Einrichtung dieses modernen, aber sehr zurückhaltenden Museumsraums waren diese sakralen Kunstwerke unten in der Kirche ausgestellt. Der erste Raum ist dem Werk des Malers **Francesco Melanzio** gewidmet, der in der zweiten Hälfte des 15. Jh.s in Montefalco tätig war. Im zweiten Saal hängt neben anderen Werken das schöne Holzkruzifix eines Künstlers aus Spoleto aus dem 13. Jh. mit dem für umbrische Kreuzigungsdarstellungen typischen, beinahe s-förmig geschwungenen Körper Christi. Moderne Figurenauffassung und mittelalterlicher Goldgrund bestimmen das im späten 15. Jh. entstandene Gemälde mit den drei Heiligen Vinzenz, Illuminata und Nikolaus aus Tolentino im dritten Raum. Es gilt als eine Arbeit von Antoniazzo Romano.

Lapidarium
Das im gewölbten Untergeschoss eingerichtete Lapidarium zeigt einige Steindenkmäler aus römischer und mittelalterlicher Zeit, u. a. eine marmorne Herkules-Statue aus dem ersten Jahrhundert.

Umgebung von Montefalco

San Fortunato
Man verlässt Montefalco in Richtung Spoleto (Via Spoleto) und biegt kurz hinter dem Ortsausgang links in die schmale Straße nach San Fortunato ein. Schon nach wenigen Metern steht man vor den Toren des **Klosters**; auf Anfrage können die Kirche und die Cappella della Rose besichtigt werden.

Zu Ehren des hl. Fortunatus, dem 390 gestorbenen Patron von Montefalco, wurde 422 ein Gotteshaus errichtet, das im Mittelalter als Pieve Bedeutung erlangte und 1446 grundlegend verändert wurde. In der Lünette über dem Eingang malte Benozzo Gozzoli, Meister der Franziskus-Legende in Montefalco, eine »Maria mit Kind und den Hll. Franziskus und Bernhardin« sowie musizierende Engel, im Innern weitere Fresken von Gozzoli (u. a. »Thronender Fortunatus«).

Cappella della Rose ▶
★
An der linken Hofseite liegt die kleine, zu einem Laubengang hin geöffnete Kapelle, die der Perugino-Nachfolger **Tiberio d'Assisi** 1512 freskierte. Die einzelnen Wandfelder sind durch eine gemalte Architektur mit zierlicher Pilastergliederung gegeneinander abgesetzt, die auf das Gewölbesystem des Raumes Bezug nimmt. Das Vorbild Perugino wird vor allem an den hellen, heiteren Farben und den lichten

Landschaftsprospekten deutlich. Von links nach rechts sind folgende **Szenen aus der Franziskus-Legende** dargestellt: Der hl. Franziskus wälzt sich nackt in einem Dornenstrauch, Engel begleiten ihn zur Porziuncola, Christus und Maria erscheinen bei der Messe, Bestätigung und Bekanntgabe des Ablasses von Assisi.

Die Figuren neben diesen Wandfeldern sind die franziskanischen Heiligen Bonaventura, Bernhardin von Siena, Ludwig von Toulouse, Antonius von Padua, Elisabeth von Thüringen und Klara von Assisi.

Giano dell'Umbria

Der kleine Ort im Herzen von Umbrien ca. 12 km südlich von Montefalco liegt unterhalb des knapp 1100 m hohen Monte Martano. Von hier oben genießt man einen prächtigen **Panoramablick**. Das von den Römern gegründete Städtchen erlebte seine Blütezeit im Mittelalter, als aus der Vereinigung zweier Burgen der jetzige Borgo, die Altstadt, entstand. Heute noch verleihen ihm die Ringmauer mit ihren Türmen und Toren ein mittelalterliches Aussehen.

Wie viele Städtchen in Umbrien gefällt Giano dell'Umbria nicht so sehr wegen besonderer Sehenswürdigkeiten, sondern in erster Linie wegen seiner **reizvollen Lage** und seines **mittelalterlichen Ortsbildes**. Wem das nicht genügt, der besichtige die Kirchen von Giano: **San Michele** aus dem 14. Jh. mit Fresken aus der Erbauungszeit, die schon im 13. Jh. erbaute **Pfarrkirche** mit den hohen gotischen Fenstern und die ebenfalls im 14. Jh. geweihte Chiesa **San Francesco**, deren Fresken Giovanni di Corraduccio zugeschrieben werden. Im Palazzo del Municipio (Rathaus) an der höchsten Stelle des Ortes werden Fundstücke aus einer freigelegten römischen Villa aufbewahrt.

> **? WUSSTEN SIE SCHON …?**
>
> ■ Außergewöhnlich sind die Rosensträucher im Rebland um Montefalco. Am Anfang der linearen Rebzeilen sind sie gepflanzt und dienen zur Früherkennung des verbreiteten Oidiumpilzes. Kurz bevor der Pilz die Reben befällt, ist er bereits an den Rosen sichtbar.

Abbazia di San Felice

Das 3 km nördlich außerhalb von Giano dell'Umbria gelegene Kloster San Felice wird wegen seiner Kirche besucht, die ein besonders schönes Beispiel für den **romanischen Kirchenbau** in Umbrien darstellt. Mit etwas Zeit lässt sich der Ausflug auch zu Fuß unternehmen, was angesichts der landschaftlichen Schönheit der Gegend empfehlenswert ist. Der Legende zufolge soll der Märtyrerbischof Felix hier im 4. Jh. ein Oratorium errichtet haben, um das sich im frühen Mittelalter ein Kloster entwickelte. Der seit dem 8. oder 9. Jh. von Benediktinern besiedelte Konvent ging 1815 an die Ordensgemeinschaft der »Missionari del Preziosissimo« über. Die heutige Kirche stammt aus dem 12. Jh., im 14. Jh. kamen der Kreuzgang, im 16. Jh. der Campanile und ein Teil der Klausurgebäude hinzu.

Die in rötlichem Gestein gehaltene **Kirchenfassade** ist, wie man unschwer erkennen kann, an den Seitenschiffen nachträglich aufgestockt worden; einziger Schmuck ist das zweifach gestufte Portal und

★
◄ Klosterkirche

das darübersitzende Drillingsfenster mit antiken Säulen. Der im Mittelschiff tonnengewölbte **Innenraum** ist von schlichter Schönheit; das dreischiffige Langhaus mündet in einen erhöhten Chor, in dem sich die Unterteilung in drei Schiffe fortsetzt. Die Stützen der Chorarkaden sind antike Spolien. Unter dem Chor liegt die **Krypta** mit herrlichen Kapitellen mit Tierdarstellungen. Hinter dem Altar befindet sich der Sarkophag des hl. Feliciano.

✴ Narni

E 10

Provinz: Terni   **Höhe:** 240 m ü.d.M.
Einwohnerzahl: 20 080

Die meisten umbrischen Städte liegen malerisch an einem Berghang oder auf einer Hügelkuppe, Narni dagegen erhebt sich kühn auf einem steilen Felssporn zwischen der schmalen Nera-Schlucht und dem breiten Talbecken von Terni. Nur wenige Touristen verschlägt es hierher, und vielleicht hat es sich seinen Charme genau deswegen bewahrt und ist ein echter Geheimtipp.

Charmante Kleinstadt
Das alles überragende Narni ist eine typisch umbrische Kleinstadt mit einem allerdings besonderen Flair. Die Reste des über die Nera gebauten **Ponte d'Augusto**, eine imposante römische Brücke, haben im frühen 19. Jh. Dichter und Maler gleichermaßen inspiriert – und auch heute noch sind sie beeindruckend, wenngleich die Ruinenromantik nicht mehr ganz so fasziniert wie damals und die Natur auch hier ihre Unberührtheit eingebüßt hat.

Geschichte
Narnis Ursprünge liegen in umbrischer Zeit. Trotz heftigen Widerstands, den das umbrische Nequinum den Römern leistete, wurde es 299 v. Chr. erobert und in Narnia, nach der antiken Bezeichnung des **Flusses Nera**, umbenannt. Mit dem Bau der Via Flaminia 220 v. Chr., die unterhalb von Narni über die Nera führte, stieg die neu gegründete Kolonie zu einer bedeutenden **Handelsstation** auf. Im 12. Jh. wurde die Stadt dem Kirchenstaat einverleibt. 1112 gelang es den Bewohnern von Narni, sich zur freien Kommune zu erklären. Erst um 1370 konnte der Papst die abtrünnige Stadt mit Hilfe des berühmtberüchtigten Kardinals Albornoz

? WUSSTEN SIE SCHON …?

■ Der Condottiere Erasmo da Narni, bekannt als Gattamelata (dt. »gescheckte Katze«), wurde um 1370 in Narni geboren. Sein berühmtes Reiterstandbild von Donatello steht in Padua.

wieder dem Kirchenstaat eingliedern und sie in der Folgezeit durch römische Adelsgeschlechter, insbesondere die Orsini, regieren lassen. Als nach dem **»Sacco di Roma«** 1527 die Landsknechte Karls V. die Stadt überfielen und sie verwüsteten, lag Narni für lange Zeit wirtschaftlich und kulturell am Boden. Es blieb in kirchlichem Besitz, bis sich die in der Rocca verschanzte Garnison am 1860 den piemontesischen Truppen ergeben musste.

Da die Altstadt auf dem Felsen keine weitere Ausdehnung erlaubte, entwickelte sich das moderne Narni unten in der Ebene. Narni Scalo, das Gewerbegebiet von Narni im Tal unterhalb der Altstadt, ist nach Terni die zweite große Industrieagglomeration im Süden Umbriens.

Sehenswertes in Narni

Den Stadtrundgang beginnt man am besten an der Piazza Garibaldi.   **Piazza Garibaldi**
Der unregelmäßig geformte und zum Dom hin ansteigende Platz atmet italienisches Lebensgefühl, zu dem die vielen Autos ebenso gehören wie die Cafés, Bars und Geschäfte mit umbrischen Spezialitäten.

 # NARNI ERLEBEN

AUSKUNFT

Pro Loco
Piazza dei Priori 3
Tel. 07 44 71 53 62
www.comune.narni.tr.it

VERANSTALTUNGEN

Corsa dell'Anello: In Umbrien weithin bekanntes Ringstechfest zu Ehren des Ortsheiligen San Giovenale (erste zwei Maiwochen)

PARKEN

Parkplätze an der Via Roma an der Ortseinfahrt unterhalb der Piazza Garibaldi

ESSEN

▶ **Erschwinglich**
① *Il Cavallino*
Via Flaminia Romana 220
Tel. 07 44 72 26 83
Di. Ruhetag
Die empfehlenswerte Trattoria liegt ca. 2 km außerhalb von Narni in Richtung Rom. Hier isst man umbrische Gerichte zu passablen Preisen. Auf der umfangreichen Weinkarte sind hauptsächlich Weine aus der Region zu finden.

ÜBERNACHTEN

▶ **Komfortabel**
① *Hotel Dei Priori*
Vicolo del Comune 4
Tel. 07 44 72 68 43
Fax 07 44 72 68 44
www.loggiadeipriori.it
Gepflegtes Hotel in einem Palazzo und Turm (15.Jh.) mitten im Zentrum. Schwindelfreie sollten unbedingt nach dem Turmzimmer Nr. 18 fragen. Im Restaurant La Loggia bekommt man erstklassige Spezialitäten, wechselnde Speisekarte je nach Saison, schöner Garteninnenhof (Kategorie: Erschwinglich).

② *Il Minareto*
Via dei Cappuccini Nuovi 32
Tel. 07 44 76 02 07
Fax 07 44 76 05 74
www.hotelminareto.it
Geschmackvolles kleines Haus mit Swimmingpool und stilvoll gestalteten Zimmern ca. 1,5 östlich von Narni im Grünen. Im schönen Restaurant il Chiostro (Kategorie: Erschwinglich) kann man hervorragend speisen, im Sommer auf der herrlichen Aussichtsterrasse.

Dom San Giovenale

Die Hauptfassade des mächtigen Doms mit einem zierlichen Säulen-portikus ist der kleinen Piazza Cavour zugewandt. Im Innern der ursprünglich dreischiffigen, im 15. Jh. nach Norden um ein viertes Schiff erweiterten Kirche fallen die extrem flachen Bögen der Langhausarkaden auf – eine **Besonderheit der umbrischen Bautradition**, die diese von den Konstruktionen römischer Bauten – dort dienten sie als verdeckte Entlastungsbögen – übernommen hatte. Die Stützen des Mittelschiffs sind antike Säulen mit mittelalterlichen, vereinfachten Kompositkapitellen.

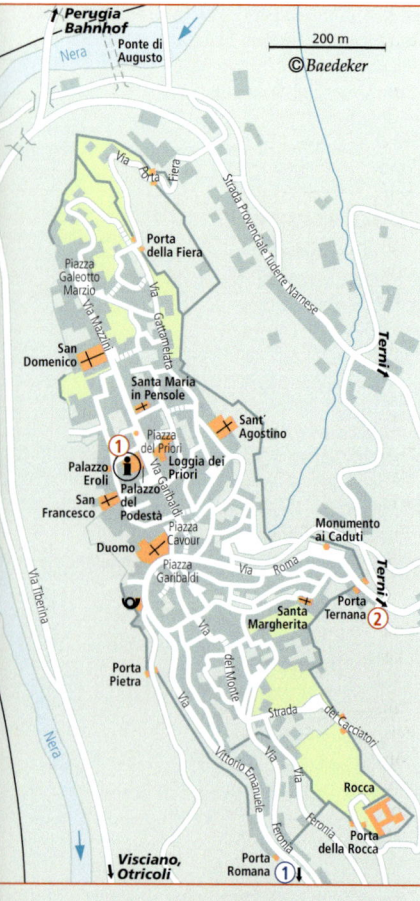

Narni *Orientierung*

200 m

©Baedeker

Die Chorapsis wurde nach einem Erdrutsch im Jahr 1332 im gotischen Stil angefügt. Der baldachinartige Altaraufbau, der in der Tradition von Berninis Hochaltar für St. Peter in Rom gestaltet ist, und die unter der Vierung angelegte Krypta sind barocke Ergänzungen aus dem 17. Jahrhundert.

Eine Besonderheit ist die **Cappella San Giovenale** am nördlichen Seitenschiff, die lange vor dem Dom existierte. An der Stelle, an der 376 der Titelheilige der Kirche, der hl. Juvenal (Giovenale), starb, wurde in frühchristlicher Zeit eine Gedächtniskapelle zu seinen Ehren errichtet. Die Cappella San Giovenale ist auch die Begräbnisstätte des hl. Cassius. Eine Fassade aus dem 15. Jh., deren Felder aus verschiedenen älteren Versatzstücken zusammengesetzt sind, schließt die Cappella San Giovenale gegen die Kirche ab. Die Portale und die oberen Wandvorlagen schmücken Kosmatenarbeiten. Die Holzplastik des heiligen Juvenal und die Pietà sind Werke des 15. Jh.s, das Relief über dem größeren Portal mit dem Kreuz zwischen zwei Lämmern stammt aus dem 6. Jh. und erwähnt neben Cassius auch seine Gemahlin Fausta. Im Innern der Kapelle befindet sich die ursprüngliche Grablege des heiligen Giovenale. Im 17. Jh. wurde das Grab in die Krypta umgesiedelt.

Essen
① Il Cavallino

Übernachten
① Dei Priori
② Il Minaretto

Die von der Piazza Cavour nördlich wegführende Via Garibaldi war schon in römischer Zeit die **Hauptachse** der Stadt. Bis zur Piazza dei Priori ist sie noch verhältnismäßig breit, dahinter verengt sie sich zu einer kleinen Gasse.

Via Garibaldi, San Francesco

Gleich zu Beginn der Via Garibaldi geht es links durch die schmale, von Strebebögen überspannte Via del Campanile zu der Chiesa San Francesco (14. Jh.). Das erhöhte Mittelschiff besitzt keine eigenen Fenster, so dass man von einer **Pseudobasilika** spricht. Von der reichen Freskenausstattung der Kirche aus dem 14. und 15. Jh. sind die Wandbilder von Pier Antonio Mezzastris in der ersten Kapelle mit Szenen aus dem Leben des hl. Franz von Assisi und des hl. Benedikt besonders sehenswert (zur Zeit Restaurierungsarbeiten).

Sowohl in römischer Zeit, als sich hier das Forum befand, wie auch im Mittelalter war die Piazza dei Priori der städtische Mittelpunkt von Narni. An der nördlichen Schmalseite des Platzes steht ein polygonaler Brunnen (1303), für den die Fontana Maggiore in Perugia als Vorbild diente. Auf der rechten Platzseite erheben sich der Palazzo Sacripante und ein Glockenturm, beide aus dem 13. Jahrhundert. Von dem ursprünglich anschließenden Palast blieb nur die Loggia dei Priori erhalten, eine für repräsentative Zwecke konzipierte, in zwei hohen Arkaden zur Piazza geöffnete Halle.

★ Piazza dei Priori Loggia dei Priori

Gegenüber der Loggia dei Priori steht der Palazzo del Podestà, der in den letzten Jahrzehnten des 13. Jh.s über drei mittelalterlichen Wohnhäusern erbaut wurde, die die Stadt 1273 angekauft hatte. Heute ist er Sitz der Stadtverwaltung und des Tourismusbüros. Die früheren Portale sind an den Baunähten noch zu erkennen, in das rechte wurden eine Zwerggalerie und darüber **romanische Reliefs** eingemauert: Dargestellt sind Judith und Holfernes, der Kampf zwischen einem Löwen und einem Drachen, eine Falkenjagd und eine Turnierszene. Die sechs Renaissancefenster mit Fensterkreuzen im ersten Obergeschoss, um die Mitte des 15. Jh.s eingesetzt, verleihen dem Baukomplex eine einheitliche Note. In der Sala del Consiglio (Ratssaal) hängt das Fresko »Stigmatisation des hl. Franziskus« (um 1500), das auf Anfrage besichtigt werden kann (Tel. 07 44 74 71).

Palazzo del Podestà

Im Palazzo Eroli in der Via Saffi direkt hinter dem Palazzo del Podestà wurde ein Stadtmuseum neu eingerichtet. Für viel Aufmerksamkeit sorgte der Umzug der »Marienkrönung« des Florentiner Malers **Domenico Ghirlandaio** vom Palazzo del Podestà in den neuen Museumssitz, wofür ein Stück Wand weichen musste. In den unteren Räumen sind archäologische Funde zu sehen, Prunkstücke sind die 1988 in Narni gefundenen Stoßzähne eines Elephas Antiquus und eine ägyptische Mumie, die eine prächtige vergoldete und bemalte Maske trägt (geöffnet: Di. – So. Frühjahr u. Herbst 10.30 – 13.00, 15.30 – 18.00, im Sommer 10.30 – 13.00, 16.30 – 19.30, im Winter 10.30 – 13.00, 15.00 – 17.00 Uhr).

Palazzo Eroli Museo della Città di Narni

🕐

✳
Santa Maria in Pensole

In der leicht bergab führenden Via Mazzini ist die kleine, 1175 erbaute Kirche Santa Maria in Pensole sehenswert, die ursprünglich Teil eines Benediktinerklosters war. Die Bezeichnung »in pensole« rührt von ihren an den Hang gebauten (»hängenden«) Substruktionen her. Ihre Fassade weist einen Portikus mit flachen Arkadenbögen auf, die sich über antike Säulen spannen. Die drei Portale werden von Reliefbändern mit den charakteristischen Rankenornamenten gerahmt. Die extrem flachen Bögen wiederholen sich in den Langhausarkaden des ansteigenden Innenraums. Kapitelle aus dem 12. Jh. vermitteln zwischen den antiken, als Spolien wiederverwendeten Säulenschäften und den Arkadenbögen, über denen die hohen Mittelschiffwände aufsitzen. Das dritte Kapitell rechts, als einziges mit figürlichem Schmuck, zeigt Daniel in der Löwengrube.

San Domenico

An der Stelle, an der sich die Via Mazzini linker Hand zu einer kleinen Grünanlage mit Aussichtsterrasse öffnet, steht die säkularisierte Kirche San Domenico aus dem 12. Jahrhundert. Am rechten Vierungspfeiler entdeckt man das Grabmal des Gabriele Massei aus dem Jahre 1494, am linken Pendant ein Marmortabernakel (zur Zeit wegen Restaurierungsarbeiten geschlossen).

Narni sotterranea

Ein unvergessliches Erlebnis ist ein Gang durch die unterirdische Welt von Narni, die 1979 von sechs abenteuerlustigen Jugendlichen entdeckt wurde. Direkt unter der Kirche San Domenico geht es los. Zu sehen sind unterirdische, mit Fresken geschmückte Kapellen, römische Zisternen, Verliese von Dominikanern und eine Gefängniszelle, deren Wände übersät sind mit Symbolen, Schriften und Zeichnungen von Gefangenen (www.narnisotterranea.it, Führungen Sa., So. oder auf Anfrage: Tel. 07 44 72 22 92).

Sant'Agostino

Der Rückweg zur Piazza Garibaldi führt an der Kirche Sant'Agostino vorbei. An der Piazza Galeotto Marzio biegt man rechts in die Via Marcellina ein und nochmals rechts in die Via Gattamelata. Eines der typischen mittelalterlichen Häuser in dieser Straße ist die **Casa del Gattamelata**, die ehemalige Bäckerei des Vaters von Gattamelata, dem aus Narni stammenden Kondottiere.
Auf der linken Straßenseite steht die Kirche Sant'Agostino (15. Jh.), die allerdings oft geschlossen ist. Hinter dem schönen Portal verbirgt sich ein dreischiffiger Innenraum mit Holzdecke im Mittelschiff und Kreuzrippengewölbe in der gotischen Chorapsis. Links neben dem Eingang hängt ein interessantes Fresko, »Madonna mit Kind und Heiligen« (1482), vermutlich von Pier Matteo d'Amelia. Das zu Beginn des 16. Jh.s von einem unbekannten Künstler geschaffene **Holzkruzifix** ist ein wichtiges Zeugnis der Schnitzkunst in Umbrien.

Rocca dell' Albornoz

Vom äußersten Süden des Kalkfelsens, auf dem Narni liegt, blickt die Rocca dell'Albornoz auf die Stadt herab. Auf dem Weg zur Rocca durchquert man das malerische alte Viertel **Mezule** (von der Piazza

Die Rocca von Narni inmitten wild wuchernder Natur

Garibaldi aus über die Via del Monte und dann über die Via Cocceio Nervo). Bevor man zur Burg gelangt, kann man, wenn sie geöffnet ist, einen Blick in die barocke Kirche **Santa Margherita** mit Fresken von Zuccari (Beginn 17. Jh.) und Tafelgemälden von Pomarancio (Hauptaltar) werfen.

Die 1378 erbaute Burg ist die einzige erhaltene einer Reihe von Festungen, die Kardinal Albornoz in der weiteren Umgebung von Terni errichten oder erneuern ließ, um die umbrischen Städte unter Kontrolle zu halten. Später wurde die Festung noch mit einer weiteren Bastion ausgerüstet, von der heute noch eine Zisterne erhalten ist, die über einen unterirdischen Gang mit dem Hauptteil der Burg in Verbindung steht. Der über quadratischem Grundriss hochgezogene Bau mit vier Ecktürmen war ursprünglich mit einem Graben und einem doppelten Mauerring umgeben. Gegen Ende des 15. Jh.s ließ Papst Sixtus V. ihn noch verstärken und mit fünf vorgeschobenen Wachtürmen verbinden.

Vermutlich zu Zeiten von Kaiser Augustus schlugen die Römer bei Narni, das eine Station an der Via Flaminia war, eine gewaltige, etwa 130 m lange und rund 30 m hohe Brücke über die Nera. Von diesem **vielgerühmten technischen Baudenkmal** steht heute nur noch ein monumentaler Bogen, zwei stürzten bereits im Mittelalter ein, der dritte 1855. Die Spannweiten der Brückenbögen waren unterschied-

✳
Ponte di Augusto

lich; die größte hatte der mittlere Bogen mit über 32 m. Um die Reste des Ponte di Augusto in Ruhe zu betrachten, muss man zum Santuario della Madonna del Ponte ins Tal hinunterfahren, die parallel verlaufende moderne Brücke ist zu schmal, um anzuhalten.

Abbazia San Cassiano

In der Nähe der römischen Brücke steht auf dem Berggrat die Abtei San Cassiano aus dem 10. Jahrhundert. Man sieht sie von der Aussichtsterrasse bei San Domenico in Narni am besten. Ein etwa halbstündiger Fußweg führt zu ihr hinauf. Bevor man sich auf den Weg macht, sollte man sich beim Pfarramt der Abtei anmelden (Tel. 07 44 72 20 80), sonst steht man möglicherweise vor verschlossenen Türen.

Umgebung von Narni

✳
Leicht hügelig und ländlich geprägt

Die hügelige Landschaft im Süden von Narni ist heiter, noch sehr ländlich geprägt und vom Tourismus kaum berührt – eine ideale Gegend für Wanderer, Radfahrer und solche, die Ruhe tanken wollen. Auch die Kultur kommt in diesem angenehmen Landstrich nicht zu kurz, denn in Visciano steht **eine der hübschesten Landkirchen Umbriens**, und der Konvent von Sacro Speco vermittelt einen Eindruck von der Abgeschiedenheit des klösterlichen Lebens.

✳
Convento Sacro Speco

Das Franziskanerkloster Sacro Speco liegt wunderschön mitten im Wald etwa 12 km südöstlich von Narni in der Nähe der Ortschaft San Urbano. Während eines Aufenthalts im Convento Sacro Speco soll der heilige Franziskus schwer erkrankt um einen Schluck Wein gebeten haben. Da kein Wein zur Verfügung stand, wurde ihm Wasser gereicht. Er soll es gesegnet haben, das Wasser soll sich in bekömmlichen Wein verwandelt haben. Es heißt, dass er ihn trank und schnell genas. Die einfachen Konventsgebäude sind um einen kleinen Kreuzgang gruppiert. Im Wald oberhalb des Klosters liegen versteckt

🕐 eine Kapelle und eine Grotte (geöffnet: Mo. – Sa. 10.00 – 12.00, 15.00 bis 17.00, So. und Fei. 9.30 – 10.30, 15.00 – 17.30 Uhr).

✳
Visciano, Santa Pudenziana

Von Narni nimmt man die dem Nera-Tal folgende Landstraße nach Rom, die der ehemaligen Via Flaminia folgt. Nach ca. 6 km zweigt rechts die schmale, leicht zu übersehende Straße nach Visciano ab (ausgeschildert). Von der Abzweigung ist es noch etwa 1 km auf teilweise unbefestigter Straße bis zur Kirche Santa Pudenziana, die versteckt an einem Hohlweg zwischen Olivenhainen, Obstbaumwiesen und Pferdekoppeln liegt – ein herrliches Plätzchen für ein Picknick oder eine kleine Ruhepause!

Die kleine, wohl im 11. Jh. unter Verwendung **antiker Spolien** errichtete Kirche wird von einem mächtigen Campanile überragt. Ihrer Fassade ist, ähnlich wie bei Santa Maria Assunta in Lugnano in Teverina (▶ S. 133), ein Portikus mit hellen antiken Säulen und Eckpfeilern aus Ziegelmauerwerk vorgestellt. Auch im dreischiffigen Innern des schlichten Gotteshauses wurden im Wechsel mit Pfeilern **antike**

Säulen wiederverwendet. In der polygonalen Chorapsis steht ein sog. Bischofsthron aus der Erbauungszeit der Kirche. Zur Besichtigung der Kirche wende man sich an den Kustoden, Tel. 07 44 79 65 89.

Wer nach Otricoli fahren möchte, muss von Visciano wieder zurück auf die Landstraße Richtung Rom. Nach ca. 9 km taucht links auf einer Anhöhe über dem Tibertal das kleine Städtchen auf. Der Name der Stadt lässt sich auf das umbrische Wort »okri« (= heiliger Hügel) zurückführen. Von der umbrischen Stadtmauer sind an der Ostseite der Stadt noch Reste erhalten. In der Nähe des Flusses wurden verschiedene Nekropolen entdeckt. In römischer Zeit zog sich die Siedlung talwärts bis beinahe zum Tiber. Das antike Ocriculum war ein **bedeutender Flusshafen**, die an der Via Flaminia gelegene Siedlung noch im 4. Jh. ein wichtiges Zentrum, das von den Goten vernichtet wurde. Im Mittelalter zogen sich die Bewohner aus Angst vor Überfällen wieder auf den höhergelegenen Standort zurück.

Otricoli

Die Hauptsehenswürdigkeit von Otricoli sind die **Ruinen der Römerstadt Ocriculum**. Von der Via Flaminia biegt etwa 2 km hinter dem heutigen Otricoli in Richtung Rom eine unbefestigte Straße nach rechts ab. Gleich hinter der Kreuzung stößt man auf einige Grabmonumente. Das erste Gebäude, das an der Straße auftaucht, sind die **Thermen**, die höchstwahrscheinlich in der Zeit des Kaisers Augustus erbaut wurden. Aus einem achteckigen Raum der Thermenanlage

★

◀ Ruinen der Römerstadt Ocriculum

stammt offenbar das große **Mosaik**, das bei Grabungen um 1780 freigelegt und heute zusammen mit anderen Funden aus Ocriculum in den Vatikanischen Museen in Rom ausgestellt ist. Den benachbarten Raum soll das Mosaik mit dem Schiff und dem gefesselten Odysseus geschmückt haben, das ebenfalls in den Vatikanischen Museen aufbewahrt wird.

Geht man die antike Straßenachse entlang, dann erreicht man die Substruktionen eines großen, rund 80 m langen Gebäudes, vermutlich eines **Tempels**. Sie bestehen aus zwei Geschossen mit insgesamt zwölf überwölbten Räumen. Außer den Resten eines Theaters blieben auch Teile eines 120 m langen und 98 m breiten **Amphitheaters** erhalten. Deutlich zu erkennen sind noch die beiden Haupteingänge des vermutlich in augusteischer Zeit entstandenen Bauwerks.

Oricoli, verschlafenes Städtchen über dem Tibertal

Calvi dell'Umbria

Calvi dell'Umbria, eine kleine Gemeinde an der Grenze zu Latium 12 km östlich von Otricoli, lohnt wegen seiner malerischen Lage auf einem steilen Hügel und der mittelalterlichen Altstadt einen Ausflug. Bei einem Spaziergang durch die schmalen Gassen sieht man an vielen Altstadthäusern Wandbilder von zeitgenössischen Künstlern, die sog. **Murales**. Anders als in Mexiko, der Heimat der Murales, wo Wandgemälde als Medium für politische Forderungen entstanden, werden in Calvi dell'Umbria vor allem religiöse Themen dargestellt. Die unbestrittene Hauptattraktion des Städtchens ist aber die weithin bekannte Weihnachtskrippe in der Kirche Sant'Antonio aus dem 16. Jahrhundert.

Der Hauptplatz von Calvi dell'Umbria wird von den beiden Kirchen Sant'Antonio und San Paolo beherrscht. Ihre **gemeinsame Fassade** (1744) ist das Werk des vor allem in Neapel und Kampanien tätigen Barock-Architekten Ferdinando Fuga. Handwerker aus den Abruzzen fertigten 1546 die beeindruckende **Weihnachtskrippe** in Sant'Antonio, die aus dreißig etwa vierzig Zentimeter großen Figuren aus **glasierter Terrakotta** besteht. Da das Aufstellen von Krippen in Kirchen erst um die Mitte des 16. Jh.s in Italien und Spanien einsetzte, gehört sie zu den frühesten ihrer Art überhaupt. Auch die Tradition des Krippenspiels (»presepe vivente«) wird in Calvi dell'Umbria gepflegt: am 24. Dezember und am 6. Januar kann man diesem Schauspiel im Ortsteil Santa Maria della Neve beiwohnen.

Murales in Calvi dell'Umbria. Die Anregung zu den Wandbildern kam aus Mexiko.

Eine große Treppe führt vom Hauptplatz zu einer weiteren Kirche, Santa Maria, die ein schönes Taufbecken von 1559 birgt.

Auch zwei bescheidene **Reste aus römischer Zeit** gibt es in Calvi dell' Umbria zu sehen, einen Opferaltar in der Via Rinaldo da Calvi und einen Sarkophag in einer kleinen Ausbuchtung der Via Roma.

Auf dem Monte Pancrazio nördlich Calvi dell'Umbria liegt mitten im Wald die **Einsiedelei von San Pancrazio**. Gleich daneben stößt man auf die Überreste eines **italischen Heiligtums** aus vorrömischer Zeit, ein zum Teil in den Fels hineingegrabenes Gebäude, von dem nur noch der von Säulen getragene Portikus erhalten blieb.

✳ Norcia

H 9

Provinz: Perugia
Einwohnerzahl: 4900

Höhe: 604 m ü.d.M.

Norcia liegt abgeschieden vor der imposanten Kulisse der Monti Sibellini, deren Gipfel bis ins Frühjahr hinein schneebedeckt sind. Das Klima ist weniger lieblich als andernorts in Umbrien und auch sonst ist Norcia anders als andere umbrische Städte: keine engen, dunklen Gassen, keine steilen Treppen, sondern nahezu geradlinige Straßen und niedrige Häuser.

Das untouristische Norcia gilt als Geheimtipp für **Sporturlauber** und Naturfreunde. Als Ausgangspunkt für Touren in die unberührte Bergwelt des Apennin ist sie geradezu ideal – Bergwanderer, Skifahrer und Drachenflieger wissen das schon lange. Das eigenwillige Stadtbild ist u. a. Folge der vielen **Erdbeben**, das letzte ereignete sich 1979. Seit einem schweren Beben im Jahr 1859 erlaubte eine Bauverordnung nur noch eine Häuserhöhe von maximal 12,50 m.

 WUSSTEN SIE SCHON …?

■ … dass St. Benedikt, der Schutzpatron von Europa, in Norcia geboren wurde? Wer will, kann auf Anfrage vom Bürgermeister zum Europabürger ernannt werden.

Norcinerie

Fleisch- und Wurstwaren aus Norcia genießen einen hervorragenden Ruf. Das gilt auch für andere Produkte aus dieser ländlichen Region, u. a. Käse, Honig, im Hochtal Piano Grande angebaute Linsen und natürlich die **schwarzen Trüffeln**, die vor allem im Februar in der Valnerina und den benachbarten Tälern geerntet werden (►Baedeker Special S. 370). Die kleinen feinen Geschäfte, in denen diese Köstlichkeiten zu kaufen sind, heißen Norcineria (Plural Norcinerie). Es gibt sie nicht nur in Norcia, sondern auch in vielen anderen Städten Umbriens. Auffällig ist, dass das Schwein eine große Bedeutung in und um Norcia hat. In vielen Kirchen in der ► Valnerina sind auf den Wandfresken Schweine abgebildet.

NORCIA ERLEBEN

AUSKUNFT

Info
Piazza S. Benedetto
Tel. 07 43 82 80 44
www.norcia.net

Casa del Parco
Via Solferino 22
Tel. 07 43 81 70 90
Hier gibt es reichlich Informations-
material zu den Monti Sibillini.

VERANSTALTUNGEN

Fest des hl. Benedikt: am 21.3.,
Frühlingsbeginn, wird des Stadtheiligen von Norcia gedacht.

Fiorita: Blütenfest am vorletzten oder
letzten Sonntag im Juni

Benedizione del Piano: Segnung des
Hochplateaus, 11. September

Sagra del Tartufo, die wichtigste
Veranstaltung ist Ende Februar jedes
Jahres das Trüffelfest, das auch eine
Verkaufsmesse einschließt.

ÜBERNACHTEN / ESSEN

▶ **Komfortabel/Erschwinglich**

① ① *Grotta Azzurra/Granaro del Monte*
Via Alfieri 12
Norcia
Tel. 07 43 81 65 13, Fax 07 43 81 73 42
www.bianconi.com
Gepflegtes Traditionshotel mit 40
Zimmern mitten in Norcia, das seit
mehreren Generationen von der
Familie Bianconi geführt wird;
freundlicher Service, angenehme At-
mosphäre. Im Restaurant gibt es
umbrische und speziell ostumbrische
Spezialitäten.

② *Nuova Hotel Posta*
Via Cesare Battisti 12
Norcia
Tel./Fax 07 43 81 74 34
Das zweite Hotel am Ort mit einer
langen Tradition, ebenfalls in zentraler
Lage in einem Palast aus dem 16. Jh.
Die 29 Zimmer sind nostalgisch und
sehr geschmackvoll eingerichtet. Im
Restaurant gibt es umbrische Trüffel-

Geschichte Vermutlich aus einer sabinischen Siedlung hervorgegangen, rühmt
sich Norcia auf seinem Stadtwappen als »vetusta«, als uralte Gründung. Ihre Vorherrschaft über das obere Nera-Tal und über andere
Täler musste die Stadt Norcia, seit dem 12. Jh. freie Kommune, gegen die Ansprüche seiner Konkurrenten Spoleto, Visso, Cascia, Ca-
merino und Ascoli hart erkämpfen. Im 14. Jh. eroberten die päpstlichen Truppen Norcia für den Kirchenstaat und beendeten damit die
mittelalterliche Blütezeit der Stadt.

Sehenswertes in Norcia

★
**Stadtmauer,
Corso Sertorio**
Norcia liegt hinter einem geschlossenen Mauerring aus dem 14. Jh.,
über den die Stadt bis heute nicht wesentlich hinausgewachsen ist.
Hoch aufragende Türme gibt es nicht im Stadtbild, was mit der star-
ken Erdbebengefahr zusammenhängt. **Sieben Tore**, entsprechend

den sieben Stadtvierteln, sind in die Stadtmauer eingelassen; das am meisten frequentierte ist die Porta Romana im Norden der Stadt. Dahinter zieht der Corso Sertorio, die wichtigste Verkehrsader der Unterstadt, sich bis zum zentralen Hauptplatz, der Piazza Benedetto.

Der Stadtpatron von Norcia, San Benedetto, gab diesem angenehmen Platz seinen Namen, an dem die wichtigsten Sehenswürdigkeiten von Norcia versammelt sind: der Palazzo Comunale, die Kirche San Benedetto, der Dom Santa Maria Argentea und die »Castellina« genannte Festung. Die Platzmitte schmückt eine Statue des Heiligen (1880).

★ Piazza San Benedetto

Die linke Seite der Piazza nimmt der Palazzo Comunale ein. Seine offene Halle im Erdgeschoss ist das Relikt des mittelalterlichen Baus, dem 1876 eine geschlossene Loggia im palladianischen Stil aufgesetzt wurde. Zu dem hübschen Turm aus dem Jahre 1713 führt eine Freitreppe. Im Innern kann man u. a. das in der Palastkapelle aufbewahrte Reliquiar des Stadtpatrons (1450) besichtigen (nur vormittags).

Palazzo Comunale

Mit ihrer schlichten gotischen Fassade zieht die Kirche San Benedetto die Blicke auf sich. Der Überlieferung zufolge wurde im 6. Jh. eine Kirche über dem **Elternhaus des Heiligen** errichtet. Der heutige Bau entstand um 1389, musste aber nach Erdbeben mehrfach restauriert werden. In der Mitte der aus hellem Stein errichteten Fassade ist das fein ausgearbeitete Portal (im Giebelfeld »Madonna mit Kind und

San Benedetto

Norcia Orientierung

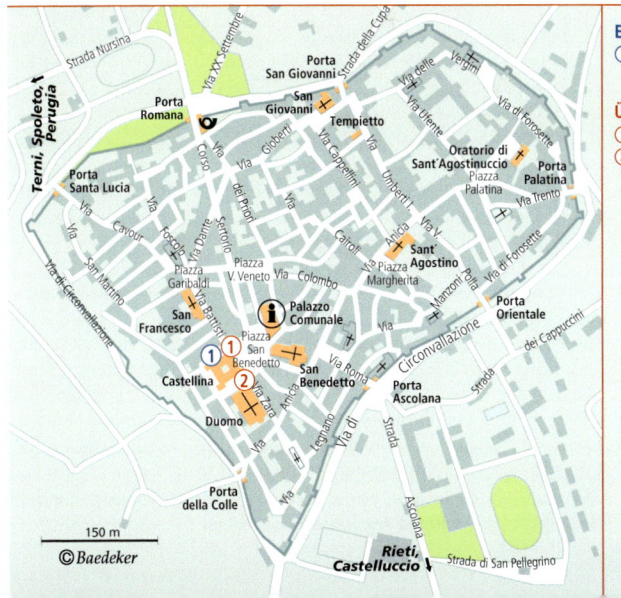

Essen
① Granaro del Monte

Übernachten
① Grotta Azzurra
② Nuova Hotel Posta

©Baedeker

Der stimmungsvolle Hauptplatz von Norcia

Engeln«) mit zwei seitlichen Nischen zu sehen, in denen Figuren des hl. Benedikt und der hl. Scholastika stehen. Im oberen, nach dem Erdbeben 1859 erneuerten Fassadenteil sitzt über einem schmalen Gesims die prächtige Fensterrose, die von den vier Evangelistensymbolen gerahmt wird. Im Innenraum ist ein Fresko unter der Sängerkanzel sehenswert: »Madonna mit Kind, der hl. Barbara und dem Erzengel Michael« (16. Jh.). Von dem aus Norcia stammenden Maler Michelangelo Carducci stammt die »Auferweckung des Lazarus« (um 1560) am zweiten Altar links. Eine Begebenheit aus der Benedikt-Legende behandelt das Ölgemälde von Filippo Napoletano (1621) im linken Querarm: »Der Gotenkönig Totila kniet vor Benedikt«.

In der **Krypta** haben sich die als Verblendmauerwerk ausgeführten Reste eines römischen Bauwerks erhalten.

An die rechte Langhausseite der Kirche ist die **Loggia dei Mercanti** (Loggia der Kaufleute; 1570) angebaut. Die schweren Steinfässer dienten zur Festsetzung der mittelalterlichen Maße.

Museo Civico Diocesano »La Castellina« Die von trutzigen Ecktürmen flankierte Castellina (Verkleinerungsform von Castello) wurde 1554–1563 nach Plänen des berühmten Renaissance-Architekten Vignola als Residenz des »Prefetto della Montagna« errichtet. Zuvor hatte an dieser Stelle eine Kirche gestanden, die durch den Neubau des Doms ersetzt wurde. Das in der Castellina eingerichtete Museum zeigt sakrale Kunstwerke aus den Kirchen und Klöstern der Umgebung (geöffnet Di. – So. 10.00 – 13.00, 15.00 – 17.00, im Winter 16.00 – 18.00 Uhr).

Mit dem Museumsticket kann man die Überreste einer **römischen Nekropole** an der **Porta Ascolana** besichtigen.

Etwas versteckt neben der Castellina steht der 1560 erbaute Dom Santa Maria Argentea. Das spitzbogige Portal an der linken Wand stammt noch von der Vorgängerkirche. Im dreischiffigen Inneren birgt das Gotteshaus einen Barockaltar des Franzosen François Duquesnoy aus dem 17. Jahrhundert. **Dom**

Von den Kirchen in Norcia lohnt **Sant'Agostino** (14. Jh.), die einige schöne Schnitzaltäre und Fresken des 15. und 16. Jh.s im barockisierten Inneren birgt. Sehenswert ist auch das **Oratorio di Sant'Agostinuccio** an der Piazza Palatina wegen seiner prächtigen, mit Schnitzwerk verzierten Holzdecke (17. Jh.). Sant'Agostinuccio liegt im Stadtviertel Capolaterra, dem ehemaligen Wohnquartier der Hirten mit einfacheren Häusern, als man sie sonst in Norcia findet. **Weitere Sehenswürdigkeiten**

Wenn man wenige Meter hinter Sant'Agostino links in die Via Umberto einbiegt, kommt man zu dem hübschen Tempietto, mit dem 1354 ein gewisser Vanni della Tuccia ein Gelübde einlöste. Ungewöhnlich für die Zeit sind die Renaissanceformen des kleinen Bauwerks, das aus einem rustizierten, quadratischen Sockel besteht, über dem zwei pfeilergestützte Bögen aufsteigen. **Tempietto**

Die Fresken in den Kirchen rund um Norcia zeigen häufig Schweine. Das Schwein hat in dieser Gegend immer eine wichtige Rolle gespielt.

Umgebung von Norcia

In Richtung Westen
Am Zusammenfluss von Sordo und Corno, 6,5 km westlich von Norcia, liegt das kleine Dorf **Serravalle**, das noch ein sehr mittelalterliches Gepräge hat. Auf der Weiterfahrt in Richtung Cerreto di Spoleto (▶ Valnerina) kommt man zur **Gola di Biselli**, einer eindrucksvollen Schlucht des Corno-Flusses. Im Mittelalter war diese Stelle ein berüchtigtes Nadelöhr für Raubüberfälle. Im 13. Jh. entstand auf einem Felsvorsprung über der Schlucht aus einem Castello eine Siedlung, die das Tal des Corno beherrschte. Mit ihrem Wachturm auf der Höhe und der darunterliegenden Ortschaft ist sie ein typisches Beispiel für die Castelli-Dörfer in der Valnerina.

Madonna della Neve
Etwa 8 km südlich von Norcia steigt das Gelände zur Passhöhe Forca di Civita an. An der Passstraße zweigt ein Sträßchen nach Castel S. Maria ab, das auch zu der Kirche Madonna della Neve führt. Das 1565–1571 erbaute Gotteshaus stürzte während des Erdbebens 1979 ein. Die Fresken aus der Erbauungszeit konnten gerettet werden.

✴ Sibillinische Berge und Piani

Nationalpark
Nördlich und östlich von Norcia erstrecken sich die Monti Sibillini, die Sibillinischen Berge, als südlicher Teil des umbrisch-märkischen Apennins. Seit 1989 ist die Gebirgslandschaft als »Parco Nazionale« ausgewiesen. Die Sibillinischen Berge liegen zum größeren Teil auf märkischem Gebiet. Der höchste Gipfel ist der **Monte Vettore** mit 2476 m, ebenfalls auf märkischem Gebiet, den man von Castelluccio, aber auch von der 1536 m hoch gelegenen Passhöhe Forca di Presta aus in einer vier- bis fünfstündigen Wanderung ersteigen kann (in etwa 3,5 h bis zum Rifugio Zilioli auf 2238 m, von hier noch etwa 1 Stunde bis zum Gipfel, Informationen unter www.sibillini.net).
Eingebettet in die karge Gebirgslandschaft sind Hochebenen, die **Piani**, die durch Karstbildung entstanden sind. Charakteristisch für das Landschaftsbild des Piano di Santa Scolastica um Norcia sind die durch das abfließende Karstwasser bewässerten Anbauflächen. Da das Karstwasser in Hülle und Fülle fließt, gedeiht alles recht schnell und die Wiesen können mehrmals im Jahr gemäht werden. 2,6 km südlich von Norcia zweigt von der Straße nach Madonna della Neve die Passstraße nach **Forca Canapine** ab. Man hat phantastische Ausblicke auf die Hochebene Piano di Santa Scolastica und von der Passhöhe ein großartiges Panorama über die Sibillinischen Berge. Der 1500 m hoch an der Grenze zu den Marken gelegene Ort Forca Canapine ist ein beliebtes Wintersportzentrum.

! *Baedeker* TIPP

Piano Grande per Fahrrad

Im Sommer werden auf der Ebene des Piano Grande an der Zufahrtsstraße nach Castelluccio Fahrräder und Mountainbikes vermietet – das beste Fortbewegungsmittel, um die Flora und Fauna dieses einmaligen Tals zu erkunden.

Wenige Kilometer vor Forca Canapine geht es links hinab in das **Piano Grande**, die größte der Hochflächen um Norcia – rau, wild, karg und meist menschenleer. Die von schneebedeckten Berghängen des Monte Vettore gerahmten Wiesen werden von weidenden Schafen bevölkert. Im Juni und Juli erblüht hier eine einzigartige Flora. Dazu gehören auch die Hochlandlinsen, die im Juni während der »Fiorita« das ganze Tal mit einem zauberhaften violettfarbenen Blütenteppich bedecken und im August geerntet werden.

Castelluccio ist das einzige Dorf weit und breit, pittoresk auf einer 1400 m hohen Bergkuppe gelegen. Im Winter gibt es viel Schnee – Skifahrer, Langläufer und Wanderer kommen dann hierher. Auch im Frühjahr und Sommer ist der Ort belebt, denn Castelluccio wird als Ausgangspunkt für Touren in die Sibillinischen Berge, für den Aufstieg zum Monte Vettore oder für Ausritte ins Piano Grande geschätzt. Vor allem aber ist Castelluccio ein Mekka für Drachen- und Gleitschirmflieger, die auf dem Piano Grande ideale Bedingungen haben. Im Dorf gibt es auch eine Drachenflugschule; ansonsten ist die Infrastruktur eher bescheiden.

Castelluccio in den Sibillinischen Bergen – ein Eldorado für Drachen- und Gleitschirmflieger

★ ★ Orvieto

B 9

Provinz: Terni   **Höhe:** 325 m ü.d.M.
Einwohnerzahl: 21 500

Orvieto thront 200 m über dem Paglia-Tal auf einem Plateau aus Tuffstein. An der höchsten Stelle überragt die schillernde Fassade des Doms die Altstadthäuser. Die Stadt wirkt authentisch – teilweise herb und fast etwas trist, teilweise aber auch sehr malerisch. Seit dem Mittelalter ist Orvieto eines der Zentren der umbrischen Majolikaherstellung.

Auf Tuffstein gebaut Neben dem Orvieto über der Erde gibt es auch eines darunter, das man an einzelnen Stellen besichtigen kann. Der Tuff, der die Stadt trägt, ist gleichzeitig auch ihr größtes Sorgenkind, denn die jahrhundertelange Aushöhlung hat ihm schwer zugesetzt. »Progettorvieto« nennt sich die seit den 1970er-Jahren laufende, großangelegte Stadtsanierung, mit der das Tuffproblem langfristig gelöst werden soll.

»Orvieto Classico« Der »Orvieto«, insbesondere der »Orvieto Classico«, ist einer der bekanntesten italienischen Weißweine. Der Maler **Luca Signorelli**, der im 16. Jh. mit der Ausmalung der Cappella Nuova am Dom von Orvieto betraut wurde, soll angeblich mit der Dombauhütte eine Vertragsklausel ausgehandelt haben, die ihm als zusätzliches Honorar so viel von dem guten orvietanischen Wein zugestehen sollte, wie es ihm beliebe. Die Orvietaner zitieren diese Anekdote gerne, um damit zu belegen, dass der orvietanische Wein nicht erst heute hoch geschätzt wird.

> # ❗ *Baedeker* TIPP
>
> ## Orivieto Underground
>
> Eine einzigartige Reise durch Orvietos Tuffsteinlabyrinth: Unglaublich viele Hohlräume, ein Wirrwarr von Grotten, Gängen und Treppen, die seit Jahrhunderten zu unterschiedlichen Zwecken benutzt wurden (ca. 15° C). Führungen tgl. 11.00 – 12.15 u. 16.00 – 17.15 Uhr, Treffpunkt neben dem Tourismusbüro an der Piazza del Duomo 23. www.orvietounderground.it

Die etruskische Siedlung entwickelte sich bis zum 3. vorchristlichen Jahrhundert zur bedeutenden Stadt Velzna (lat. Volsinii), wovon noch viele Nekropolen in der Umgebung zeugen. Ab 264 v. Chr. römisch und »urbs vetus« genannt, wurde sie zur Zeit der Völkerwanderung von Goten und Langobarden in Besitz genommen. Ab Mitte des 12. Jh.s war Orvieto ein **selbstverwalteter Stadtstaat** von Gnaden der Päpste, die zeitweise hier Hof hielten; den Kriegen zwischen den adligen Familienclans setzte Kardinal Albornoz durch den Bau der Rocca 1364 ein Ende. Nach der Herrschaft einiger Signorien gehörte die Stadt 1449–1860 zum Kirchenstaat.

▶ ORVIETO ERLEBEN

AUSKUNFT

IAT
Piazza Duomo 24
Tel. 0 76 33 4 17 72
Fax 0 76 33 4 44 33
www.orvieto.umbria2000.it
Weitere Informationen und gutes Prospektmaterial auf Deutsch gibt es auch direkt am Bahnhof.

VERANSTALTUNGEN

Am Pfingstsonntag wird bei der *Festa della Palombella* zu Mittag die Ausgießung des Heiligen Geistes »nachgespielt«.
Zu *Fronleichnam*, einem Kirchenfest, das im nahen Bolsena seine Wurzeln hat, trägt man das blutbefleckte

Kelchtuch in einer Prozession durch die Straßen.
Umbria Jazz Winter: hochkarätige Jazzkonzerte in den schönsten Palästen von Orvieto zum Jahreswechsel. Absolute Highlights sind das Silvesterdinner mit Musik und die Neujahrsaufführung der Gospelsänger im Dom (28.12.-1.1, jeweils ab 12.00 Uhr).

SHOPPEN

Der Corso Cavour zwischen der Piazza della Repubblica und dem Torre del Moro ist die Haupteinkaufsmeile von Orvieto – mit Weinhandlungen, unzähligen Majolikageschäften, Andenkenläden,

Orvieto Orientierung

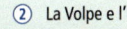

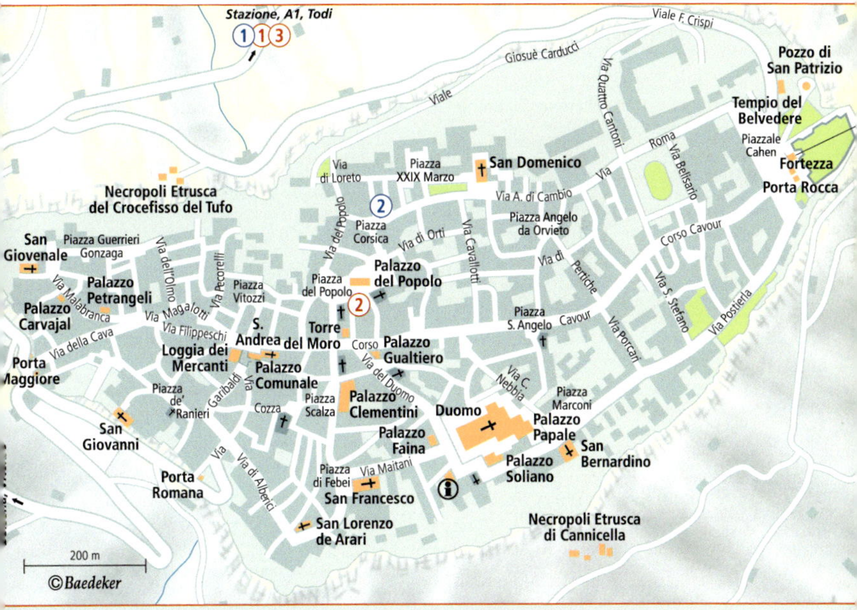

Essen ① Vissani ② La Volpe e l'Uva

Übernachten ① La Badia ② Reale ③ Villa Ciconia

*Hochrangige Veranstaltung:
Umbria Winter Jazz*

exquisiten Lederwaren- und Mode-
boutiquen. An der Via del Duomo
zwischen Corso Cavour und Domplatz reihen sich Kunsthandwerks-
und Keramikgeschäfte aneinander. An
der Piazza del Popolo gibt's donners-
tags und samstags einen großen
Markt mit deftigen Imbissen und
umbrischer Spezialität: porchetta, gegrilltes und mit köstlichen Kräutern
gewürztes Schweinefleisch.

PARKEN

Auf einem der Parkplätze unterhalb
der Stadt und von dort mit der
Drahtseilbahn in die Stadt hinauf
(Fahrtzeit ca. 2 Min.) oder am Rand
der Altstadt auf dem Parkplatz bei der
Porta Maggiore bzw. auf dem Piazzale
Cahen. Vom Piazzale Cahen starten
Minibusse hinauf ins Zentrum; zu
Fuß etwa 15 Minuten.

ESSEN

▶ **Fein & Teuer**
① *Vissani*
Baschi, Civitella del Lago
an der Staatsstraße 448 Orvieto–Todi
Tel. 07 44 95 03 96, Mi. geschl.

Vissani sei der größte Koch, den
Italien in diesem Jahrhundert erlebt
hat. Davon ist der meistbeachtete
Restaurantführer des Landes, der
»Espresso«-Führer, seit mehr als zehn
Jahren überzeugt. Ohne Reservierung
hat man keine Chance, einen Tisch zu
bekommen.

▶ **Preiswert**
② *La Volpe e l'Uva*
Via Ripa Corsica 1/2
Tel. 07 63 34 16 12
Mo. und Di. geschl.
Das beliebte Lokal in der Altstadt von
Orvieto ist längst kein Geheimtipp
mehr (abends Vorbestellung notwen-
dig!). Doch die große Popularität hat
der Qualität keinen Abbruch getan.

ÜBERNACHTEN

▶ **Luxus**
① *La Badia*
Loc. La Badia 8
Tel. 07 63 30 19 59, Fax 07 63 30 53 96
26 Zimmer in einer alten Abtei 3 km
außerhalb von Orvieto. Elegante Einrichtung, Schwimmbad und Tennisplätze. In dem Restaurant gibt es
sowohl umbrische Spezialitäten als
auch internationale Küche (Kategorie
Fein & teuer). www.labadiahotel.it

▶ **Komfortabel**
② *Reale*
Piazza del Popolo 27
Tel. 07 63 34 12 47, Fax 07 63 34 12 47
Zentral und stilvoll in einem alten
Stadtpalast.

③ *Villa Ciconia*
Orvieto Scalo, Ciconia
Tel. 07 63 30 55 82, Fax 07 63 30 20 77
www.hotelvillaciconia.com
Schöne Villa in einem alten Park in
Ciconia östlich von Orvieto, jenseits
der Autobahn. Sehr angenehm und
großzügig.

Sehenswertes in Orvieto

✴ ✴ **Dom Santa Maria**

Der Dom im Süden Orvietos wird der als eines der schönsten Bauwerke der italienischen Gotik gefeiert. Von der Grundsteinlegung im Jahr 1290 durch Papst Nikolaus IV. bis zur Fertigstellung im 17. Jh. waren zahlreiche Baumeister und Künstler beschäftigt, von denen besonders der sienesische Architekt und Bildhauer **Lorenzo Maitani** (um 1270–1330) zu erwähnen ist. Er leitete den Bau von 1308 bis 1330, fügte die Strebebögen an und entwarf die Fassade, für die ihm der Dom in Siena als Vorbild diente. Nach Maitani lag das Dombauprojekt in den Händen verschiedener Baumeister, von denen Andrea (1347/1348) und Nino Pisano (1349), der Florentiner Andrea Orcagna (1359), der die große Fensterrose entwarf, und Antonio Federighi (1451–1456) Erwähnung verdienen. Erst im beginnenden 17. Jh. waren die Dombauarbeiten vollständig abgeschlossen. Anlässlich der 600-Jahr-Feier 1890 wurde bei einer umfassenden Restaurierung die barocke Ausstattung des Doms entfernt, um den gotischen Eindruck wiederherzustellen. 1990 feierte Orvieto das 700-jährige Bestehen seines glanzvollen Kirchenbaus (geöffnet: Dom: Nov. – März tgl. 7.30 bis 12.45, 14.30 – 17.15, April – Okt. 7.30 – 12.45, 14.30 – 19.15; Cappella Nuova: Nov. – März 9.00 – 12.45, 14.30 – 17.15, So. und Fei. nur 14.30 – 17.15, April – Okt. werktags 9.00 – 12.45, 14.30 bis 19.15, So. und Fei. 14.30 – 17.45; Krypta tägl. 10.00 – 12.00 Uhr).

Bedeutung und Baugeschichte

Enge mittelalterliche Gassen führen hinauf zum Dom auf dem höchsten Punkt der Altstadt.

Dom Santa Maria • Fassade

© Baedeker

A–D	Pfeilerreliefs
A	Schöpfungsgeschichte
B	Alttestamentarische Szenen
C	Szenen aus dem Leben Christi
D	Jüngstes Gericht

1–4	Evangelistensymbole als Bronzestatuen
1	Engel/Matthäus
2	Löwe/Markus
3	Adler/Johannes
4	Stier/Lukas
5	Bronzetür von Emilio Greco (1964-1970)
6	Madonnenskulptur (1347), Andrea Pisano (?)
7	Fensterrose, von Kirchenvätern gerahmt
8	Propheten
9	Apostelfiguren (1556)

10–21	Mosaiken
10	Verlobung Mariens
11	Marienkrönung
12	Mariä Tempelgang
13,14	Verkündigung
15–17	Maria mit Aposteln
18,19	Joachim und Anna
20	Taufe Christi
21	Geburt Mariä

✶ ✶

Fassade

Mit der 52 m hohen und 40 m breiten Domhauptfassade, ihren kostbaren Materialien, den farbenprächtigen, goldunterlegten Mosaiken und der Fülle an architektonischen und bauplastischen Details hinterließ Lorenzo Maitani sein größtes Meisterwerk. Obgleich nicht nach einem einzigen einheitlichen Plan entstanden, zeichnet sich die Fassade, deren Aufbau gerne mit dem eines gotischen Flügelaltars verglichen wird, durch ein harmonisches Erscheinungsbild aus.

Die **Fassadengliederung** übernehmen vier kräftige Strebepfeiler, die in filigranen Türmen enden. Der Höhenzug wird durch die Galerie über der Portalzone und die quadratische Rahmung der großen Fensterrose von Andrea del Orcagna (1354) unterbrochen. In den unteren Teil schneiden drei wimpergbekrönte Stufenportale in die Wandflächen ein. Nur das mittlere, größere, zeigt den umbrischen Rundbogen, die beiden seitlichen sind gotisch gespitzt. Auf den reliefverkleideten Pfeilersockeln stehen als Bronzestatuen die **Symbole der vier Evangelisten**, die vermutlich nach Entwürfen von Lorenzo Maitani im 14. Jh. entstanden. Die Bronzetüren des Hauptportals, ein Werk des zeitgenössischen Bildhauers Emilio Greco, wurden nach heftigen Kontroversen 1970 hier eingesetzt.

✶ ✶

Pfeilerreliefs ▶

Meisterwerke der hochmittelalterlichen Plastik sind die Marmorreliefs an der Sockelzone der Fassade, die zwischen 1310 und 1330 unter Beteiligung mehrerer Künstler entstanden. Die unteren vier bzw. unteren drei der äußeren Reliefs (am ersten und vierten Pfeiler) stammen von Lorenzo Maitani; die oberen Darstellungen sind weniger detailliert gearbeitet und möglicherweise schon auf Fernsicht konzipiert. Während bei den äußeren Pfeilerreliefs Efeuranken recht-

eckige Bildfelder schaffen, bilden an den inneren Pfeilern Akanthus-
ranken eine Raumaufteilung, die an Glasfenster erinnert. An Expressivität kaum zu steigern ist Maitanis Darstellung des **Jüngsten Gerichts** am Pfeiler ganz rechts, wo fratzenhaft entstellte Gesichter, eng
verschlungene Leiber, gequälte, erschöpfte, verzweifelte Kreaturen
dem Inferno zu entfliehen suchen.

Der basilikale Innenraum des Doms ist im Gegensatz zur Fassade   **Inneres**
noch sehr romanisch geprägt. Bestimmend für den Raumeindruck
ist der von den Seitenansichten des Außenbaus bekannte Wechsel
von grauen und hellen Steinlagen, der im oberen Teil aufgemalt wurde, und das warme Licht, das durch die Alabasterfenster der Seitenkapellen den Raum beleuchtet. Diese farbliche Reduktion steigert die
Wirkung des farbigen Glasfensters im Chor und des Buntglases der
großen Fensterrose. Gleich beim Eingang stehen zwei Weihwasserbecken; das linke (1390) wurde aus einem einzigen Block roten Mar-
mors gehauen. In der Vierung verdienen vor allem zwei Plastiken
des orvietanischen Bildhauers Ippolito Scalza Beachtung: die aus einem Block entstandene »Pietà« aus dem Jahre 1579 und der »Ecce
Homo«, sein letztes Werk (1608).
Herausragende Anziehungspunkte sind die beiden Kapellen rechts
und links der Vierung. Ein überragendes Gesamtkunstwerk ist die   ✱ ✱
Cappella Nuova (Cappella di S. Brizio, rechts). Die Ausmalung dieser   ◀ Cappella
Kapelle durch **Luca Signorelli** aus Cortona (1440/1450–1523) mar-   Nuova
kiert einen Höhepunkt der italienischen Renaissancemalerei. Die
Fresken von Signorelli zeigen ein ausgeprägtes Interesse für die
menschliche Anatomie, gegenüber
der das Umfeld der Dargestellten,
der Raum, in dem sie sich bewe-
gen, völlig zurücktritt. Das Programm der Ausmalung beginnt an
der linken Wand mit den **»Taten
des Antichrist«**, einem selten in
der Malerei vorkommenden Thema. Signorelli stellt den Antichris-
ten auf einem Podest stehend und
predigend dar, während ihm der
Teufel Worte ins Ohr flüstert. Unter den Figuren des ihm lauschen-
den Volkes sind berühmte Zeitgenossen porträtiert – er selbst einge-
schlossen. An der Eingangswand

> **?** **WUSSTEN SIE SCHON …?**
>
> ■ Das Fronleichnamsfest hat im nahen Bolsena
> seine Wurzeln. Im Mittelalter, als man heftig
> darüber stritt, ob Brot und Wein beim
> Abendmahl zu Leib und Blut Christi verwan-
> delt werden oder diese nur symbolisieren,
> ereignete sich ein Wunder: Bei einer Messe in
> Bolsena tropfte Blut aus der Hostie auf das
> Corporale (Kelchtuch). Der in Orvieto weilende
> Papst Urban IV. ließ das Tuch in die Stadt
> bringen und führte 1264 das Fest Corpus
> Christi ein.

hat Signorelli das »Weltende« thematisiert, an der rechten Wand die
»Auferstehung des Fleisches«: die Auferstehung der Toten als Gerip-
pe, die allmählich wieder zu Menschen aus Fleisch und Blut werden.
Im zweiten Bild an der rechten Wand kulminiert der Freskenzyklus
mit der furiosen Darstellung der »Verdammten«. Die auf Dantes »Inferno« zurückgehende Szene ist für gewöhnlich Teil des Jüngsten Ge-

richts. Bei Signorelli sitzt der richtende Christus im Gewölbe der Kapelle, die Wand gehört allein der Darstellung der zu Höllenqualen Verdammten.

Cappella del Corporale ▶ Links der Vierung öffnet sich die 1350–1361 auf trapezförmigem Grundriss erbaute Cappella del Corporale. Benannt ist sie nach dem berühmten Messtuch mit den Blutstropfen Christi, das in dem **Schrein**, einem Werk des sienesischen Goldschmieds Ogolino di Vieri (1338), aufbewahrt wird. Er erinnert mit seinen architektonischen Elementen, den Türmchen und Wimpergen, an die Architektur des Doms. Den Hergang des Wunders (s. u.) und die Geschichte des Corporale schildern die Wandfresken, die Ugolino di Prete Ilario in siebenjähriger Arbeit fertigstellte (1357–1364; im 19. Jh. restauriert).

Am Domplatz

Palazzo Soliano Rechts vom Dom steht der noch sehr romanisch anmutende Palazzo Soliano, der durch den zurückversetzt liegenden Papstpalast mit dem Dom verbunden ist. Das um 1300 für Papst Bonifaz VII. errichtete Gebäude blieb unvollendet und wurde später mehrfach verändert – der »mittelalterliche« Zinnenkranz ist beispielsweise eine Zutat aus dem Jahr 1896. Im **Museo Emilio Greco** im Erdgeschoss werden Arbeiten des italienischen Bildhauers Emilio Greco gezeigt. Greco fertigte 1964–1970 die Bronzetüren für den Dom, die anfänglich sehr umstritten waren (geöffnet: tgl. 14.30 – 17.30 Uhr).

Palazzo Papale Etwas versteckt zwischen dem mächtigen Dom und dem Palazzo Soliano liegt der an Letzteren angebaute ehemalige Papstpalast, ein schön proportionierter zweigeschossiger Bau mit einer ursprünglich offenen Arkadenhalle im Erdgeschoss (heute verglast) und zierlichen gotischen Doppelfenstern im Obergeschoss.

Museo Archeologico Nazionale ▶ Das Erdgeschoss der ehemaligen Papstresidenz wird vom Achäologischen Museum genutzt, das in fünf großen Sälen die Ausgrabungsergebnisse und **Funde der etruskischen Nekropolen** zeigt. Die Fundstücke stammen aus mehreren, 1977 gesicherten Gräbern der Cannicella-Nekropole und der nordöstlich von Orvieto gelegenen Totenstadt Crocefisso del Tufo. Dort wurde 1985 das gut erhaltene Grab des Avele Metiena aus dem 6. Jh. v. Chr. geöffnet. Besonders eindrucksvoll ist eine vollständige Kriegerausrüstung aus dem 4. Jh. v. Chr., die in der Nekropole Settecamini in der sog. Tomba del Guerriero (»Kriegergrab«) gefunden wurde. In Settecamini hatte Domenico Golini bereits 1863 zwei Gräber mit etruskischen Wandmalereien entdeckt, die 1955 von der Wand gelöst und so vor der Zerstörung gerettet wurden. Die abgenommenen, allerdings nur **fragmentarisch erhaltenen Wandbilder** der nach Golini benannten Gräber bilden heute die Hauptattraktion des Archäologischen Museums. Das erste Grab besteht aus zwei Kammern. In der ersten Kammer wird die Vorbereitung eines Festmahls, vermutlich eines Totenmahls, gezeigt. In der zweiten Kammer kommt das Mahl selbst zur Darstel-

Orvieto erhebt sich wie eine Festung auf einem Tufffelsen über dem Paglia-Tal.

lung, bei dem auch Hades und Persephone, die Götter der Unterwelt, teilnehmen. Der Verstorbene betritt auf einem Wagen die Bühne des Bildes. Auch im zweiten Grab zeigen die Wandbilder ein festliches Bankett mit Musikantenbegleitung (geöffnet: tgl. 8.30 – 19.30 Uhr).

Das **Museo dell' Opera del Duomo** (Dommuseum) im Obergeschoss birgt zahlreiche Dokumente und Kunstwerke zum Dombau, u. a. Umgestaltungsentwürfe und die Aufrisszeichnung der Fassade von Lorenzo Maitani, eine der frühesten in der europäischen Kunstgeschichte. Neben verschiedenen Goldschmiedearbeiten besitzt das Museum eine reiche Sammlung von Skulpturen, die etwa zeitgleich mit denen an der Domfassade entstanden, so die »Thronende Madonna mit Kind« von Andrea Pisano (geöffnet: Nov. – März Mi. bis Mo. 10.00 – 17.00, April – Juni und Sept., Okt. 10.00 – 18.00, Juli, August 10.00 – 13.00, 15.00 –19.00 Uhr).

Der schlichte Palazzo gegenüber der Domfassade beherbergt zwei Sammlungen, die des städtischen archäologischen Museums und eine umfangreiche Kollektion antiker Vasen, die sich im Besitz der Grafenfamilie Faina befand und 1954 als Schenkung an die Stadt Orvieto ging. Zu den Hauptwerken der archäologischen Sammlung gehören **etruskische Funde**, wie beispielsweise ein etruskischer Sarkophag aus dem 4. Jh. v. Chr., ein Kriegerkopf (6. Jh. v. Chr.), der in der Tomba del Guerriero entdeckt wurde, sowie die sog. »Venus von Cannicella« (6. Jh. v. Chr.), eine in Griechenland geschaffene weibliche Marmorfigur. Schön ist der Museumsweg für Kinder (geöffnet April bis September tgl. 9.30 – 18.00, Okt.–März 10.00 – 17.00 Uhr).

Palazzo Faina, Musei archeologici civico e Faina

Stadtrundgang

Vom Domplatz kommt man über die Via Maitani nach etwas mehr als 100 m zur Kirche San Francesco, die ihre Fassade der Piazza dei

Via Maitani, San Francesco

Febei zuwendet. Das Innere der gotischen Kirche (13. Jh.) wurde 1768–1773 barock erneuert. Sehenswert ist das Holzkruzifix auf dem Hauptaltar, das im Umkreis von Lorenzo Maitani entstanden ist.

San Lorenzo de Arari

Biegt man an der Piazza dei Febei in die Via Ippolito Scalza ein, dann kommt man zu der kleinen Kirche San Lorenzo de Arari, die noch spät, ab 1291, in romanischen Stilformen erbaut wurde. Einen Blick lohnen die Fresken an der linken Langhauswand mit Szenen aus der Legende des Titelheiligen Laurentius (1330). Seinen ungewöhnlichen Namen verdankt das Gotteshaus dem etruskischen **Opferaltar** (lat. ara), der heute den Hauptaltar schmückt.

Westliche Altstadt, Porta Maggiore

Einen Rundgang lohnt der äußerst malerische Westteil der orvietanischen Altstadt. Die Kirche San Giovanni ist ein oktogonaler Zentralbau von 1704. Die angrenzenden ehemaligen Klostergebäude werden heute für Wechselausstellungen genutzt. Hinter der Apsis kann man an der einstigen Stadtbefestigung bis zur Porta Maggiore entlanggehen und eine weite Aussicht genießen. Das mächtige, in den Fels geschnittene und mit Quaderblöcken verblendete Tor ist der älteste Zugang zur Stadt. Der Panoramaweg setzt sich jenseits der Porta Maggiore fort bis zur Chiesa di San Giovenale ganz im Westen der Stadt.

✳

Pozzo della Cava

Hinter der Porta Maggiore liegt der älteste Stadtteil von Orvieto mit einem Gewirr von schmalen Gassen, Häusern aus rot- bis gelbbraunem Tuffstein und dazwischen kleinen, meist blumengeschmückten Höfen. Eine typische Gasse ist die **Via della Cava**, von der aus man in den Pozzo della Cava hinabsteigen kann (bei Haus Nr. 28; geöffnet: tgl. außer Mo. 8.00 – 20.00 Uhr). Papst Clemens VII. ließ diesen Brunnen 1527 ausheben, gleichzeitig mit dem berühmten Pozzo San Patrizio. Seit dem 17. Jh. fließt hier kein Wasser mehr. Heute kann man einen archäologischen Rundgang in den Brunnen machen und danach ein Glas Orvieto im schönen Innenhof genießen.

San Giovenale

Der Bau dieser im Kern mittelalterlichen Kirche fällt einer Überlieferung zufolge in das Jahr 1004. Ihre basilikale Anlage ist romanisch, der Chor stammt aus dem 13. Jahrhundert. Das Besondere an San Giovenale ist ihr reicher Freskenschmuck aus dem 13.–16. Jh. und der steinerne, mit Bandwerk und menschlichen Figuren (u. a. ein Bischof mit Mitra und Stab) dekorierte Altartisch aus dem Jahr 1170.

✳

Piazza della Repubblica

Die Piazza della Repubblica ist ein belebter Dreh- und Angelpunkt in Orvieto. Sie wird beherrscht vom wuchtigen **Palazzo Comunale** mit seiner offenen, als Durchfahrt genutzten Bogenhalle im Erdgeschoss. Links des Palazzo steht der hohe, zwölfeckige Campanile, der zur Kirche **Sant'Andrea** gehört. Bereits in frühchristlicher Zeit stand hier eine Kirche, die heutige, in den 1920er-Jahren stark restaurierte Kirche stammt im Wesentlichen aus dem 11. Jahrhundert.

Palazzo del Popolo mit Drillingsfenstern und dem typisch orvietanischen Schachbrettmuster als Rahmung

Von der Piazza della Repubblica folgt man ein Stück dem Corso Cavour (Fußgängerzone), der Haupteinkaufsstraße von Orvieto.
Linker Hand taucht der 42 m hohe Torre del Moro auf, ein **mittelalterlicher Geschlechterturm**, auf den man unbedingt hinaufsteigen sollte. Die für die 24 Zünfte gegossene Glocke wurde 1316 aus dem Palazzo Popolo hierher gebracht (geöffnet: Jan., Febr., Nov., Dez. 10.30 – 13.00, 14.30 – 17.00, März, Apr., Sept., Okt. 10.00 – 19.00, Mai – August 10.00 – 20.00 Uhr).

★
Corso Cavour, Torre del Moro

Enge Gassen verbinden den Corso Cavour mit der Piazza del Popolo, die vom wuchtigen Tuffsteinblock des gleichnamigen Palazzo beherrscht wird. Als »Regierungssitz« des Volkshauptmanns (capitano del popolo) errichteten die Orvietaner um die Mitte des 13. Jh.s den wehrhaften Stadtpalast, der für den Palazzo Soliano am Domplatz den Prototyp lieferte. Charakteristisch für beide Bauwerke sind die offene Halle im Erdgeschoss, der Piano Nobile mit Drillingsfenstern und die Freitreppe zum terrassenartigen Vorbau. Ein **typisch orvietanisches Dekor** ist das Reliefband mit Schachbrettmuster, das in einem Rundbogen die Drillingsfenster überfängt.

Piazza del Popolo
★ ★
◄ Palazzo del Popolo

An der Piazza XXIV Marzo steht der Torso der Kirche San Domenico, einer großen, vermutlich in den 80er-Jahren des 13. Jh.s vollendeten Bettelordenskirche. Im Innern befindet sich links neben dem Eingang das Grabmonument des 1282 verstorbenen Kardinals De Braye von Arnolfo di Cambio, das für die italienische Grabmalskunst des 14. Jh.s vorbildhaft wirkte.

San Domenico

★
◄ Grabmal für Kardinal De Braye

✳ **Pozzo di San Patrizio** ⏱ Knapp 200 m links unterhalb der Zahnradstation an der Piazza Cahen kommt man zu einem kleinen, runden Backsteingebäude, das den Eingang bildet zu Orvietos imposantestem Brunnensystem (geöffnet April bis Sept. 9.30 – 18.45, Okt. – März 10.00 – 18.00 Uhr; festes Schuhwerk wird empfohlen). Den Bau dieses Brunnens veranlasste 1527 Papst Klemens VII., der während der Plünderung Roms durch die Landsknechte Karls V. Zuflucht in Orvieto suchte. Aus Furcht, auch Orvieto könnte belagert und durch die Verknappung des Trinkwassers zu einer Kapitulation gezwungen werden, ließ Klemens drei Brunnen anlegen, von denen nur der Pozzo di San Patrizio erhalten blieb. Mit der Konstruktion dieses gewaltigen Bauvorhabens beauftragte er Antonio da Sangallo den Jüngeren. Sangallo ließ in zehnjähriger Arbeit einen 62 m tiefen Schacht bohren, der von einer **zweifachen Wendeltreppe** umgeben ist, in der sich die auf- und absteigenden Esel beim Wassertransport nicht behinderten.

Tempio del Belvedere In Orvieto gab es eine ganze Reihe von etruskischen Heiligtümern, von denen allein der Tempio del Belvedere zumindest fragmentarisch erhalten blieb. Er steht wenige Meter nördlich oberhalb des Pozzo di San Patrizio auf einem Felsvorsprung und zeigt die typische Gestalt eines etruskischen Tempels mit einem Podium, zu dem eine Freitrep-

Eindrucksvoller Brunnen aus dem 16. Jh., der Pozzo di San Patrizio

pe hinaufführt, zwei Reihen mit je vier Säulen und einer dreigeteilten Cella. Einzelne, mit Reliefs aus Terrakotta geschmückte Bauteile des Tempio kann man im Museo Civico e Faina bewundern. Das von den Römern zerstörte Heiligtum war vermutlich Tinia, einer der wichtigsten Gottheiten der Etrusker, geweiht.

Das Ausgrabungsgelände der etruskischen Nekropole liegt nordwestlich unterhalb der Stadt an der Via F. Crispi, die sich von der Piazza Cahen den Hang hinabwindet (Parkplatz ca. 50 m oberhalb der Nekropole; geöffnet: Sommer 8.30 – 19.00, Winter bis 17.00 Uhr). **Nekropole Crocifisso del Tufo** ⏰

Die Nekropole Crocifisso del Tuffo, so benannt nach einem aus dem Tuffstein gehauenen Kreuz in einer dortigen Kapelle, ist einer von mehreren etruskischen Friedhöfen rund um den Stadtfelsen von Orvieto. Ein Teil der Totenstadt wurde bereits im 19. Jh. entdeckt und freigelegt. Bei einem Gang durch das Ausgrabungsgelände fühlt man sich tatsächlich an eine Stadt (Nekropole = Totenstadt) erinnert: schmale, rechtwinklig angeordnete Straßen, an denen die kleinen, etwa mannshohen Grabkammern stehen. Über einer Grabkammer wurde Erde aufgeschüttet und ein Gedenkstein (Cippus) errichtet. Bei Männern war der Cippus zapfenförmig, bei Frauen zylinderförmig. Am Balken über dem Eingang wurde der Name des zuerst Bestatteten angebracht, z. B. mit der Formulierung wie »Mi Aveles Flusenas« (Ich bin das Grab von Aule Flusena).

Umgebung von Orvieto

Knapp 6 km südlich von Orvieto liegt auf einem Tuffsporn mit Panoramablick aufs Tibertal der kleine Ort Porano. Der Borgo hat noch Befestigungsmauern aus Tuffstein. Sehenswert sind die Kirche San Biagio (14./15. Jh.) mit Fresken der orvietanischen Schule (14. Jh.). Hauptsehenswürdigkeit von Porano ist die gleich vor dem Ort gelegene **Villa Paolina** aus dem 18. Jh. mit einem weitläufigen Park. Zu besichtigen ist auch das im 13. Jh. errichtete **Castel Rubello** an der Straße nach Corgnolo. Es erhebt sich auf einer Anhöhe, eingebettet in eine abwechslungsreiche Hügellandschaft mit üppigem Baumbewuchs, Weinbergen und unterschiedlich großen Feldern. **Porano**

Das Dorf Allerona liegt 19 km nordwestlich von Orvieto auf einem Hügelzug, der von zwei Zuflüssen des Paglia, dem Ripaglia und dem Rivarcale, umflossen wird. Berühmt ist Allerona wegen seiner **Spitzen, Stickereien und Klöppelarbeiten**. Einen guten Ruf haben auch der hier produzierte Käse und verschiedene Weine (u. a. stammt der DOC-Wein »Orvieto« aus dieser Gegend). **Allerona**

In der Nähe von Allerona erstreckt sich der 200 ha große **Naturpark Villalba** mit seinen schattigen Wäldern, Rast- und Picknickplätzen.

An Castel Viscardo nordwestlich von Orvieto führten in der Römerzeit zwei wichtige Handelsstraßen vorbei, die Via Cassia und die Via **Castel Viscardo**

Traiana Nuova. Das **Castello Madonna Antonia** (15. Jh.) am Ortseingang wird heute noch bewohnt. Die Eingangsseite wird von zwei
wuchtigen Rundtürmen flankiert und auf der Höhe des Piano Nobile
von einer Loggia durchbrochen.

Baschi
Baschi liegt etwa 9 km südöstlich von Orvieto auf einer Anhöhe
oberhalb des Tibertals und der Autostrada. Das historische Städtchen
wird vom schlanken Campanile der Pfarrkirche San Nicolò überragt.
Auch heute noch bestimmt der wehrhafte, auf den ersten Blick etwas
abweisende Charakter das Ortsbild. Die Befestigungsanlagen wurden
allerdings bei der Vertreibung der Familie Baschi zerstört. Zusammen mit den Burgen der benachbarten Ortschaften Civitella del Lago, Collelungo und Acqualoreto (Ortsteile von Baschi), von denen
heute nur noch ein paar kümmerliche Ruinenreste Zeugnis ablegen,
bildete Baschi im Mittelalter einen **Festungsring**.

✳
Lago di Corbara
Verhältnismäßig gut erhalten ist die Burg von Corbara (11. Jh.) an
der Straße nach Todi. Von der Burg genießt man einen herrlichen
Blick auf den schön gelegenen Lago di Corbara, ein 1962 durch die
Stauung des Tibers zur Stromerzeugung geschaffener See. Wegen sei-
nes Fischreichtums ist er bei Anglern beliebt (Baden verboten).

✳ Panicale

B7

Provinz: Perugia   **Höhe:** 431 m ü.d.M.
Einwohnerzahl: 5200

**Allein das mittelalterliche Ortsbild – so intakt wie nur in wenigen
Städten Umbriens – lohnt einen Besuch, aber auch die Beschaulich-
keit und Ruhe im Ort sind ausgesprochen wohltuend. Seine Lage
auf einem Ausläufer des Monte Petrarvella garantiert prächtige
Ausblicke auf die flache Landschaft um den Lago Trasimeno.**

Geschichte
Panicale 6 km südlich des Lago Trasimeno ist etruskischen Ursprungs und wurde von Chiusi aus besiedelt. Seine Entwicklung war
durch die Grenzlage zur Toskana geprägt. Im Mittelalter gelang es
Perugia, sich die Kontrolle über das Gebiet des Trasimeno zu sichern
und auch Panicale, das durch seine erhöhte Lage strategisch nicht
uninteressant war, seiner Herrschaft zu unterstellen. Als Perugia seine Autonomie verlor und seine Gebiete dem Kirchenstaat zufielen,
musste Panicale dieses Schicksal teilen.

**Masolino und
Boldrino**
Der in Panicale geborene und in toskanischen Städten, aber auch außerhalb Italiens beschäftigte Maler Tommaso di Cristoforo Fini, besser bekannt als Masolino (1383–1447), hinterließ in seiner Heimatstadt eine »Verkündigung« in der Kirche San Michele Arcangelo.

▶ PANICALE ERLEBEN

AUSKUNFT

Comune
Via Vannucci 1
Tel. 075 83 79 51
Fax 075 83 76 37
www.comune.panicale.pg.it

Pro Loco
Tel. 075 83 75 81

PARKEN

Einen Parkplatz gibt es vor dem
Eingang zur Altstadt an der Piazza del
Municipio.

ÜBERNACHTEN / ESSEN

▶ Komfortabel / Erschwinglich
Le Grotte del Boldrino
Via V. Ceppari 43
Panicale
Tel. 075 83 71 61
Fax 075 83 71 66
www.grottediboldrino.com
Der Palazzo Belleschi-Grifoni an der
Stadtmauer wurde zu einem schönen
Hotel mit 9 Zimmern umgebaut. Das
Restaurant im Haus genießt einen
guten Ruf. Parkmöglichkeiten gibt es
in der Nähe.

Ebenfalls aus Panicale stammt einer der hartgesottensten Söldnerführer des 14. Jh.s namens Giacomo Paneri, Boldrino da Panicale genannt. Der trotz seiner Härte hochangesehene Kämpfer wurde 1389 in Macerata hinterrücks ermordet. Seine Männer trugen die Gebeine ihres Kondottiere drei Jahre lang mit sich, bevor sie sie bestatteten.

Sehenswertes in Panicale

Panicale gehört zu den Orten, die man zu Fuß erkunden muss. Das Städtchen ist in konzentrischen Ringen um den Hügel angelegt und bildet einen völlig geschlossenen Borgo.

Stadtrundgang

Gleich hinter dem Stadttor liegt die Piazza Umberto I, die von den mächtigen Stützmauern der Kirche **San Michele Archangelo** überragt wird. Ein Brunnen und der schlichte Palazzo Pretorio sind die Zierde des Platzes. Der barock gestaltete Innenraum der Kirche an der etwas höher gelegenen Piazza San Michele lohnt wegen des Altarbildes von Giambattista Caporali eine Besichtigung. Die farbkräftige »Anbetung der Hirten« befindet sich in der dritten Kapelle links. In der Apsis ist das Fresko »Mariä Verkündigung« von Masolino zu sehen.

Piazza Umberto I

Rechts neben der Kirche San Michele führt die Via Cesare Caporali

❗ *Baedeker* TIPP

Caravaning mit Panorama

Wer mit dem Wohnmobil oder Wohnwagen reist, findet in der Via della Repubblica einen schönen kostenpflichtigen Panoramastellplatz. Wasser- und Stromanschluss sind vorhanden. Ein Fußweg führt direkt ins Zentrum. In ummittelbarer Nähe gibt es ein Einkaufszentrum und einen kleinen Fußballplatz.

zum **Teatro Cesare Caporali**, das zu den kleinen, aber feinen Häusern in Umbrien gehört. Es existiert seit dem 17. Jahrhundert und ist ein wahres Kleinod.

Palazzo del Podesta

Die letzte Station des steilen Aufstiegs ist der Palazzo del Podestà aus dem 14. Jh., der vom höchsten Punkt des Städtchens auf das Häusergewirr herabblickt. Beeindruckender als der Palazzo ist die herrliche Aussicht, die sich von hier oben bietet.

San Agostino / Museo del Tulle

In der ehemaligen Kirche San Agostino an der Piazza Regina Margherita wurde ein interessantes **Tüllmuseum** eingerichtet. Überreste von Fresken, die der Schule von Perugino zugeschrieben werden, bilden den Rahmen für die umfassende Ausstellung mit schönen Beispielen der Stickereikunst »Ars panicalensis« (geöffnet: Juni – Sept. 10.00 – 12.30, 16.30 – 19.00 Uhr, im Winter an Wochenenden nach Vereinbarung, Tel. 075 83 78 07).

> **!** *Baedeker* TIPP
>
> **Spitzenkunst**
>
> Wer sich in die Kunst der Spitzenstickerei einweisen lassen möchte, kann sich nach Kursen in der Kommunalen Stickschule von Panicale erkundigen. Info: Ufficio Communale, Tel. 075 83 79 51

In der Nähe der Kirche San Agostino außerhalb der Stadtmauern ist in der Kirche **Madonna della Sbarra** das »Museo dei paramenti sacri« eingerichtet, in dem Kirchenschätze aus den letzten fünf Jahrhunderten ausgestellt sind (geöffnet: tgl. 9.00 – 12.30, 15.00 – 17.30 Uhr).

San Sebastiano

Auf dem zweiten Hügel von Panicale steht die Kapelle San Sebastiano, die ein besonders schönes **Fresko** von Perugino (▶Berühmte Persönlichkeiten) birgt. Der berühmteste umbrische Maler hat hier 1505 das Martyrium des hl. Sebastian in eine kunstvolle, das grausame Geschehen ästhetisierende Komposition gebracht. Es heißt, dass der örtliche Pfarrer dem seinerzeit schon bekannten Maler nicht das angemessene Honorar zahlte, woraufhin dieser erbost nach Perugia abgereist sein soll. Warum der etablierte Künstler überhaupt noch einen so kleinen Auftrag angenommen hatte, bleibt im Dunkeln.

Umgebung von Panicale

Wallfahrtskirche Madonna di Mongiovino

Wenige Kilometer nördlich von Tavernelle (auf der SS 20 Richtung Perugia Abzweigung links) kann man die mächtige Wallfahrtskirche Madonna di Mongiovino besichtigen, die in der ersten Hälfte des 16. Jh.s an der Stelle erbaut wurde, an einem Mädchen die Muttergottes erschienen sein soll. Der Entwurf des in Sandstein ausgeführten Zentralbaus stammt von Rocco da Vicenza. Das Innere der Renaissancekirche ist reich dekoriert mit Fresken von Nicolò Circignani Pomarancio (1517–1596) und Arrigo Fiammingo, der eigentlich Heinrich von der Broeck hieß.

Fährt man die Straße zur Wallfahrtskirche weiter, dann kommt man nach **Mongiovino Vecchio**. Um die Burg, wohl im 11. Jh. entstanden, aber im 14. Jh. erweitert, sind mittelalterliche Gebäude gruppiert.

In den Wäldern südlich von Tavernelle lohnt das kleine Santuario Madonna delle Grondici einen Ausflug. Die »Madonna mit Kind und den Heiligen Sebastian und Rochus« schuf 1495 ein Meister Gregorius Teutonicus, der offensichtlich Stilelemente der umbrischen und der deutschen Malerei verarbeitete.

Madonna delle Grondici

Paciano

Eingebettet in ausgedehnte Olivenhaine schmiegt sich Paciano malerisch an den flach abfallenden Westhang des Monte Petrarvella, rund 4 km westlich von Panicale. Bei der Auffahrt eröffnen sich mit zunehmender Höhe herrliche Blicke auf den Lago Trasimeno, den Lago di Chiusi und den See von Montepulciano. Hinter Paciano ziehen sich Eichen-, Kiefern- und Kastanienwälder bis zum 645 m hohen Gipfel des Monte Petrarvella. Paciano ist von einem mittelalterlichen Befestigungsring aus dem 14. Jh. umgeben. Drei Tore führen in die Stadt, die Porta Fiorentina, die Porta Perugina und die Porta Rastrella. Autos müssen vor der Mauer geparkt werden. Innerhalb der Mauern gibt es drei große Parallelstraßen, die untereinander durch Gässchen verbunden sind und ein beinahe schachbrettartiges Straßennetz entstehen lassen.

Paciano gehört zu Italiens »Borghi piu belli«, den schönsten Dörfern des Landes.

Sehenswert sind mehrere **Kirchen**: San Carlo Borromeo mit schönem Barockportal (17. Jh.), die Chiesa di San Giuseppe und die Kirche Madonna della Stella aus dem späten 16. Jahrhundert. Umfassend renoviert präsentiert sich der mächtige Palazzo Municipale (Rathaus). Aus dem 17. Jh. stammen die beiden Palazzi der Markgrafen Marchettoni und Cennini.

? WUSSTEN SIE SCHON …?

■ Paciano gehört zu den auserwählten Kommunen, die als schönste Dörfer – »Borghi piu belli« – Italiens gelten.

★ ★ Perugia

D 7

Hauptstadt der Region Umbrien   **Höhe:** 493 m ü.d.M.
Einwohnerzahl: 151 000

Einen Überblick verschafft man sich am besten beim Spaziergang auf dem mittelalterlichen Aquädukt. Von hier sieht man die zahlreichen Kulturdenkmäler aus der Zeit der Etrusker bis in die Moderne. Abends genießt man das studentische Flair der Universitätsstadt, im Juli beim »Festival Umbria Jazz« Musik der Spitzenklasse.

Hauptstadtflair Perugia ist das politische und kulturelle Herz Umbriens – die weltoffene Stadt ist die Hauptstadt der Region. Unter den vielbereisten Kunstmetropolen Mittelitaliens nimmt Perugia neben Florenz und Bologna einen der ersten Plätze ein. Das moderne Perugia breitet sich mit großen Vororten und Industriegebieten in der Ebene aus; weltweit bekannte Firmen wie Buitoni oder Ellesse haben hier ihren Sitz. Perugia hat neben der im 13. Jh. gegründeten Universität für italienische Studenten auch eine **Ausländeruniversität** (Università per Stranieri), an der jährlich 8000 ausländische Studenten aus über 100 Ländern italienische Sprache, Wirtschaft und Kultur studieren.

Die **historische Altstadt** thront auf fünf Anhöhen, deren Form den italienischen Architekturtheoretiker Leone Battista Alberti an die fünf Finger einer ausgestreckten Hand erinnerten. Die Stadthügel von Perugia sind durch ein **künstlich geschaffenes Plateau** miteinander verbunden, auf dem sich das Zentrum um die Piazza IV Novembre und den Corso Vannucci ausbreitet. Dank einer umsichtigen Baupolitik blieb die Altstadt von Bausünden größeren Stils verschont; der Autoverkehr wurde, soweit möglich, aus der Innenstadt verbannt. Lange **Rolltreppen** brin-

_i_ Minimetro in die Stadt

■ 25 Minimets, die bis zu 50 Personen transportieren können, pendeln im Minutentakt zwischen Stadion und der Altstadt an der Haltestelle Pincetto. Die neue Minimetro, eine Art Schwebebahn, überwindet auf knapp 4 km einen Höhenunterschied von 160 m. Insgesamt gibt es 7 Haltestationen und in Hochbetriebszeiten können bis zu 3000 Personen pro Stunde befördert werden.

Highlights Perugia

Corso Vanucci
Perugias Flaniermeile. Hier trifft man sich, hier spaziert man auf und ab – und trifft immer wieder dieselbe Mitflaneure. »Facciamo una vasca« wird diese Tätigkeit in Perugia genannt.
► **Seite 291**

Fontana Maggiore
Technische Meisterleistung des Mittelalters und künstlerisch einzigartig: Brunnen mit bedeutungsvollem Skulpturenschmuck
► **Seite 284**

Galleria Nazionale dell'Umbria
Die schönste Gemälde- und Skulpturensammlung in Umbrien auf zwei Stockwerken
► **Seite 289**

Palazzo dei Priori
Ein Traum von einem Palast an der zentralen Piazza IV Novembre
► **Seite 287**

Rocca Paolina
Faszinierend bis unheimlich: das unterirdische Perugia
► **Seite 292**

San Michele Arcangelo
Frühchristliche Rundkirche mit Resten von römischem Bauschmuck
► **Seite 297**

Grab der Volumnier
Wie haben die reichen Etrusker sich bestatten lassen?
► **Seite 304, 306**

San Pietro
Eine der ältesten Kirchen in Perugia mit schlichter Fassade und prächtiger Innenausstattung
► **Seite 302**

Café Sandri
Alles in einem: Sehenswürdigkeit und Paradies für Freunde der süßen Kaffeekultur
► **Seite 291**

gen die Besucher von den beiden großen Parkplätzen (Piazza dei Partignani und Viale Pompeo Pellini) hinauf in die Oberstadt, und mittlerweile gibt es dazu auch noch die Minimetro. Der mittelalterlichen Enge kann Perugia auch großstädtische **Weite und Eleganz** entgegensetzen – auf den Plätzen, den Aussichtsterrassen und auf dem Corso Vannucci, der von stattlichen Palästen gesäumt wird. An der Piazza IV Novembre bilden der Dom, der mächtige Palazzo dei Priori und die Fontana Maggiore, einer der berühmtesten Brunnen Italiens, ein beeindruckendes Platzensemble.

In Umbrien kennt sie jeder – die »baci«, die Küsse. In Silberfolie verpackte Schokopralinen, die man in Cafés zum Kaffee nascht. Hergestellt wird das Konfekt von einem traditionsreichen Familienunternehmen, das 1988 von dem schweizerischen Konzern Nestlé aufgekauft wurde. Der Sitz ist in San Sisto (Richtung Corciano). In dem angegliederten **Schokoladenmuseum** lernt man viel über die süße Versuchung und im Probierstübchen kann man testen, welche Schokolade am besten schmeckt (geöffnet Mo. bis Fr. 9.00 – 13.00, 14.00 bis 17.30, Sa (nur März – Sept.) 9.00 – 13.00 Uhr).

»Baci«

▶ PERUGIA ERLEBEN

AUSKUNFT

APT
Loggia dei Lanari
Piazza Matteotti 18
Tel. 075 573 64 58, Fax 075 572 09 88
www.perugia.umbria2000.it

VERANSTALTUNGEN

Umbria Jazz, eines der wichtigsten Jazzfestivals weltweit: Große Namen und Newcomer aus der Jazzwelt beleben 10 Tagen lang die Straßen und Plätze von Perugia. Informationen im Festivalbüro in der Via Mazzini (Mitte Juli; www.umbria jazz.com).
Marionetten- und Puppenfestival: Internationales Marionetten- und Puppenfestival mit Hunderten von Theatergruppen aus verschiedenen Ländern (Ende August/Anfang September).
Sacra Musicale Umbra bietet von Mitte bis Ende September hochrangige Kirchenmusik.
Eurochocolate Für Schokoladenliebhaber: Hunderte von Schokoladenständen auf dem Corso Vannucci (Mitte bis Ende Oktober)

MUSEO CARD

Es lohnt sich, nach der Perugia Museo Card zu fragen: Mit der Karte erhält man verbilligten Eintritt für diverse Museen, sie gilt einen oder drei Tage, erhältlich im Palazzo Baldeschi, Corso Vannucci 66, oder direkt in den Museen.

SHOPPING

Perugias beliebteste Flaniermeile ist der Corso Vannucci.
Schnäppchenjäger dürfen einen Besuch auf dem Wochenmarkt am Samstagmorgen in der Nähe des Fußballstadions nicht versäumen; mit Glück findet man Designerklamotten zu Spottpreisen.
Die Lebensmittelabteilung im Ipercoop (Coop extra large), in Umbriens größtem Einkaufszentrum, ist ein Schlaraffenland: eine riesige Weinabteilung und interessante Sonderangebote.

ESSEN

▶ Erschwinglich

① *La Lumera*
Corso Bersaglieri 22
Tel. 075 572 61 81
Das Altstadtlokal neben der Porta Pesa wird von Studenten und Professoren besucht. Die Auswahl an verschiedenen Käsesorten ist riesig und das Antipasto Lumera und das Wildschweingericht sind empfehlenswert.
Di. Ruhetag

② *Enoné*
Corso Cavour 61
Tel. 075 572 19 50
Beliebtes Kellerlokal gegenüber der Kirche San Domenico. Mit kleiner, aber feiner Speise- und einer auserlesenen Weinkarte lässt es sich in der ehemaligen Apotheke gut dinieren.
Di. Ruhetag

▶ Erschwinglich / Preiswert

③ *Il Gufo*
Via della Viola 18
Tel. 075 573 41 26
Michael aus Stuttgart und Luca aus Bologna sind seit Jahren ein eingespieltes Team – Kochprofis, die traditionelle und innovative Küche bieten. Unbedingt Platz für den spektakulären Nachtisch lassen. Schön sitzt man drinnen, noch schöner draußen, in einem der malerischsten Winkel der Altstadt von Perugia. So. und Mo. Ruhetag

Perugia Orientierung

Essen		Übernachten		1	Duomo San Lorenzo	7	Palazzo Penna
①	La Lumera	①	Brufani Palace	2	Fontana Maggiore	8	Giardini Carducci
②	Enoné	②	Domo	3	Palazzo dei Priori	9	Università Vecchia
③	Il Gufo	③	Fortuna	4	Piazza Michelotti	10	Palazzo del Capitano del Popolo
④	Dal Mi'Cocco	④	Jugendherberge	5	Palazzo della Provincia		
				6	Palazzo Donini	11	Pozzo Etrusco

●━━━● Linea Minimetro

▶ **Preiswert**

④ *Dal Mi'Cocco*
Via Garibaldi 12
Tel. 075 573 25 11
Mo. Ruhetag
Beliebtes, preiswertes Studentenlokal in der Nähe der Ausländeruniversität. Gekocht wird wie daheim von umbrischen Hausfrauen, es gibt nur ein Menü, das täglich wechselt. Immer gut besucht: bitte reservieren!

ÜBERNACHTEN

▶ **Luxus**

① *Brufani Palace*
Piazza Italia 12
Tel. 075 5 73 25 41, Fax 075 572 02 10
www.sinahotels.it
Alteingesessenes Hotel im Zentrum, schöne Dachterrasse mit bezaubernder Aussicht, prachtvolle Zimmer. Restaurant, Schwimmbad und Sauna im Haus.

▶ **Komfortabel**

② *Domo*
Strada dei Cappuccinelli 3/A
Tel. 075 793 06 01, Fax 075 793 06 02
www.domo.bz
Ein optimaler Kontrast zu den traditionellen Stadthotels ist dieses 2006 eröffnete Hotel: geschmackvoll und mit allem modernen Komfort. Herrlicher Wellnessraum.

③ *Fortuna*
Via Bonazzi 19
Tel. 075 572 28 45, Fax 075 573 50 40
In einer Parallelgasse des Corso Vannucci, zentral und dennoch ruhig, Mittelklassehotel mit einer bezaubernden Dachterrasse.

▶ **Günstig**

④ *Jugendherberge
(Ostello per la Gioventù)*
Ponte Felcino
Via Maniconi 97
Tel. 075 591 39 91
Neu renoviert steht diese Jugendherberge einem Zwei-Sternehotel in nichts nach. Für Sportliche ist der angrenzende Botanische Garten ein dankbares Terrain.

Geschichte Die ehemalige **Etruskerstadt** – eine der zwölf Bundesstädte der Etrusker – ist noch heute reich an Zeugnissen einer facettenreichen Geschichte. Von der etruskischen Vergangenheit zeugen so eindrucksvolle Denkmäler wie der Arco di Augusto oder das Grab der Volumnier. Ein weiteres Etruskergrab kam erst jüngst durch Zufall im Stadtteil Monteluce zum Vorschein, als langanhaltende Regenfälle ein Stück Garten wegschwemmten.

Den **Römern** bot Perugia anscheinend keinen Widerstand; nach der Schlacht am Trasimenischen See 217 v. Chr. unterstützte Perugia die Römer und wurde Munizipium. Im Krieg zwischen Octavian und Marcus Antonius wurde es von Ersterem eingenommen und zerstört, dann als Augusta Perusia wieder aufgebaut. 547 eroberte der Ostgotenkönig Totila die Stadt, später wurde sie von Byzanz zurückgewonnen und Teil des byzantinischen Korridors zwischen den langobardischen Reichsteilen.

Ab dem 11. Jh. **freie Kommune**, dehnte Perugia seinen Einflussbereich rasch aus. Die aufstrebende Stadtrepublik vergrößerte systematisch und schnell ihren Contado, das Verwaltungsgebiet außerhalb der Stadtmauern. Zu Beginn des 13. Jh.s standen bereits der Trasimenische See (ab 1139), Città della Pieve (1188), Nocera Umbra (1202) und Gualdo Tadino (1208) unter der Herrschaft Perugias. 1198 begab sich die Stadt in den Schutz des Papsttums und wurde fortan ein beliebter Aufenthaltsort der höchsten Kirchendiener. Im 13./14. Jh. stand Perugia politisch und wirtschaftlich im Zenit. Zahlreiche öffentliche Bauten entstanden, u. a. im 13. Jh. die Fontana Maggiore und der Palazzo dei Priori, denen der Dom folgte.

Vom Ende des 12. bis fast zur Mitte des 16. Jh.s war die Stadtgeschichte von blutigen Kämpfen zwischen den **Adelsfamilien** untereinander sowie zwischen Stadt und Papst und wechselnden Potentaten gekennzeichnet. Auseinandersetzungen gab es zwischen der Adelspartei der »Beccherini« und der Volkspartei der »Raspanti«. Die zweite Hälfte des 15. Jh.s war von dem unerbittlichen Konkurrenzkampf zwischen den beiden Adelsfamilien der Oddi und der Baglioni überschattet. Bei einer Hochzeit im Jahr 1500 löschten sich die siegreichen Baglioni selbst aus. Erst 1539 zwang **Papst Paul III.** die widerspenstige Stadt im **»Salzkrieg«** in die Knie.

Seit 1927 ist Perugia Provinzhauptstadt und seit 1970 Verwaltungssitz der Region Umbrien – im Stadtteil Fontivegge, an der Piazza Nuova, wurde 1988 der von Aldo Rossi entworfene Palazzo della Regione bezogen, eine glatte, an Bauklötzchenspiele erinnernde Architektur.

✸ ✸ Piazza IV Novembre

Das Herz von Perugia schlägt auf der Piazza IV Novembre, dem **Städtischer** weitläufigen Platz zwischen Dom und Palazzo dei Priori. Die der **Mittelpunkt** Piazza zugewandte Freitreppe am Dom ist Treffpunkt, Zuschauertribüne und sonniges Plätzchen zum Ausruhen.

Mit seiner Längsseite stößt der gotische Dom San Lorenzo an die ✸ Piazza IV Novembre. Obgleich schon 1345 der Grundstein für diesen **Dom** Bau gelegt wurde, zogen sich die Bauarbeiten bis zum Ende des **San Lorenzo** 15. Jh.s. Der Außenbau ist bis heute unvollendet, die rot-weiße Marmorverkleidung kam nur an der Fassade zur Fontana Maggiore bis auf Portalhöhe zur Ausführung. Das Portal an dieser Seite entwarf der perusinische Architekt Galeazzo Alessi 1568, die kleine Außenkanzel rechts daneben weist Kosmatenmosaiken auf. **Papst Julius III.**, der nach dem Salzkrieg Perugia wieder die städtische Selbstverwaltung zugestand, ist mit einem Bronzedenkmal links des Portals verewigt. Die anschließende Bogenhalle ist das Überbleibsel des 1423 erbauten Palastes von Braccio Fortebraccio (►Berühmte Persönlichkeiten), als dieser Signore von Perugia war. Man betritt die Kirche durch das barocke Hauptportal an der Schmalseite (1729).

Das schwach beleuchtete **Innere** des Doms präsentiert sich als eine Mischung aus gotischer Architektur und barocker Ausstattung. Das Gotteshaus ist neben San Fortunato in ► Todi eine der wenigen **Hallenkirchen** in Umbrien. An der Eingangswand befindet sich das

Die Piazza IV Novembre, das »Herz« der Stadt, mit der Fontana Maggiore und dem Palazzo dei Priori

Liegegrab des 1451 verstorbenen Bischofs Antonio Baglioni. Auf der Vorderseite seiner Tumba sind die Personifikationen der vier Kardinaltugenden Mäßigung, Gerechtigkeit, Klugheit und Stärke dargestellt. Im nördlichen Seitenschiff ist durch ein schmiedeeisernes Gitter die Bernhardins-Kapelle abgegrenzt. Das dortige Altarblatt von Federico Barocci (»Kreuzabnahme«, 1569) gilt als wegweisendes Werk am Übergang vom Manierismus zum Barock. Im südlichen Seitenschiff markiert das Gitter die Cappella del Sant'Anello, die Kapelle des Heiligen Rings. Dort wird der angebliche **Verlobungsring Marias** aufbewahrt, den ein Mönch 1473 in Chiusi entwendet hatte. Unbedingt zu empfehlen ist auch die Besichtigung der Sakristei, deren Decke komplett mit Fresken des Künstlers Giovanni Antonio Pandolfi (16. Jh.) bemalt ist.

Museo Capitolare

Links neben dem Dom befindet sich das sehr sehenswerte Dommuseum, das neben archäologischen Funden, Skulpturen und Kirchengerät auch Bilder umbrischer Renaissancemaler besitzt. Bedeutendstes Exponat ist die »Pala di Sant'Onofrio« von Luca Signorelli aus dem Jahr 1484 (geöffnet Di. – So. 10.00 – 13.00, 14.30 – 17.30 Uhr).

Erzbischöfliches Palais

An der Westseite der Piazza steht das Erzbischöfliche Palais. Rechts daneben beginnt die malerische **Via Maestà delle Volte**, die wie ein Hohlweg zwischen Häusern und unter Stützbögen verläuft.

✴ ✴ Fontana Maggiore

Die Fontana Maggiore, der große Brunnen auf der Piazza IV Novembre, ist mit ihrem **bedeutenden Skulpturenschmuck** ein Meilenstein der europäischen Plastik des Mittelalters. Eng mit dem Bau des

Brunnens verbunden ist die Konstruktion eines Wasserleitungssystems für die Stadt, das zu den **großen technischen Leistungen** seiner Zeit zählt. Kunst und Technik dieses Brunnens bringen wie kein anderes Monument in Perugia das stolze Selbstverständnis der mittelalterlichen Stadtrepublik zum Ausdruck.

1254 beschloss man, die seit Jahrhunderten über Bohrbrunnen funktionierende Wasserversorgung neu zu regeln, was durch die Lage auf mehreren Hügeln mit Schwierigkeiten verbunden war. Mit der Konstruktion eines **Wasserleitungssystems** beauftragte die Stadtregierung den Benediktiner Fra Bevignate und den aus Venedig stammenden Boninsegna. In rund 20-jähriger Bauzeit wurden Aquädukte und unterirdische Bleirohre angelegt, durch die das Wasser vom etwa 5 km entfernten Monte Paciano in die Stadt floss. Die zentrale Piazza IV Novembre wurde als Standort für einen großen Brunnen ausgewählt, an dem das Wasser öffentlich verfügbar war.

Wasser für die Stadt

Die künstlerische Gestaltung des Brunnens lag bei dem seinerzeit schon berühmten Bildhauer Nicola Pisano und seinem Sohn Giovanni. Sie konstruierten einen monumentalen, dreigeschossigen Brunnen mit reicher plastischer Dekoration. Er besteht aus zwei Marmorbecken; in das untere sind 36 Säulen eingestellt, auf denen das zweite

Aufwendiger Skulpturenschmuck: Fontana Maggiore mit kompliziertem Bildprogramm

Becken aufliegt. Die Brunnenschale an der Spitze trägt den Namen des Bronzegießers Rosso Padellaio (Robeus) aus Perugia. Die bronzenen Frauengestalten halten eine Amphore hoch, aus der Wasser fließt. Ursprünglich war der Brunnen wohl noch von vier Greifen bekrönt, die heute in der Galleria Nazionale ausgestellt sind.

Skulpturenschmuck

Reliefs und Einzelfiguren liegt ein kompliziertes **Bildprogramm** zugrunde, das mit zahlreichen Anspielungen auf die konkrete politische Situation der freien Kommune Perugia Bezug nimmt.

Im ersten Reliefzyklus am unteren Becken werden exemplarische Stationen der **Menschheitsgeschichte** erzählt, aus denen moralische Handlungsaussagen gezogen werden. Die Szenenfolge beginnt mit »Adam und Eva«. Bei »Adam und Eva« und »Samson und Delila« ist der Mann jeweils das Opfer der Frau – Eva verführte Adam zur Gebotsübertretung, Samson wurde im Schlaf seiner Kräfte beraubt durch das Abschneiden der Haare. Der Sieg des kleinen David über den stärkeren Goliath zeigt, dass das Gemeinwesen innere oder äußere Feinde besiegen kann. Vier Reliefs gelten der Entstehung von Rom, dem Perugia nacheiferte. Die nachfolgenden Reliefs thematisieren die menschliche **Arbeit** im Wechsel der Jahreszeiten, wobei auf die Monatsbilder mit den »artes mechanicae« die freien Künste (artes

Fontana Maggiore · Skulpturenschmuck

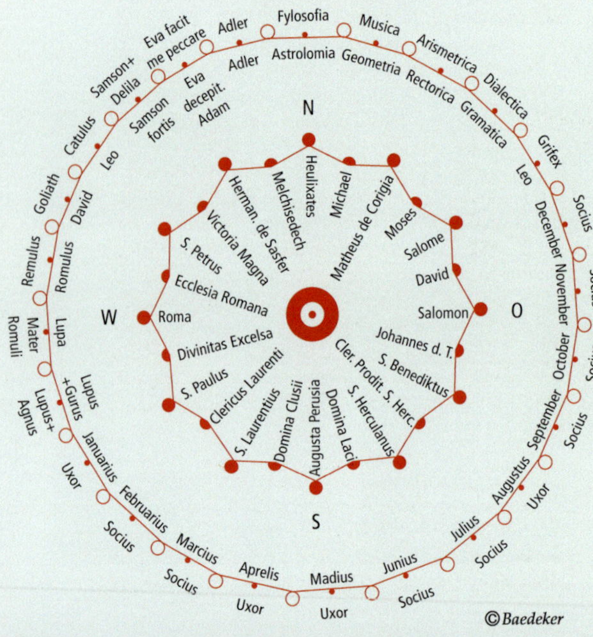

©Baedeker

liberales) folgen, die durch sitzende Frauenfiguren versinnbildlicht werden. Greif (Grifex) und Löwe (Leo) dazwischen sind die Wappentiere Perugias bzw. der Guelfenpartei. Auf dem abschließenden Adlerrelief hat Giovanni Pisano seine Signatur hinterlassen. Das obere Becken schmücken vollplastische Figuren, die biblische, stadtgeschichtlich bedeutende oder allegorische Personen verkörpern, u. a. die **»Augusta Perusia«**, die Personifikation Perugias, der ihre Herrschaftsgebiete (der Lago Trasimeno als Domina Laci und Chiusi als Domina Clusii) zur Seite gestellt sind.

✶ ✶ Palazzo dei Priori

Der Palazzo dei Priori diente dem obersten Verwaltungsgremium, den zehn Prioren, als Amtssitz. Heute sind einige seiner Räume museal zugänglich; außerdem hat hier die Galleria Nazionale dell'Umbria ihre Räume.

Baugeschichte und Fassade

Ein erstes blockhaft geschlossenes Palastgebäude wurde Ende des 13. Jh.s gebaut. Für den Anbau von zwei weiteren Achsen in der Breite – auch heute noch zu erkennen am Abstand zwischen dem dritten und vierten Fenster – sowie sechs Längsachsen im 14. Jh. mussten mehrere Häuser und die Kirche San Severo weichen und die Via dei Priori überbaut werden. Damals entstanden auch das große Gewändeportal am Corso Vannucci und der Turm. 1443 wurde der Stadtpalast noch um einen weiteren Trakt nach Süden verlängert.
Über dem Portal zur Fontana Maggiore, an der eigentlichen Hauptfassade, ragen die beiden Wappentiere Greif und Löwe aus der Wand. Die Originale, heute in der Galleria Nazionale, wurden vermutlich 1274 gegossen und sind somit die **ältesten Bronzeplastiken dieser Größe** im nachantiken Europa. Ungewöhnlich elegant und filigran sind die großen Drillingsfenster im dritten Obergeschoss, die an gotische Kirchenfenster erinnern.

✶ Sala dei Notari

Die Sala dei Notari im ersten Geschoss ist über die große Freitreppe zugänglich. Ursprünglich fanden in diesem Saal die **Volksversammlungen** statt, bevor er 1582 an die Zunft der Notare überging. Den Raumeindruck bestimmen die acht großen Schwibbögen, auf denen die Holzdecke aufliegt. Die Malereien an Wänden, Fensterlaibungen und Bögen entstanden ab etwa 1300 und zeigen biblische Szenen, Fabeln und Monatsbilder, die einen Bezug zum Programm der **Fontana Maggiore** erkennen lassen. An der Stirnwand prangt das Wappen von Braccio Fortebraccio (geöffnet Juni – Sept. täglich, sonst Di. bis So. 9.00 – 13.00, 15.00 – 19.00 Uhr).

✶ Collegio della Mercanzia

Hinter dem kleinen Eingang rechts vom Hauptportal am Corso Vannucci verbirgt sich das Collegio della Mercanzia, der ehemalige Versammlungsraum der **Kaufmannszunft**. Hier wurden die Zölle festgesetzt, Recht gesprochen und die Abgeordneten für die städtischen Regierungsgremien gewählt. Der Einfluss dieser Zunft war größer als der anderer Gilden, denn aus ihren Reihen kamen zwei Vertreter des Fünferrats, später dann zwei von den 10 Prioren, die die Stadt regierten. Die Wände sind im 15. Jh. mit Holz vertäfelt worden. Da dies für Italien eher ungewöhnlich ist, vermutet man, dass die Vertäfelung von Holzschnitzern nördlich der Alpen geschaffen wurde. Auf dem Gestühl nahmen die Zunftvorsteher Platz; an der gegenüberliegenden Wand befindet sich ein 1462 von Costanzo di Mattiolo geschnitztes Pult mit Intarsienschmuck und gedrehten Säulchen. In der Lünette prangt das Wappen der Zunft, ein Greif mit einem Warenbündel (geöffnet März – Okt. Mo. – Sa. 9.00 – 13.00, 14.30 – 17.30, Sa. bis 18.30, So. u. Fei. 9.00 – 13.00 Uhr; Nov. – Feb. Di., Do., Fr. 8.00 bis 14.00, Mi. und Sa. 8.00 – 17.00, So. u. Fei. 9.00 – 13.00 Uhr).

★ ★
Collegio del Cambio

Auch die **Zunft der Geldwechsler** war in Perugia eine einflussreiche Gilde, die seit 1385 einen direkten Vertreter im Gremium der zehn Prioren besaß. Als der Palazzo dei Priori im 15. Jh. erweitert wurde, erhielten die Geldwechsler zwei Räume im Erdgeschoss dieses Anbaus. Sie sind ebenfalls vom Corso Vannucci aus zugänglich, der Eingang liegt links vom Hauptportal. Zuerst kommt man in die **Sala dei Legisti**, die 1615–1621 von Giampietro Zuccari mit einer barocken Nussbaum-Wandvertäfelung ausgekleidet wurde. An der Stirnseite ist über den drei Richterstühlen der perusinische Greif zu sehen.

Fresken von Perugino im Collegio del Cambio

Die Hauptattraktion des Collegio del Cambio ist aber die dahinterliegende **Sala dell'Udienzia**, ein vollständig ausgemalter bzw. mit Holzvertäfelung ausgekleideter Saal, der zum Schönsten gehört, was die Frührenaissance im Bereich der Profanarchitektur in Umbrien hinterlassen hat. Die Ausmalung übernahm Perugino (▶Berühmte Persönlichkeiten), der an diesem Projekt u. a. auch den jungen Raffael mitwirken ließ. Das **Programm**, das den Fresken (1496–1500) zugrunde liegt, stammt aus der Feder des perusinischen Humanisten Francesco Maturanzio. Dem Weltbild der Renaissance entsprechend vereint es antike Tugenden mit dem Heilsgedanken des Christentums. An der langen Wand sind die Personifikationen der vier **Tugenden** zu sehen, denen herausragende Gestalten der Antike zugeordnet werden, die sich dieser Tugenden rühmen konnten. In der ersten Lünette sind dies Weisheit und Gerechtigkeit; darunter Fabius Maximus, Sokrates, Numa Pompilius, Camillus, Pictacus und Trajan (v.l.n.r.). Am Pfeiler zwischen den Feldern hat sich Perugino mit einem Selbstbildnis verewigt. In der zweiten Lünette sind Stärke und Besonnenheit dargestellt, darunter Lucius Licinius, Leonidas, Horatius Cocles, Publius Scipio, Perikles und Cincinnatus. An der rechten Wand folgt eine Darstellung von Gottvater in der Glorie mit den Propheten Jesaias, Moses, Daniel, Jeremias und Salomo sowie einer Gruppe von Sibyllen. Im Gewölbe sind die wichtigsten **antiken Götter** versammelt, über der Stirnwand Saturn, Jupiter und Mars, im Zentrum Apoll auf dem Sonnenwagen, über den Fenstern Merkur, Diana und Venus. Die weibliche Sitzplastik über dem Gestühl des Tribunal (15. Jh.) verkörpert die Gerechtigkeit (geöffnet Mo. – Sa. 9.00 – 12.30, 14.30 bis 17.30 Uhr, So. u. Fei. 9.00 – 12.30 Uhr).

Ein kleines Schmuckstück der Dekorationskunst ist auch der in leuchtenden Farben und kostbarem Goldglanz schwelgende dritte Raum der Collegio del Cambio, die Cappella di San Giovanni (Kapelle Johannes des Täufers). Der Perugino-Schüler Giannicola di Paolo hat diesen Raum 1513 ausgemalt. An den Wänden werden Episoden aus dem Leben Johannes' des Täufers erzählt.

✱
Cappella di
San Giovanni

✱ ✱ Galleria Nazionale dell'Umbria

Im Palazzo dei Priori ist auch die bedeutendste Gemäldesammlung Umbriens beheimatet. Der Schwerpunkt der in zwei Stockwerken präsentierten Sammlung liegt auf der **umbrischen Malerei und Plastik des Mittelalters und der Renaissance**. Alle Exponate stammen aus umbrischen Kirchen oder Palästen. Neben den ausgestellten Werken sind auch die Palasträume selbst sehr sehenswert. Der Rundgang beginnt im dritten Stock, anschließend geht man hinunter in den zweiten Stock (geöffnet: Di. – So. 8.30 – 19.30 Uhr).

Im dritten Obergeschoss präsentiert die Galleria Nazionale dell' Umbria **hervorragende Sakralkunst** umbrischer Künstler vom 13. bis 19. Jh. sowie sienesische und florentinische Malerei des 15. Jahrhunderts. Zu sehen sind außerdem u. a. Werke der Markischen Schule (Raum 13) und umbrische Textilkunst (Raum 18). Das älteste Stück ist ein Kruzifix aus dem frühen 13. Jh. aus der Schule von Siena (Raum 1). Hier sind auch die Originale der Greifen von der Fontana Maggiore zu sehen. Unter den Malereien sind insbesondere die von Piero della Francesca (Polittico di Sant'Antonio, 15. Jh.; Raum 11) und ein Altar aus dem 15. Jh. (Fra Giovanni da Fiesole, genannt Beato Angelico; Raum 4) erwähnenswert. Architektonisch interessant sind Raum 4, wo man den alten Turm (Raum 3) bei der letzten Res-

Dritter Stock

Galleria Nazionale dell'Umbria Orientierung

DRITTER STOCK

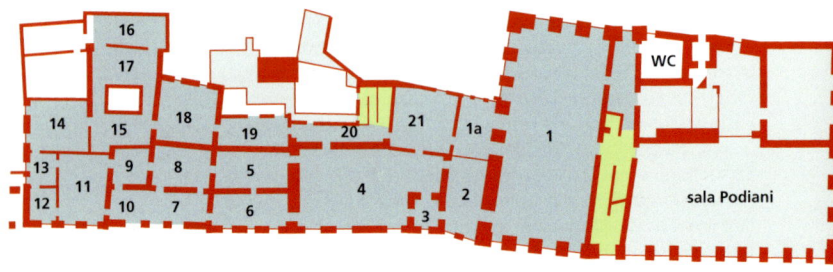

1-4 Skulpturen und
Malerei 13./14. Jh.
5-7 Sienesische und
florentinische
Malerei 15. Jh.

8-11 Meisterwerke
der Renaissance
12-16 Märkische und
umbrische Malerei
15. Jh.

17 Goldschmiede- und
Elfenbeinarbeiten
18 Sala del Delegato –
Umbrische Textilkunst
19 Skulpturfragmente von

Agostino di Duccio
20 Kupferstiche und Keramik
aus Perugia 15. Jh.
21 Cappella dei Priori

ZWEITER STOCK

©Baedeker

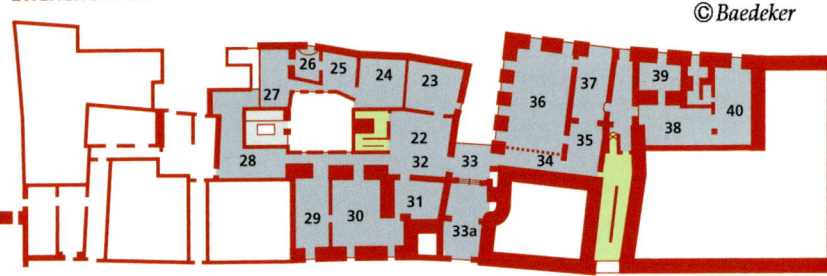

22-26 Meisterwerke der
Renaissance:
Perugino, Pintoricchio,
Francesco di Giorgio
Martini

27-30 Malerei aus Perugia
16. Jh., Keramik aus
Deruta und Gubbio
31-33 Meister des umbrischen
Manierismus

33 a Sala dell'Orologio
Zimmer des Aldo Capitini
34-37 Malerei 16./17. Jh., u.a.
Caravaggio-Schule; ehem.
Speisesaal der Priori

38, 39 Malerei 18. Jh.
39 Stadtansichten von
Perugia 19. Jh.
40 Sammlung
Luigi Carattoli

taurierung sichtbar gemacht hat, und Raum 7 und 10, die frühere
Loggia, deren offene Seite geschlossen wurde.

Zweiter Stock Im zweiten Obergeschoss sind die wichtigsten Werke der Malerei
und Bildhauerei der **Renaissance** zu sehen – u. a. von Perugino, Pintoricchio und Francesco di Giorgio Martini –, Werke des umbrischen
Manierismus und schließlich Arbeiten des 17. – 19. Jahrhunderts. Sehenswert sind u. a. Werke von Giannicola di Paolo, genannt Smicca,
aus dem frühen 16. Jh., insbesondere die Predella dei Santi Quattro
Coronati (Raum 28), und ein fast collagenartiges Gemälde von Bernardino di Mariotti aus dem 16. Jh. (»Sposalizio mistico di Santa Ca-
terina«; Raum 29). Zu den Exponaten im zweiten Stock gehören au-

ßerdem Keramiken aus Deruta und Gubbio. Von Raum 33 bietet sich ein herrlicher Blick über die Dächer von Perugia und in der Sala dell'Orologio daneben sieht man das große Zifferblatt der Uhr von hinten. Raum 36 war der Speisesaal der Priori, hier ist ein Fresko von Giannicola di Paolo mit einer Darstellung des Abendmahls zu sehen.

Rundgang durch die südliche Altstadt

Der Corso Vannucci, benannt nach Umbriens bedeutendstem **Maler Pietro Vannucci**, bekannter als **Il Perugino**, ist die elegante, beinahe großstädtisch anmutende Einkaufs- und Flaniermeile Perugias auf dem schmalen Hügel im Zentrum der Oberstadt. In den rötlich oder ocker verputzten Stadtpalästen, die seit der Renaissance hier entstanden, haben vor allem vornehme Hotels, Banken und kulturelle Einrichtungen ihren Sitz.

✷ **Corso Vannucci**

Das traditionsreiche Kaffeehaus Sandri schräg gegenüber vom Palazzo dei Priori (Corso Vannucci 32) ist in der umbrischen Hauptstadt eine echte Institution. Schweizer Gebäck und italienische Lebensart vermischen sich hier aufs Feinste. Die wunderschöne **Einrichtung** mit Holzvertäfelung und Deckenlüster stammt aus der Zeit um 1900. Wer es eilig hat, trinkt einen Espresso an der Theke, für einen Plausch gibt es ein paar kleine, allerdings auch schnell besetzte Tische. Wer etwas Süßes mitnehmen möchte, bekommt es in knallrotes Papier mit Goldband verpackt. Legendär sind die Schaufensterkreationen aus Schokolade, denen ein ganzes Buch gewidmet wurde.

✷ **Café Sandri**

An der Piazza della Repubblica mit der hübschen Fassade der Kirche Sant'Isidoro und dem ehemaligen Theater Pavone, in dem heute ein Kino eingerichtet ist, weitet sich der Corso Vannucci. Auf der Seite des Theater Pavone zweigt zwischen zwei Häusern versteckt die Via delle Streghe ab. Die winzige Treppengasse ist wie viele Sträßchen in Perugia von **Gewölben** überspannt. Am Ende der Treppen liegt linker Hand das Restaurant La Taverna, das seine Gäste in gepflegtem Ambiente mit einer einfallsreichen umbrischen Küche verwöhnt.

Piazza della Repubblica, Via delle Streghe

Die Piazza Italia ist umgeben von repräsentativen Stadtpalästen. Die gesamte Südflanke beansprucht der **Palazzo della Provincia**, der 1870 durch Alessandro Arienti errichtete Sitz der Provinzverwaltung. Der **Palazzo Donini** an der Nordseite, den heute die offizielle Vertretung der Region Umbrien nutzt, ist älter als der Platz und die anderen Gebäude; er entstand 1716–1724 nach den Vorstellungen von Pietro Carattoli. Wenn die Fenster geöffnet sind, kann man einen Blick auf die herrlichen Deckenausmalungen in den Erdgeschossräumen werfen (Innenbesichtigung nicht möglich).
In der kleinen Grünanlage der Piazza Italia wurde ein **Denkmal für Viktor Emanuel II.** (1890), den Begründer des modernen italienischen

✷ **Piazza Italia**

Staates, aufgestellt. Etwas zurückversetzt steht am Largo della Libertà das altehrwürdige Hotel Brufani, das seit 1884 zu den vornehmsten Quartieren in Perugia zählt.

Giardini Carducci Hinter dem Palazzo della Provincia erstrecken sich die Gardini Carducci, eine parkähnlich angelegte Terrasse mit herrlichem Panorama, das den italienischen Dichter Giosuè Carducci 1877 zu seinem »Canto dell'amore« inspirierte. In einer Ecke des Terrassengartens öffnet sich ein kleiner Aussichtsbalkon, an dessen Geländer die interessantesten Panoramapunkte aufgezeichnet sind.

✶ ✶
Rocca Paolina Unter den Arkaden des Palazzo della Provincia kommen die **Rolltreppen** ans Tageslicht, die die Piazza Italia mit der Piazza dei Partigiani und dem dortigen großen Parkplatz verbinden. Sie führen hinab in ein Labyrinth von unterirdischen Gassen und Häusern, ein ehemaliges Stadtviertel mit etwa 100 Wohnhäusern und rund zwei Dutzend Geschlechtertürmen.

Als Perugia 1540 im Salzkrieg gegenüber Papst Paul III. klein beigeben musste, erbaute dieser über der südlichen Oberstadt eine gewaltige Festung, die keinen Zweifel mehr daran ließ, wer der Herr über die Stadt war. Mit der Planung beauftragte er **Antonio da Sangallo d. J.**, der zu den gefragtesten Festungsarchitekten des 16. Jh.s gehörte und mehrfach in päpstlichen Diensten stand. Als Standort für die Rocca entschied sich Paul III. für das südliche Stadtviertel mit den Palästen der Guidalotti und der Baglioni. Er ließ zahlreiche Türme niederreißen, Straßen auffüllen und überwölben, Wohnhäuser und Kirchen abtragen. Lange, unterirdische Gänge verbanden die Rocca mit einer kleineren Festung in der Ebene. Nach nur drei Jahren war der Bau abgeschlossen.

Als **Machtdemonstration des Papstes** entstanden, stieß das Bauwerk nie auf die Sympathie der Perusiner. Mit dem Ende der päpstlichen Herrschaft kam auch das Ende der Rocca, die von den Bewohnern Perugias 1848 – während der Repubblica Romana – und dann ab 1860 geschleift wurde. Erst im 20. Jh. hat man den Schutt beiseite geräumt und die unterirdischen Gänge und Häuser wieder freigelegt.

Vom Rolltreppenabgang an der Piazza Italia kann man durch die Via Baglioni bis zur Porta Marzia gehen. Nicht nur die Touristen, auch die Kulturschaffenden von Perugia haben diesen Stadtraum, der durch seine magische, etwas unheimliche Stimmung begeistert, wiederentdeckt – in den Gewölben werden Ausstellungen veranstaltet.

! *Baedeker* **TIPP**

Stadtgeschichte: 450 Jahre Perugia

La Rocca e la Città: 450 Jahre Stadtgeschichte werden in dem kleinen Seitentrakt der Rocca Paolina nahe der Porta Marzia anschaulich dokumentiert (geöffnet: April – Okt. 10.00 bis 13.00, 14.30 – 18.30, Nov. – März Mo. – Fr. 10.30 – 13.30, Sa., So. 10.30 – 13.30, 14.30 bis 18.30 Uhr).

Unterirdische Straßen, Paläste und Geschlechtertürme: Papst Paul III. ließ im 16. Jh. die Rocca Paolina als Demonstration seiner Macht über alten Adelspalästen bauen.

Durch die Porta Marzia, neben dem Arco di Augusto der zweite etruskische Stadteingang, kommt man wieder ins Freie. Antonio da Sangallo hat das monumentale Tor an der Ausfallstraße nach Rom in die Rocca Paolina integriert, es aber um vier Meter versetzt. Von der Steinbrüstung, die hinter den Pilastern durchläuft, blicken fünf Figuren herab. Die mittlere Figur wird mit Jupiter identifiziert, dem die Dioskuren Castor und Pollux mit ihren Rössern beigestellt sind. Wie beim Arco di Augusto trägt das Tor die Inschrift **»Augusta Perusia«**, daneben auch noch den Titel »Colonia Vibia« (Stadt des Vibius).

★
Porta Marzia

Über die Via Marzia und die Via Oberdan kommt man wieder hinauf in die Oberstadt zur stimmungsvollen Piazza Matteotti. Sie hieß ursprünglich »Piazza del Sopramuro«, weil sie sich auf die mittelalterlichen Substruktionen stützt, die an die etruskischen Stadtmauern angelehnt sind. Auf der rechten Seite steht ein spätmittelalterlicher Gebäudekomplex, 1453 von den lombardischen Baumeistern Gasparino di Antonio und Bartolomeo Mattioli errichtet. Von 1483 bis 1811 hatte hier die im 13. Jh. gegründete **Universität** von Perugia, eine der ältesten auf dem europäischen Kontinent, ihren Sitz.

★
Piazza Matteotti, Alte Universität

An das ehemalige Universitätsgebäude schließt sich der Palast des Volkshauptmanns an (1472–1481), für den ebenfalls Gasparino di Antonio in Zusammenarbeit mit seinem lombardischen Landsmann Leone di Matteo, die Pläne lieferte. Am **Girlandenschmuck** der Zwillingsfenster im Obergeschoss kündigt sich bereits die Renaissance an. Die Statue in der Lünette des Portals verkörpert die Gerechtigkeit. Heute ist der Palazzo Sitz des Gerichts von Perugia.

Palazzo del Capitano del Popolo

Sehenswürdigkeit und zugleich gut für eine Pause: Café Sandri am Corso Vannucci

Mercato Hinter den Arkaden links des Palazzo wurde 1932 ein überdachter Marktplatz mit festinstallierten Verkaufshäuschen eingerichtet, auf dem man Lebensmittel, Kunsthandwerk und Kleidung kaufen kann (nur vormittags geöffnet). Von der Terrasse hat man einen herrlichen Ausblick auf die Altstadt, den Monte Subasio und Assisi. Wenige Schritte weiter steht die Jesuitenkirche **Chiesa del Gesù** (1571).

Via Volte della Pace An der schmalen Nordseite der Piazza Matteotti mündet die Via Volte della Pace in den Platz. Unter ihren Gewölben wurden früher Friedensschlüsse ausgehandelt. Am Ende der alten Gasse steht man auf der Piazza Piccinini (s. Rundgang durch die nordöstliche Altstadt).

Durch die westliche und nördliche Altstadt

★
Via Maestà delle Volte, Via dei Priori Der Spaziergang durch die nördliche und westliche Altstadt beginnt an der Piazza IV Novembre, von der an der Fontana Maggiore die schmale Via Maestà delle Volte abzweigt. Hohe Gewölbe und Stützbogen überspannen diese Gasse, die für ihren pittoresken Charme gerühmt wird. Von der Weite der Piazza taucht man ein in die kühlen, meist im Schatten liegenden Gassen und Sträßchen der Altstadt. Ihren Namen erhielt sie von dem **Madonnenfresko** eines unbekannten Künstlers in dem kleinen Oratorium, das heute ein Geschäft für Kirchengerät beherbergt. Malerisch und noch etwas enger ist die Via Ritorta, die die Verbindung zur Via dei Priori herstellt. An der Kreuzung der Via dei Priori und der Via Sant'Agata steht die kleine gotische **Kirche Sant'Agata** (um 1300), die mit Fresken (1. Hälfte des 14. Jh.s) ausgemalt ist.

An der Stelle, an der sich die Via dei Priori zu einem kleinen Platz öffnet, überragt die Fassade von San Filippo Neri die umliegenden Häuser. Unverkennbar standen römische Barockkirchen Pate für dieses Mitte des 17. Jh.s erbaute Gotteshaus. Das einschiffige Innere entspricht dem Stil der Gegenreformationszeit. Die »Immakulata« (1662) am Hochaltar ist ein Werk des römischen Malerarchitekten Pietro da Cortona. Das Kuppelfresko mit der »Marienkrönung« schuf Francesco Mancini 1728.

San Filippo Neri

Ein Abstecher in die Via della Cupa führt zu einem langen, recht gut erhaltenen Teilstück der etruskischen Stadtmauer, der man bis zur Porta Eburnea folgen kann.
Zurück zur Via dei Priori passiert man bei der Einmündung der Via Francolina die kleine, im Innern freskengeschmückte Kirche SS. Stefano e Valentino. Wenige Meter weiter kommen die Rolltreppen vom Parkplatz am Viale Pompeio Pellini an. Die quadratische **Torre dei Sciri** (12. Jh.), die hinter der Kirche S. Teresa degli Scalzi aufragt, ist der einzige von Perugias Geschlechtertürmen, der noch steht.

Etruskische Stadtmauer

Da hinter diesem spitzbogigen etruskischen Stadttor die Straße zum Lago Trasimeno begann, wird es auch Porta Trasimena genannt. Vor dem Tor steht die kleine Renaissancekirche Madonna della Luce, 1513 am Ort eines Madonnenwunders erbaut. Im Innern birgt sie Fresken der umbrischen Renaissancemaler Giovanni Battista Caporali (Decke) und Tiberio d'Assisi (Altar).
Die Via dei Priori biegt an der Kirche nach rechts und mündet in den weiten Platz vor dem **Oratorio di San Bernardino**, das mit der Akademie der Bildenden Künste und der großen Franziskanerkirche San Francesco al Prato zu einem Komplex zusammenwuchs. Der Platz ist bei schönem Wetter ein beliebter studentischer Treffpunkt.

Porta di San Luca, Madonna della Luce

Der 1450 heiliggesprochene Bernhard von Siena (1380–1444) gehört zu den herausragenden Persönlichkeiten der franziskanischen Bewegung. Seine Predigten blieben auch in Perugia, wo er sich mehrfach aufhielt, nicht ohne Wirkung. Ein Jahr nach seiner Heiligsprechung begann man mit dem Bau eines Oratoriums zu seinen Ehren. Der Florentiner Agostino di Duccio versah die einschiffige Kirche mit einer polychromen Frührenaissance-Fassade, die wegen ihres plastischen Schmucks, aber auch wegen ihrer ungewöhnlichen Komposition ein **Hauptwerk der Renaissancearchitektur** in Perugia ist. In den Tabernakelnischen stehen Maria und der Verkündigungsengel (oben) und die beiden **Stadtpatrone Costanzo und Ercolano** (unten). Das Tympanon zeigt Jesus Christus zwischen zwei Engeln und Seraphim. Auf den Reliefs an den Pilastern sind sechs weibliche Figuren dargestellt, Personifikationen von Tugenden einerseits und musizierenden Engeln auf der anderen Seite. Sie sind so deutlich sichtbar in die Fassade eingefügt, dass der Eindruck entsteht, es handle sich um wiederverwendete antike Reliefs. Vor allem ihre anmutig fließen-

✶
Oratorio di San Bernardino

den, bewegten Gewänder verweisen auf die Herkunft des Künstlers aus der florentinischen Schule.

In dem einschiffigen gotischen Innenraum wird ein **frühchristlicher Marmorsarkophag** aus dem 4. Jh. als Altartisch benutzt, in dem im 13. Jh. der hl. Aegidius beigesetzt wurde. Auf der Vorderseite ist Christus dargestellt, dem eine Frau (Symbol für Ecclesia) und Apostel zugeordnet sind. Die Reliefs darüber erzählen aus der Legende des Jonas, der vom Wal verschluckt und wieder ausgespuckt wurde.

Hinter der Stirnwand des Oratoriums liegt das Oratorio di Sant' Andrea mit einer vergoldeten Kassettendecke (1582) und goldgerahmten barocken Tafelbildern.

Akademie der Schönen Künste

An der rechten Seite des Oratoriums liegt der Eingang zu dem früheren Franziskanerkonvent, heute Sitz der Accademia di Belle Arti Pietro Vannucci, der 1573 gegründeten Kunstakademie Perugias. Ihre Kunstsammlung bewahrt Gipsabgüsse, Gemälde und Grafiken aus dem 16. bis 20. Jahrhundert.

San Francesco al Prato

Die mächtige Franziskanerkirche wurde im 14. Jh. auf einem großen freien Platz, al prato (= auf der Wiese) errichtet, der bei Predigten genügend Raum für die zahlreichen Zuhörer bot. Bereits im 15. Jh. musste Braccio Fortebraccio (▶Berühmte Persönlichkeiten), damals Signore von Perugia, **Stützkonstruktionen** in die Kirche einbauen lassen, da das Gelände, auf dem sie steht, nachgab. Ihre Fassade erhielt die Bettelordenskirche 1926 anlässlich der 700-Jahr-Feiern für Franziskus (derzeit wegen Restaurierungsarbeiten geschl.).

Röm. Mosaik

Ein Spaziergang mit Blick auf die Stadt ist der Weg auf der Via Alessandro Pascoli hinunter zum Arco di Augusto. Im Keller eines Universitätsgebäudes (Ecke Via Alessandro Pascoli / Via S. Elisabetta) wurde ein römisches Mosaik (2. Jh. n.Chr.) freigelegt, das ursprünglich den Boden der römischen Thermen bedeckte. Es zeigt Orpheus als Sänger unter den Tieren (geöffnet werktags 8.00–19.00 Uhr).

Palazzo Gallenga-Stuart

An der belebten Piazza Fortebraccio konkurrieren zwei imposante Bauwerke, der Arco di Augusto und der Palazzo Gallenga-Stuart mit einer Barockfassade. Francesco Bianchi baute den prächtigen Stadtpalast 1748–1758 für die Familie Antinori; seit 1926 ist hier die **Ausländeruniversität** (Università per Stranieri) untergebracht.

> ❗ *Baedeker* TIPP
>
> **Ein Klassiker: die Ausländeruniversität**
> Zum Italienischlernen ist die Ausländeruniversität mit günstigen Kursgebühren und guten Kursen eine gute Wahl. Wer die Möglichkeit hat, sollte im Winter kommen, wenn die Kurse nicht so voll sind.

Das imposanteste **Zeugnis der alten Etruskermetropole** (auch als Arco Etrusco bekannt) entstand im 2. Jh. v. Chr. und markierte im antiken Perugia die nördliche Stadtgrenze. Der Torbogen wird von zwei schweren Pylonen gefasst, die aus großen Quadersteinen ohne Bindungsmaterial aufgeschichtet sind. Zum ursprünglichen Tor gehört der Metopenfries, der zweite Bogen dagegen wurde von römischen Baumeistern aufgesetzt. Über dem Doppelbogen wurde nach dem Perusinischen Krieg auf Anordnung Octavians die Inschrift »Augusta Perusia« angebracht.

Arco di Augusto

Wer den Rundgang beenden will, kann durch die steile Via Ulissi Rocchi zur Piazza Danti hinter dem Dom hochsteigen. Parallel dazu verläuft die Via Bartolo, in der man einen altmodischen Pasta-Laden (eigene Herstellung) findet, sowie die Via Cesare Battisti, die im unteren Teil entlang der etruskischen Stadtmauer verläuft und an der Piazza Morlacchi wieder das Zentrum in der Oberstadt erreicht.

Via Bartolo

Die Kirche Sant'Agostino wurde 1260 erbaut. Die untere Fassadenhälfte ist mit dem typisch perusinischen Würfelmuster in weißem und rotem Stein verkleidet. Der kühle Innenraum ist das Ergebnis eines Umbaus im 18. Jahrhundert. Von den Seitenaltären ist den erste links mit einem Kreuzigungsfresko von Pellino di Vannuccio (1377) sehenswert. Rechts neben der Kirche sollte man unbedingt einen Blick in das **Oratorium der Confraternità di Sant'Agostino** werfen, eine Kapelle mit schöner Holzdecke von Charles d'Amuelle (1695), deren reiches Schnitzwerk in strahlendem Gold glänzt.
Die Häuser am **Corso Garibaldi**, bis zur Erweiterung der Stadtmauer im 14. Jh. außerhalb des Mauerrings gelegen, wurden früher hauptsächlich von Handwerkern bewohnt. Die beiden Ordensgründer Franziskus und Dominikus begegneten sich im Kloster der Beata Colomba (Nr. 191).

Sant'Agostino

> **! Baedeker TIPP**
>
> **Bei den Klarissen klingeln**
>
> Am Ende des Corso Garibaldi steht an der Weggabelung zum Tempel San Arcangelo das Klarissenkloster Sant'Agnese. Sind die Schwestern nicht gerade in Klausur, so zeigen sie gern das bezaubernde Fresko »Madonna delle Grazie« von Perugino (1522) in der Klosterkapelle.

Rechts neben der Porta Sant'Angelo weist ein Museum in die Geschichte der alten Stadtmauern von Perugia ein – ein Besuch lohnt allein wegen der hervorragenden Turmaussicht (geöffnet: April bis Okt. Mi. – Mo. 11.00 – 13.30, 15.00 – 18.30, Nov. – März bis 17.30 Uhr; Sammelticket gilt auch für den Besuch des Pozzo Etrusco und der Kapelle San Severo ▶ S. 299)

Cassero di Porta Sant'Angelo

Vom Corso Garibaldi zweigt die Via del Tempio ab, die auf die **frühchristliche Rundkirche** San Michele Arcangelo zuführt. Um den zentralen Rundbau, der wie eine Art Tambour erscheint, legt sich ein Umgang, an den sich ursprünglich noch vier rechteckige Kapellen anschlossen, die dem Gebäude die Grundrissform eines griechischen Kreuzes verliehen. Im Innern sieht man, dass der Tambour über

San Michele Arcangelo

San Michele Arcangelo, eine der ältesten Kirchen in Perugia mit sehenswertem Innenraum

Rundbogenarkaden aufsteigt, die von 16 Säulen getragen werden. Bei den Kapitellen und Basen handelt es sich um antike Spolien. Der heutige Raumeindruck ist durch die im 14. Jh. eingezogenen Schwibbögen und die Verkürzung des Tambours, der ursprünglich höher war, verfälscht. Der Altar in der Mitte des Gotteshauses besteht aus einer **antiken Marmorplatte**, die auf einer abgebrochenen Säule ruht (geöffnet tgl. 10.00 – 12.00, 16.00 – 18.00 Uhr).

Abstecher zur Kirche Santa Maria Nuova Die ehedem gotische Kirche Santa Maria Nuova wurde im Barock umgestaltet. Sehenswert im Innern ist neben dem Renaissance-Chorgestühl von 1456 die Kirchenfahne am zweiten Altar rechts, die Benedetto Bonfigli 1472 malte.

Rundgang durch die nordöstliche Altstadt

Colle del Sole Der Colle del Sole, der Stadthügel nordöstlich der Piazza IV Novembre, war schon in etruskischer Zeit besiedelt. Das Viertel auf dem Colle del Sole gehört zum **ältesten Teil der Oberstadt** von Perugia, es gibt einige noch sehr mittelalterlich anmutende, überwölbte Gassen, stille Winkel und Hinterhofatmosphäre. Der Spaziergang beginnt hinter dem Dom an der Piazza Danti, einem angenehmen Platz, an dem Töpfer samstagvormittags ihre Waren anbieten.

Der von Wasseradern gespeiste etruskische Brunnen wurde im 4./3. Jh. v. Chr. angelegt und bediente bis zum Bau der Fontana Maggiore die Oberstadt mit Trinkwasser. Da das ursprüngliche Platzniveau 4,5 m unter dem heutigen lag, muss man zu dem Brunnenrand hinabsteigen. Der aus schweren Travertinblöcken bestehende Schacht ist 37 m tief; an den zwei Balken erkennt man noch die Gleitspuren der Seile, an denen die Eimer in den Brunnen hinabgelassen wurden (geöffnet: April bis Okt. tgl. 10.00 – 13.30, 14.30 – 18.30, November bis März Mi. – Mo. 10.30 – 13.30, 14.30 – 17.00 Uhr. Ein Sammelticket berechtigt auch zum Besuch von San Severo und Cassero di Porta Sant'Angelo).

✴ Pozzo Etrusco

☉

Immer enger werden die Gassen hinauf zur kleinen, abgeschiedenen Piazza Raffaello (Aussicht). Die Kapelle San Severo wird wegen eines **Freskos** gern besichtigt, an dem sowohl Perugino als auch sein berühmtester Schüler Raffael gearbeitet haben (geöffnet wie Pozzo Etrusco, s. o.). Den oberen Teil mit der Darstellung der »Trinità« (Christus umgeben von Heiligen; die Figur von Gottvater ist nicht erhalten) hat der **junge Raffael** ausgeführt, bevor er 1508 nach Rom abreiste. 1521 ergänzte Perugino die sechs Heiligen im unteren Teil.

✴ San Severo

Von San Severo kann man auf den höchsten Punkt der Altstadt, die Piazza Michelotti (493 m), hochsteigen, von der sich eine schöne Aussicht über den nördlichen Teil Perugias bietet. Einst stand hier wohl ein etruskischer Tempel, an dessen Stelle 1372 die päpstliche **Rocca** del Sole errichtet wurde. Die Pläne stammten von Gattapone aus Gubbio, seinerzeit einer der gefragtesten Festungsbaumeister in Mittelitalien. Über den Substruktionen dieser Burg breitet sich heute die Piazza Rossi Scotti aus.

✴ Piazza Michelotti

Spaziergang nach San Domenico und San Pietro

Die Besichtigung der großen Dominikanerkirche San Domenico, in deren Konventsgebäuden das Archäologische Museum seine Räume hat, und San Pietro lässt sich gut zu einem Spaziergang durch den südöstlichen Teil Perugias verbinden. Ausgangspunkt ist die Porta Cornea, die östlich unterhalb der Piazza Italia liegt.

Porta Cornea

Wenige Schritte von der Porta Cornea entfernt stößt man auf die eigenwillige Kirche Sant'Ercolano (1297–1326), die sich an die etruskische Stadtmauer anlehnt. Der kleine polygonale Bau steht dort, wo der hl. Herculanus im Kampf gegen die Goten starb und bestattet wurde. Das barockisierte Innere mit den Reliquien des Heiligen lohnt einen Blick. Für den Bau der Rocca wurde das obere Geschoss der Kirche abgetragen, da es den Ausblick ins Tal versperrt hätte.

Sant'Ercolano

Schräg gegenüber von Sant'Ercolano werden in einer Dauerausstellung im Palazzo Penna acht Werke des perusinischen Künstlers Ge-

Palazzo Penna

🕐 rardo Dottori (1884–1977) und sechs Werke von Joseph Beuys (1921–1986) gezeigt (geöffnet: April – Okt. tgl. außer Di. 10.00 bis 13.00, 16.00 – 19.00, Nov. – März 10.00 – 13.00, 15.00 – 18.30 Uhr).

Corso Cavour, Tre Archi
Am belebten Corso Cavour beginnt das modernere Perugia. An seiner Kreuzung mit der breiten Via Marconi fällt die monumentale Bogenarchitektur der neoklassizistischen Tre Archi auf (1842).

✴ San Domenico · Museo Archeologico Nazionale dell'Umbria

Baugeschichte
San Domenico ging als **eine der größten Bettelordenskirchen Italiens** in die Kunstgeschichte ein und hatte Vorbildfunktion für spätere Sakralbauten dieses Typs, u. a. den Dom San Lorenzo. 1305 wurde sie als dreischiffige Hallenkirche für die Dominikaner begonnen; die Weihe 1459 markierte einen vorläufigen Abschluss der Bauarbeiten, die von den Ordensbrüdern Fra Nicolas und Fra Corrado geleitet wurden. Der Turm, ursprünglich höher veranschlagt, war erst Ende des 15. Jh.s vollendet. Frühbarock ist das Portal von 1597. Nach dem Einsturz des Langhauses 1615 beauftragte man den Barockarchitekten **Carlo Maderna** mit dem Wiederaufbau, der bis 1632 andauerte.

Inneres
Maderna verwandelte die ursprüngliche Hallenkirche in einen hochbarocken Innenraum mit niedrigeren Seitenschiffen. Die einstige Struktur ist durch diese Umgestaltung fast nicht mehr erkennbar; nur noch die rechteckigen Chorkapellen, in denen die **barocken Ver-**

San Domenico Orientierung

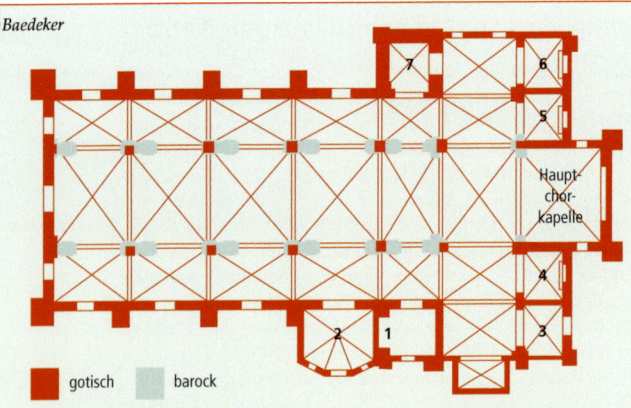

© Baedeker

🔲 gotisch   🔲 barock

1 Grabmal des Guglielmo Pontano (1555)
2 Rosenkranzkapelle
3 Cappella San Pietro Martire
4 Grabmal Papst Benedikts XI.
5 Cappella Guidalotti
6 Kapelle des hl. Thomas v. Aquin
7 Kapelle mit Fresken des frühen 15. Jh.s (Fragmente)

änderungen wieder rückgängig gemacht wurden, erinnern an das Schema einer gotischen Kirche. Die Stützen des Langhauses hat Maderna zu Wandflächen verbreitert, zwischen denen sich rundbogige Arkaden öffnen.

Die erste Kapelle an der rechten Langhausseite ist die im 14. Jh. angebaute Rosenkranzkapelle. Sie birgt einen steinernen Altar von Agostino di Duccio, der die Form eines römischen Triumphbogens aufgreift. In der Cappella San Pietro Martire erinnert das Altarbild von 1705 an das Martyrium des Dominikaners Petrus, dem die Kapelle geweiht ist.

In der folgenden Kapelle steht man einem **Spitzenwerk der mittelalterlichen Grabmalsplastik** gegenüber, dem Wandgrab für den 1304 verstorbenen Papst Benedikt XI. Es kam erst im Jahre 1700 in die Kirche, wo man es 1959 zusammen-

San Domenico: In dem früheren Kloster ist heute das archäologische Museum untergebracht.

baute. Der Verstorbene ruht auf seinem Sarkophag unter einem filigranen, tabernakelartigen Aufbau. Im Stil zeigt das Werk Ähnlichkeit mit den Reliefs von Lorenzo Maitani an der Domfassade von Orvieto, mit Sicherheit kannte der Künstler, dessen Namen man nicht weiß, das von Arnolfo di Cambio geschaffene Grabmal des Kardinals de Braye in der Dominikanerkirche in Orvieto, das den Prototyp für diese Grabmalsform lieferte.

Das im 15. Jh. geschaffene **Apsisfenster** der Hauptchorkapelle ist mit einer Fläche von 178 m (21 x 8,5 m) eines der größten in Italiens Kirchen. Ein beachtliches Werk der Holzschnitzkunst ist das **Chorgestühl** von Crispolto da Bettona (1476 begonnen), dem Antonio da Mercatello 1498 Intarsien einfügte.

Im Kreuzgang und in ehemaligen Klosterräumlichkeiten ist das Nationale Archäologische Museum mit der bedeutendsten archäologischen Sammlung Umbriens untergebracht. Die Ausstellung umfasst Exponate aus etruskisch-römischer Zeit und prähistorische Funde (geöffnet Di. – So. 8.30 bis 19.30, Mo. 14.30 – 19.30 Uhr).

Archäologisches Museum

Im Kreuzgang werden vor allem römische Inschriftentafeln und Grenzsteine gezeigt. Unter den Sarkophagen und etruskischen Urnen sei besonders auf einen Marmorsarkophag aus dem 2. Jh. v. Chr. hingewiesen.

Im Obergeschoss des Kreuzgangs sind etruskische Urnen aus Gräbern in der Umgebung Perugias aufgestellt, die die charakteristische Form mit Tempelgiebel und Satteldach aufweisen. Zu den berühmtesten Exponaten zählt der ins 4. Jh. v. Chr. datierte **Grenzstein** (Cippus) **von Perugia** mit einer langen etruskischen Inschrift. In den einzelnen Kammern sind etruskische Grabbeigaben aus Keramik, Gold oder Bronze zu sehen. Beeindruckend ist ein Sarkophag aus dem 5. Jh. v. Chr. aus der Sperandio-Nekropole bei der Porta Sant'Angelo in Perugia. Seine Reliefs zeigen an den Schmalseiten ein Gastmahl und an der Vorderseite einen Beute- oder Triumphzug, bei dem auch Gefangene und Lasttiere mitgeführt wurden.

Prähistorische Sammlung
Die Prähistorische Abteilung umfasst Funde aus dem Paläolithikum, Werkzeuge aus Stein, Schaber und Knochen, die aus der Gosto-Grotte im sienesischen Cetona stammen. Interessant sind auch die eisenzeitlichen Funde aus den Marken und den Abruzzen.

Etruskergrab
Die jüngste Abteilung im Untergeschoss birgt eine orginalgetreue Nachbildung des 1983 in Monteluce, einem Stadtteil von Perugia, entdeckten etruskischen Grabes mit mehreren Kammern der Familie Cai Cutu mit 50 Urnen und einem Sarkophag.

Porta San Pietro
Die Porta San Pietro hat trotz ihrer Entstehung im 14. Jh. wenig gemein mit den anderen mittelalterlichen Stadttoren Perugias. Ihre dreibogige Renaissancefassade begann 1447 Bartolomeo Mattioli, Agostino Duccio hat das Werk 1475–1480 zu Ende gebracht.

✶ ✶ San Pietro

Auf einer leichten Anhöhe steht die ehemalige Klosterkirche San Pietro, eine der **ältesten Kirchen** in Perugia. Die außergewöhnlich reiche Ausstattung mit zahlreichen Renaissance- und Barockgemälden macht den Besuch von San Pietro zu einem Kunstgenuss. Die erste, frühchristliche Kirche an dieser Stelle war vermutlich **Bischofssitz**, bis dieser 936 nach Santo Stefano del Castellare verlegt wurde. Um die Mitte des 9. Jh.s richtete der Adelige Pietro Vincioli hier ein **Kloster** ein. Die kurz vor dem Jahre 1000 geweihte, romanische Kirche erfuhr in den folgenden Jahrhunderten mehrfach Erneuerungen und Umgestaltungen. Aus **gotischer Zeit** stammen der polygonale Chor und der im 13. Jh. über einem etruskischen Grab entstandene, zwölfeckige Turmunterbau, den man 1463–1468 zu einem schlanken Turm mit Spitzhelm ergänzte. Im 16. Jh. wurde der Innenraum unter Leitung des perusinischen Architekten Valentino Martelli vollständig

Der prächtige Innenraum von San Pietro mit antiken Säulen und Gemälden aus dem 16. Jahrhundert

ausgeschmückt. Die Vorhalle entstand 1614 ebenfalls nach seinen Entwürfen in Anlehnung an die Bogenarchitektur der in Sichtweite stehenden Porta San Pietro. Tritt man vor die Kirche, dann erkennt man links des skulptierten Renaissanceportals **Relikte der romanischen Kirche** in Form zweier Blendbögen, deren Rückwand Fresken aus dem 14./15. Jh. bedecken.

In stärkstem Kontrast zum schlichten Äußeren steht die prachtvolle Ausstattung. Beeindruckend ist das Zusammentreffen unterschiedlichster Stile und Epochen. Das architektonische Gerüst bildet ein im Mittelschiff flachgedecktes Langhaus, das dem Schema der frühchristlichen römischen Basiliken folgt. Die **antiken Säulen** aus Marmor und Granit tragen rundbogige Arkaden, über denen die Obergadenwand aufsteigt. Blickfang sind hier zehn großformatige Gemälde in Goldrahmung, die ebenso wie das monumentale Bild über der Eingangswand (»Apotheose des Benediktinerordens«) **Antonio Vassilacchi**, genannt Aliense, Ende des 16. Jh.s anfertigte. In effektvoller Hell-Dunkel-Malerei, die seine venezianische Herkunft verrät, werden Szenen aus dem Leben Christi geschildert. Die Wandflächen und

✷ ✷

Innenraum

Gewölbe der Kirche überzieht ein **manieristisches Freskenprogramm**, das etwa gleichzeitig mit den Obergadengemälden entstand.

Der lichtdurchflutete Chor ist eine außergewöhnliche Mischung aus gotischer Architektur und manieristischer Ausstattung. Einzigartig in Umbrien ist das zweireihige, intarsienverzierte **Chorgestühl** (1591). Im Chor führt eine Tür – ebenfalls mit herrlichen Intarsien – hinaus auf einen Balkon mit herrlicher Sicht auf die Valle Umbra.

Unbedingt zu empfehlen ist auch die Besichtigung der **Sakristei**, die ebenfalls in der zweiten Hälfte des 16. Jh.s vollständig ausfreskiert wurde. An der Eingangswand hängen fünf Tafeln von Perugino.

Sehenswert ist auch der **botanische Garten** von San Pietro. Er wurde mit viel Liebe zum Detail nach dem Muster eines mittelalterlichen Klostergartens angelegt (geöffnet Mo. – Fr. 8.00 – 17.00 Uhr).

San Pietro von außen – im Vergleich zum Innenraum wenig spektakulär

Außerhalb der Altstadt

★★
Grab der Volumnier (Ipogeo dei Volumni)

Das Grab der Volumnier, einer etruskischen Adelsfamilie, ist ein weiteres, eindrucksvolles Zeugnis der etruskischen Vergangenheit Perugias. Es liegt etwa 7 km südlich des Zentrums, im Stadtteil Ponte San Giovanni, an der alten Landstraße nach Assisi (Via Assisiana; etwas versteckt in der Kurve vor der Bahnschranke; geöffnet tgl. 9.00 bis 13.00, 15.30 – 18.30, Juli/Aug. 9.00 – 12.30, 16.30 – 19.00 Uhr).

Besichtigung

Das in den 40er-Jahren des 19. Jh.s entdeckte, unterirdische Grab stammt vermutlich aus der Mitte des 2. vorchristlichen Jahrhunderts und gehörte zu der großen **Palazzone-Nekropole**, die aus rund 40 Gräbern bestand. Urnen aus dieser Nekropole sind in dem Kassenhäuschen aufgestellt, das über dem Grab errichtet wurde. Die meisten sind aus Travertin, haben einen giebelartigen Deckel und sind an der Vorderseite mit Reliefs verziert.

29 Stufen führen hinab in das eigentliche, in den Tuff gehauene Grab (Hypogäum), das wie ein **römisches Haus** angelegt ist: Man betritt zunächst eine zentrale Vorhalle (im römischen Haus das Atrium), von der auf beiden Seiten kleine Grabkammern abgehen, die im rö-

mischen Wohnhaus den Schlafräumen entsprechen. Gegenüber dem Treppenabgang öffnet sich der Hauptraum, der dem Tablinum (dem repräsentativen Aufenthaltsraum) im römischen Wohnhaus entspricht und von einer Kassettendecke überwölbt wird. Hier stehen die **sieben großen Urnen** von Mitgliedern der Volumnier-Familie, die aus sarkophagähnlichen Steinblöcken (Travertin oder Marmor) bestehen, auf denen die Verstorbenen liegend auf einer antiken Kline wiedergegeben sind. Wie bei den Wandmalereien der etruskischen Gräber in Orvieto werden die Toten auch hier bei einem Festmahl gezeigt. Bei den Frauenköpfen an der Vorderseite der Urnen handelt es sich vermutlich um Medusenhäupter. Der Erbauer der Grab-anlage, **Arnth Velimna**, ist in der Urne an der Stirnwand beigesetzt. Besondere Beachtung verdienen die beiden geflügelten, fackeltragenden Sitzfiguren unter ihm, die die etruskische Plastik auf ihrem höchsten Niveau repräsentieren. Es handelt sich um weibliche Dämonen, die den Toten bewachen – man beachte den gespannten Gesichtsausdruck – und begleiten und als solche den **Prototyp für die Todesengel** in der christlichen Kunst abgaben.

Die tempelförmige Marmorurne an der linken Wand gehört **Publius Volumnius**, dem Enkel von Arnth Velimna, der zwischen 50 und 40 v. Chr. als Letzter hier bestattet wurde. In den anderen Kammern befanden sich keine Urnen. Nach dem Perusinischen Krieg (40 v. Chr.) gab man die Nekropole auf, weil sie außerhalb der Dreimeilenzone lag, die Octavian der Stadt zugestanden hatte.

Umgebung von Perugia

Zu dem **Vergnügungspark** im Nordwesten der Stadt auf einem Hügel fährt man über die SS 75 in Richtung ▶Lago Trasimeno (Ausfahrt Ferro di Cavallo Olmo). Das 200 ha große Gelände bietet vor allem Unterhaltung und Aktivitäten für Kinder, u. a. sind Märchenkulissen zu sehen wie Schneewittchens Haus, Dornröschens Schloss oder Pinocchios Dorf, außerdem eine Wildwest-Szenerie mit Bahnhof und Überfall auf einen Zug (geöffnet Ostern bis Oktober).

Città della Domenica

Corciano liegt etwa auf halber Strecke zwischen ▶Perugia und dem ▶ Lago Trasimeno. Die Nähe zu Perugia, zu der es bis ins 15. Jh. gehörte, war für die auf einem Hügel gelegene Stadt immer schon bestimmend. Damals war Corciano Lehensgut der Herzogsfamilie Della Corgna, die im heutigen Palazzo Comunale residierte.

Corciano

! *Baedeker* TIPP

Von Baum zu Baum am Tiberufer

In Ponte Felcino in der Nähe des Schwimmbads Giardini Thebris können Schwindelfreie in einem Pinienwald direkt am Tiber wie Tarzan von Baum zu Baum springen. Gesichert wird mit Drahtseilen und großen Stahlhaken, und ein Instrukteur schwingt immer mit. Wer nicht über Seilbrücken balancieren will, kann kilometerweit am Tiber entlanglaufen oder -radeln. www.parcoilbarone rampante.it

GRAB DER VOLUMNIER

✳ ✳ **Im Südosten von Perugia wurde im 2. Jh. v. Chr. eine große etruskische Nekropole angelegt, in der etwa 40 Grabanlagen ihren Platz hatten. In den 40er-Jahren des 19. Jh.s entdeckte man das Grab der Volumnier, einer etruskischen Adelsfamilie. Die aufwendige Grabanlage vermittelt uns heute einen Eindruck von der Totenstadt der Etrusker.**

🕐 Öffnungszeiten:
tgl. 9.00 – 13.00, 15.30 –18.30, Juli/Aug. 9.00 bis 12.30, 16.30 –19.00 Uhr

① Eingang
Der Eingang zu der Grabanlage führt in ein Haus, das über dem Familiengrab der Volumnier gebaut wurde. Hier befindet sich u. a. die Kasse, und man erhält Informationen.

② Urnengräber
Die in dem kleinen Gebäude aufgestellten Urnengräber stammen alle aus der Nekropole aus dem 2. Jh. v. Chr., die sich an dieser Stelle befand. Einige Urnen zeigen auf ihrer Schauseite Medusenhäupter. Fast alle sind aus Travertin hergestellt und tragen einen Deckel in Form eines Dreiecksgiebels.

③ Treppe
Die in den Tuffstein geschlagenen Stufen führen hinunter in die »Unterwelt«.

④ Hypogäum
Das Hypogäum, die Grabanlage, ist wie ein Haus aufgebaut mit einer Vorhalle und mehreren Nebenräumen.

⑤ Hauptraum
In dem größten der unterirdischen Räume stehen die sieben Gräber der Volumnier. Die Verstorbenen werden liegend oder sitzend auf ihren Graburnen dargestellt. Oft sind die toten Etrusker beim Festmahl dargestellt. Auffällig sind eine exakte Anatomie und ein lebendiger Ausdruck in Gesicht und Körperhaltung. Die geflügelten Sitzfiguren am Hauptgrab gelten gewissermaßen als Vorläufer der christlichen Todesengel, die die Verstorbenen bewachen und ihnen zur Seite stehen.

⑥ Zugang zum Areal der Nekropole
Auf der Grünfläche, auf der mehrere Bodenöffnungen den Standort früherer Grabstellen anzeigen, wird ein Eindruck der einstigen Anlage vermittelt.

Grab der Volumnier Orientierung

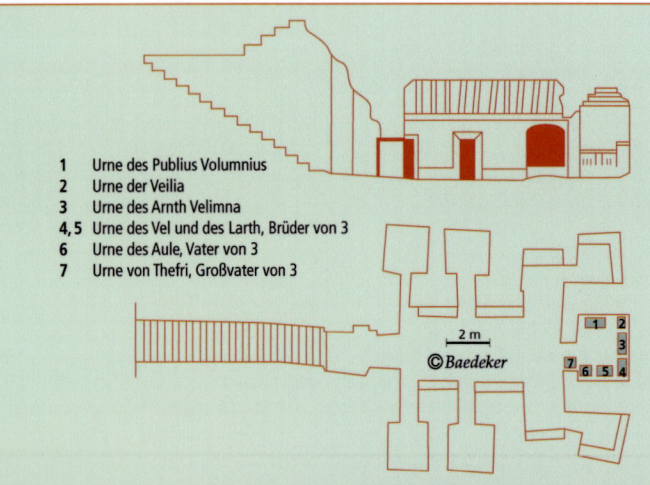

1 Urne des Publius Volumnius
2 Urne der Veilia
3 Urne des Arnth Velimna
4, 5 Urne des Vel und des Larth, Brüder von 3
6 Urne des Aule, Vater von 3
7 Urne von Thefri, Großvater von 3

2 m
©Baedeker

Die Frauenköpfe an der Stirnseite vieler Urnen zeigen Medusenhäupter.

Publius Volumnius, der Enkel von Arnth Velimna, wurde zwischen 50 und 40 v. Chr. als Letzter in der Grabanlage bestattet.

Arnth Velimna ließ die Grabanlage erbauen. Auf seiner Urne ist er auf einer Kline liegend dargestellt.

© Baedeker

Die Gräber von Vel und Larth, den Brüdern von Arnth Velimna

Weibliche Dämonen bewachen die Toten.

Die Altstadt von Corciano umschließt eine vollständig erhaltene, mit Türmen besetzte Stadtmauer. Der ehemalige Palazzo der Della Corgna an der zentralen Piazza ist heute Palazzo Comunale. In der Kirche Santa Maria sind zwei wenig bekannte Alterswerke von Perugino (▶ Berühmte Persönlichkeiten) zu sehen, eine »Assunta« am Hochaltar und an der Predella eine »Verkündigung« sowie eine »Geburt Christi« (1513). Die Kirche San Cristoforo wurde 1537 über einem etruskischen Heiligtum errichtet. Sie beherbergt heute ein kleines Museum für sakrale Kunst.

✷ San Gemini

E 10

Provinz: Terni   **Höhe:** 337 m ü.d.M.
Einwohnerzahl: 4400

San Gemini liegt oberhalb der alten Römerstraße Via Flaminia sowohl von Narni als auch von Terni etwa 10 km entfernt. Die Mineralquellen, die hier zutage treten, machten das beschauliche San Gemini als Kurort auch über Umbriens Grenzen hinaus bekannt.

Geschichte   Man vermutet, dass ein Mönch namens Gemine Ende des 8. Jh.s hier ein Kloster gründete. Im 12. Jh. lag San Gemini auf der Grenzlinie zwischen dem langobardischen Herzogtum Spoleto und byzantinischen Besitzungen. Die papsttreue Stadt wurde 1241 von Friedrich II. verwüstet und anschließend mühsam wiederaufgebaut. 1590 erhob Sixtus V. San Gemini in den Rang einer Stadt. 1813 erwarb der Bildhauer **Antonio Canova** in San Gemini ein Landgut und einen Palast an der Piazza San Francesco und ließ sich hier nieder.

Sehenswertes in San Gemini

Stadtrundgang   Der Rundgang beginnt an der Porta Romana, nach wenigen Metern kommt man zum **Dom**, der dem Schutzheiligen San Gemini gewidmet ist und im Innern einige schöne Gemälde birgt. Ein Stück weiter stehen an der **Piazza San Francesco** die Kirche San Francesco mit einem gotischen Portal, gegenüber der Kirche der moderne Palazzo Comunale und links daneben der Palast, in dem einst Canova residierte. Rechts des Palazzo Comunale blieb die Porta di Borgo aus dem 12. Jh. erhalten, durch die man den mittelalterlichen Stadtkern betritt. Auf der Casventino kommt man zur zentralen Piazza mit dem **Palazzo del Capitano del Popolo**, einem der wenigen Kommunalpaläste aus dem 12. Jahrhundert. Rechts daneben steht die geschleifte und mit einem Glockenstuhl des 18. Jh.s versehene Torre Esperia. Reichen Freskenschmuck weist

SAN GEMINI ERLEBEN

AUSKUNFT

Pro Loco
Via Garibaldi 1
Tel. 07 44 63 01 30

VERANSTALTUNGEN

Corso di Lied Tedesco: Seit 1973 findet in Acquasparta im Sommer ein Kurs für Liedgesang statt, Eröffnungs- und Abschlusskonzerte; www.scuolahugowolf.it
Giostra dell'Arme: Wettkampf zwischen den beiden alten Stadtvierteln von San Gemini, Rocca und Piazza – wie einst im Mittelalter (Ende September bis Mitte Oktober)

ESSEN

▶ **Erschwinglich**
Ristorante Antica Carsulae
Loc. Fonte, Via Tiberina 2
Tel. 07 44 63 01 63
Im Grünen direkt am Parco della Fonte dell'Acqua Sangemini wird typisch umbrisch gekocht. Ob Nudelgerichte oder Gegrilltes vom offenen Feuer, alles schmeckt bestens. Im Sommer sitzt man schön auf der schattigen Terrasse. Es gibt auch preiswerte Übernachtungsmöglichkeiten.

ÜBERNACHTEN

▶ **Komfortabel**
Tenuta Astolfi
Loc. Malacina 13
Portaria di Acquasparta
Mobil: 34 83 94 09 29
Tel 07 44 33 30 72
www.agriturismoastolfi.com
Geschmackvoll renoviertes Bauernhaus mitten in der Landschaft zwischen San Gemini und Acquasparta. Am Pool kann man wunderbar relaxen. Das hauseigene Restaurant verwöhnt mit köstlichen umbrischen Spezialitäten. Halbpension empfehlenswert! Di. Ruhetag

die Kirche San Carlo am Platz auf (auch als Santa Maria de Incertis bekannt). Am Ende der Via Casventino stößt man auf die Kirche **San Giovanni Battista** mit einer romanischen Fassade. Südlich außerhalb steht die ehemalige Abteikirche San Nicolò. Ihre außergewöhnlich reich skulptierte Portalrahmung ist eine Kopie; das Original wanderte 1934 ins Metropolitan Museum nach New York.

Die Kuranlagen San Gemini Fonte (Parco delle Fonti) liegen ca. 3 km nördlich des Städtchens an der »SS 3 bis« in einem riesigen gepflegten Parkgelände mit jahrhundertealten Bäumen, einem Hirschgehege und einer Minigolfanlage. Hier werden die Heilwasser der Monti Martani genutzt.

Kuranlagen

Umgebung von San Gemini

3 km nördlich von San Gemini Fonte sollte man der römischen Ruinenstadt Carsulae einen Besuch abstatten. Die um 200 v. Chr. an der alten Via Flaminia gegründete Siedlung war während der frühen Kai-

Ruinen der Römerstadt Carsulae

Carsulae Orientierung

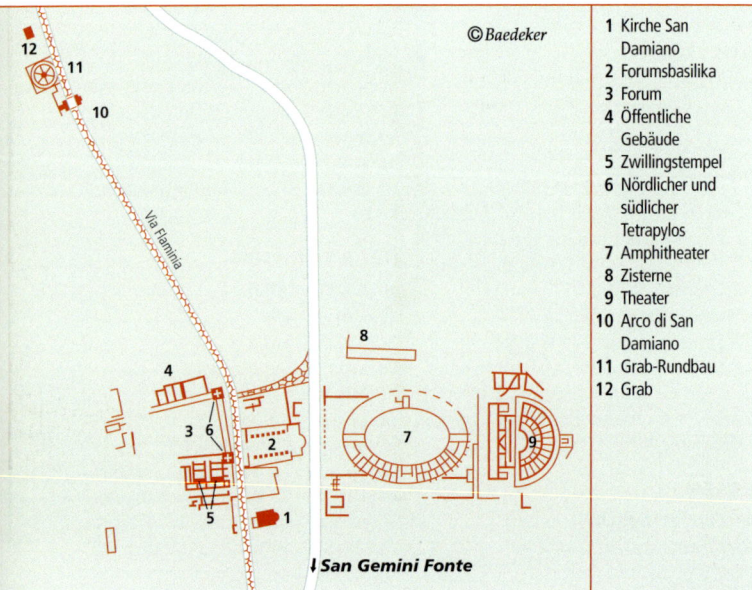

© Baedeker

1 Kirche San
   Damiano
2 Forumsbasilika
3 Forum
4 Öffentliche
   Gebäude
5 Zwillingstempel
6 Nördlicher und
   südlicher
   Tetrapylos
7 Amphitheater
8 Zisterne
9 Theater
10 Arco di San
   Damiano
11 Grab-Rundbau
12 Grab

Via Flaminia

San Gemini Fonte

serzeit ein **blühendes Städtchen**, verlor aber an Bedeutung, als man die neue Via Flaminia (Via Flaminia Nova) weiter nach Osten verlegte. Während der Völkerwanderung verließen die letzten Bewohner die im Verfall begriffene, schutzlose Stadt und ließen sich in höher gelegenen Ortschaften in der Umgebung, u. a. in Cesi, nieder. Ein Erdbeben zerstörte schließlich die Stadt und ihre Ruinen wurden als Steinbruch genutzt. Im Mittelalter ließen sich zeitweise Mönche in den verfallenen Gemäuern nieder.

Von San Gemini Fonte kommend, sieht man rechts der Straße das Amphitheater und einige andere Gebäude und links der Straße das Gelände des **antiken Forums**, das von der gepflasterten Via Flaminia durchzogen wird. Noch vor dem eigentlichen Forum steht die Kirche San Damiano, die im 11. Jh. über einem römischen Gebäude errichtet wurde, von dem an der rechten Außenwand noch Ziegelmauerwerk zu erkennen ist. Hinter der Kirche und einem weiteren Gebäude lassen sich die Mauerreste der **dreischiffigen Forumsbasilika** ausmachen. Ihr gegenüber, auf der anderen Seite der Via Flaminia, führen 13 Stufen zum südlichen Tetrapylos, einem kleinen Bogen auf vier Pfeilern, hinauf, dem ein Pendant an der Nordseite des Forums entspricht. Die beiden **Zwillingstempel**, ursprünglich marmorverkleidet, standen auf hohen Sockeln. An der Nordseite wurde das Forum von weiteren öffentlichen Gebäuden gefasst, die durch einen gepflasterten »Gehsteig« verbunden waren.

Das ovale **Amphitheater** hat die stolzen Ausmaße von 86 x 62 m. In seiner Längsachse liegt ein weiteres halbrundes Theater mit Nebenräumen. Für den Bau der Zuschauerränge nutzten die Römer die natürliche Senkung des Terrains. Nördlich des Amphitheaters lag die 46 m lange und 11 m breite Zisterne von Carsulae.

Folgt man der Via Flaminia, dann erreicht man das nördliche Stadttor, den Arco di San Damiano oder auch Arco di Traiano. Von den ursprünglich drei Bogen ist nur der mittlere ganz geblieben. Seine großen Haussteine wurden ohne Mörtel übereinandergesetzt.

Jenseits der Stadtgrenze lag die **Nekropole**, von der zwei Gräber ein Bild vermitteln. Der kleinere Grabbau mit Kegeldach wurde anhand der gefundenen Bauteile re-

Aus großen Haussteinen ohne Mörtel zusammengesetzt: der Arco di San Damiano

konstruiert, den größeren schmückt ein beachtenswerter Metopen- und Triglyphenfries (geöffnet: Di. – Fr. 10.00 – 13.00, 16.00 – 19.00, Sa., So. 10.00 – 19.00 Uhr).

Cesi

Östlich von San Gemini schmiegt sich das kleine Dorf Cesi an einen Ausläufer des Monte Torre Maggiore. Schon im 6. Jh. v. Chr. haben vermutlich Umbrer den Ort mit einer Mauer befestigt, von der Reste erhalten sind. Einen Blick lohnt die Kirche Santa Maria wegen der »Madonna mit Kind und Heiligen« eines Meisters aus Cesi (1380).
Die schlichte kleine Kirche **Sant'Erasmo** oberhalb des Ortes entstand im 12. Jh. als Klosterkirche eines Benediktinerkonvents.

Acquasparta

Etwa 13 km nördlich von San Gemini liegt Acquasparta, das in erster Linie wegen der nahen Heilquellen Fonte dell'Amerino besucht wird. Unter Papst Sixtus V. wurde der Ort als Lehen an das Geschlecht der Cesi vergeben, die es zum Mittelpunkt ihres Herrschaftsgebietes machten. Eine kulturelle Blütezeit erlebte Acquasparta um 1600 unter **Federico Cesi**, der 1609 hier die Accademia Nazionale dei Lincei wieder ins Leben rief.
Hauptsehenswürdigkeit im Zentrum ist der elegante **Palazzo Cesi**. Der Spätrenaissancebau wurde als Familiensitz der Cesi in der zweiten Hälfte des 16. Jh.s nach Plänen von Giovanni Domenico Bianchi errichtet und hat so berühmte Gäste beherbergt wie **Galileo Galilei**, der 1624 hier weilte. In den Loggien, die auf einen zentralen Innenhof führen, sind Gedenktafeln, Grabsteine und Urnen aus der Rö-

merstadt Carsulae versammelt. Im ersten Obergeschoss, dem sog. Piano nobile, verbinden sich mehrere stattliche, mit Kassettendecken geschmückte Säle zu einer Flucht.

Federico Cesi fand seine letzte Ruhestätte in der benachbarten Kirche **Santa Cecilia**, die 1581 Isabella Liviani Cesi erbauen ließ.

Interessant sind auch die Befestigungsmauern des Castello und der gut erhaltene Wachturm, in dessen Nähe sich die Kirche La Madonna del Giglio erhebt, ein bescheidener Bau von 1606. Die Kirche San Francesco geht auf das Jahr 1290 zurück, büßte aber durch spätere Umbauten ihr ursprüngliches Aussehen ein.

Verlässt man den historischen Stadtkern in Richtung Norden, dann kommt man zur **Fonte dell'Amerino** – auch Sorgenti di San Francesco genannt. Der Legende nach erhielt die Quelle ihren Namen im 16. Jh. nach der wunderbaren Genesung eines Bürgers von Amelia. Bis dahin war sie nach dem heiligen Franziskus benannt, der um 1215 durch das Quellwasser geheilt wurde und dort, wo sich heute die Thermen von San Francesco befinden, ein Kloster mit einem Spital errichtete (beide zerstört). Federico Cesi ließ die Quelle ausbauen. Südlich von Acquasparta in Richtung San Gemini erreicht man eine weitere Heilquelle »Le Terme di Furapane«. Beide Thermenanlagen, die von der Fonte Amerino gespeist werden, liegen in schönen ⏱ Parkanlagen (geöffnet von Mai bis Oktober).

Typischer mittelalterlicher Borgo bei Avigliano Umbro

Das landwirtschaftliche Zentrum Montecastrilli knapp 10 km süd-westlich von Aquasparta entstand möglicherweise aus Lagerplätzen der gegen Rom marschierenden Truppen Hannibals. Im 12. Jh. sol-len in Montecastrilli rund hundert Familien gelebt haben. Die Pfarr-kirche San Nicolò birgt neben einigen barocken Tafelbildern ein hölzernes Kruzifix aus dem 15. Jh. und einen aus Carsulae stammen-den römischen Grenzstein.

Montecastrilli

In der Nähe von Montecastrilli gibt es ein paar kleine **romanische Kirchen**, u. a. San Lorenzo in Nifili (11. Jh.) 1 km westlich von Mon-tecastrilli. Hier wie auch in der Kirche Santa Maria di Ciciliano 1 km südöstlich von Nifili werden Grenzsteine aus Carsulae aufbewahrt.

San Lorenzo in Nifili

Etwa 10 km westlich von Montecastrilli liegt die »jüngste« Gemeinde Umbriens, das 1975 nach einem Volksentscheid selbständig geworde-ne Avigliano Umbro. Bis dahin war Avigliano der größte Ortsteil des benachbarten Montecastrilli. Heute merkt man dem Städtchen kaum noch seine mittelalterliche Vergangenheit an. Von der ehemaligen Burg stehen noch der runde Bergfried und Reste der Befestigungs-mauer. Das Portal schmückt ein marmorner Adler mit seinen zwei Jungen – Symbol für die Vorherrschaft Todis über Amelia und Terni. Die Pfarrkirche Santissima Trinità birgt eine Rosenkranzmadonna, die Andrea Polinori di Todi zugeschrieben wird. Sehenswert sind auch die kleinen romanischen Kirchen Santa Vittorina, Sant'Egidio und Sant'Angelo in der näheren Umgebung von Avigliano.

Avigliano Umbro

Empfehlenswert ist ein Abstecher nach Santa Restituta (9 km west-lich an der Strada Provinciale 37) wegen der dortigen Burg und der Grotta Bella, einer **Tropfsteinhöhle** mit wundervollen Stalaktiten und Stalagmiten. Bei Ausgrabungen kamen hier interessante Zeugnisse aus der umbrischen Frühgeschichte und der Römerzeit zutage. Unter den Funden waren auch zahlreiche Bronzestatuetten, die nahelegen, dass die Höhle einst als Kultstätte diente.

Santa Restituta, Grotta Bella

Etwa 1 km hinter Santa Restituta liegt Toscolano, wo man ebenfalls ein Castello, vor allem aber die sog. **»Maestà di Toscolano«**, eine kleine Andachtskapelle am Rand des Dorfes, besuchen sollte. Die Ka-pelle überrascht mit qualitätvollen Fresken aus der zweiten Hälfte des 15. Jh.s. Der Künstler ist nicht überliefert, doch vermutlich han-delte es sich um einen namentlich nicht bekannten Maler, den man jüngst mit Piermatteo di Amelia, den Schöpfer der ersten Freskende-koration der Sixtinischen Kapelle, gleichsetzte.

Toscolano

Nördlich von Avigliano liegt Dunarobba. Etwas außerhalb des Ortes erhebt sich inmitten von Feldern und Wiesen eine gut erhaltene qua-dratische Festung mit vier trutzigen Ecktürmen. Auch in dem ca. 3 km nördlich von Dunarobba gelegenen Sismano hatten sich die früheren Herren ein wehrhaftes Schloss errichtet.

Dunarobba, Sismano

✱
Versteinerter Wald
Einzigartig in Umbrien ist der sog. versteinerte Wald (foresta fossile), ein paar Kilometer hinter Dunarobba in Richtung Acquasparta (bei der Ziegelei; Besuch nur in Begleitung eines Führers). Vor wenigen Jahren kamen in einer Lehmgrube etwa 40 versteinerte, noch im Boden verwurzelte Baumstümpfe von gigantischen Ausmaßen zum Vorschein, Zeugnisse eines **uralten Waldes**, der durch die darüberliegende Lehmschicht vor der Zersetzung bewahrt blieb.

Die zum Teil 3–4 m dicken, durchschnittlich 6–8 m hohen und etwa 800 000 bis 2 Mio. Jahre alten Baumstümpfe sind die **Überreste einer Ufervegetation** des sog. Lacus Tiberinus. Dieser riesige, durch den Rückgang des Tyrrhenischen Meeres entstandene See füllte die gesamte Talebene von Città di Castello bis zur Mulde von Terni. Beim Wald von Dunarobba handelte es sich um Sequoia-Bäume, die über 100 m hoch werden können (geöffnet: April – Juni Sa., So. und Fei. 11.00 – 13.00, 15.30 – 18.30, Juli – Sept. Di. – So. 11.00 – 13.00, 16.00 – 19.00 Uhr).

? **WUSSTEN SIE SCHON …?**

■ Das Phänomen der Fossilisation der alten Mammutbäume von Dunarobba ist einzigartig, da die Baumstämme hier – was sonst nirgends zu sehen ist – ihre ursprüngliche aufrechte Haltung beibehalten haben.

✱✱ Spello

F 8

Provinz: Perugia **Höhe:** 280 m ü.d.M.
Einwohnerzahl: 8300

Wie Assisi ist auch Spello aus dem hellen, freundlichen Stein des Monte Subasio erbaut. Das alte Zentrum wird geschützt von einem römischen Mauerring und wuchtigen Eingangstoren. Dahinter liegt ein intaktes und ausgesprochen hübsches Mittelalterstädtchen mit einem steil ansteigenden Corso und verträumten Seitengassen, die immer wieder den Blick auf das Tal zu seinen Füßen freigeben.

Am Südhang des Monte Subasio
An Spello nicht vorbeizukommen, ist schon beinahe ein Kunststück, denn die Stadt liegt unmittelbar an der größten Verkehrsachse Umbriens, der Autostrada SS 75 zwischen Perugia und Foligno. Die Nähe zu dieser stark befahrenen Straße ist vielleicht ein kleiner Minuspunkt, ansonsten hat Spello am Südhang des Monte Subasio alles zu bieten, was man von einer umbrischen Stadt erwartet.

Zu den Kunstschätzen der Stadt zählt neben zahlreichen Kirchen und Kapellen insbesondere die Chiesa Santa Maria Maggiore, in der **Pinturicchio**, ein Schüler des berühmten Perugino (▶ Berühmte Persönlichkeiten), das bedeutendste Werk in seiner Heimatstadt geschaffen hat.

▶ SPELLO ERLEBEN

AUSKUNFT

Pro Logo
Piazza Matteotti 3
Tel. 07 42 30 10 09
Gutes Informationsmaterial und
Wanderkarten der Umgebung

VERANSTALTUNGEN

Infiorata del Corpus Domini: Fronleichnam – in der Nacht von Samstag
auf Sonntag entstehen farbenprächtige Blumenbilder. Wochen zuvor
werden dafür liturgische Themen und
Ornamente studiert. Die beste Zeit,
um die Künstler und ihre Blumen-
teppiche zu bewundern, ist zwischen
5.00 und 7.00 Uhr morgens. Danach
kommen die ersten Busse und somit
die Massen – Weckerstellen lohnt
sich!

ESSEN

▶ Erschwinglich

① *Il Cacciatore*
Via Guilia 42
Tel. 07 42 65 11 41
Mo. Ruhetag
Im Sommer, wenn man draußen
auf der Terrasse sitzen kann und
auf die Olivenhaine blickt, ist diese
Trattoria im Zentrum von Spello
eine besonders empfehlenswerte
Adresse.

▶ Preiswert

② *Taverna di San Silvestro*
Loc. Collepino
Via Collepino 14
Tel. 07 42 65 12 03
Mo. Ruhetag
Typisch umbrisches Ausflugslokal, das
als Familienbetrieb geführt wird, in
einem hübschen alten Dorf 5 km
außerhalb der Stadt in den Hügeln.
An Wochenenden sollte man vorbe-
stellen.

ÜBERNACHTEN

▶ Luxus / Komfortabel

① *La Bastiglia*
Via die Molini 17
Tel. 07 42 65 12 77, Fax 07 42 30 11 59
www.labastiglia.com
Eine Mühle aus dem 19. Jh. im
oberen Teil von Spello ist heute eine
der Topadressen in Umbrien mit
märchenhaftem Ausblick; zum
Nächtigen und Speisen.

▶ Komfortabel

② *Altavilla*
Via Mancinelli 2
Tel. 07 42 30 15 15, Fax 07 42 65 13 35
www.hotelaltavilla.com
Modernes Haus außerhalb von Spello
mitten in Olivenhainen und mit Blick
ins Tal. Bei gutem Wetter sitzt man
schön auf der großzügigen Hotel- und
Restaurantterrasse.

*An Fronleichnam entstehen in Spello die
ungewöhnlichsten Blumenbilder*

Geschichte Die Römer machten die umbrische Siedlung zu einem Munizipium und nannten es Hispellum. Als römische Kolonie verlieh der Kaiser Spello den Titel **»Splendidissima Colonia Julia«** (Inschrift am Haupttor). Auf diese Weise kam das Quellgebiet des Clitumnus zu Spello. Die sagenumwobene Quelle war schon in der Antike ein geheiligter Ort, der von Plinius und Vergil gepriesen wurde. Kaiser Konstantin benannte die Stadt nach dem Geschlecht der Flavier (Gens Flavia) Flavia Constans und machte Spello zu einer Austragungsstätte von Opferdarbringungen und religiösen Feierlichkeiten. Seit 1130 hatte Spello den Status einer freien Kommune. Von den blutigen Auseinandersetzungen mit den Städten Assisi und Foligno aufgerieben, suchte es im 14. Jh. Schutz bei Perugia, das fortan die Geschicke der Stadt bestimmte. Im Jahre 1583 fiel Spello auf Betreiben Gregors XIII. an den Kirchenstaat.

Sehenswertes in Spello

Die römische Vergangenheit von Spello ist an einigen Stellen in der Stadt gegenwärtig, so an der **Porta Urbica** an der Via Centrale, wo Stadttor und **Stadtmauern** aus römischer Zeit bestens erhalten sind.

Der Haupteingang in die Stadt war und ist die römische **Porta Consolare**, die einige Meter unter dem heutigen Bodenniveau liegt. Zwischen der Stadt- und der Feldseite des mächtigen Tors liegt ein kleiner Hof, cavaedium genannt. Die drei antiken Statuen wurden im 16. Jh. beim Amphitheater gefunden und hier angebracht. In den Sommermonaten ist der Platz bei der Porta (Piazza del Mercato) ein beliebter Treffpunkt – nicht zuletzt wegen der dortigen Eiscafés. Hinter der Porta Consolare beginnt die malerische Altstadt von Spello, die auf dem schmalen Bergrücken nur wenig Platz hat.

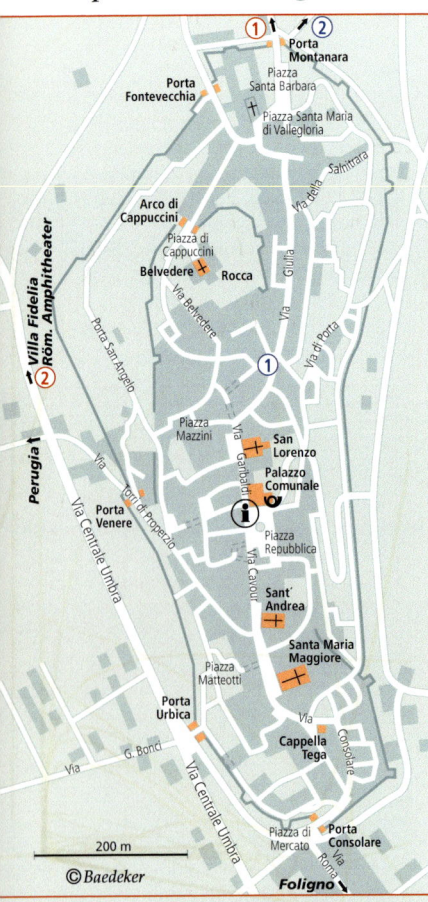

Spello *Orientierung*

200 m

©Baedeker

Essen
① Il Cacciatore
② Taverna di San Silvestro

Übernachten
① La Bastiglia
② Altavilla

Die Cappella Tega liegt am oberen Ende einer schmalen Gasse, die gleich hinter dem römischen Stadttor links abgeht. Auch wenn die kleine Kapelle nicht geöffnet ist, erkennt man durch die Glasscheiben die frisch restaurierten Fresken von 1461, die zu den frühen Werken des aus Foligno gebürtigen Renaissancemalers Nicolò Alunno zählen.

Cappella Tega

Wenige Meter weiter oben weitet sich der Corso zur Piazza Matteotti, an der die Chiesa Santa Maria Maggiore steht. Die 1285 fertiggestellte Kirche besaß ursprünglich einen Portikus, der jedoch entfernt wurde, als man 1644 die Fassade um etwa 9 m nach vorne verlegte. Die reliefgeschmückten **romanischen Türpfosten** wurden in das neue Barockportal integriert. Vor dem romanischen Campanile – Eckzinnen und Spitzhelm stammen aus dem 16. Jh. – stehen zwei Marmorsäulen eines nicht mehr existenten römischen Bauwerks. Das Innere der einschiffigen Kirche erhielt sein heutiges Gesicht durch die barocken Umbaumaßnahmen in der zweiten Hälfte des 17. Jh.s.

★
**Santa Maria
Maggiore**

Der bedeutendste Kunstschatz der Kirche ist die sogenannte Cappella Baglioni, auch »Capella Bella« (Schöne Kapelle) genannt, die sich an der linken Langhauswand öffnet und im Jahr 1500 von Bernardo di Betto, genannt **Pinturicchio** (um 1454 – 1513) ausgemalt wurde. Der ehemalige Schüler des berühmten Perugino war ein paar Jahre zuvor aus Rom wieder in seine Heimatstadt zurückgekehrt. Die annähernd quadratische Kapelle ist vollständig ausgemalt.

★ ★
◀ Cappella
Baglioni

Ausgehend von der realen Raumsituation wird dem Betrachter der Ausblick durch drei rundbogige Öffnungen suggeriert, in die drei Wandgemälde eingepasst sind. Auf der linken Seite erkennt man die **»Verkündigung an Maria«**, die Pinturicchio in eine Renaissancearchitektur stellt. An der Wand rechts von Maria hängt das Selbstbildnis des Malers, darunter steht: »Bernardinus Pictoricius Perusinus« (Bernardinus, Maler aus Perugia). Daneben die **»Anbetung des Jesuskindes«**, gestaltet mit expressiver Farbigkeit und detailbesessener Erzählfreude, in ihrem zusammenhangslosen Nebeneinander räumlich und zeitlich auseinanderliegender

*Die »Verkündigung« von Pinturicchio
in der Cappella Baglioni*

der Episoden aber merkwürdig altertümlich. Ungewöhnlich für Pinturicchio sind die realistischen Gesichtszüge bei den Hirten, die

man auf niederländische Einflüsse zurückführt. Der Einfluss Peruginos ist dagegen deutlich erkennbar in der zentralperspektivischen Komposition des **»Christus unter den Schriftgelehrten«** an der rechten Wand. Am linken Bildrand ist der schwarz gekleidete Stifter der Kapelle, Troilo Baglioni, verewigt. Den Boden der Kapelle bedeckt ein herrlicher **Majolikafußboden** mit Fliesen aus Deruta.

In der Sakramentskapelle links der Chorapsis und im anschließenden »Coretto dei Canonici«, dem Kanonikerchörlein, sind zwei weitere

Baedeker TIPP

Licht für die Cappella

Man sollte unbedingt einen Euro mitnehmen, die Cappella Baglioni wird auf Münzeinwurf beleuchtet – der Euroeinwurf lohnt sich allemal!

Wandgemälde von Pinturicchio zu sehen (»Engel« und »Madonna mit Kind«, Letzteres stark überarbeitet). Die Pfeiler links und rechts des Chores bedecken zwei Fresken seines Lehrers **Perugino** (»Pietà« und »Mutter Gottes mit Heiligen«), die dieser 1521 ausführte.

Links an die Kirche schließt der ehemalige Kanonikerpalast an, heute Sitz der Städtischen Pinakothek. Altarbilder, Skulpturen und Fresken aus den Kirchen in und um Spello wurden hier zu einer Sammlung zusammengetragen (geöffnet April – Sept. 10.30 – 13.00, 15.00 bis 18.30, Okt. – März 10.30 – 12.30, 15.30 – 17.30 Uhr).

Palazzo dei Canonici, Pinacoteca ⊙

Dass Pinturicchio auch die Tafelmalerei beherrschte, erfährt man in der Kirche Sant'Andrea am oberen Ende der Piazza Matteotti. Im rechten Querarm der aus dem 13. Jh. stammenden Kirche hängt das großformatige Gemälde »Madonna mit Kind und Heiligen«, das 1508 in Pinturicchios Werkstatt entstand. Besondere Aufmerksamkeit verdient der Schemel vor der Figur des Johannes, auf dem zwei an den Künstler gerichtete **Briefe des Bischofs von Orvieto** liegen.

Sant'Andrea

Durch die von der Piazza Matteotti wegführende Via Torri di Properzio kommt man zur römischen Porta Venere. Sie besteht aus zwei Toren mit jeweils drei Bögen, die von zwei hohen Türmen flankiert werden. Mit der südlicher liegenden Porta Urbica war diese Toranlage durch einen unterirdischen Gang verbunden.

Porta Venere

Über schmale Seitengassen geht es wieder zurück auf die Hauptachse der Stadt, die oberhalb der Piazza Matteotti Via Cavour heißt. An der Piazza della Repubblica, die über dem römischen Forum angelegt wurde, kann man eine kleine Pause einlegen. Ausgerechnet hier stört ein wenig schöner Neubau das ansonsten sehr intakte Ortsbild. Beim 1270 vollendeten Palazzo Comunale ist der **Typus des mittelitalienischen Stadtpalastes** mit der gewölbten Erdgeschosshalle und einer seitlichen Freitreppe auf die schlichteste Form reduziert.

Piazza della Repubblica, Palazzo Comunale

← *Eine der steilen Gassen in der Altstadt von Spello*

San Lorenzo An der Piazza della Repubblica geht die Via Cavour in die Via Garibaldi über. Bei schönem Wetter empfiehlt sich der Besuch der Gelateria auf der rechten Straßenseite, von deren **Gartenterrasse** man einen wunderbaren Blick auf die »Rückseite« von Spello – von Olivenhainen bedeckte Hügel – genießt. Am Largo Mazzini steht die Kirche San Lorenzo, die 1120 über den Resten der Vorgängerkirche Sant' Ercolano aus dem 6. Jh. errichtet wurde. Interessant ist ihre **Fassade** von 1540, an der antike Spolien und Teile der romanischen Kirche verwendet wurden. Das Innere der Kirche präsentiert sich barock.

> ### ! *Baedeker* TIPP
>
> **Belvedere – Weg mit schöner Aussicht**
> Die Via Torre del Belvedere ist der direkteste Weg hinauf zur Aussichtsterrasse »Belvedere« – sie gewährt einen herrlichen Blick auf die Valle Umbra mit den Hügelstädten auf den gegenüberliegenden Höhenzügen.

Oberhalb des Belvedere blieben von der ehemaligen **Rocca**, die Kardinal Albornoz erbauen ließ, noch Mauerreste und ein zinnenbekrönter Turm übrig. Den hier niedergelassenen Kapuzinermönchen verdankt der **Arco dei Cappuccini** (Kapuzinerbogen) seinen Namen, obwohl es sich um Reste eines römischen Stadttores handelt.

Santa Maria di Vallegloria Auf der Via dei Cappuccini kommt man zur Piazza di Vallegloria mit der gleichnamigen Kirche. Noch sehr spät, im beginnenden 14. Jh., griffen die Baumeister auf Formen der romanischen Tafelfassade umbrischer Prägung zurück. Das spoletinische Holzkruzifix (um 1225) in der Kirche kann man nur zu Gottesdienstzeiten bewundern.

Umgebung von Spello

San Claudio, Amphitheater Verlässt man Spello auf der Via Centrale (Landstraße nach Assisi) nach Nordwesten, dann kommt man nach ca. 1 km an der kleinen romanischen Kirche San Claudio vorbei. Die Fresken (14./15. Jh.) im Innern können auf Anfrage beim Pfarrer von San Lorenzo besichtigt werden. Gegenüber der Kirche, von der Straße aus leicht zu übersehen, befinden sich die Mauerreste des römischen Amphitheaters.

✱ **Villa Fidelia** Etwa einen Kilometer hinter San Claudio liegt inmitten einer terrassenartigen Gartenanlage am Hang umgeben von hohen alten Bäumen die Villa Fidelia. Hausherr war eine Zeitlang der aus Foligno stammende **Giuseppe Piermarini**, der Architekt der Mailänder Scala. Heute ist in der Villa eine interessante Kunstsammlung zu besichtigen. Allein der barocke Garten ist einen Besuch wert (geöffnet: April bis Okt. Di. – So. 10.30 – 19.00, März – Nov. bis 18.00 Uhr).

Collemancino / Urvinum Hortense Die Reste der **Römersiedlung** entdeckt man etwa 6 km westlich von Cannara bei dem Dorf Collemancio (etwa 300 m nördlich von Collemancio bei der romanischen Kirche S. Maria della Fontanella). Zu

sehen sind noch Teile einer Thermenanlage (das dort gefundene Mosaik wurde nach Rom ins Museo Nazionale Romano gebracht) und
die Substruktionen eines Tempels aus republikanischer Zeit.

Unbedingt zu empfehlen ist der Ausflug hinauf in das kleine 600 m ★
hoch gelegene Collepino 6 km nordöstlich von Spello. Man verlässt **Collepino**
Spello oberhalb der Piazza Vallegloria durch die Porta Montanara.
Bis heute hat sich der befestigte kleine Borgo mit den kleinen Häusern aus Haustein, kopfsteingepflasterten Gassen und schönen Ausblicken auf die umliegenden Hügel den Charakter eines rauen, aber
freundlichen **Bergdorfes** bewahrt. Hinter Collepino beginnt die
landschaftlich außerordentlich reizvolle Panoramastraße zum Monte
Subasio und von dort wieder hinunter nach Assisi.

★ ★ Spoleto

F 9

Provinz: Perugia   **Höhe:** 396 m ü.d.M.
Einwohnerzahl: 37 700

**Jedes Jahr im Juni und Juli, wenn das »Festival dei Due Mondi«
Gäste aus aller Welt nach Spoleto zieht, verwandelt sich die Stadt
in einen internationalen Szene-Treff. Nach Abreise der Festivalbe-
sucher sind die Spoletini wieder unter sich und Spoleto wird wieder zur Provinzstadt – mit hübscher Altstadt, bedeutendem Dom
und einer waldreichen Umgebung.**

Spoleto war eine der mächtigsten Städte in Umbrien, u. a. lange Zeit
Hauptstadt und Mittelpunkt des langobardischen Herzogtums. Die
durch das enge Tessino-Tal verlaufende Via Flaminia – quasi die heutige SS 3 – trug zur Bedeutung von Spoleto in römischer Zeit bei. In
späteren Jahrhunderten war Spoletos mächtige Rocca Sitz der päpstlichen Gouverneure. Die politische Bedeutung von einst hat Spoleto
nicht mehr und trotz seiner Fülle an Kunstschätzen und der herrlichen Umgebung gehört es nicht zur allerersten Garde der Kulturrei-
seziele in Umbrien – sehr zur Freude derer, die sich vom eigenwilli-
gen Charme der Stadt angezogen fühlen.

Als die Römer 241 Spoleto eroberten und die Kolonie Spoletium ein- **Geschichte**
richteten, hatte diese Siedlung schon eine lange Geschichte hinter
sich: Die Funde im Museo Civico
belegen, dass bereits zur Bronzezeit
hier Menschen lebten, und die aus
großen Steinen zusammengefügten
Stadtmauern wurden höchstwahrscheinlich von Umbrern angelegt.
Das Forum als das **Zentrum der rö-**

? WUSSTEN SIE SCHON …?

■ »Gli Stringozzi« heißen die typischen Teigwaren aus Spoleto. Sie bestehen nur aus
Wasser und Mehl.

Blick auf Spoleto und die auf einer Anhöhe gebaute Rocca

mischen Stadt befand sich dort, wo heute die Piazza del Mercato liegt, also in der Oberstadt von Spoleto. Wegen des unebenen Geländes konnten die Römer entgegen ihrer Gewohnheit kein regelmäßiges Straßennetz anlegen. Spoletium blieb auch dann eine treue Kolonie, als Rom an verschiedenen Fronten zu kämpfen hatte; Hannibal gelang es 217 nicht, die Stadt zu erobern. 90 v. Chr. wurden seine Bewohner dafür mit dem römischen Bürgerrecht belohnt. In der Spätantike entstanden außerhalb der Stadt, in der Nähe der Stadttore, fünf frühchristliche Kirchen, die heute die ältesten Gotteshäuser in Spoleto sind. Eine Glanzzeit begann für die Stadt mit den **Langobarden**, die es zur Hauptstadt ihres Reiches machten, das unter Karl dem Großen eines der größten politischen Gebilde Mittelitaliens darstellte.

Ab 1198 war Spoleto in päpstlichem Besitz, doch die kommunalen Freiheitsbestrebungen sorgten auch im 13. Jh. noch für Unruhe. Kardinal Albornoz (►Berühmte Persönlichkeiten) gelang es schließlich, Spoleto zu befrieden und es zu einem bedeutenden **Zentrum des Kirchenstaates** zu machen. Der berühmte Festungsbaumeister Gattapone (►Berühmte Persönlichkeiten) baute im Auftrag von Albornoz 1359–1370 die Rocca von Spoleto, auf der die päpstlichen Statthalter, darunter auch Lucrezia Borgia (►Berühmte Persönlichkeiten), residierten. Im 17. und 18. Jh. gedieh die Stadt weiter, wie man an der regen Bautätigkeit ablesen kann. Danach wurde es in Spoleto ruhiger. Zu Beginn des 19. Jh.s machten die Franzosen die einstige Hauptstadt des Dukats zum Sitz des Département Trasimène. In der Zeit der Restauration kehrte Spole-

! *Baedeker* TIPP

Festival dei Due Mondi

Eines der renommiertesten Musik- und Theatertreffen Italiens mit neuesten Produktionen aus Oper, Ballett, Film, Musik, Prosa- und Tanztheater findet Ende Juni bis Mitte Juli statt. Viele Veranstaltungen unter freiem Himmel; www.spoletofestival.it, Piazza del Duomo 8, Tel. 07 43 4 50 28).

to zum Kirchenstaat zurück, bis am 17. September 1860 die Truppen des Generals Brignone die Stadt mit dem neuen italienischen Staat vereinigten.

Spoleto *Orientierung*

1 Palazzo Comunale
2 Via del Palazzo dei Ducchi
3 Erzbischöflicher Palast
4 Sant' Eufemia
5 Santa Maria
   della Manna d'Oro
6 »Basilika«
7 San Filippo
8 SS. Giovanni
   e Paolo

Essen
① Apollinare
② Trattoria del Quarto

Übernachten
① Eremo delle Grazie
② La Macchia
③ Clitunno

► SPOLETO ERLEBEN

AUSKUNFT

IAT
Piazza della Libertà 7
Tel. 07 43 23 89 21/20
Fax 07 43 23 89 41
www.spoleto.umbria2000.it

PARKEN

Für die Besichtigung der Sehenswürdigkeiten in der Stadt benötigt man kein Auto. Gebührenfreie Parkmöglichkeiten gibt es am Viale Martiri della Resistenza; die Parkplätze direkt am Eingang zur Oberstadt sind fast alle gebührenpflichtig. Von der Piazza Garibaldi, dem nördlichen Eingang in die Stadt, verkehren Busse in die Oberstadt.

ESSEN

► Fein & Teuer / Erschwinglich

① *Apollinare*
Via Sant'Agata 14
Tel. 07 43 22 32 56
Di. Ruhetag
Elegantes Restaurant in einem ehemaligen Franziskanerkloster im Herzen von Spoleto. Wer weißes Fleisch mag, sollte das Kaninchen mit Oliven probieren.

► Erschwinglich

② *Trattoria del Quarto*
Via Cattaneo 1
Tel. 07 43 22 11 07
So. Ruhetag nur im Winter
Sympathisches Fischlokal mit Garten

mitten im Zentrum. Täglich frischer Meeresfisch, serviert mit neapolitanischem Charme.

ÜBERNACHTEN

► Luxus

① *Eremo delle Grazie - Residenza d'Epoca*
Strada per Monteluco
Tel. 07 43 496 24, Fax 07 43 496 50
www.eremodellegrazie.it
An diesem Ort weht noch der Geist klösterlicher Abgeschiedenheit und Meditation. In dem ehemaligen Franziskanerkonvent an den Hängen des Monteluco übernachtet man in den Zellen der Fratres, von denen sogar die Namen noch bekannt sind.

► Komfortabel

② *La Macchia*
Loc. Licina
Tel./ Fax 07 43 490 59
www.albergolamacchia.it
Kleines und modernes Hotel wenige Kilometer außerhalb von Spoleto in ruhiger, hügeliger Lage. Im hauseigenen guten Restaurant kann man vorzüglich speisen.

③ *Hotel Clitunno*
Piazza Sordini, 6
Tel. 07 43 22 33 40, Fax 07 43 22 26 63
www.hotelclitunno.com
Sehr angenehmes Hotel in einem schönen Stadtpalast. Etwas verwinkelt und gemütlich. Gutes Restaurant.

Sehenswertes in Spoleto

Tipps für die Stadtbesichtigung Die bedeutendsten Sehenswürdigkeiten von Spoleto liegen in der mittelalterlichen Oberstadt: Piazza del Mercato, Via del Palazzo dei Duchi, Dom und Rocca sowie die Ponte delle Torri. Empfehlenswert ist aber auch ein Besuch der Kirchen San Salvatore und San Pietro fuori le mura – beide liegen außerhalb der Altstadt, sind aber ausgesprochen sehenswert und kunsthistorisch von höchstem Interesse. Als Ausgangspunkt für einen Rundgang durch die oberen Stadtviertel bietet sich die **Piazza della Libertà** an.

Römisches Theater

Rechts neben dem Palazzo Ancaiani an der Südseite der Piazza della Libertà geht es hinab in das römische Theater aus dem 1. Jh. n. Chr. (offizieller Eingang an der Via delle Terme, unterhalb). Die für etwa 3000 Zuschauer Platz bietende Anlage wurde erst im 19. Jh. unter Gebäuden des 11. Jh. hier erbauten Klosters Sant'Agata entdeckt und in den 1950er-Jahren freigelegt. Ein Teil der ansteigenden Sitzreihen ist rekonstruiert, der **Mamorfußboden** der Orchestra original. Unter den Rängen verläuft der gewölbte Zugang.

Archäologisches Museum

Durch das Römische Theater ist das Archäologische Museum zu erreichen. Die Sammlung dokumentiert die Frühgeschichte und Antike in Spoleto. Bedeutendstes Exponat sind die beiden **Gesetzestafeln** (nach 241 v. Chr.), die das Holzschlagen in den heiligen Wäldern des Monteluco unter Androhung von Strafe verbieten (geöffnet tgl. 8.30 ⊙ bis 19.30 Uhr).

Palazzo Mauri

Links neben dem IAT-Büro zweigt eine steile Gasse vom Platz ab, die sich zur Piazza Fontana weitet. An der linken Seite des Platzes zieht der Palazzo Mauri die Blicke auf sich. Er ist ein weiteres Zeugnis für den Wohlstand der Stadt im 17. Jahrhundert.

Sant'Ansano

Etwas weiter oberhalb steht die Kirche Sant'Ansano (18. Jh.). Bei Ausgrabungsarbeiten im Umfeld des Arco di Druso entdeckte man, dass Sant'Ansano die Stelle eines **römischen Podiumstempels** einnimmt, von dem ein Säulenstumpf an der Via Arco di Druso noch zu erkennen ist. Bereits in frühchristlicher Zeit entstand hier eine Kirche, die von einem romanischen Bau aus dem 11./12. Jh. abgelöst wurde. Von diesem Bau ist unter Sant'Ansano noch die **Krypta** erhalten. Säulen und Kapitelle in der Krypta sind wiederverwendete Teile aus den Vorgängerkirchen bzw. aus dem römischen Tempel.

★
Arco di Druso (Drususbogen)

Die Via Arco di Druso erhielt ihren Namen von dem mächtigen römischen Bogen, den 23 n. Chr. der Senat von Spoleto für Drusus, den einzigen leiblichen Sohn von Kaiser Tiberius, und Germanicus, den Adoptivsohn des Kaisers, errichten ließ. Der aus großen Steinblöcken aufgemauerte Bogen bildete den **Eingang zum römischen Forum**, der heutigen Piazza del Mercato.

Piazza del Mercato

An der Stirnseite des Marktplatzes, der Piazza del Mercato, fällt der barocke Wandbrunnen auf, den Costantino Fiaschetti 1746/1748 im Auftrag der Stadt schuf. An der Travertinfassade erkennt man die Wappen Papst Urbans VIII., 1608–1617 Erzbischof von Spoleto.

Via del Palazzo dei Duchi ✳

Links neben dem Barockbrunnen zweigt die schmale Via del Palazzo dei Duchi von dem Platz ab. Das Bild dieser malerischen Gasse bestimmen die mittelalterlichen Läden, deren rundbogige Eingänge mit einem Holzladen geschlossen werden konnten. Heute sitzen hier die besten Geschäfte für **umbrische Delikatessen**, Designermode und ausgefallenes Kunsthandwerk aus der Region. Die mittelalterliche Ladenstraße mündet in die Via Aurelio Saffi im höchsten Teil der Oberstadt mit den wichtigsten profanen und kirchlichen Gebäuden.

Museo Diocesano

In den Bischofspalast und die wunderbare Kirche Sant'Eufemia kommt man über den Eingang des Diözesanmuseums (Gesamtticket) in der Via Sassi 13. Sehenswert sind außer den sakralen Kunstschätzen auch die Räume selbst mit prächtigen Deckenfresken.

Der **Bischöfliche Palast** wurde im 16./17. Jh. vermutlich an der Stelle errichtet, an der einst der Palast der Langobardenherzöge stand. Der Ostflügel des neuzeitlichen Palastes wurde in den 1950er-Jahren abgerissen, um die Apsis der im Innenhof versteckt liegenden Kirche Sant'Eufemia sichtbar zu machen. Die im 12. Jh. entstandene Kirche, die möglicherweise den Platz der einstigen Palastkapelle einnimmt, ist ein Kleinod der **romanischen Architektur** in Spoleto. Das schlichte Äußere zeigt nicht eine deutliche Staffelung der drei Schiffe. Der Glockenturm gehört nicht zur ursprünglichen Bausubstanz. Auf **normannische Architektur** verweisen verschiedene Details im Innern der Kirche, insbesondere die Emporengeschosse über den Seitenschiffen, die in Umbrien ansonsten nicht üblich sind und vermutlich über San Lorenzo in Verona nach Spoleto gelangten. Beachten sollte man den zweiten Pfeiler rechts, dessen Schaft Ornamentreliefs aus dem 8. oder 9. Jh. schmücken. Der Marmoraltar aus dem 13. Jh. stammt aus dem nahen Dom (geöffnet: im Sommer tgl. 10.00 – 13.00, 16.00 bis 19.00, Sa., So. 10.00 – 18.00, im Winter Mi. – Mo. 10.00 – 12.30, 15.00 – 18.00, Sa., So. 11.00 – 18.00 Uhr).

Sant'Eufemia ▶ ✳

❓ WUSSTEN SIE SCHON …?

■ Die Emporen, auch Frauengalerie genannt, dienten dazu, die Benediktinerinnen von den männlichen Gottesdienstbesuchern zu trennen.

Domplatz ✳

Über eine Treppenrampe geht man hinunter auf den Domplatz, der sich vor der ausladenden Domfassade wie eine tiefe Theaterbühne ausbreitet – zweifelsohne eines der **schönsten Platzensembles** in Umbrien. Das auffälligste Gebäude an der rechten Seite der Piazza ist der **Palazzo Arroni-Racani**, ein Renaissance-Palast mit Resten von Graffiti-Malerei an der Fassade, die angeblich von Giulio Romano stammen. Auf der linken Seite steht unterhalb der Apsis von Sant'Eufemia der mittelalterliche **Palazzo della Signoria**, der seit dem 17. Jh. Sitz des Teatro Caio Melisso ist. Das hübsche **Barocktheater** wurde 1880 nach einem Brand wieder aufgebaut. Beim alljährlichen Festival dei Due Mondi finden hier vor allem solche Aufführungen statt, die einen intimen Rahmen verlangen.

An der Stelle einer Vorgängerkirche, die Kaiser Friedrich Barbarossa 1155 zerstören ließ, wurde um 1175 mit einer neuen Bischofskirche begonnen, deren Bau sich bis in die 20er-Jahre des 13. Jh.s hinzog.

Dom Santa Maria Assunta

◄ Fassade

Obgleich in mehreren Bauphasen entstanden, zeichnet sich die prächtige Fassade durch eine harmonische Gesamterscheinung aus. Dominierend erhebt sich an der linken Flanke der auf quadratischem Grundriss stehende Campanile, der bis auf die im 16. Jh. aufgesetzten Klangarkaden noch im 12. Jh. entstand. Die eigentliche Fassade ist horizontal dreigeteilt. Die offene **Loggia**, die dem unteren Fassadenteil vorgelegt ist, wurde 1491 durch den Mailänder Renaissance-Architekten Ambrogio d'Antonio Barocci angefügt. Dahinter liegt versteckt das Hauptportal mit einer sehenswerten **romanischen Portalrahmung**. Die mittlere Zone der Fassade ist in drei Felder geteilt, wobei in die seitlichen je eine kleine Rose und in das mittlere Feld eine besonders fein gestaltete Fensterrose eingeschrieben sind. Der obere Teil der Fassade ist ein alle drei Schiffe umspannender, mit drei Fensterrosen und einem Mosaik geschmückter **Dreiecksgiebel**. Das 1207 datierte, zentrale Mosaik zeigt den thronenden Christus zwischen Maria und Johannes.

Wie eine Theaterbühne: der Domplatz von Spoleto

Dom Santa Maria Assunta *Orientierung*

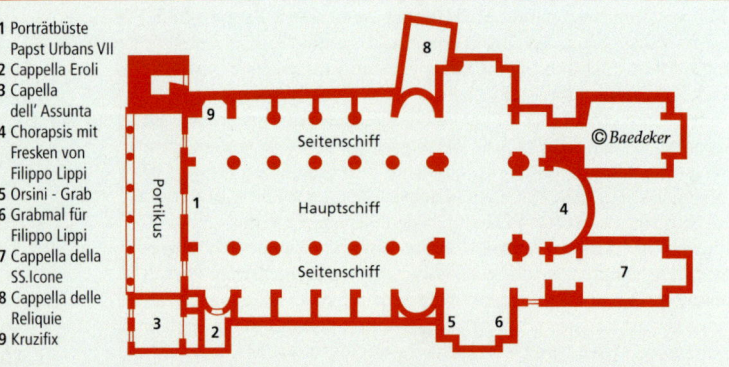

1 Porträtbüste
   Papst Urbans VII
2 Cappella Eroli
3 Capella
   dell' Assunta
4 Chorapsis mit
   Fresken von
   Filippo Lippi
5 Orsini - Grab
6 Grabmal für
   Filippo Lippi
7 Cappella della
   SS.Icone
8 Cappella delle
   Reliquie
9 Kruzifix

© Baedeker

✳
Innenraum ▶

Der dreischiffige Innenraum erhielt durch einen Umbau im Jahr 1638 sein heutiges barockes Aussehen. Von der Barockisierung verschont blieben nur der Fußboden und die Chorapsis.

In der **ersten Kapelle links** befindet sich eines der frühesten umbrischen Holzkreuze aus dem Jahr 1187, gemalt von einem Meister Albertus Sotius. Es repräsentiert den früheren Typus der romanischen Kruzifixe, bei denen der aufrecht stehende Gekreuzigte als **triumphierender Christus** dargestellt wird. Später weicht diese Interpretation der des leidenden Christus.

Gegenüber liegt der Eingang zur **Cappella des Bischofs Costantino Eroli**, die Pinturicchio 1497 ausmalte; an der Stirnseite (Apsis) erkennt man die »Thronende Maria mit Heiligen«. Ebenfalls für Bischof Eroli und seinen Nachfolger im Amt entstand die anschließende Kapelle, genannt **Cappella dell'Assunta**. Die Fresken im Gewölbe stammen von einem unbekannten Künstler des frühen 16. Jh.s und zeigen Adam, Noah, Moses und Melchisedech. Die »Himmelfahrt Marias« mit dem Stifter Francesco Eroli gilt als Arbeit von Jacopo Siciliano (um 1550).

Im rechten Querarm stehen sich das **Renaissancegrab des Francesco Orsini** von Ambrogio Barocci (um 1500), dem Erbauer der Vorhalle, und das **Grabmal von Filippo Lippi**, dem Schöpfer der Chorausmalung, gegenüber. Der Entwurf für dieses Monument stammt von Filippos Sohn Filippino.

✳ ✳
Apsisfresken
von Filippo Lippi ▶

Die Ausmalung der halbrunden Chorapsis war das letzte Werk von Filippo Lippi, der 1469 in Spoleto starb. Mehrere Gehilfen standen ihm zur Seite, vor allem Fra Diamante und Pier Matteo d'Amelia. In einem ebenfalls gemalten architektonischen Rahmen werden Episoden aus dem Leben der hl. Maria vorgeführt (v.l.n.r.): Verkündigung, Tod und Himmelfahrt Marias, Geburt Jesu im unteren Teil sowie die in Gold und Blau leuchtende Marienkrönung in der Apsiskalotte.

Vom Domplatz steigt man wieder hinauf zur Via Aurelio Saffi, die etwas weiter oben an den Grünanlagen der hübschen Piazza Campello
endet. Hier beginnt der Weg hinauf zur Rocca, die vom höchsten
Punkt der Stadt auf Spoleto und – auf der anderen Seite – das Tal
des Tessino herabblickt. **Gattapone** aus Gubbio gilt als Baumeister
dieser imposanten, von sechs Türmen überragten Anlage, die der
päpstliche Legat Albornoz in Auftrag gab. Die Festung diente zunächst als Sitz der päpstlichen Gouverneure, im 19. und 20. Jh. als
Gefängnis und Hochsicherheitstrakt. Heute dient sie als **Museum
und Kulturzentrum**. Ausgestellt sind archäologische Fundstücke, Ar-
chitekturfragmente, Skulpturen und Malereien. Das älteste Stück
ist ein Sarkophag aus dem 4. Jh.; darauf wird die Geschichte von einem
Unfall erzählt, der sich auf einer Reise von Italien nach Deutschland
ereignete. Besonders sehenswert ist die »Camera pinta« in einem der
Hauptürme mit herrlichen Fresken aus der Zeit um 1400, die höfische Liebesszenen zeigen (geöffnet: im Sommer Kernzeit 10.00 bis
19.00 Uhr, im Winter monatl. wechselnd). Der um die Rocca angelegte Fußweg führt hinter die Festung, wo man einen phantastischen
Blick auf das Tal und den Aquädukt Ponte delle Torri genießt.

✱
**Rocca / Museo
del Ducato
di Spoleto**

Der 80 m hohe und 230 m lange Aquädukt, der über die Schlucht
zwischen dem Festungshügel und dem Monteluco hinwegführt, gilt
ebenfalls als Werk von Gattapone, der sich offenkundig an römischen
Wasserleitungssystemen orientierte. Die aus zehn schlanken Bögen
bestehende Brücke ist nicht nur eines der Wahrzeichen von Spoleto,
sondern auch ein **Bravourstück mittelalterlicher Ingenieurskunst**.

✱ ✱
**Ponte
delle Torri**

An der Via del Munizipio taucht man nach dem Spaziergang um die
Rocca wieder ein in die Enge der Altstadt. Das Viertel links dieser
Straße gehört zu den ältesten der Stadt; hier kann man noch sehr
mittelalterliche Gassen und ein völlig ungeschminktes, bisweilen
recht malerisches Spoleto entdecken. Dort, wo sich die Via del Munizipio zu einem Platz weitet, erhebt sich die Eingangsseite des Palazzo
Comunale, der auf einen Bau des 13. Jh.s zurückgeht. Nach dem Erdbeben 1703 erhielt er zwei vollständig erneuerte Fassaden.

**Palazzo
Comunale**

Im Keller des Palazzo Comunale kamen bei Ausgrabungsarbeiten die
Grundmauern eines römischen Gebäudes aus dem 1. Jh. n. Chr. zum
Vorschein (an der Piazza del Municipio zu sehen). Sein Grundriss
entspricht demjenigen pompejanischer Wohnhäuser: um ein zentra-
les Atrium mit dem Sammelbecken für Regenwasser sind die verschiedenen Räumlichkeiten, Tablinum (Hauptraum), Triclinium
(Speiseraum) und Cubiculae (Schlafräume) angeordnet. Sehenswert
sind vor allem die schwarz-weißen Mosaiken (geöffnet: Juni – 14.
Okt. 10.00 – 20.00, 15. Okt. – Mai bis 18.00 Uhr).

Römisches Haus

Rechts führt die Via del Mercato über den Largo Febber an die Piazza Mentana. Hier sieht man die barocke Kirche San Filippo Neri, die

San Filippo Neri

Die Rocca, einst Sitz der päpstlichen Gouverneure und später Gefängnis

zwischen 1640 und 1671 erbaut wurde. Für den Spoletiner Architekten Loreto Scelli war offenkundig der römische Kirchentypus der Gegenreformation das Vorbild. Dies zeigt sich sowohl an der zweigeschossigen, travertinverkleideten Fassade als auch im tonnengewölbten Innern, das von Kapellen begleitet wird.

✴
SS. Giovanni
e Paolo

Über die Via Tobagi kommt man zu der kleinen einschiffigen Kirche SS. Giovanni e Paolo, die 1174 erbaut wurde. Sie wird vor allem wegen ihrer kostbaren Fresken aus dem 12.–14. Jh. besucht. Das älteste Fresko in der Kirche, vermutlich kurz nach der Fertigstellung der Kirche gemalt, sieht man an der linken Langhausseite. Es zeigt das **»Martyrium des hl. Thomas Becket in der Kathedrale von Canterbury«**. Das Fresko gehört zu den frühesten Darstellungen des 1170 ermordeten und zwei Jahre später kanonisierten Erzbischofs.

San Domenico

Die aus der 2. Hälfte des 13. Jh.s stammende ehemalige Dominikanerkirche in der Nähe des Teatro Nuovo steht, wie für Bettelordenskirchen üblich, in der Nähe der mittelalterlichen Stadtmauer im unteren Teil der Stadt. Auffallend ist ihre Fassade aus weiß-rötlichen Steinlagen. Im Innern birgt die Kirche einige interessante Fresken, u. a. eine Darstellung des »Triumphs des Thomas von Aquin« aus dem beginnenden 15. Jh. (im Langhaus gleich rechts) sowie eine in der Hauptchorkapelle aufgestellte Tafel vom Maestro di Fossa (14. Jh.), den hl. Petrus Martyr und den Auftraggeber zeigend.

Moderne Kunst ist in der Galleria d'Arte Moderna eine Querstraße oberhalb von San Domenico an der Piazza Collicola zu sehen. Ausgestellt sind u. a. Werke des umbrischen Künstlers **Leoncillo** (geöffnet: Mi. – Di. Mitte März – Mitte Okt. 10.30 – 13.00, 15.00 – 19.30, im Winter 10.30 – 13.00, 15.00 – 17.30 Uhr).

Galleria d'Arte Moderna
⏲

Über die steile Treppe der Via Plinio il Giovane kommt man schnell hinauf zur Piazza Sordini mit dem Palazzo Rosari Spada, in dem die interessante städtische Kunstsammlung untergebracht ist, u. a. sind eine Reihe bemalter Kreuze aus dem 13. und 14. Jh. zu sehen. Im Erdgeschoss ist das Museo del Tessile e del Costume einen Rundgang wert (geöffnet: im Sommer tgl. 10.30 – 13.00, 15.30 bis 19.00, im Winter Mi. – Mo. 10.30 – 13.00, 15.30 – 17.30).
Wenn man wenige Meter weiter in den Corso Mazzini einbiegt, kommt man auf die Piazza della Libertà, den Ausgangspunkt des Besichtigungsgangs durch die Altstadt.

Palazzo Rosari Spada / Pinacoteca Comunale / Museo del Tessile e del Costume
⏲

Ein Abstecher lohnt zum Torre dell'Olio, einem **mittelalterlichen Stadtturm** aus dem 13. Jh., von dem die Bewohner Spoletos heißes Öl auf ihre Feinde herabgossen. An der gleichnamigen Piazza biegt man in die Via G. Elladio ein, wo nach wenigen Metern links die kleine Kirche San Nicolò auftaucht. Das ehemalige Augustiner-Gotteshaus aus dem 14. Jh. wird heute als Konzertsaal genutzt.

Torre dell'Olio, San Nicolò

Die Stadtmauern von Spoleto, die noch vor dem Auftauchen der Römer **von den Umbrern** errichtet wurden, kann man unter anderem an der Via Cecili noch recht gut besichtigen.

Via Cecili

Mit der Piazza Garibaldi, die in die Piazza della Vittoria übergeht, hat man den Tessino und die nördliche mittelalterliche Stadtgrenze erreicht. An der Westseite des Platzes hat sich mit San Gregorio Maggiore eine weitere romanische Kirche erhalten. Bereits im 4. Jh. n. Chr. entstand an dieser Stelle ein Gotteshaus, das 1079–1146 grundlegend im romanischen Stil umgestaltet wurde. Für den Bau des Campanile verwendete man **antike Steinblöcke**. Der romanische Charakter kommt im Innenraum noch deutlicher zum Ausdruck. Unter dem erhöhten Chor liegt die ebenfalls dreischiffige Krypta.

★
Piazza Garibaldi, San Gregorio Maggiore

Unter der Piazza delle Vittoria wurde die römische Brücke ausgegraben. Das Bauwerk aus dem 1. Jh. v. Chr., das auch unter dem Namen Blutsbrücke bekannt ist, wurde unter Kaiser Augustus renoviert. Die Reste eines weiteren römischen Bauwerks, des nahegelegenen Amphitheaters, liegen auf dem Gelände einer früheren Kaserne.

Römische Brücke

Außerhalb der Altstadt

Hinter der Piazza della Vittoria und der Ponte Garibaldi teilt sich die Verkehrsachse in drei breite Straßenzüge. Ganz links geht der Viale

Theodelapio

Trento e Trieste ab, über den man zum Bahnhof gelangt. Auf dem Bahnhofsplatz steht heute die Theodelapio genannte, 18 m hohe Eisenplastik, die **Alexander Calder** 1962 für Spoleto geschaffen hat.

San Salvatore ✳

Ein außergewöhnliches Bauwerk, das in Umbrien seinesgleichen sucht, ist die Kirche San Salvatore nordöstlich der Altstadt, auf einer Anhöhe oberhalb der SS 3 (beim Friedhof). Umstritten ist, wann sie entstand; vermutlich wurde sie im 4./5. Jh. errichtet und im 8. oder 9. Jh. umgebaut. Ihre Fassade muss man sich ursprünglich mit einem Dreiecksgiebel in der Mittelachse und einer Vorhalle mit Pultdach vorstellen. Vorbildcharakter für den **romanischen Portalschmuck** und später für die Ornamentik der Renaissance hatten die fein gearbeiteten **Rankenfriese**, die den Türsturz der Portale schmücken. Die einstige Pracht des mehrfach umgestalteten Inneren, eine dreischiffige Basilika, lässt sich heute durch die Freilegung der ältesten Teile erahnen. Von der Bausubstanz des Gründungsbaus blieb im erhöhten Presbyterium relativ viel erhalten; mächtige kannelierte Säulen – antike Versatzstücke, die in den Bau integriert wurden – tragen das Gebälk. Die Säulen mit dorischen Kapitellen sind eine spätere Ergänzung; die barocke Kuppel wurde im 17. oder 18. Jh. eingezogen.

> ❗ **Baedeker** TIPP
>
> **Ausspannen im Park**
> Ideal für eine kleine Pause ist der schön angelegte Park der eleganten Villa Redenta (17. Jh.) an der Via Flaminia Vecchia, die hinter dem Ponte Garibaldi nach Nordosten verläuft. Mit etwas Glück trifft man den Custode und darf auch einen Blick ins Innere der Villa werfen.

San Pietro fuori le mura

Am südöstlichen Stadtrand, ebenfalls oberhalb der SS 3, steht die im 12. Jh. errichtete Kirche San Pietro. Wie ihr Namenszusatz »fuori le mura« besagt, stand sie außerhalb der Stadtmauern an der großen Ausfallstraße und war vermutlich Spoletos **älteste Bischofskirche**. Ihre Gründung vermutet man im 5. Jh., als Reliquien von der Kette des hl. Petrus (Pietro) an Spoleto übergeben wurden.

✳✳ Fassade ▶

Das Besondere an San Pietro fuori le mura ist ihre Fassade, die ein kleines Juwel der **umbrischen Romanik** darstellt. Von anderen romanischen Kirchen in Umbrien bekannt ist die Unterteilung der Fassade in rechteckige Felder, die Anordnung von drei Portalen und darübersitzenden Fensterrosen (nicht erhalten). Die im Stil lombardisch beeinflussten Reliefplatten zu beiden Seiten des Hauptportals zeigen ein außergewöhnlich hohes künstlerisches Niveau. Die dargestellten Szenen nehmen entweder Bezug auf das Leben des Titelheiligen Petrus oder bringen in symbolischen Bildern mittelalterliche Wertekategorien zum Ausdruck. So wird beispielsweise die Überlegenheit des Menschen gegenüber den Tieren mit der Szene, in der der Mensch den Löwen im Kampf besiegt, vor Augen geführt.

Monteluco ✳

Eine kurvenreiche Straße führt an San Pietro vorbei auf den Gipfel des 804 m hohen **Hausberges von Spoleto**, den heiligen Monteluco.

*Mit Liebe zum Detail und auf hohem künstlerischen Niveau:
die Fassade von San Pietro fuori le mura*

Er scheint schon seit jeher ein besonderer Ort gewesen zu sein, denn an seinen Hängen, deren Abholzung man unter strenge Strafe stellte, ließen sich seit der Spätantike Eremiten nieder, die hier mehrere Einsiedeleien gründeten und Kapellen bauten, unter denen die **Eremo delle Grazie** am häufigsten besucht wird. Wer etwas Zeit mitbringt, dem sei empfohlen, den Wagen hinter der Ponte delle Torri stehen zu lassen und den Fußweg durch den Wald zu nehmen – nach etwa 1,5 Stunden ist man auf dem Gipfel, von dem man herrliche Ausblicke auf diesen südlichsten Teil der Valle Umbra genießt. Hotels und Restaurants sorgen für das leibliche Wohl.

Umgebung von Spoleto

Das alte Städtchen liegt malerisch auf einer Hügelkuppe am Rande der Valle Umbra nordwestlich von Spoleto. Schon die Römer hatten hier eine Wehranlage zur Überwachung und Verteidigung ihrer Handelswege eingerichtet. Sehenswert ist die Pfarrkirche Santa Marina **Castel Ritaldi**

mit einer bemerkenswerten Schutzmantelmadonna von Lattanzio di
Nicolò (1509) und einem Fresko von Tiberio d'Assisi, auf dem Gottvater, die Jungfrau Maria, Engel und Heilige versammelt sind.

★
Pieve San
Gregorio

Fährt man von Castel Ritaldi hinunter zur Straßenkreuzung und
dort den gegenüberliegenden Hügel wieder hinauf, dann entdeckt
man nach wenigen hundert Metern rechts neben der Straße die romanische Pfarrkirche San Gregorio (1141). Das Kirchlein ist wegen
seines **außergewöhnlichen bauplastischen Schmucks**, der sich vor allem auf die beiden verzierten Portalbögen konzentriert, den kleinen
Umweg wert. Während der äußere nur Rankenwerk zeigt, das aus
den Mäulern von löwenähnlichen Tieren »herauswächst«, sind bei
dem breiteren inneren Reliefband verschiedenste Fabelwesen in
Mensch- und Tiergestalt durch stilisiertes Blattwerk miteinander verbunden. Die einzigen szenischen Darstellungen sind der mit dem Löwen kämpfende Samson und drei miteinander ringende Tiere. Im
oberen Teil der Fassade stehen in zwei seitlichen Nischen die Figuren
der beiden Propheten Ezechiel und Jeremias.

★ Terni

Provinzhauptstadt   **Höhe:** 130 m ü.d.M.
Einwohnerzahl: 106 000

Eindrucksvoll ist die Lage der Stadt in einer fruchtbaren Schwemm-
landebene – eingebettet in eine herrliche grüne Bergkulisse, die
sich wie ein Amphitheater um die Stadt legt. Durch Bombardierun-
gen im Zweiten Weltkrieg hat Terni sein historisches Stadtbild
weitgehend eingebüßt und zeigt heute – für Umbrien eher unge-
wöhnlich – ein sehr modernes Gesicht.

Industrie-
metropole

Terni ist die Industriemetropole im äußersten Süden Umbriens,
zweitgrößte Stadt der Region und Hauptstadt der gleichnamigen
Provinz. Mit einigen Fakultäten der Universität von Perugia und einem renommierten Forschungsinstitut nimmt sie zwar auch bil-
dungspolitische Funktionen wahr, ihr Gesicht und das Leben in der
Stadt werden aber vor allem von Industrie bestimmt. Wald- und
Wasserreichtum und die Lage in der Ebene machten Terni früh zu einem Industriestandort; schon an der Wende vom 18. zum 19. Jh. gab
es hier die Eisenhütte Ferriera. Der Ausbau zu einem der wichtigsten
Industriezentren Mittelitaliens begann aber erst 1875, als mit staatli-
cher Unterstützung Stahlwerke angesiedelt wurden. 1922 nahm mit
der »Terni-Gesellschaft für Industrie und Elektrizität« das modernste
und seinerzeit größte Elektrizitätswerk Europas den Betrieb auf.
Die Stahlwerke von Terni lieferten vor allem Waffen für den italienischen Staat, die Stadt wurde dadurch im Zweiten Weltkrieg zu einem

bevorzugten Angriffsziel der Alliierten. Die zum Teil zerstörten, zum Teil von den abziehenden deutschen Truppen demontierten Industrieanlagen wurden nach dem Krieg wiederaufgebaut. Zahlreiche Zuwanderer aus den verarmten ländlichen Gebieten Umbriens fanden hier Arbeit. Seit ein paar Jahren ist jedoch auch die Stahlproduktion in der Krise; viele der staatlichen Betriebe sind nur mit Subventionen aufrechtzuerhalten. Terni, früher die beneidete Industriemetropole, ist somit heute eher das Sorgenkind der Region.

TERNI ERLEBEN

AUSKUNFT

IAT
Via Cassian Bon 2/4
Tel. 07 44 42 30 47
Fax 07 44 42 72 59
www.terni.umbria2000.it
Weitere Informationen im Viale C. Battisti 7/A

VERANSTALTUNGEN

St. Valentin: St. Valentin, der Stadtheilige von Terni, ist der Schutzpatron der Liebenden; Hoteliers in und um Terni verwöhnen Paare am Festtag mit interessanten Angeboten (14. Februar).
Cantamaggio: Ternis liebstes Fest; nächtlicher Umzug mit Festwagen (30. April)
Theatervorführungen, Konzerte,-Dicht- und Liedkunstwettbewerbe in umbrischer Mundart (erste Maihälfte)
Casagrande: internationale Pianistenwettbewerb (Ende Mai/Juni)

ESSEN

► **Erschwinglich**
① *La Piazzetta*
Via Cavour 9
Tel. 07 44 581 88
So. geschl., Mitte August zwei Wochen geschl.
Kleines Lokal mitten in der Altstadt, nicht nur umbrische, sondern auch Gerichte aus ganz Italien. Eine Spezialität sind die Pappardelle mit Tau-

benragout und auch Baccalà mit Pflaumen.

Baedeker-Empfehlung

► **Preiswert**
② *Pasticceria Pazzaglia*
Corso Tacito 10
Tel. 07 44 40 71 02
Zu einem Bummel über den Corso Tacito, die belebte Einkaufsstraße im Zentrum der Stadt, gehört unbedingt auch ein Besuch in Ternis ältester Konditorei.

ÜBERNACHTEN

► **Komfortabel**
① *Michelangelo Palace*
Viale della Stazione 63
Tel. 07 44 20 27 11
Fax 07 44 202 72 00
www.michelangelohotelumbria.it
Gegenüber vom Bahnhof, elegante Atmosphäre und moderner Komfort. Restaurant, Schwimmbad, Sauna.

► **Günstig**
② *Locanda di Colle dell'Oro*
Strada di Palmetta 31
Tel. 07 44 43 23 79
Fax 07 44 43 78 26
Sympathisches Landhaus vor den Toren der Stadt, hübsche Gästezimmer mit Charme, schöner Ausblick. Kleines Restaurant, Garten mit Pool.

Terni Orientierung

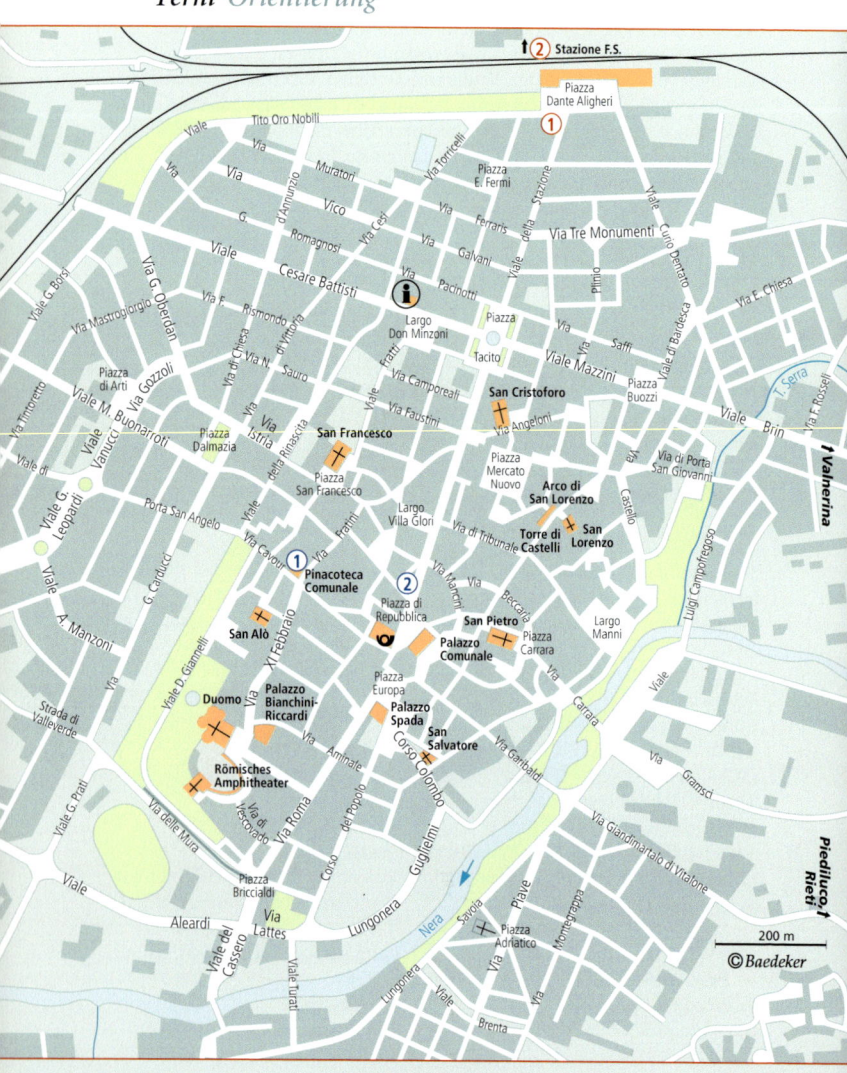

Stazione F.S.

Piazza
Dante Alighieri

Via Tito Oro Nobili

Piazza
E. Fermi

Via Muratori

Via G. d'Annunzio

Vico

Via Cesi

Via della Stazione

Via Torricelli

Piazza

Via Ferraris

Viale Curio Dentato

Via Tre Monumenti

Via Romagnosi

Via Galvani

Via Pachotti

Via Plinio

Via E. Chiesa

Viale Cesare Battisti

Largo
Don Minzoni

Piazza

Via Frati

Via Camporeali

Tacito

Viale Mazzini

Piazza
Buozzi

Viale di Bardesca

Via Saffi

Via G. Bovi

Viale G. Oberdan

Via Mastrogiorgio

Via di Chiesa

Via N. Sauro

Via di Vincola

Via Faustini

San Cristoforo

Via Angeloni

Viale Brin

Piazza
di Arti

Viale M. Buonarroti

Via G. Gozzoli

Via Istria

Piazza
Dalmazia

Via della Rinascita

San Francesco

Piazza
San Francesco

Piazza
Mercato
Nuovo

Arco di
San Lorenzo

Via di Porta
San Giovanni

Via Timorrino

Via Vanucci

Porta San Angelo

Largo
Villa Glori

Via di Tribunale

Torre di
Castelli

San
Lorenzo

Via Castello

Viale G. Leopardi

Via Fratini

Via Cavour

Pinacoteca
Comunale

Via Martini

Via di Porta
San Giovanni

Via Luigi Campofregoso

Viale A. Manzoni

Via G. Carducci

San Alò

Via XI Febbraio

Piazza di
Repubblica

San Pietro

Via Becchi

Largo
Manni

Via D. Gianelli

Palazzo Bianchini-
Riccardi

Duomo

Piazza
Europa

Palazzo
Spada

Palazzo
Comunale

Piazza
Carrara

Via Carrara

Strada di
Valleverde

Via G. Pratt

Römisches
Amphitheater

Via delle Mura

Via di Vescovado

Via Roma

Corso del Popolo

Corso Colombo

San
Salvatore

Via Garibaldi

Via Giandimartalo di Vitalone

Via Gramsci

Viale del Cassero

Piazza
Briccialdi

Via Lattes

Aleardi

Viale Turati

Lungonera

Nera

Via Savoia

Piazza
Adriatico

Via Piave

Via Montegrappa

Lungonera

Viale

Brenta

200 m

© Baedeker

Valnerina

T. Serra

Viale F. Rosselli

Piediluco,
Rieti

Das Gebiet von Terni war bereits in der Eisenzeit besiedelt. Beim Bau **Geschichte** der Stahlhütten Ende des 19. Jh.s entdeckte man eine etwa 2000 Gräber umfassende Nekropole aus jener Zeit (10.–7. Jh.), die allerdings im Zuge der Arbeiten wieder zerstört wurde; ein Teil der Gräberfunde ist in der Pinacoteca Comunale zu sehen. Die blühende **Römerstadt** besaß Tempelbauten, Thermen, ein Theater und ein Amphitheater. Das mit Spoleto rivalisierende Terni empfing den Kaiser Friedrich Barbarossa nach seiner Krönung in Rom mit offenen Armen. Barbarossa war es auch, der die Stadt 1159 zum Lehen des Kardinals **Ottaviano di Monticelli** erklärte. Im Zeitalter der freien Stadtrepubliken stieß dies bei den Bewohnern von Terni allerdings auf Widerstand – man wollte keinen fremden Stadtherrn mehr dulden. Als Strafe schickte Friedrich den Erzbischof Christian von Mainz mit seinen Truppen in die Stadt, der sie 1174 zerstörte.

Zu Beginn des 15. Jh.s konstituierte sich eine aus 24 Adeligen und 24 Volksvertretern gebildete Regierung, die aber dem Ansturm der Condottieri nicht standhalten konnte. In der Folgezeit fiel die Stadt zunächst an Ladislaus von Neapel, dann an Andrea Braccio (►Berühmte Persönlichkeiten) und schließlich 1420 endgültig an die Kirche.

Im Risorgimento war Terni Sammelplatz der freiwilligen **Garibaldiner**, die danach trachteten, die päpstliche Macht zu stürzen. Nach der italienischen Einigung 1860 erhielt die Stadt als Standort einer Schwermetall- und Waffenindustrie überregionale Bedeutung. Im Zweiten Weltkrieg warfen die Alliierten auf die von deutschen Truppen besetzte Industriestadt mehr als 100 Bomben ab – Terni bot ein Bild der Verwüstung. Der Wiederaufbau nach dem Krieg ließ eine fast völlig neue Großstadt entstehen.

Sehenswertes in Terni

Das überwiegend moderne, an norditalienische Städte erinnernde **Modernes** Erscheinungsbild von Terni wirkt auf den ersten Blick wenig attraktiv **Stadtbild** verglichen mit den malerischen Ortsbildern der vielen kleinen umbrischen Städte oder der Kapitale Perugia. Der Mangel an historischem Ambiente lässt sich nicht leugnen, dafür bietet Terni gute Einkaufsmöglichkeiten und eine **lebendige Atmosphäre** – im Gegensatz zu vielen anderen umbrischen Orten sieht man hier verhältnismäßig viele jüngere Leute. Hauptachse des modernen Terni ist der Corso Cornelio Tacito, eine belebte Einkaufsmeile zwischen dem Bahnhof im Norden und dem alten Stadtkern um die Piazza Europa. Erholsam ist ein Spaziergang in den Parkanlagen am Nera-Ufer.

Die beiden fast benachbarten Plätze bilden heute das **Herz von Terni**. **Piazza della** An der Westseite der Piazza della Repubblica dominiert der 1921 von **Repubblica,** Cesare Bazzini entworfene Bau des Post- und Telegrafenamtes (Posta **Piazza Europa** e Telegrafo). Ihm gegenüber steht der 1878 im Stil der Neorenaissance entstandene Palazzo Comunale. Südlich der Piazza della Repubblica öffnet sich die Piazza Europa mit dem Palazzo Spada.

★
Palazzo Spada

Von den vielen Adelspalästen, die es einst in Terni gab, war der Palazzo Spada aus dem 16. Jh. der bedeutendste und größte. Als Baumeister wird **Antonio da Sangallo** der Jüngere genannt, der zu den gefragtesten Architekten seiner Zeit gehörte. An seiner Platzfassade präsentiert sich der Renaissancepalast als wehrhafter, nur spärlich dekorierter und von wenigen Fenstern durchbrochener Bau mit seitlichen Ecktürmen, die den kastellartigen Charakter noch verstärken. Der Eingang in das Gebäude liegt an der Via Roma. Man sollte unbedingt einen Blick in den quadratischen Innenhof werfen, der eine elegante, dreigeschossige Loggienarchitektur nach klassischem Schema aufweist. In den dahinterliegenden Räumen sind manieristische Fresken erhalten, die der Flame Carel van Mander (1548–1606) ausgeführt haben soll.

San Salvatore

Von der Piazza Europa sind es nur ein paar Schritte in Richtung Nera zu der schlichten, anmutigen Kirche San Salvatore. Man nimmt heute an, dass der Zentralraum der Kirche auf einem **römischen Sonnentempel** aus dem 2. Jh. errichtet wurde. Zwischen dem Langhaus aus dem 12. Jh. und der rechteckigen Apsis ragt eine Rotunde empor, die wohl schon in frühmittelalterlicher Zeit (6.–11. Jh.) bestanden hatte und später durch das Schiff erweitert wurde. Ihre ursprüngliche Funktion ist bislang nicht geklärt.

? **WUSSTEN SIE SCHON …?**

■ … dass ein Großteil des preisgekrönten Films »Das Leben ist schön« von und mit Roberto Benigni auf dem Areal der ehemaligen Chemiefabrik Papigno östlich von Terni gedreht wurde? Sämtliche KZ-Szenen und die Ankunft des Zuges mit den Deportierten entstanden in den Filmstudios, die in den leeren Fabrikhallen eingerichtet wurden.

Im Innern des Gotteshauses erkennt man über dem Hauptaltar ein Kreuzigungsfresko aus dem 16. Jahrhundert. Die im Trecento an der linken Langhausseite angefügte Cappella Manassei schmücken Fresken aus dem 14. Jh. im Stil der sienesischen Malerei.

★
Via Roma

Die Via Roma, eine der hübschesten alten Straßen in Terni, führt von der Piazza Europa in Richtung Südwesten. Wenn man hinter der Torre di Barbarossa nach rechts abbiegt, kommt man durch das älteste Viertel der Stadt zur Piazza del Duomo.

Dom Santa Maria Assunta

Der Dom ist romanischen Ursprungs, erhielt durch den grundlegenden Umbau 1653 allerdings ein überwiegend barockes Aussehen. Vom alten Dom stammt noch das Hauptportal unter dem Portikus (12. Jh.); es zeigt das für umbrische Portalrahmungen typische **Rankenwerk aus Akanthusblättern**. Im Innern sind noch die freigelegten Reste der romanischen Fassade zu betrachten. Von der barocken Ausstattung sei vor allem auf den prächtigen Orgelprospekt verwiesen, den Luca Neri 1647 schnitzte. In der romanischen Krypta ist der hl. Anastasius in einem steinernen Sarkophag beigesetzt.

Schräg gegenüber vom Dom sieht man die Renaissancefassade des **Domplatz** Palazzo Bianchini-Riccardi aus der zweiten Hälfte des 16. Jh.s. An dem Travertinbrunnen des Bildhauers Corrado Vigni wird der Zusammenfluss von Nera und Velino unweit von Terni thematisiert.

Wendet man sich vom Domplatz nach links, dann sieht man die **Römisches** Mauerreste des römischen Amphitheaters. Das Mauerwerk dieser **Amphitheater** 97 x 73 m großen Anlage aus dem 1. Jh. n. Chr. war mit travertinhaltigen Kalksteinblöcken verkleidet. Nach dem Verfall der Stadt diente das Amphitheater als **Steinbruch** und wurde großenteils abgetragen. Der Bischöfliche Palast (Palazzo Vescovile) und der Glockenturm des Doms wurden auch auf den Resten des Amphitheaters erbaut. Das heutige Dom-Viertel war das Zentrum der römischen Stadt, wie das Mauerwerk an vielen Innenhofmauern der alten Paläste bezeugt (geöffnet: Mai – Sept. Fr., Sa., So. 10.00 – 13.00, 16.30 – 19.30, Okt. bis ⊙ April Fr., Sa., So. 10.00 bis 13.00, 14.30 – 17.30 Uhr).

In einer Seitenstraße der malerischen Via XI Febbraio, die nördlich **Sant'Alò** vom Domplatz wegführt, steht die romanische Kirche Sant'Alò aus dem 11. Jahrhundert. Der dreischiffige Innenraum ist in Chor, Apsis und in den Seitenschiffen eingewölbt (für die Besichtigung beim Klarissenkonvent klingeln). Das südliche Seitenschiff zieren Fresken aus dem 15. Jh. und eine »Kreuzigung« aus dem 12. Jh. (rechts neben dem Eingang). Aus einem römischen Opferstein entstand das Weihwasserbecken.

Der Palazzo Gazzoli aus dem 17. Jh. in der Via Teatro Romano 13 ist ★ zur Zeit Sitz der sehenswerten Städtischen Gemäldesammlung von **Pinacoteca** Terni (geöffnet tgl. außer Mo. 10.00 – 13.00, 16.00–19.00 Uhr). Mit **Comunale** der **»Kreuzigung«** von Nicolò di Liberatore (genannt Alunno) von 1497, auf der auch die beiden Heiligen Franziskus und Bernhard von Siena abgebildet sind, besitzt die Galerie ein Spitzenstück der umbrischen Renaissancemalerei. Aus der Kirche San Francesco stammt das mehrteilige Altarbild »Thronende Madonna mit Heiligen« (1485), das vermutlich Pier Matteo d'Amelia geschaffen hat. Von Benozzo Gozzoli, dem Meister des Franziskus-Zyklus in San Francesco in Montefalco, kann man in der Pinacoteca das »Verlöbnis der hl. Katharina« (1466) sehen. Unter den Arbeiten lokaler Künstler nimmt das beinahe vollständige Werk von Orneore Metelli (1872–1938) eine Sonderstellung ein. Der aus Terni gebürtige Metelli, von Beruf Schuster, gilt als einer der wichtigsten italienischen Vertreter der naiven Malerei. Das Museum besitzt auch Werke ausländischer Künstler, darunter von Miró, Chagall, Kandinsky und Braque.

Die Franziskanerkirche von Terni liegt etwas nordwestlich des Alt- **San Francesco** stadtzentrums an der Viale A. Fratti. Ab 1265 entstand ein einschiffiger Bau, dem 1345 der schöne Campanile und im 15. Jh. Seitenschiffe und die polygonale Apsis angefügt wurden. Die beiden Portale sind ebenfalls das Ergebnis späterer Baumaßnahmen (rechtes Portal von 1532, linkes von 1668). Ende der 1940er-Jahre wurde die durch Erdbeben, vor allem aber durch Bombardements im Zweiten Weltkrieg schwer beschädigte Kirche grundlegend restauriert. Die ursprünglich gewölbten Seitenschiffe erhielten einen offenen Dachstuhl, nur im Mittelschiff blieb das Gewölbe erhalten. Die **Cappella Paradisi** malte der folignatische Maler Bartolomeo di Tommaso Mitte des 15. Jh.s mit Fresken aus. Der mittleren Wand mit der Darstellung des Jüngsten Gerichts sind rechts die Hölle und links das Fegefeuer beigeordnet.

Piazza Tacito Von der Kirche San Francesco ist es nicht weit zum Corso Tacito, der Nord-Südachse von Terni und größten Einkaufsstraße. Dort, wo er die West-Ost-Tangente, den Viale Cesare Battisti bzw. Viale Mazzini kreuzt, entstand in den 1930er-Jahren die weitläufige Piazza Tacito, die von monumentalen Verwaltungsbauten gefasst wird.

Museo Archeologico Auf dem Industriegelände SIM auf der anderen Flussseite hat das Archäologische Museum seinen Sitz (Lungonera Savoia) – in Zukunft möglicherweise auch die Pinacoteca Comunale.

San Valentino Nur wenige Autominuten südlich vom Stadtzentrum steht die Kirche San Valentino, dem Stadtheiligen Valentin, **Schutzpatron der Liebenden**, geweiht. Die im 5. Jh. niedergeschriebene Vita des Heiligen berichtet, dass Valentin als Bischof von Terni im Jahr 197 von dem Rhetor Kraton nach Rom gerufen wurde, damit er dessen schwerkranken Sohn Cheremones heile; aber Valentin ließ es nicht bei der Heilung bewenden, sondern bekehrte ihn und seine ganze Familie sowie einige Gelehrte zum Christentum. Die Römer ließen ihn dafür enthaupten. Sein Leichnam wurde nach Terni zurückgebracht und auf dem Hügel, der damals noch außerhalb der Stadt lag, bestattet. Über dem Grab des Heiligen errichtete man im 17. Jh. die Basilika, die jetzt seine Reliquien aufnimmt.

Umgebung von Terni

Stroncone Das 8,5 km südlich von Terni gelegene Stroncone an der Grenze zu Latium bietet herrliche Ausblicke über die Talmulde von Terni. Jedes Jahr veranstaltet Stroncone den **»Agosto Stronconese«** mit Konzerten, Ausstellungen und anderen kulturellen Veranstaltungen. Im Mittelalter gab es hier eine Burg, von der nur noch Teile eines Mauerrings Zeugnis ablegen. An der kleinen Piazza hinter dem Stadttor steht die Kirche San Giovanni mit Fresken aus der Schule der Zuccari. Außerdem kann man die Kirche San Nicolò besichtigen, die ein hübsches romanisches Portal aus dem 12. Jh. und im Innern einige Fresken besitzt. Das kleine Archiv im Palazzo Municipale bewahrt u. a. neun mittelalterliche illuminierte Chorbücher aus der benachbarten Abtei San Benedetto in Fundis (Ruine).

✱ Cascata delle Marmore

Die Wasserfälle von Marmore liegen 7 km südöstlich von Terni in herrlicher Berglandschaft. In drei Kaskaden stürzen die gewaltigen Wassermassen einen 165 m hohen Felsabhang hinab. Dichte Laubwälder bilden einen höchst malerischen Rahmen für die Cascata, deren Gischt bei Sonnenschein für die schillerndsten Regenbogen sorgt. Im Zeitalter der Romantik erfreuten sich die großartigen Kaskaden bei Malern und Dichtern ähnlich großer Beliebtheit wie die Clitumnusquellen bei ▶ Trevi. Lord Byron, Charles Dickens, Stendhal, Johann Gottfried Seume und viele andere Zeitgenossen pilgerten auf ihren Wanderungen durch Italien zu den Cascata und gerieten in schwärmerische Begeisterung ob des **von Menschenhand geschaffenen Naturwunders**. **Klassisches Reiseziel**

Die Cascata delle Marmore sind keine natürlichen Wasserfälle, sondern das Werk **römischer Ingenieurskunst**. Mit dem Ziel, die sumpfige Ebene von Rieti zu entwässern, wurde unter Konsul Manlius Cu- **Geschichte**

Sieht aus wie ein Naturwunder, ist aber eine technische Meisterleistung: die Cascata delle Marmore

rius Dentatus 271 v. Chr. ein Kanal gegraben, in dem der träge flie-
ßende Velino den Grat des Kalkgebirges überwinden und über die
steilen Felsen bei Marmore in die Nera fließen konnte. In der Folge
führte die plötzliche Wasserzufuhr allerdings bei Terni und im Gebiet
von Narni wiederholt zu Überschwemmungen. Mehrere Abflusska-
näle und Seitenarme wurden angelegt, um diese Gefahr in den Griff
zu bekommen.

Die Situation änderte sich im 19. Jh. mit der beginnenden Industrialisierung, als man **Wasserkraft** für die Industriebetriebe einsetzte.
1924 wurde das klassizistisch gebaute Elektrizitätswerk **Centrale di
Galletto** in Betrieb genommen. Der Velino musste dafür ein weiteres
Mal umgeleitet werden. Um Terni nicht seines Naturspektakels zu
berauben, werden die Wasser des Velino zu bestimmten Zeiten wieder durch ihr altes Kanalbett geschleust und die Wasserfälle »ange-
schaltet«. Ihre Anziehungskraft haben die künstlichen Wasserfälle bis
heute nicht eingebüßt, im Gegenteil: Seitdem das Wasser des Velino
nur noch zu bestimmten Zeiten ins Tal stürzt, ist der Wasserfall vor
allem an Wochenenden das Ausflugsziel schlechthin für Terni und
sein Umland. Trotz des großen Andrangs sollte man den Cascata auf
jeden Fall einen Ausflug widmen, denn das Naturspektakel ist wahrhaft beeindruckend.

Anfahrt und Aussichtspunkte
Von Terni aus erreicht man die Cascata über die SS 209 Richtung Arrone, die am Fuß der Wasserfälle vorbeiführt, oder über die SS 79
nach Piediluco, wo man hinter dem Ort Marmore parken kann und
sich den Kaskaden von oben nähert. Die SS 209 verläuft im Tal der
Nera, vorbei an ehemaligen Industrieanlagen der Eisenverhüttung.
In seiner ganzen Länge bietet sich der **Wasserfall von unten**, von der
Staatsstraße 209, dar. Die dortigen Parkplätze sind zumindest an Wochenenden sehr stark frequentiert und nur zu empfehlen, wenn man
wenig Zeit oder wenig Lust hat, weit zu gehen. Folgt man der SS 209
weiter in Richtung Piediluco, dann kann man hinter dem Tunnel linker Hand eine im Wald liegende Treppe hochsteigen, die zu dem **Belvedere Pennarossa**, einer Naturterrasse direkt gegenüber den Wasserfällen führt. Auch ein Feldweg, der rechts vor dem Tunnel abgeht,
und sich am Wasserfall nach oben schlängelt, endet an einem schönen Aussichtspunkt.
Den **oberen Teil der Kaskaden** sieht man hervorragend, wenn man
vom Bergrücken her über die SS 79 und den Ort Marmore fährt.
Vom Parkplatz führt ein kurzer, leicht begehbarer Fußweg zu einem
weiteren Aussichtspunkt.

Betriebszeiten
Der Wasserfall wird zweimal täglich geöffnet, an Wochenenden auch
dreimal täglich zu unterschiedlichen Zeiten; Auskunft unter Tel.
07 44 629 82 oder bei der Touristinformation in Terni, Tel. 07 44
42 30 47, www.marmore.it. Einlass zu den Wasserfällen tgl. außer Januar ab 10.00 Uhr bis Sonnenuntergang, am Wochenende im Sommer bis 22.00 Uhr.

✶ ✶ Todi

Provinz: Perugia
Einwohnerzahl: 17 000

Höhe: 400 m ü.d.M.

**Die Tuderti, die Einwohner von Todi, können sich glücklich schät-
zen: 1991 erklärte eine amerikanische Studie ihre Stadt zu der
Stadt mit der weltweit besten Lebensqualität. Und für Touristen ist
sie ein sehenswertes Reiseziel: eine steil den Hang hochkletternde
Altstadt, zwei bedeutende Kirchen, drei stolze mittelalterliche
Kommunalpaläste und einer der schönsten Plätze Umbriens.**

Todi, auf einem Hügel am Zusammenfluss von Naia und Tiber angesiedelt, wirkt wie ein uneinnehmbarer mittelalterlicher Borgo. Die
Geburtsstadt von Jacopone da Todi (► Berühmte Persönlichkeiten)
war früher ein wichtiger Umschlagplatz für die landwirtschaftlichen
Erzeugnisse des Hinterlandes, aber auch das Kunsthandwerk, insbesondere die Keramikherstellung, haben ihren Platz in der städtischen
Wirtschaft. Mittlerweile spielt der Fremdenverkehr in Todi ebenfalls
eine wichtige Rolle.

**Mittelalterlicher
Borgo**

Todi lag im Grenzgebiet zwischen Etruskern und Umbrern, wie
schon der etruskische Name Tular (= Grenze, lat. Tuder) andeutet.
Einer Legende zufolge soll ein Adler die Stelle angezeigt haben, über
der später die Stadt entstand – so erklärt sich der Adler auf dem
Stadtwappen von Todi. Der Einfluss der benachbarten etruskischen
Kultur spiegelt sich besonders deutlich im **»Mars von Todi«**, einer
Bronzestatue, die in Todi gefunden wurde und heute in den Vatikanischen Museen aufbewahrt wird. 89 v. Chr. erhielt Todi den Status eines Munizipiums. Obgleich seit dem Niedergang des Langobardenreichs formal der päpstlichen Herrschaft unterstellt, trat Todi im
12. Jh. als freie Kommune auf, die ihre Grenzen im Süden bis nach
Amelia und Terni ausdehnte. Im 13. und 14. Jh., der **Blütezeit** Todis,
entstanden die beiden großen Kirchen (Dom und San Fortunato),
ein weiterer, dritter Mauerring um das gewachsene Stadtgebiet, die
drei Kommunalpaläste sowie ein modernes Kanalisationssystem. Ihre
guelfische Gesinnung bescherte der Stadt 1240 den Einzug von Friedrich II. Im Jahr 1373 bekräftigte Kardinal Albornoz durch den Bau
einer Rocca den päpstlichen Anspruch auf Todi. 1523 raffte die Pest
mehr als die Hälfte der tudertinischen Bevölkerung dahin. Cesare
Borgia eroberte die Stadt zu Beginn des 16. Jh.s endgültig für den
Kirchenstaat zurück.

Geschichte

Sehenswertes in Todi

Das mittelalterliche Zentrum von Todi liegt auf zwei Anhöhen, die
von den beiden großen Kirchenbauten, dem Dom und der Chiesa

**Mittelalterliches
Stadtbild**

San Fortunato, eingenommen werden. Insgesamt drei Mauerringe, die das stetige Wachstum der Stadt im Mittelalter belegen, lassen sich heute noch im Stadtbild ausmachen. Malerische Winkel gibt es vor allem in den ältesten Vierteln zwischen diesen beiden Point-de-vues, aber auch östlich unterhalb der Piazza Garibaldi.

✳✳
**Piazza
del Popolo**

Wer die steil zum Zentrum hochführende Via Matteotti, später Corso Cavour, mit den hohen, zum Teil etwas düsteren Putzfassaden hochgestiegen ist, wird von der **heiteren, offenen Stimmung** auf der Piazza del Popolo und in den umliegenden Gassen und Plätzen angenehm überrascht sein. Dominierend erhebt sich an der Stirnseite der Dom, zu dessen imposanter Tafelfassade eine Treppe in der fast vollen Breite des Kirchenbaus hinaufführt. Dem Dom gegenüber beansprucht der mittelalterliche, ebenfalls turmüberragte Palazzo dei Priori die gesamte südliche Platzseite, während an der Ostseite der Palazzo del Capitano und der Palazzo del Popolo zu einem Gebäudekomplex verschmelzen. Der für die Familie Atti errichtete, unvollen-

 TODI ERLEBEN

AUSKUNFT

IAT
Piazza del Popolo 34/35
Tel. 075 894 54 16, 075 89 42 52
Fax 075 894 24 06
www.todi.umbria2000.it

VERANSTALTUNGEN

Karfreitag: Wehklage der Madonna – eine Inszenierung der berühmten Laude von Jacopo da Todi
Grand Prix : Im Juli findet in Ponte Naia unterhalb von Todi der Grand Prix der italienischen Montgolfieren statt.
Todi-Festival: Ende Juli bis Mitte August veranstaltet Todi zehn Tage lang ein Musik-Theaterfest, www.todiartefestival.it

ESSEN

▶ **Erschwinglich**
① *Umbria*
Via S.Bonaventura 13
Tel. 075 894 27 37
Di. Ruhetag
Das Restaurant hinter dem Palazzo

del Popolo mitten in Todis Altstadt genießt einen hervorragenden Ruf. Nicht nur drinnen sitzt man schön, auch auf der hübschen Aussichtsterrasse schmecken die umbrischen Köstlichkeiten.

② *Trattoria Jacopone*
Piazza Jacopone 3
Tel. 075 894 23 66
Mo. Ruhetag
Gemütliches Lokal mit gut bürgerlicher Küche, auch bei Einheimischen beliebt.

ÜBERNACHTEN

▶ **Luxus / Komfortabel**
① *Fonte Cesia*
Via Lorenzo Leoni 3
Tel. 075 894 37 37
Fax 075 894 46 77
www.fontecesia.it
Todis Topadresse, elegantes Ambiente, geschmackvoll eingerichtete Zimmer und eine ausgezeichnete Küche erwarten Gäste in dem alten Weinkeller.

Todi Orientierung

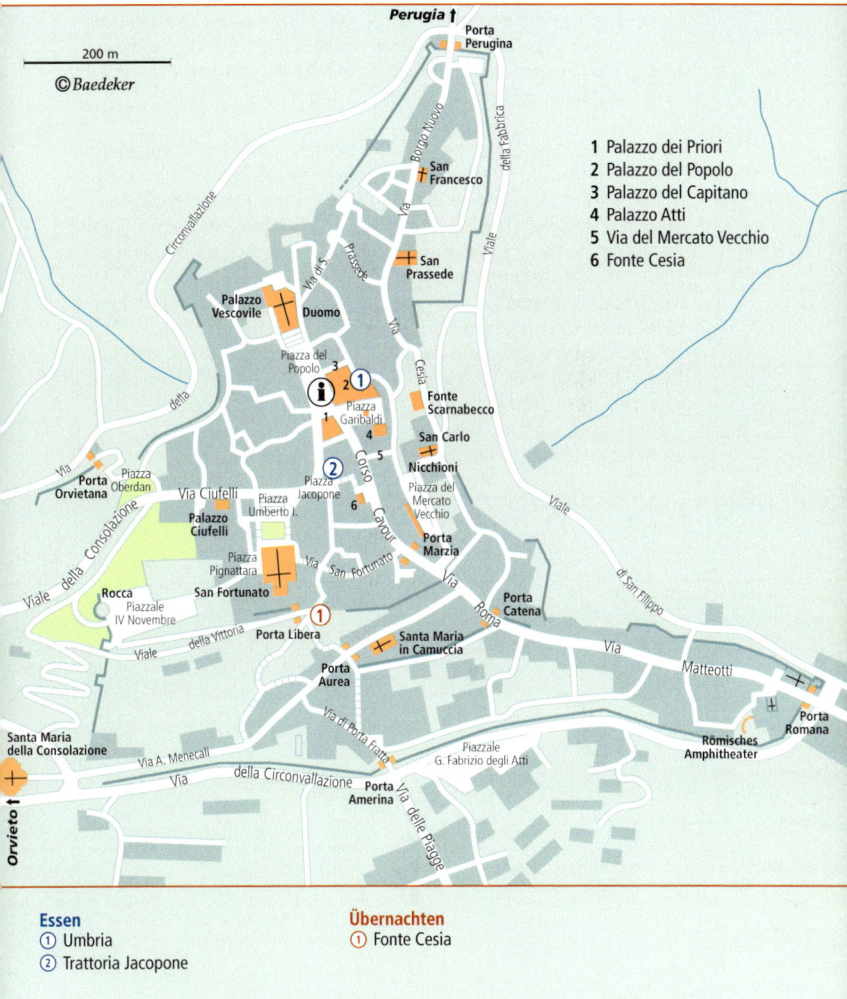

1 Palazzo dei Priori
2 Palazzo del Popolo
3 Palazzo del Capitano
4 Palazzo Atti
5 Via del Mercato Vecchio
6 Fonte Cesia

Essen
① Umbria
② Trattoria Jacopone

Übernachten
① Fonte Cesia

dete Renaissancepalast links vom Dom, ein Putzbau mit schwerer Eckrustika, fügt sich bestens in das mittelalterliche Bauensemble. Vom dortigen Café aus kann man den angenehmen Platz in Ruhe auf sich wirken lassen.

Als Amtssitz der städtischen Prioren diente der Ende des 13. Jh.s erbaute Palazzo an der Südseite der Piazza. Sein breitgelagerter Ein-   **Palazzo dei Priori** druck entstand durch die nachträgliche Erweiterung um zwei Fensterachsen in den 30er-Jahren des 14. Jh.s. Über der linken Gebäudeecke wurde 1369–1385 der Turm hochgezogen. Die Renaissancefenster (1513) stammen aus der Zeit, als der Palazzo von den päpstlichen Statthaltern als Residenz genutzt wurde.

Palazzo del Popolo

Der im frühen 13. Jh. errichtete Palazzo del Popolo stößt mit seiner Schmalseite an die Piazza. Der zinnenbekrönte Palast weist im Piano nobile und im obersten, Ende des 13. Jh.s aufgesetzten Geschoss gebündelte Rundbogenfenster auf, die den strengen, wuchtigen Charakter des Gebäudes etwas auflockern. Im Erdgeschoss die obligate Halle mit offenen, aber ebenfalls schwer anmutenden Arkaden. Über die breite Freitreppe gelangt man in den Ratssaal des Palazzo del Popolo und in den anschließenden Palast des Volkshauptmanns.
Im Palazzo del Popolo hat auch das **städtische Museum** seinen Sitz. Es besitzt eine numismatische und eine archäologische Sammlung sowie kostbare Gewänder und Keramiken. Die Pinacoteca ist in einem komplett freskierten Raum untergebracht (geöffnet: Di.–So. 10.30–13.00, 14.00–17.00, April–August bis 18.00 Uhr).

Gilt als einer der schönsten Plätze in Umbrien: die Piazza del Popolo.

Etwa zeitgleich mit dem Palazzo dei Priori entstand neben dem Palazzo del Popolo der Amtssitz des Capitano del Popolo. Über einer offenen Erdgeschosshalle sitzen zwei Geschosse mit eleganten Drillingsfenstern. Die Fenster des Piano nobile werden von Maßwerkrosen und Wimpergen überfangen; im oberen Geschoss übernimmt dies ein schlichter umbrischer Rundbogen.

✷ Palazzo del Capitano

Die Bischofskirche dürfte im Wesentlichen in der ersten Hälfte des 13. Jh.s entstanden sein; Baubeginn war bereits im 12. Jahrhundert. Die in gelbem und rötlichem Stein leuchtende, von einem gedrungenen Campanile überragte Eingangsseite entspricht mit ihren drei Portalen und (diesen zugeordnet) zwei kleinen und einer großen, erst später eingesetzten Fensterrose dem Typus der **romanischen Tafelfassade** umbrischer Kirchen. Die seitlichen Rosen sitzen nicht in der Achse der Portale – man nimmt an, dass ihre Öffnungen im 12. Jh. freigehalten, aber erst im 13. Jh. mit Maßwerk gefüllt wurden. Auf den Konsolen der vier Pilaster standen einst die Symbole der vier Evangelisten, die heute im Domminneren zu sehen sind. Das Mittelportal wird von abgetreppten Bögen gerahmt, von denen der mittlere reiche Ornamentik aufweist. Beachtung schenken sollte man auch dem schön gearbeiteten Bogenfries an der rechten Langhausseite.

Das Innere ist dreischiffig angelegt, mit gewölbtem Querschiff und halbrunder Chorapsis in der Breite des Mittelschiffs. Das vierte, kreuzrippengewölbte Seitenschiff, auch **navatina** (ital. Schiffchen) genannt, stellt eine Ergänzung des 14. Jh.s dar.

Hier wie auch im Langhaus gilt es, die fein ausgearbeiteten Kapitelle mit floralen und figürlichen Motiven genauer zu betrachten. Über dem Eingangsportal prangt ein 1596 von Ferraù da Faenza gemaltes, monumentales Fresko, das Michelangelos »Jüngstem Gericht« nachempfunden ist.

Im zweiten Joch der navatina hat sich als Fragment ein **Fresko von Lo Spagna** (»Heilige Dreifaltigkeit«, 1515) erhalten. Von Lo Spagna stammen auch die beiden Tafeln »Petrus« und »Paulus« an den Vierungspfeilern (1515/1516).

✷ Dom Santa Maria

Links vom Dom ließ Bischof Angelo Cesi 1593 den Bischofspalast im Stil der Renaissance errichten.

An der Via Paolo Rolli westlich hinter dem Bischofspalast beginnt eines der ältesten Viertel von Todi. Durch verwinkelte Gassen kommt man zur westlichen Stadtmauer, die hier noch etruskische und römische Mauerabschnitte aufweist.

Palazzo Vescovile, Via Paolo Rolli

An der Südostseite der Piazza del Popolo, zwischen Palazzo dei Priori und Palazzo del Popolo, öffnet sich der nach dem italienischen Freiheitskämpfer und Volkshelden Giuseppe Garibaldi benannte, mit seinem Denkmal geschmückte Platz. Die unbebaute Ostseite gibt den Blick frei auf Häuser und Gärten, die der folgende Rundgang durch die östliche Altstadt streift.

Piazza Garibaldi

Palast der Atti   An der Südseite der Piazza steht ein Renaissancepalast mit rustiziertem Portal, den sich die Patrizierfamilie der Atti 1552 bauen ließ.

✳

Corso Cavour,
Via del Mercato
Vecchio

Von der Piazza Garibaldi biegt man in den Corso Cavour ein, von dem nach wenigen Metern links die malerische Treppengasse Via del Mercato Vecchio abzweigt. Sie verbindet den Corso mit einem schmalen, von halbhohen Böschungsmäuerchen gesäumten **Panoramaweg** am Osthang von Todi, von dem man schöne Ausblicke auf die Umgebung genießt. Die beinahe düstere Atmosphäre im Corso Cavour weicht hier einer heiteren ländlichen Stimmung. Zwischen den schlichten Häusern mit den typischen Hausteinfassaden liegen hübsche Gärten, in denen Oliven, Wein und Gemüse angebaut wird.

Abstecher zur
Porta Perugina

Der Weg durch die Häuser und Gärten mündet in die Via Cesia, die nach Norden durch den Borgo Nuovo bis zur mittelalterlichen Stadtmauer mit der stattlichen Porta Perugina führt. Auf dem Weg dorthin liegt rechts die **Chiesa San Francesco**, die ein sehenswertes Fresko von 1346 birgt. Es zeigt den Eintritt der Menschen vom Fegefeuer ins Paradies, ein Motiv, das auf die Legende des hl. Patrick zurückgeht, der angeblich den Eingang zum Fegefeuer entdeckte.

Fonte
Scarnabecco,
San Carlo

Wendet man sich an der Einmündung des Panoramawegs in die Via Cesia nach rechts, dann kommt man nach wenigen Metern zur Fonte Scarnabecco, einem alten **Waschbrunnen**, der mit seinen Rundbogenarkaden an eine kleine Loggia erinnert. Der Podestà Scarnabecco veranlasste 1241 den Bau dieses Brunnens. Folgt man weiter der Via Cesia, dann kommt man zu der romanischen Kirche San Carlo. Auf dem Dach des schlichten Kirchleins sitzt ein zweigeschossiger, segelförmiger Glockenturm.

Nicchioni

Von San Carlo geht es wieder bergauf zur Piazza del Mercato Vecchio mit den vier monumentalen, aus Travertinblöcken geschlagenen Nischen aus dem ersten Jahrhundert. Vermutlich waren sie Teil einer Substruktion für ein darüberliegendes, nicht erhaltenes Gebäude. Im Mittelalter war hier der städtische Marktplatz. Über die Via del Mercato Vecchio erreicht man wieder den Corso Cavour, den man einige Meter hinuntergeht bis zu dem kleinen Platz vor der Fonte Cesia.

Fonte Cesia,
Piazza Jacopone

Der tudertinische Bischof Angelo Cesi ließ den barocken Wandbrunnen im Jahre 1606 an dieser Stelle errichten. Über die Treppen rechts neben der Fonte Cesia erreicht man mit der Piazza Jacopone wieder die »Oberstadt« von Todi. Linker Hand zweigt die Via Mazzini mit schönen Geschäften (u. a. Kunsthandwerk und umbrische Spezialitäten) zur Piazza del Popolo ab. Hält man sich rechts, dann kommt man zur Piazza Umberto, von der eine abgetreppte Rampe vor die Fassade der hochgelegenen Franziskanerkirche San Fortunato führt. Zuseiten des Aufgangs einige schöne alte Stadtpaläste.

Die Porta Libera an der mittelalterlichen Stadtmauer

★

San Fortunato

Nicht einem franziskanischen Heiligen, sondern dem Märtyrer und Stadtpatron Fortunatus wurde die große, weit über die Grenzen Todis hinaus berühmte Hallenkirche auf dem zweiten Stadthügel von Todi geweiht. Ihr **Standort** innerhalb des mittelalterlichen Mauerrings ist ebenso ungewöhnlich wie die Tatsache, dass sie entgegen den franziskanischen Baugewohnheiten als Hallenkirche mit eingewölbten Schiffen errichtet wurde. Die Bauarbeiten dauerten auffällig lang – von der Grundsteinlegung 1292 bis zur 1463 abgeschlossenen Einwölbung vergingen beinahe zwei Jahrhunderte.

Die breitgelagerte **Fassade** blieb unvollendet. In die glatten, nur durch flache Pilaster gegliederte Wandfläche sind drei Gewändeportale eingelassen. Besondere Aufmerksamkeit verdienen die reichen Steinmetzarbeiten am Hauptportal, stilistisch stehen sie, wie man an den von Rankenwerk umschlungenen Halbmenschen erkennt, bereits an der Schwelle zur Renaissance.

Im **Innern** erst eröffnet sich dem Betrachter die Anlage als Hallenkirche. Durch die weite Stellung der schlanken, über hohen Sockeln aufsteigenden Pfeiler erscheinen die drei Schiffe als einheitlicher, lichtdurchfluteter Raum. Von französischen oder deutschen Hallenkirchen unterscheidet sich San Fortunato durch das **enorm breite Mittelschiff**, das fast die doppelte Breite der Seitenschiffe hat. Begleitet wird die Halle an den Längsseiten von fast quadratischen Grabkapellen angesehener Familien aus Todi. Die Fresken in den Kapellen sind größtenteils nur in Fragmenten erhalten; besonders schön sind die »Madonna mit Kind« von Masolino da Panicale (1432) in der vierten Kapelle rechts sowie die Episoden aus dem Leben des Ordensgründers Franziskus zwei Kapellen weiter (14. Jh.), die sich an den Fresken Giottos in der Oberkirche von San Francesco in Assisi orientieren. Das Weihwasserbecken am ersten Pfeiler links besteht aus zwei reich skulptierten, romanischen Kapitellen des Vorgängerbaus. In der 1596 unter den Chorraum eingebauten Krypta befinden sich die Grabstätten des hl. Fortunatus und des Jacopone da Todi (► Berühmte Persönlichkeiten).

Wendet man sich vor der Kirche nach links, dann kommt man zunächst auf die kleine Piazza Pignattara. Von dort gelangt man in den **Kreuzgang** des Franziskanerklosters aus dem 13. Jahrhundert. Hinter den Klostermauern lernen heute die Gymnastiasten des Liceo Classico Latein und Griechisch.

Rocca, Park

★

Aussicht ►

Nach der Besichtigung von San Fortunato empfiehlt sich ein Spaziergang hinauf zur ehemaligen Rocca. Von der 1373 von Kardinal Albornoz errichteten Rocca sind nur ein Rundturm und einige wenige Mauerreste erhalten. Statt der Rocca gibt es hier heute eine Parkanlage mit Pinien, Zypressen, ja sogar Palmen. Von hier oben genießt man einen phantastischen Blick durch die Bäume auf die Kuppelkirche Santa Maria della Consolazione. Ins Zentrum von Todi zurück führt der Treppenweg beim Rundturm, der etwas weiter unten auf die Strada delle Cerquette trifft. Dort gibt es noch einmal eine kleine Aussichtsterrasse mit schönem Ausblick auf die westlichen Stadtviertel (Piazza Oberdan). Über die Via Ciuffelli (rechts der Palazzo Ciufelli mit einem Portal aus rustizierten Quadern) erreicht man wieder die Piazza Umberto.

Weitere Kirchen

In Todi gibt es zahlreiche kleine Kirchen, u. a. San Prassede an der Via di Borgo Nuovo; im angrenzenden Kloster nahm **Martin Luther** auf seiner Romreise 1510 Quartier, San Filippo Benizi aus dem 15. Jh. und die in der südlichen Altstadt gelegene Chiesa Santa Maria Camuccia aus dem 13. Jh., die als kostbarstes Ausstattungsstück eine aus Holz geschnitzte »Madonna mit Kind« besitzt. Bei den beiden Säulen am Kirchenportal handelt es sich um antike Spolien.

★

Santa Maria della Consolazione

Im Südwesten von Todi steht vor den Toren der alten Stadtmauern die Wallfahrtskirche Santa Maria della Consolazione, ein Zentralbau mit einer hohen Tambourkuppel, der über einem kleeblattförmigen Grundriss gebaut wurde. Den Bau an dieser Stelle löste ein **Marienwunder** im Jahr 1508 aus, das zahlreiche Pilger zur Stätte des Wunders zog. Noch im selben Jahr wurde der Grundstein für eine Wallfahrtskirche gelegt. Von wem die Pläne für die Renaissancekirche stammten, ist bis heute nicht geklärt, wenngleich mehrere, zum Teil namhafte Architekten zeitweise mit dem Projekt betraut waren, so u. a. Baldassare Peruzzi (1518), der Festungsbaumeister Antonio di Sangallo d. J. (1532), Vignola (1565) und Galeazzo Alessi (1567). Der perusinische Baumeister Valentino Martelli entwarf nach dem Vor-

Das schönste Beispiel umbrischer Renaissancearchitektur: die Kirche Santa Maria della Consolazione

bild der Peterskirche in Rom die Kuppel mit Ädikulafenstern und Nischen am Tambour. Der kuppelbekrönte **Zentralbau** war in der Renaissance ein beliebter Bautypus, ebenso wie die Konzeption der Kirche als **freistehendes Gebäude** mit mehreren Schauseiten den Forderungen der zeitgenössischen Architekturtheorie entsprach.

Die Wirkung des ganz in weiß gehaltenen **Innenraums** bleibt hinter der grandiosen äußeren Erscheinung der Kirche zurück; insbesondere die in der Außenansicht so dominante Kuppel entfaltet im Innern keine Kraft. Der zweigeschossige Wandaufriss des Außenbaus wiederholt sich innen durch die doppelte Pilasterordnung. Auf dem Altar der Hauptapsis steht das Madonnenbild aus dem 15. Jh., dessen Wundertätigkeit den Anlass für den Bau der Kirche gab.

Ein weiterer, allerdings weitaus weniger spektakulärer Renaissance-Zentralbau (um 1600) liegt wenige hundert Meter vor der Porta Romana im Osten Todis. Die Entwürfe stammen vermutlich von Valentino Martelli, der ebenfalls am Bau von Santa Maria della Consolazione beteiligt war. Ippolito Scalza führte den Bau zu Ende.

Santissimo Crocefisso

Umgebung von Todi

Knapp 10 km nordwestlich von Todi liegt Monte Castello di Vibio, eine der **ältesten Ortschaften** Umbriens. Das nahegelegene Todi hat-

★

Monte Castello di Vibio

te im Mittelalter immer wieder Machtansprüche auf den Monte Castello erhoben und es mit wechselndem Erfolg gegen die Städte Narni und Orvieto verteidigt. Im 15. Jh. bereitete der Papst den Auseinandersetzungen schließlich ein Ende, indem er sowohl Monte Castello di Vibio als auch Todi, Narni und Orvieto dem Kirchenstaat einverleibte. Im 12. Jh. war das kleine Zentrum auch mit einer Burg befestigt, wie man heute noch an den verbliebenen Mauerresten und den mittelalterlichen Häusern sehen kann.

Die Kleinstadt **Massa Martana** liegt etwa 10 km östlich von Todi in herrlicher Waldlandschaft auf einer Anhöhe. Der Ort ist reich an einzigartigen Kirchen, die teilweise etwas außerhalb stehen. Im Zentrum stehen ein eleganter mittelalterlicher Stadtturm und die Kirche Santa Madonna della Pace mit ihrem ungewöhnlichen achteckigen Grundriss. Außerhalb lohnen die einzigen **christlichen Katakomben** in Umbrien, die aus dem 3./4. Jh. stammen, und die **Ponte Fonnaia**, die von den Römern um 220 v. Chr. über einen kleinen Nebenfluss des Tibers erbaut wurde.

Etwa 3 km südlich außerhalb des Ortes an der SS 316, wo sich in römischer Zeit das an der Via Flaminia Vetus gelegene Vicus Martis befand, steht **Santa Maria in Pantano**, eine der **ältesten Kirchen Umbriens**. Sie wurde auf Veranlassung des hl. Severus wohl über einem Gebäude des zerstörten Vicus Martis errichtet, wobei die Mauerreste heidnischer Tempel und anderer Bauten als Steinbruch dienten. Aus dieser ersten Bauphase stammen die Seitenwände, wohingegen die Fassade mit ihrem gotischen Portal und der Fensterrose bedeutend später (14. Jh.) entstand.

Auch die **Abbazia Faustino** in dem 2 km weiter entfernten Villa Faustino, ab dem 12. Jh. auf den Grundmauern eines römischen Gebäudes errichtet, lohnt einen Besuch.

* Abbazia dei Santi Fidenzio e Terenzio ►

Die **Abbazia dei Santi Fidenzio e Terenzio** liegt an einer schmalen Landstraße etwa 3 km westlich von Massa Martana – etwas versteckt hinter hohen Bäumen und von der Straße zurückversetzt, so dass man sie leicht übersehen kann und daran vorbeifährt. Das im 11. Jh. erbaute Gotteshaus ist außen und innen sehr schlicht. Einziger Fassadenschmuck ist neben dem einfachen Portal ein gedoppeltes Rundbogenfenster mit eingestellter Säule. Im Inneren gefallen vor allem die Kanzel mit ihren flechtbandverzierten Platten aus dem 9. Jh. und die kleine Krypta unter dem Chor, deren wuchtiges Gewölbe auf drei Mittelsäulen ruht.

Torgiano

Provinz: Perugia   **Höhe:** 219 m ü.d.M.
Einwohnerzahl: 5400

Was Deruta für Keramik, ist Torgiano für Wein. Hier – 15 km südlich von Perugia – werden Umbriens bekannteste DOC- und DOCG-Weine angebaut. Kein Wunder, dass die Hauptattraktion des Provinzstädtchens neben Probierstuben das Weinbaumuseum ist, das die Winzerfamilie Lungarotti in einem alten Palazzo eingerichtet hat.

Sehenswertes in Torgiano

Das Weinbaumuseum hat seinen Sitz im altehrwürdigen Palazzo Graziani-Baglioni (17. Jh.) am zentralen Corso Vittorio Emanuele. Präsentiert wird die Sammlung zur Weinkultur im Erdgeschoss und in den gewölbten Weinkellern des Gebäudes. Die ersten Räume veranschaulichen die Bedeutung des Weins als Nahrungsmittel von den Anfängen des Anbaus in Umbrien.

✳ Weinbaumuseum

In die Darstellung der **Weinbaugeschichte** mit den jeweiligen Methoden und Geräten werden auch die damit verbundenen Gewerbe einbezogen, so die Korbflechterei oder die Küferei. Auch der »**Wein in der Heilkunde**« und der »**Wein in der Mythologie**« werden vorgestellt. Die reiche Kollektion von Majoliken, die vom Mittelalter bis zum Barock reicht, macht deutlich, wie eng verknüpft in Umbrien die Entwicklung von Weinanbau und Töpferkunst sind (geöffnet: im Sommer 9.00 – 13.00 Uhr, 15.00 bis 19.00 Uhr, im Winter 9.00 bis 13.00, 15.00 – 18.00 Uhr).

Dank des Engagements der Lungarottis gibt es ein **weiteres Museum** in Torgiano: In der Via Garibaldi 10 werden Anbau und Pflege der Olivenbäume sowie alte und neue Techniken der Olivenölherstellung anschaulich erklärt (geöffnet: im Sommer 10.00 – 13.00 und 15.00 bis 19.00, im Winter bis 18.00 Uhr, Tel. 075 988 03 00).

Museo del Vino: eine anschauliche Ausstellung zur Geschichte des Weins

⏵ TORGIANO ERLEBEN

AUSKUNFT

Pro Logo
Piazza Baglioni
Tel. 075 988 60 37
www.comune.torgiano.pg.it

VERANSTALTUNGEN

I Vinarelli im August: an einfachen
Holztischen werden gute Weine und
bodenständige Küche zu günstigen
Preisen serviert, außerdem Kunstausstellungen.
Wettbewerb italienischer Weine
Ende November findet in Torgiano
ein wichtiger nationaler Wettbewerb
italienischer Weine statt.

ESSEN

▶ **Preiswert**
Osteria del Museo
Corso Vittorio Emanuele 33

Tel. 075 988 00 69
Spuntino nennen die Italiener einen
Snack oder eine kleine Mahlzeit. Wer
nach einem Museumsbesuch Lust auf
ein Glas Wein hat, kann in der Osteria
del Museo gemütlich einen Spuntino
mit Weinprobe zu sich nehmen. Die
Probierstube ist zugleich Verkaufsla-
den.

ÜBERNACHTEN / ESSEN

▶ **Luxus / Fein & Teuer**
Le Tre Vaselle / Le Melagrane
Via Garibaldi 48
Tel. 075 988 04 47
Fax 075 988 02 14
www.3vaselle.it
Das Nobelhotel und das angeschlos-
sene Restaurant mit Spitzenküche
sind weit über Umbriens Grenzen
hinaus bekannt.

Umgebung von Torgiano

✴
Bettona

Das alte Städtchen breitet sich in einzigartiger Lage auf einem mit
Olivenbäumen bepflanzten Hügel über der Valle Umbra aus. Etwa
7 km von Torgiano entfernt liegt Bettona, das keine großartigen Sehenswürdigkeiten hat, noch abseits der Touristenströme. Sein
Charme liegt in der **unverfälschten Atmosphäre** und in der ruhigen,
ländlichen Umgebung. Von Bettona genießt man eine herrliche Aussicht auf die Talebene der oberen Valle Umbra sowie die gegenüberliegenden Städtchen und Dörfer.
Vermutlich war Bettona eine der ganz wenigen **etruskischen Siedlungen**, die **östlich des Tibers** lagen. Die mittelalterliche, auf die etruskische Befestigung aus dem 4. Jh. v. Chr. zurückgehende Stadtmauer
umschließt den alten Ortskern ringförmig. An der Stadtmauer führt
außen eine Art »Umgehungsstraße« entlang – die Aussichtsterrasse
von Bettona. Wegen der schmalen Straßenführung und der unüber-
sichtlichen Kurven ist das Halten fast unmöglich – am besten, man
spaziert hier zu Fuß entlang. Die **Piazza Cavour** oben auf dem Hügel
ist damals wie heute das Herz der Altstadt. Dort stehen die beiden
wichtigsten Baudenkmäler Bettonas, die Kirche Santa Maria Maggiore und der Palazzetto del Podestà. In dem 1371 errichteten **Palazzet-**

to del Podestà, heute Sitz einer kleinen archäologischen Sammlung und der interessanten Städtischen Gemäldegalerie (Pinacoteca Comunale), werden u. a. zwei sehenswerte Prozessionsfahnen aus Santa Maria Maggiore gezeigt. Bei der einen handelt es sich um ein Werk von Perugino, von dem auch eine »Madonna della Misericordia« zu sehen ist. Die andere ist auf beiden Seiten bemalt und zeigt auf der Vorderseite eine Pietà, auf der Rückseite eine Kreuzigung von Nicolò Alunno (geöffnet: im Sommer tgl. 10.30 – 13.00, 15.00 – 18.00, im Winter tgl. außer Mo. 10.30 – 13.00, 14.30 – 17.00 Uhr).

In der Pinakothek erhält man auch den Schlüssel für das Oratorio di Sant'Andrea (nahe der Kirche) mit Fresken aus dem Jahr 1394.

Bei Colle etwa 2 km außerhalb von Bettona an der Landstraße nach Torgiano stößt man auf ein tonnengewölbtes Etruskergrab, wie es für die Umgebung von Perugia charakteristisch ist. **Etruskisches Grab**

✶ Trevi

F 8

Provinz: Perugia   **Höhe:** 425 m ü.d.M.
Einwohnerzahl: 7800

Trevi ist eines jener typischen Städtchen am Ostrand der Valle Umbra, die einen schon im Vorbeifahren mit ihrem reizvollen Panorama in den Bann ziehen. Oben auf dem Hügel grüßen die grün schimmernde Kuppel des Doms und der spitze Campanile.

Die kompakte Altstadt mit ihren Häusern aus hellem, freundlichem Naturstein breitet sich stufenförmig am Hang aus, eingebettet in endlos scheinende Olivenhaine, die bis an die dicht bewaldeten Hänge des auf 1428 m ansteigenden Monte Serano heranreichen. Die silbern leuchtenden Ölbäume steigern nicht nur die malerische Wirkung des Ortsbildes, sondern leisten auch einen beachtlichen Beitrag zur Wirtschaft des Städtchens, das für sein gutes Olivenöl bekannt ist. **Stadt der Olivenbäume**

Die römische Siedlung namens Trebiae lag vermutlich sowohl an der Via Flaminia, die unten im Tal vorbeiführte, als auch oben auf dem Hügel, wo sich in den unsicheren Zeiten des frühen Mittelalters das Städtchen herausbildete. Während der Herrschaft der Lan-

> **!** *Baedeker* TIPP
>
> **Olivenbäume zur Adoption**
> Für nur wenige Euro kann man bei der Cooperativa di Trevi einen eigenen Olivenbaum in Trevi adoptieren. Man erhält eine Flasche Olio extra vergine di oliva kostenlos und bekommt auf alle künftigen Olivenöleinkäufe in der Kooperative 10 % Rabatt. Übers Jahr verteilt gibt es verschiedene Veranstaltungen, zu denen die Olivenbaumbesitzer eingeladen werden.
> Cooperativa di Trevi, S.S. Flaminia 141,7, Tel. 07 42 38 60 00 www.olioumbra.com

▶ TREVI ERLEBEN

AUSKUNFT

Pro Logo
Piazza Mazzini
Tel./Fax 07 42 78 11 50
www.protrevi.com
Falls geschlossen, kann man außen
am Computer die wichtigsten Informationen abfragen.

VERANSTALTUNGEN

Corsa dei Carri am ersten Sonntag im
Oktober: schwungvolles Volksfest, bei
dem Handkarren durch die Straßen
geschoben werden. Am 27. Januar
wird der *Stadtpatron St. Emilianus*
gefeiert. In Trevi gibt es schwarzen
Sellerie und am 3. Sonntag im
Oktober findet das *Schwarzselleriefest*
statt.

PARKEN

Von der SS 3 kommend folgt man der
ausgeschilderten Straße um Trevi
herum und kommt zu der weiten
Piazza Garibaldi; hier gibt es einen
Parkplatz und von hier aus sind es nur
wenige Meter durch die Via Roma bis
zur zentralen Piazza Mazzini.

ESSEN

► Erschwinglich

Osteria La Vecchia Posta 14
Piazza Mazzini
Tel. 07 42 38 16 90
Gemütliche Osteria mit freundlicher
Bewirtung und guter Küche. Im
Sommer sitzt man wunderbar auf der
schönen Außenterrasse, und den
Blick auf die Piazza bekommt man
gratis. Es werden auch ein paar
Zimmer vermietet.

ÜBERNACHTEN

► Komfortabel

Della Torre
S.S. Flaminia km 147
Tel. 07 42 39 71
Fax 07 42 39 12 00
www.folignohotel.com
Für umbrische Verhältnisse bereits
eine große Hotelanlage, die vor allem
sportlichen Bedürfnissen gerecht
wird. Es gibt unter anderem ein
Schwimmbad, ein Kinderschwimm-
becken und Tennisplätze. Das hauseigene Restaurant hat einen hervorragenden Ruf.

gobarden in Mittelitalien gehörte Trevi zum Herzogtum Spoleto. Die
mächtigen Trinci aus Foligno regierten Trevi im 14. Jh., bevor das
Städtchen im Kirchenstaat aufging.

Sehenswertes in Trevi

Casa Petrucci, Palazzo Comunale
Bevor man zur zentralen Piazza Mazzini kommt, sieht man an der
Einmündung der Via Zappelli rechts die Casa Petrucci mit ihren
schönen Sgraffito-Malereien an der Fassade (1508). Dargestellt ist die
griechische Jagdgöttin **Diana** mit Aktaion, der sie beim Bade überrascht und zur Strafe von ihr in einen Hirsch verwandelt wird. An
der Piazza Mazzini gefällt der Palazzo Comunale, der auf das 14. Jh.
zurückgeht. Hinter den Arkaden im Erdgeschoss liegt eine offene
Halle, rechts ragt die Torre civica aus dem 13. Jh. auf.

Das sehenswerte Städtische Museum ist in der 1288 errichteten Franziskanerkirche und im angrenzenden Franziskanerkonvent untergebracht. Es dokumentiert auf drei Etagen die **Stadtgeschichte** von Trevi; außerdem besitzt das Museum eine interessante **Kunstsammlung**. Spitzenstück der Gemälde-Kollektion ist die großformatige »Marienkrönung«, die der Renaissancemaler Lo Spagna 1522 fertigstellte. Im Rahmen des Museumsrundgangs kann auch die schlichte, einschiffige Kirche besichtigt werden.

San Francesco, Museo Civico, Olivenöl-Museum

Außerdem ist das Franziskanerkloster auch Sitz eines Museums, das sehr anschaulich die Geschichte, den Anbau und die Herstellung von Olivenöl dokumentiert (geöffnet: Okt. – März Fr. – So. 10.30 bis 13.00, 14.30 – 17.00, April/Mai und Sept. Di. – So. 10.30 – 13.00, 14.30 – 18.00, Juni und Juli Di. – So. bis 19.00, Aug. tgl. 10.30 – 13.00 und 15.00 – 19.30 Uhr).

Dem heiligen Aemilianus, der 302 unter Diokletian den Märtyrertod starb, ist der Dom von Trevi geweiht. Ein erster kleinerer Bau wurde im 12. Jh. über einem der Diana Trivia gewidmeten Tempel errichtet. Romanische Bauteile dieses ursprünglichen Baus finden sich noch an der rechten äußeren Langhauswand. Es handelt sich um drei Apsiden, die Lisenen und Bogenfriese aufweisen.

Dom Sant' Emiliano

Die dreischiffige Kirche wurde 1475 erweitert, 1775 noch einmal umgebaut und schließlich 1893 vom römischen Architekten Luca Carimini regotisiert. Aus der ersten Umgestaltungsphase stammt das sehenswerte Hauptportal mit einem Relief, das den **hl. Aemilianus zwischen zwei Löwen** zeigt. In einem römischen Cippus ruhen die Gebeine des Heiligen – zusammen mit zwei eisernen sogenannten »Skorpionen«, Foltergeräten, die man zum Zerfetzen des Fleisches verwendete. Von der barocken, polychrom gefassten Holzstatue von Emiliano nimmt man an, dass sie das Werk eines deutschen Holzschnitzers ist.

Trevi hat nicht nur alte Kunst zu bieten, sondern auch aktuelle. In den ehrwürdigen Räumen des Palazzo Lucarini finden Wechselausstellungen zur **modernen Kunst** statt. Nicht nur, aber auch in Anbetracht der Tatsache, dass es in Italien kaum eine Handvoll Museen mit zeitgenössischer italienischer Kunst gibt, ist dieses Museum geradezu ein Glücksfall (geöffnet Di. – Fr. 16.00–19.00 Uhr).

Palazzo Lucarini Contemporana

Vom Ausgangspunkt der Stadtbesichtigung, der Piazza Garibaldi, lohnt ein kurzer Spaziergang auf der Alleenstraße Via Ciuffelli zum Franziskanerkonvent San Martino – nicht so sehr wegen des Klosters, sondern vor allem wegen der Landschaft und des herrlichen Blicks auf Trevi, den man von hier genießt.

San Martino Blick auf Trevi

Das Hauptportal der Kirche aus dem 14. Jh. schmückt ein sehenswertes Lünettenfresko von Tiberio d'Assisi (»Madonna mit Kind und zwei Engeln«, 1511). Im Innern malte derselbe Künstler die »Mantelspende des hl. Martin« links vor dem Presbyterium.

Umgebung von Trevi

An der Verbindungsstraße zur SS 3 unterhalb der Stadt liegt die Renaissancekirche, die 1475 nach Plänen von Antonio Marchisi entstand (Innenbesichtigung auf Anfrage beim Konvent von San Martino). Mit der »Anbetung der Könige« (am zweiten Altar rechts) besitzt sie ein sehenswertes Spätwerk von Perugino (► Berühmte
Persönlichkeiten). Eine Kapelle des
linken Querhauses freskierte Giovanni di Pietro, bekannt als Lo
Spagna.

Madonna delle Lacrime

Oberhalb der SS 3 nach Spoleto
liegt **Pissignano**, ein noch ganz
mittelalterlich anmutender Borgo
mit kleinen Steinhäusern. Schutz
bot ihnen einst die aus hellem
Stein errichtete Burg aus dem 11./12. Jh., deren Reste vom Hügel
San Benedetto, einem Ausläufer des Monte Santo, auf die Valle Umbra herabblickt. Die Burganlage ist nur von außen zu besichtigen.

! Baedeker TIPP

Für Flohmarktfreunde

Am 1. Sonntag im Monat findet in den Straßen
von Pissignano einer der größten Flohmärkte
Umbriens statt.

4 km südlich von Trevi steht etwas versteckt westlich der SS 3 der
Tempietto del Clitunno. Dabei handelt es sich nicht um einen Tem-
pel, vielmehr ist der Tempietto eine **christliche Kirche**. Die genaue
Entstehungszeit beschäftigt die Forschung bis heute; nach neuesten
Erkenntnissen wird der Tempietto in die Zeit der Langobarden oder
Karolinger (6.–8. Jh.) datiert. Sicher ist, dass beim Bau Teile eines
heidnischen Tempels verwendet wurden, insbesondere die Gebälkstücke und Säulen an der Giebelfront. Man erkennt dies beim Näher-
treten besonders gut am Schaft der rechten Säule, wo die einzelnen
Trommeln nicht genau aufeinander passen. Auch das enge Nebeneinander von Säulen und Eckpilastern entspricht nicht antiken Baugewohnheiten, sondern verweist auf eine mittelalterliche Konstruktion.
Ursprünglich schlossen auch die beiden schmalen seitlichen Flügel,
zu denen die verbliebenen Treppen hinaufführen, mit einem Portikus. Diese kamen allerdings durch Menschenhand oder durch Na-
turgewalt zum Einsturz; ein Priester verkaufte 1730 die Marmorteile.
Der **Außenbau** wird von der Tempelfront mit vier Säulen und zwei
Eckpilastern dominiert. Die Säulenschäfte sind geschuppt bzw. mit
spiralförmigen Kanneluren überzogen. Unter dem Giebelfeld, dessen
Reliefschmuck stilistisch den Portalrahmungen von San Salvatore in
► Spoleto ähnelt, verweist eine Inschrift auf Christus den Erlöser
(Salvator), dem die Kirche wohl geweiht war. Das **Innere** besteht aus
einer kleinen, überwölbten Cella, die in eine halbrunde Apsis mün-
det. Die dortigen Wandmalereien werden ins 8. Jh. datiert (geöffnet
Di. – So. April – Okt. 9.00 – 19.00, Nov. – März 9.00 – 14.00 Uhr).

Tempietto del Clitunno

*← Kein römischer Tempel, sondern christliche Kirche: der Tempietto del
Clitunno*

Etwa 2 km hinter dem Tempietto an der SS 3 kündigt ein großange-
legter Parkplatz die Fonti del Clitunno, die Clitumnusquellen, an.
Bei den Karstquellen, die hier aus der Erde sprudeln, befand sich in
der Antike eine geheiligte Stätte, und in der Nähe stand wohl auch
ein Tempel, dessen Steine für den frühmittelalterlichen Clitumnus-
tempel benutzt wurden.

Beim Austritt der Quellen bildete sich ein kleiner, von grünen Insel-
chen übersäter See, der auch von **unterirdischen Quellen** gespeist
wird und bis zu 16 m tief ist. Das Flüsschen Clitunno, das aus dem
See ausfließt, vereinigt sich nach etwa 30 km mit dem Topino, einem
Zufluss des Tibers. Um den See stehen schlanke Zypressen, Pappeln
und Platanen, die sich in dem glasklaren, grünschimmernden Wasser
spiegeln. Inspiriert von der zauberhaften und geheimnisvollen Aus-
strahlung dieses Ortes ließen sich schon die **antiken Schriftsteller**
Vergil, Properz und Plinius der Jüngere zu glühender Begeisterung
und poetischen Beschreibungen der Quelle hinreißen. Später, im 18.
und 19. Jh., gehörte die Clitumnusquelle zu den obligaten **Stationen
einer italienischen Bildungsreise**, von zahllosen Künstlern in roman-
tischen Farben beschrieben, gemalt oder gezeichnet; u. a. zollte der
englische Dichter und Gentleman Lord Byron ihnen seine Bewunde-
rung. Giosuè Carducci, in der zweiten Hälfte des 19. Jh.s Italiens be-

Schon in der Antike war man von den geheimnisvollen Fonti di Clitunno begeistert.

deutendster Lyriker, machte sie zum Gegenstand seiner bekanntesten Oden. Wer vor der Realität nicht völlig die Augen verschloss, musste allerdings schon damals Einschränkungen machen, was das außergewöhnliche Flair des Ortes betraf. So schrieb Johann Gottfried Seume etwas indigniert, dass »die Quellen jetzt von den Eseltreibern und den Waschweibern gewissenlos entweiht werden«. Was Herrn Seume die Eseltreiber und Waschweiber, ist heute der dicht an der Quelle vorbeirauschende Verkehr der Autostrada SS 3 und der rege Besucherandrang an schönen Wochenenden; wer es einrichten kann, sollte den anmutigen Quellteich

WUSSTEN SIE SCHON …?

■ … dass in Bovara, einem kleinen Ort südlich von Trevi, der älteste Olivenbaum Umbriens, wenn nicht Italiens steht? Er trägt mehr als 1700 Jahre auf seinen Wurzeln!

während der Woche besuchen (geöffnet: 1.4. – 15.6. 9.00 – 13.00, ⊙ 14.00 – 19.00, 16.6. – 15.9. 9.00 – 20.00, 16.9. – 31.10. 9.00 – 12.30, 14.00 – 17.00, 1.11. – 31.3. 9.30 – 16.30 Uhr).

Campello sul Clitunno

Dort, wo die Straße nach Campello sul Clitunno von der SS 3 abzweigt, steht an einer Seitenstraße die **Cappellina di San Sebastiano**. Der in seiner Schlichtheit überaus anmutige Bau enthält ein Fresko Lo Spagnas, das die Madonna mit dem Kind zwischen den Hll. Sebastian und Rochus zeigt (die Kapelle ist normalerweise geschlossen; für eine Besichtigung kann man sich an die Touristeninformation Pro Campello, Piazza Ranieri, in Campello sul Clitunno wenden).
Auf der anderen Seite der SS 3 geht es nach wenigen hundert Metern nach Campello sul Clitunno hinauf, einer Gemeinde, die aus einer Reihe kleiner und kleinster Dörfer besteht. Das Zentrum von Campello sul Clitunno ist die **Piazza Garibaldi** mit dem schlichten Rathaus aus dem 19. Jh. und der Kirche La Madonna della Bianca aus dem 16. Jahrhundert. Die Sakristei schmücken Fresken aus der Schule Lo Spagnas. Am 17. Januar, dem Festtag des hl. Antonius Abbas, bringen die Leute aus Campello sul Clitunno ihre Haus- und Nutztiere vor die Kirche, um deren Schutz zu erbitten. Dabei trägt man die **frasca**, einen mit Bändern und bunten Stoffen, Früchten und Süßigkeiten behängten Stab.

Campello Alto, Castello

Eine aussichtsreiche Straße verbindet die untere Siedlung von Campello mit dem 516 m hoch gelegenen Campello Alto. Von der Burg aus dem 10. Jh. blieben ein paar Wachtürme und ein Teil des Schutzwalls erhalten. Im Burghof steht die Kirche San Donato mit einer Orgel aus dem 18. Jh., die vollständig intakt ist und gespielt wird.

Pettino, Monte Serano

Die kurvenreiche, von herrlichen Ausblicken auf die Valle Umbra begleitete Strecke klettert zu den Dörfern unterhalb des Monte-Serano-Gipfels hoch. C. Pian di Fienile liegt bereits 1041 m hoch, Pettino, das sich als Ausgangspunkt für Wanderungen auf den Monte Serano eignet, auf 1122 m Höhe.

Umbertide

C/D 6

Provinz: Perugia
Einwohnerzahl: 15 200

Höhe: 247 m ü.d.M.

Zu Unrecht wird das ruhige Umbertide ca. 30 km nördlich von Perugia links liegen gelassen. Hektik kennt man nicht in den bezaubernden Gassen und genau darin liegt das eigenwillige Flair dieser alten Stadt. Die Gründung wird um das Jahr 1000 datiert. Der mittelalterliche Ortsname Fratta wich 1863 dem heutigen Umbertide.

Sehenswertes in Umbertide

La Rocca
Die Rocca wurde 1385 von Angelo di Cecco errichtet. Bis heute haben sich die runden Mauertürme und der Turm mit quadratischem Grundriss erhalten. 1393 wurde hier der junge Fortebraccio da Montone (►Berühmte Persönlichkeiten) gefangen gehalten, nachdem er versucht hatte, dem Feldherrn Tuzio aus Perugia die Herrschaft über den Ort streitig zu machen. Zwanzig Jahre später rächte sich Fortebraccio, indem er Umbertide verwüstete und seiner Familie unterstellte. La Rocca ist heute Sitz eines **Ausstellungszentrums für zeitgenössische Kunst** (geöffnet: Di. bis So. im Sommer 10.30 – 12.30, 16.30 – 19.30, im Winter 10.30 bis 12.30, 16.00 – 19.00 Uhr).

! **Baedeker TIPP**

Hüte, Hüte, Hüte

Capelleria e non solo an der Piazza Matteotti ist eines jener Geschäfte, die auf die Raritätenliste gehören: Schals, Strümpfe, Unterwäsche, Taschen, Knöpfe und jede Menge Hüte. Stefania Bianchini führt alles Mögliche, am liebsten verkauft sie aber Hüte, ob den klassischen Borsalino, Panamahüte oder modische Baseballmützen – hier findet jeder die passende Kopfbedeckung.

Das zweite auffällige Gebäude im Stadtbild ist die oktagonale Kirche **Santa Maria della Reggia** an der Piazza Mazzini aus dem 16. Jahrhundert. Das heutige Erscheinungsbild des überkuppelten Zentralbaus ist durch eine barocke Umgestaltung geprägt.

Santa Croce
In der Kirche Santa Croce wurde ein Museum eingerichtet, in dem u. a. eine großformatige »Kreuzabnahme« von Luca Signorelli von 1516 zu sehen ist. Neben Santa Croce erhebt sich die Kirche San Francesco aus dem 14. Jh., die eine schöne »Madonna mit vier Heiligen« (1577) von Nicolò Pomarancio birgt.

Umgebung von Umbertide

Campo Reggiano
10 km östlich von Umbertide kommt man über eine landschaftlich schöne Strecke (SS 219) nach Campo Reggiano, wo es eine **romanische Abtei** zu besichtigen gibt. Das 1067 gestiftete Kloster besitzt ei-

ne dreischiffige Kirche, deren Langhausarkaden auf quadratischen Pfeilern ruhen. Bei den Säulen in der Krypta verwendeten die Baumeister antike Spolien.

Etwa 5 km südlich von Umbertide, auf der anderen Tiberseite, gründete der hl. Romuald um das Jahr 1000 ein Abtei, die wegen der romanischen Klosterkirche aus dem 12. Jh. einen Besuch lohnt. Unter der Kirche befindet sich eine **fünfschiffige Krypta**. In die Säulen, auf denen das Gewölbe der Krypta ruht, wurden ebenfalls antike Bauteile – wie beispielsweise die Kapitelle – eingearbeitet.

★
San Salvatore di Monte Corona

Die höchste Erhebung in der näheren Umgebung von Umbertide ist der 926 m hohe Monte Acuto. Der Aufstieg beginnt in Montacuto am Nordhang (knapp 4 km südlich von Romeggio an der Straße nach Castel Rigone). Vom Gipfel bietet sich ein herrlicher Panoramablick über das obere Tibertal.

Monte Acuto

UMBERTIDE ERLEBEN

AUSKUNFT
IAT
Piazza Caduti del Lavoro
Tel. 075 941 70 99
www.comune.umbertide.it

VERANSTALTUNGEN
Schenkung der Santa Spina: Eine Woche dauert die Veranstaltung in Montone, die an die Taten des berühmten Sohnes von Montone, Braccio Fortebraccio, erinnert. Das Fest endet mit einem historischen Umzug und der Schenkung der Domreliquie (Mitte August).
Fratta dell'Ottocento: Mit großem Aufwand wird das Leben in der zweiten Hälfte des 19. Jh. in Fratta (jetzt Umbertide) nachgestellt. Die Bewohner schlendern fein gekleidet durch die engen Gassen (Mitte September).

ESSEN
► **Erschwinglich**
Ristorante Gritti
Loc. Molino Vitelli
Tel. 075 941 07 98

Einfach, aber geschmackvoll eingerichtetes Restaurant ca. 6 km außerhalb von Umbertide in Richtung Liscano Nicone. Das zarte Fleisch stammt aus der hauseigenen Chianina-Aufzucht. Reservierung empfohlen.

ÜBERNACHTEN
► **Komfortabel**
Locanda del Capitano
Montone, Via Roma 5/7
Tel. 075 930 65 21
Fax 075 930 64 55
www.ilcapitano.com
Das Haus – angeblich einst im Besitz des berühmt-berüchtigten Condottieres Braccio Fortebraccio – liegt mitten im alten Ortskern von Montone. Das alte Gemäuer wurde schön restauriert, die 8 Zimmer sind hübsch eingerichtet.

San Salvatore di Monte Corona mit antiken Bauteilen

Montone ★ 8 km nördlich von Umbertide kommt man in das Städtchen Montone, ein verschlafenes und märchenhaftes Dorf, das mit einer mächtigen Festungsanlage (11. Jh.) auf einem Hügel thront. Wunderbar erhalten ist der Mauerring der Adelsfamilie Braccio, deren berühmter Spross Andrea Braccio, genannt **Braccio Fortebraccio** (▶ Berühmte Persönlichkeiten) hier geboren wurde. In der Kirche San Francesco aus dem 14. Jh. ließ Carlo Fortebraccio anlässlich der Geburt seines Sohnes den steinernen Altar errichten; an den Wänden erkennt man noch die Reste von Fresken aus dem 14. und 15. Jahrhundert. In den Konventsgebäuden hat das Museo Comunale seinen Sitz (geöffnet: April – Sept. Fr., Sa., So. 10.30 – 13.00, 15.30 – 18.00, Okt. – März Sa., So. 10.30 – 13.00, 15.00 bis 17.30 Uhr).

Rocca d'Aries 6 km östlich von Montone liegt inmitten schönster Natur im Carpinatal die alte Festung Rocca d'Aries, die der Familie Fortebraccio gehörte und heute für **Ausstellungen und Konzerte** benutzt wird. Ein hübscher kleiner Weg führt von hier hinauf zu einer Einsiedelei (16. Jh.) und dem malerischen Dörfchen San Giuliana.

Etwa 18 km nördlich von Campo Reggiano (Abzweigung nach etwa 5 km links) liegt das Städtchen Pietralunga auf einen Höhenzug. Im Zentrum steht die Kirche Santa Maria aus dem 12. Jahrhundert.

Pietralunga

In Romeggio auf der gegenüberliegenden Flussseite von Umbertide sind noch die Reste einer Bastion und der zinnenbekränzte Turm eines Castello erhalten.

Romeggio

✶✶ Valnerina

F/G 9/10

Eine Landschaft wie aus dem Bilderbuch: Burgruinen stehen auf schroffen Felsen, alte, trutzige Dörfer ziehen sich über Hügelkuppen und unten im Tal plätschert die Nera zwischen Pappeln, Weiden und saftigen Wiesen dahin. Wie geschaffen scheint das fruchtbare, wasserreiche Tal für abgelegene Kirchen und Klöster, in denen einst Mönche die Ruhe suchten. Heute fühlt man sich hier in eine andere Zeit versetzt.

Die Nera ist neben dem Tiber der zweite große Fluss in Umbrien, er entspringt im Südosten der Region, in den Sibillinischen Bergen, und mündet südlich von Narni in den Tiber. Valnerina nennt man das Tal der oberen Nera von ihrer Quelle bis zu den Cascate delle Marmore bei Terni. Das etwa 50 km lange Tal wird von hohen Bergrücken umschlossen. An den Hängen wachsen dichte Steineichenwälder, in denen die besten **Trüffeln** der Region gedeihen. Als Valnerina wird aber nicht nur das eigentliche Flusstal bezeichnet, sondern die gesamte Region von der Nera bis zur Ostgrenze Umbriens.

Geheimtipp im Südosten Umbriens

Im Mittelalter lag die Valnerina lange Zeit im Einflussbereich des Herzogtums von Spoleto, aufgrund ihrer leichten Kontrollierbarkeit

! Baedeker TIPP

Mit dem Maultier durch die Valnerina

»La Mulattiera« organisiert Touren mit Maultieren und Eseln durch die Valnerina: Halbtagestouren und Touren über 1 – 3 Tage. Ideal auch für Familien mit Kindern. La Mulattiera, 06046 Norcia, Tel./Fax 07 43 82 00 51, mobil 33 94 51 31 89, www.lamulattiera.it

war sie strategisch bedeutsam. Außerdem durchquerten wichtige Handelswege das Tal. Heute liegt die Valnerina wirtschaftlich und politisch eher im Abseits und gehört zu den **strukturschwächsten Gebieten** Umbriens. Junge Leute verlassen die alten Dörfer und ziehen in die Städte, vorwiegend nach Terni, wo die Industrie bis vor einigen Jahren noch Arbeitsplätze bot.

Bis heute sind ►Norcia und ►Cascia wichtige Bezugspunkte für eine Reihe von kleinen Bergdörfern in der näheren Umgebung dieser Städtchen. Nachdem die Menschen entdeckt hatten, dass die »Piani«,

wie die Hochebenen bei Norcia und Cascia genannt werden, gute Bedingungen für Jagd und Viehwirtschaft boten, ließen sie sich hier
oben nieder und gründeten Dörfer. Auch wenn heute anstelle der alten Hirtenwege Straßen verlaufen, die die kleinen Siedlungen untereinander bzw. mit dem Verwaltungszentrum Cascia verbinden, so
blieb die karge Berglandschaft doch recht ursprünglich. Die **höchsten
Berge der Valnerina** liegen an der Grenze zu Latium und den Marken noch östlich von ▶Norcia. Viel Natur, aber auch so manche kleine Sehenswürdigkeit kann man hier entdecken: Beispielsweise hat
sich hier und da versteckt eine **»Pieve«** erhalten, eine der alten romanischen Landkirchen, die an die Hirtenwege gebaut wurden und
das religiöse Zentrum für mehrere kleine Dörfer in der Umgebung
waren. Und auch Einsiedeleien und Klöster sind in der Valnerina
noch zu entdecken.

Die Valnerina mit ihrer Waldeseinsamkeit und den versteckten
Kunstschätzen gehört zu den Geheimtipps des Umbrien-Tourismus
– wer weiß, wie lange noch. Die beste Jahreszeit für diese idyllische
Ecke ist das Frühjahr, wenn die Wälder sich grün färben und der
blühende Mohn die Wiesen in ein rotes Blumenmeer verwandelt.

Fahrt durch die Valnerina

Wenn man von Terni aus auf der SS 209 in die Valnerina fährt, ist **Arrone**
das erste Städtchen Arrone, wo im Mittelalter die Handelswege der
Valnerina und die Straße nach Rieti zusammentrafen. Der alte Orts-
kern sitzt oben auf einem steil ansteigenden Hügel über dem Tal,
umgeben von einem mächtigen Mauerring. Seinen Namen erhielt
Arrone von seinen einstigen Feudalherren, den Arroni, die sich im
Laufe des 11. und 12. Jh.s immer wieder erbitterte Kämpfe mit den
Äbten von San Pietro in Valle lieferten. Im 13. Jh. verlor Arrone seine
Unabhängigkeit und musste sich unter den Schutz von Spoleto bege-
ben. Jedes Jahr am ersten Julisonntag veranstaltet die Gemeinde eine
Kanufahrt auf der Nera, mit der man auf die ökologischen Probleme
des Nera-Tals aufmerksam machen will.

Die Piazza Garibaldi ist das kleine Zentrum der unteren Stadt, die
sich zu Füßen des alten Bergortes ansiedelte. In der Kirche Santa Maria gefällt die Apsisausmalung mit einer »Marienkrönung« von 1516,
die lokale Künstler den Fresken von Filippo Lippi im Dom von Spoleto nachempfunden haben. Beachtenswert ist des Weiteren in der
linken Apsis die Madonnenplastik aus Terrakotta (16. Jh.). Auch die
Fresken in der kleinen Chiesa San Giovanni in der Oberstadt lassen
den Einfluss der spoletinischen Kunst erkennen.

Die Nera trennt Arrone von Montefranco, das unterhalb einer Burg **Montefranco**
auf dem steilen Felssporn heranwuchs. Die Gründung geht auf das
Jahr 1288 zurück, als sich Leibeigene von Arrone gegen ihre Herren

← *Typisch für die Valnerina: kleine mittelalterliche Dörfer wie Preci*

▶ VALNERINA ERLEBEN

AUSKUNFT

IAT Cascia
Piazza Garibaldi 1
Tel. 07 43 711 47/714 01
Fax 07 43 766 30
www.valnerina.umbria2000.it

CEDRAV
Centro per la Documentazione e la
Ricerca Antropologica in Valnerina
Tel. 07 43 92 21 29, www.cedrav.org
Ausführliche Informationen über die
Valnerina

VERANSTALTUNGEN

Von Januar bis Dezember finden in
den Dörfern in der Valnerina viele
kleine Veranstaltungen und Feste
statt, vor Ort erkundigen!

ESSEN

▶ Erschwinglich

Trattoria del Ponte
Scheggino, Via di Borgo 11
Tel. 07 43 6 11 31, Mo. Ruhetag
Das Restaurant mit einer eigenen
Forellenzucht liegt idyllisch am Fluss.
Im Angebot sind u. a. frische Forellen
oder köstliche Flusskrebse. Zum Res-
taurant gehört auch ein kleines,
angenehmes Hotel.

Übernachten im Klosterhotel:
Convento di Santa Croce

▶ Preiswert

Colle del Capitano
Monteleone di Spoleto
Tel./Fax 07 43 702 77
www.agriturismomonteleone
dispoleto.it
Etwas ganz Besonderes: Auf dem
geschichtsträchtigen Bauernhof Colle
del Capitano kann man sozusagen im
Wohnzimmer essen »wie bei Mut-
tern«. Die Gerichte werden frisch
zubereitet, fast nur mit Produkten
vom Hof. Man muss sich vorher
anmelden: ein oder am besten zwei
Tage im Voraus. Auch ein paar einfache Zimmer werden im Haus vermietet.

ÜBERNACHTEN

▶ Komfortabel

Abbazia San Pietro in Valle
Via Case Sparse 4
Ferentillo – Loc. San Pietro in Valle
Tel. 07 44 78 01 29, Fax 07 44 38 01 21
www.sanpietroinvalle.com
Die restaurierte Abtei ist als Hotel-
betrieb von Ostern bis November ein
idealer Urlaubsort. Einige Zimmer
haben einen offenen Kamin und eine
faszinierende Aussicht. Das dazu-
gehörige Restaurant Il Cantico
(Tel. 07 44 78 00 05) ist unter
Feinschmeckern weithin bekannt
(Kategorie: Erschwinglich).

Convento di Santa Croce
Sant'Anatolia di Narco
Piazza del Convento
Tel. 07 43 61 83 05, Fax 07 43 61 92 88
www.conventodisantacroce.com
Angenehmes Übernachten in einem
zum Hotel umgebauten früheren
Kloster in dem Dorf Sant'Anatolia di
Narco. Sehr gut ist auch das ange-
schlossene Restaurant (Kategorie:
Erschwinglich).

auflehnten und schutzsuchend an das mächtige Spoleto wandten, das ihnen Land auf dem Bufone-Hügel zur Verfügung stellte. Da ihnen ihr neuer Wohnsitz die Freiheit brachte, nannten sie ihn »Montefranco« (Freier Berg). Unten im Ort steht an der Straße die Kirche San Bernardino aus dem 9. Jahrhundert.

Polino

Eine schmale, kurvenreiche Straße führt von Arrone in das Bergdorf Polino, das sich 12 km östlich in den Monti Reatini versteckt. Der Ausflug ist weniger wegen des Ortes von Interesse als wegen der faszinierenden Bergwelt, die ihn umgibt. Zum Greifen nahe sind die Gipfel Monte la Pelosa (1635 m), Torrinara (1306 m), Petano (1262 m) und Colle della Croce (1239 m). Seit ein paar Jahren profitieren die Bewohner u. a. vom **Skitourismus**, der sich allmählich etabliert. Der Ort war einst mit einem doppelten Mauerring und einem Castello mit zwei Türmen befestigt. Vom Hauptplatz, der Piazza Marconi, sieht man einen wuchtigen, polygonalen Turm, daneben ragt das alte Stadttor mit dem Gemeindewappen auf: eine von zwei Drachen gestützte Burg, über der eine Krone schwebt.

✱
Ferentillo

Bei Ferentillo verengt sich das Nera-Tal zu einer Schlucht. Zur Überwachung dieses Nadelöhrs wurde auf beiden Seiten der felsigen Talwände im 13. Jh. jeweils eine Burg errichtet, von denen heute noch **pittoreske Ruinen** in den Himmel ragen. Zu ihren Füßen entstanden im Mittelalter die beiden Ortsteile Matterella und Precetto. Sehenswert im unteren, jüngeren Teil von Matterella ist die gotische Pfarrkirche Santa Maria, die mit einigen qualitätvollen Altarblättern aus dem 16. Jh. aufwartet. Auf der anderen Seite der Nera ziehen sich die Häuser von Precetto den Hang hinauf.
Eine schaurige Attraktion kann man in der Kirche Santo Stefano in Precetto besichtigen: In den düsteren Gewölben der Krypta wurde ein **Mumienmuseum** eingerichtet. Die Verstorbenen haben sich ohne Einbalsamierung allein durch einen Mikropilz, der Mikroorganismen abtötet, die normalerweise die Verwesung bewirken, so gut erhalten, dass man selbst Kleiderreste, Barthaare, Spuren von Krankheiten und andere, zum Teil grausame Details noch erkennen kann. Alter, sozialer Stand und Herkunft der Verstorbenen sind höchst unterschiedlich: Französische Soldaten, die es in den Napoleonischen Kriegen hierher verschlug, Kinder, Leprakranke, und sogar ein chinesisches Pärchen, das vermutlich auf der Hochzeitsreise an Cholera erkrankte und in Ferentillo starb (geöffnet: April – Ende Sept. tgl. 9.00 – 12.30, 14.30 – 19.30, Okt. und März tgl. 9.30 – 12.30, 14.30 bis 18.00, Nov. – Ende Febr. tgl. 10.00 – 12.30, 14.00 Uhr).

🕐

✱ ✱
San Pietro in Valle

Vor einer eindrucksvollen Bergkulisse liegt in einem stillen Taleinschnitt, umrahmt von Olivenhainen und Zypressen, die alte Abtei San Pietro in Valle. Berühmt ist sie wegen der Ausstattung und des Freskenzyklus in der Kirche, doch auch die zauberhafte Umgebung und der herrliche Ausblick machen den Besuch der Abtei zu einem

IM SIEBTEN TRÜFFEL-HIMMEL

»Al Tartufo« ist das Zauberwort der umbrischen Köche, die fast jede Speise mit ihrer Delikatesse verfeinern können – egal, ob Omelette, Spaghetti oder Lamm. Köstlich schmeckt auch »Trota farcita al Tartufo«, mit Trüffeln gefüllte Forelle – frisch aus den klaren Flüssen der Region, versteht sich.

Man glaubt es kaum, wenn man die hässliche schwarze Knolle sieht: dieser Pilz soll eine **Delikatesse** sein, für die zwischen 500 und 1500 Euro pro Kilogramm bezahlt wird? Sie ist es, auch wenn ihre äußere Erscheinung das nicht erahnen lässt. Trüffeln, so der Plural, der etwas schwer über die Lippen geht, sind eine Spezialität, die man in Europa nur in ein paar Gebieten findet, nämlich in Frankreich im Périgord und in Italien im Piemont, in der Lombardei und in Umbrien. Einen idealen Nährboden für Trüffeln bieten die **Eichenwälder** an den Abhängen des Apennins, genauer gesagt im Gebiet von Gubbio, Nocera Umbra, Spoleto und Norcia sowie in der Valnerina, dem Tal der oberen Nera im Südosten der Region. Obgleich es in der Gegend von Gubbio auch weiße Trüffeln gibt, ist Umbrien bekannt für schwarze Trüf-feln, die je nach Erntezeit in Winter-trüffeln oder Sommertrüffeln unter-teilt werden.

Sammeln verboten

Wer allerdings glaubt, man könne bei einem Waldspaziergang ungestraft das eine oder andere Trüffelknöllchen einsammeln, anstatt es für teures Geld im Delikatessenladen zu kaufen, der irrt: »Raccolta dei Tartufi Riservata!« Schilder wie diese erinnern Wald-wanderer unmissverständlich daran, dass nur Personen mit einem Berech-tigungsschein die kostbare Ware ein-sammeln dürfen. Die Zeiten, in denen man die Pilze, die als Schmarotzer an Wurzeln von Steineichen und Kasta-nien wachsen, mit **Schweinen** suchte, gehören auch der Vergangenheit an. Längst halten sich die Trüffelsucher speziell abgerichtete **Hunde**, die sie zu den Fundplätzen führen. Für diejeni-

gen, die gerne einmal bei der Suche nach den Wurzelparasiten dabei sein möchten, gibt es spezielle Angebote im Rahmen des Agriturismo.

Das Trüffel-Imperium

Die frischen, aus dem Boden gebuddelten Trüffeln halten etwa eine Woche, wenn man sie zwischen Reiskörnern aufbewahrt, danach muss man sie verzehren, einfrieren oder verarbeiten. Alles, was nicht in den heimischen Kochtöpfen landet, wird verarbeitet und/oder exportiert. Das Geschäft mit dem umbrischen »Nationalpilz« wird hauptsächlich von dem Familienunternehmen **Urbani** bestritten. Vom abgelegenen Firmensitz im **Valnerina-Tal**, wo die Trüffeln bekanntermaßen besser gedeihen als anderswo, werden die teuren Früchte in alle Welt verkauft – mit einer Lieferzeit von nur 48 Stunden, wenn es der Kunde wünscht. Den Grundstein für das Trüffel-Imperium legte in den 1930er-Jahren Carlo Urbani; heute sorgen seine Söhne dafür, dass der Marktanteil der Urbani-Produkte ständig wächst. Wenn die Trüffeln in der Fabrik ankommen, werden sie gewogen und gründlich gewaschen – von Hand und mit größter Sorgfalt, jede Knolle einzeln. Ein Teil der Trüffeln wird in Gläsern oder Konserven mit festgesetzten Abwiegemengen abgepackt, der Rest weiterverwertet. Für die Verarbeitung hat sich Urbani **spezielle Maschinen** anfertigen lassen, die ebenso wie die streng gehüteten Verfahren die besondere Qualität der Trüffelderivate aus dem Hause Urbani garantieren. Ein Blick in den Hochglanz-Prospekt des Unternehmens genügt, um festzustellen, dass es fast nichts gibt, was sich nicht mit Trüffeln zu einer Delikatesse hochstilisieren ließe. Die Palette reicht von Trüffelsalsa über Olivenöl, das mit dem Aroma weißer Trüffel dezent verfeinert wurde, Trüffel-Tagliatelle, Trüffel-Butter (Capricce di Tartufo) bis hin zu Weißmehl, mit weißen Trüffeln abgeschmeckt. Wer es gerne süß mag, bekommt bei Urbani die hübschen **Cioccolatini al Tartufo Nero**, Schokoladenkonfekt mit Trüffelbeimischung. Und wer weiß, vielleicht wird es für eingefleischte Trüffelfans eines Tages sogar Zahnpasta mit Trüffelgeschmack geben …

🕐 einzigartigen Erlebnis. Von der SS 209 folgt man entweder dem Restauranthinweis »Il Cantico« oder biegt bei Sambucheto, 5 km hinter Ferentillo, links in die Straße, die zur Abtei hinaufführt; das letzte Stück ist nicht geteert. Normalerweise ist die Kirche tgl. 10.00–17.00 Uhr geöffnet; wer sich vergewissern möchte, sollte sich vorher telefonisch erkundigen (Tel. 07 44 78 03 16).

Die **Anfänge des Klosters** stehen in Zusammenhang mit der Ausweitung des spoletinischen Herzogtums auf das Gebiet der Valnerina. Der Langobardenherzog Faroald II. von Spoleto gründete das Benediktinerkloster im 8. Jh. in der Nähe von zwei Einsiedlergrabstätten; nachdem sein Sohn die Macht ergriffen hatte, zog er sich hierher zurück. Er und einige seiner Nachfolger im Herzogtum Spoleto fanden hier ihre letzte Ruhe. Nachdem die Sarazenen die Abtei verwüstet hatten, entstand zwischen 996 und 1016 die neue Klosteranlage. Die Abtei besaß ausgedehnte Ländereien, die bis ins Latium hineinreichten. Bis ins 19. Jh. lebten Mönche im Kloster von San Pietro; heute befindet sich die Anlage mit Ausnahme der Kirche in Privatbesitz, es wurden ein Hotel und ein Restaurant eingerichtet.

San Pietro in Valle · Fresken

Linke Langhauswand				Rechte Langhauswand		
Vertreibung aus dem Paradies			© Baedeker			Samuel und Daniel
Verweis aus dem Paradies	Isaak segnet Jacob					
Sündenfall	Opferung Isaaks			Verkündigung an die Hirten	Zwei Engel	
Adam benennt die Tiere	Abraham und die drei Engel			Reise der Hl. Drei Könige		
	Noahs Danksagung (?)		Einzug in Jerusalem	Anbetung der Könige		
Erschaffung Evas	Bau der Arche		Abendmahl	Abreise der Könige	Zwei Engel	
Erschaffung Adams	Noahs Sendungsauftrag	Benjamin vor Josef (?)	Fußwaschung	Bethlehemitischer Kindermord		
	Kain tötet Abel			Taufe Christi		
Erschaffung der Welt	Opfer von Kain und Abel		Kreuztragung	Hochzeit zu Kana		

In die Außenmauern des fünfgeschossigen **Campanile** sind langobardische Reliefs der Vorgängerkirche eingemauert. Die über t-förmigem Grundriss errichtete Kirche ist ein schlichter, einschiffiger Bau mit einem flachdeckten Langhaus und einer tonnen- bzw. kreuzrippengewölbten Ostpartie, die mit drei halbrunden Apsiden schließt. Die Langhauswände schmücken die Fragmente eines **romanischen Freskenzyklus** aus der zweiten Hälfte des 12. Jh.s, der zu den **ältesten mittelalterlichen Wandmalereien Italiens** gehört. Den alttestamentarischen Szenen auf der linken Seite, beginnend mit der Schöpfungsgeschichte, sind Episoden aus dem Neuen Testament gegenübergestellt. Das byzantinische Vorbild ist in diesen Fresken zwar noch gegenwärtig, aber gleichzeitig zeigen sich auch schon Ansätze, das starre Schema dieser Malerei zu überwinden. Die Fresken in der Hauptapsis entstanden um 1440/1450, die Madonna mit Heiligen in der linken Apsis 1452. Einflüsse des herausragenden Malers Giotto (►Berühmte Persönlichkeiten) spiegeln sich in den um 1300 gemalten Fresken in der rechten Apsis. Zu den Besonderheiten der Kirche gehören die **Steinmetzarbeiten**, die aus **römischer** oder **langobardischer Zeit** stammen. Schön gearbeitete Reliefdarstellungen entdeckt man auf den römischen Sarkophagen aus dem 3. Jh. n. Chr., die im Langhaus aufgestellt sind. In einem Sarkophag am rechten Apsispfeiler soll Herzog Faroald II. beigesetzt sein. Den Hauptaltar setzte man bei Restaurierungsarbeiten in den 1930er-Jahren aus verschiedenen langobardischen Marmorplatten des 8. Jh.s zusammen, die ursprünglich als Chorschranken dienten und mit Flachreliefs verziert sind. Der Künstler hat sich mit einem Bildnis und der Inschrift »Ursus magester fecit« (Meister Ursus hat dies gemacht) in der linken der beiden Figuren selbst verewigt – angeblich das erste nachantike Selbstbildnis eines Künstlers.

Scheggino besitzt noch seine mittelalterlichen Befestigungsanlagen und Verteidigungsmauern, die 1522 sogar der hartnäckigen Belagerung durch Picozzo Brancaleoni standgehalten hatten. Die im 13. Jh. erbaute, im 16. Jh. stark erneuerte Kirche San Nicolò bewahrt einige Bilder von Giovanni di Pietro, genannt **Lo Spagna**. Trüffel und frischer Fisch aus der Nera stehen in der Trattoria del Ponte (Via di Borgo) auf der Speisekarte.

Scheggino

Sant'Anatolia di Narco ist Trüffelkennern ein Begriff, denn hier sitzt das Familienunternehmen Urbani, das weltweit zu den größten Trüffelanbietern und -verarbeitern gehört. Ausgrabungen haben belegt, dass Sant'Anatolia di Narco etruskische Ursprünge hat. 1198 wurde

 Baedeker TIPP

Rafting auf der Nera

Einmaliges Erlebnis für Erwachsene und Jugendliche: Unter professioneller Anleitung werden von Anfang März bis Ende Oktober Rafting und andere Wassersportarten in der Valnerina angeboten. Pangea Hiking & Rafting, Piazza del Mercato, Scheggino, Tel. 06 873 42 13, mobil: 34 87 71 11 70, www.pangea-italia.com

das Castello von Sant'Anatolia di Narco vollendet, in seinem Schutz entwickelte sich die Siedlung. Im 14. Jh. war sie schon so angewachsen, dass ein zweiter Schutzwall mit Türmen errichtet wurde. In der Pfarrkirche kann man Fresken aus dem 15. Jh. bewundern, die bei einer Restaurierung zum Vorschein kamen. Gleich vor der Porta Castello sind im Oratorium Santa Maria delle Grazie ein Fresko des Meisters von Eggi und Bilder von Pier Matteo Piergili zu besichtigen.

Poggiodomo

Von Sant'Anatolia di Narco lohnt ein Abstecher in das über 900 m gelegene Poggiodomo (22 km östlich), das mit seinen rund 240 Einwohnern die kleinste Gemeinde Umbriens ist. Es gehörte bis ins 11. Jh. zum Herzogtum von Spoleto. In den dichten Wäldern um Poggiodomo gibt es schwarze Trüffeln. Schön ist die Kirche San Pietro mit Fresken aus dem 15. und 16. Jahrhundert.

Etwa 6 km nördlich von Poggiodomo befindet sich das **Wallfahrtsziel Madonna della Stella**, zwanzig in Felshöhlen gegrabene und mit Mauerwerk befestigte Eremitenbehausungen sowie eine Kapelle, die halb aus Fels, halb aus Mauern besteht. Seit dem Beginn des 14. Jh.s war die heilige Stätte bewohnt, früher wurden Prozessionen durch das Nera-Tal hierher gemacht.

Monteleone di Spoleto

Südöstlich von Poggiodomo liegt der hübsche alte Ort Monteleone di Spoleto am linken Ufer des Corno. Die Torre dell'Orologio, der Palazzo Bernabò und die Kirche San Francesco sind die drei Schmuckstücke. Der Uhrturm bildete einst den Eingang zum Kastell, das jetzt nur noch Ruine ist. Unter dem Portikus sind mittelalterliche Maße ausgestellt, die bei Handelsstreitigkeiten herangezogen wurden. Die Kirche zeigt eine Fassade mit einem von zwei Löwen flankierten, gotischen Portal. Eine Besonderheit bergen die Klosterräume: die Kopie einer **Biga**, eines etruskischen Kriegswagens aus dem 6. Jh. v. Chr., der 1902 auf dem Colle del Capitano in der Nähe von Monteleone di Spoleto zufällig gefunden wurde, als der Besitzer des dortigen Bauernhofs einen Weinkeller anlegen wollte und dabei eine etruskische Grabanlage aufgrub. Er verkaufte die Biga als Alteisen für wenig Geld, mit dem er gerade einmal das Dach seines Hauses neu decken konnte. Das Original ist über mehrere Zwischenhändler 1903 in den Besitz des Metropolitan Museum of Art in New York gekommen. Monteleone di Spoleto bemüht sich seit einiger Zeit um die Rückgabe der Biga. Die Biga wurde vermutlich als Grabbeigabe angefertigt – für einen richtigen Kriegswagen ist sie zu klein – und zeigt Szenen aus dem Leben des Achill (Schlüssel für den Ausstellungsraum im Caffè Leone dell' Appennino in der Hauptstraße).

✳

Kopie einer etruskischen Biga ▶

Chiavano / Villa San Silvestro

Östlich von Monteleone di Spoleto und südlich von Cascia erstreckt sich die Hochebene von Chiavano. Hier stieß man auf den **römischen Tempel** San Silvestro, über dem in nachrömischer Zeit eine

San Pietro in Valle, ein romanisches Kleinod, abgelegen in der Landschaft →

kleine Kirche gebaut wurde. Heute sind die Tempelfundamente und damit das Ausmaß der Anlage zu sehen. Im Umkreis des Tempels werden Ausgrabungen vorgenommen, man geht davon aus, dass es neben der Kultstätte ein großes Forum gegeben hat, dass hier also zu römischen Zeiten ein Markt- und Versammlungszentrum existierte.

Castel San Felice

✳

San Felice di Narco ▶

Das mittelalterliche Dorf Castel San Felice liegt unweit nördlich von Sant'Anatolia di Narco. Unbedingt besuchen sollte man die Kirche San **Felice di Narco** etwas außerhalb. Zur Kirche zweigt eine Straße etwa 100 m vor der Brücke, die zum Ort hinaufführt, ab. Sie ist dem aus Syrien stammenden hl. Felix geweiht, der im 6. Jh. hier starb. Über seinem Grab wurde 1190 die romanische Kirche errichtet, die mit einer typisch umbrischen Fassade begrüßt: Über einem Rundbogenportal sitzt eine zierliche Fensterrose, die von den vier Evangelistenfiguren gerahmt wird. Darunter entdeckt man einen Fries mit zwei Szenen aus dem Leben des Heiligen (»Tötung eines Drachen« und »Heilung des Sohns der Witwe«). Das einschiffige Innere steigt zum Chorbereich an, darunter liegt die Krypta mit dem Grab des Titelheiligen. Das Apsisfresko malte der Meister von Eggi (15. Jh.).

✳

Vallo di Nera

In exponierter Lage auf einer Hügelkuppe thront das Dorf Vallo di Nera, das zu den »Borghi più belli d'Italia«, den schönsten Borghi Italiens, gehört. Die enge Bebauung und der Mauerring boten den Bewohnern Schutz. Die beiden Pfarrkirchen sind freskengeschmückt.

Cerreto di Spoleto

Cerreto di Spoleto liegt anmutig auf einem Felskegel zwischen den Flüssen Nera und Vigi; unterhalb des alten Ortes erstreckt sich im Tal das moderne Cerreto. Wegen der strategisch guten Position, die die Kontrolle über einen Teil der Valnerina bedeutete, war es im Mittelalter umkämpft, vor allem Norcia und Spoleto machten sich den Ort streitig. Als wandernde Gewürzhändler und Experten für Naturheilpflanzen verdienten sich die Bewohner von Cerreto, **»I Cerretani«**, jahrhundertelang ihr Brot. Da die verkauften Mittelchen wohl nicht immer die gewünschte Wirkung zeigten, wurden aus den Cerretani irgendwann die **»Ciarlatani«**, was soviel wie Schwätzer, Kurpfuscher bedeutet. Von den Ortsbewohnern Cerretani und ihrem betrügerischen Geschwätz rührt der Begriff »Scharlatane« her.
Eine steile, aussichtsreiche Serpentinenstraße führt hinauf zur zentralen Piazza von Cerreto mit dem Palazzo Comunale, einem schlichten, wappengeschmückten Putzbau. An der Straße nach Ponte del Piano liegt die Landpfarre Santa Maria Delibera, die eine »Thronende Madonna« von Felice Damiani bewahrt. Ein paar Schritte weiter stößt man auf die Klosterkirche San Giacomo mit bemerkenswerten Freskenfragmenten aus dem 14. und 15. Jahrhundert.

Preci

12 km nordöstlich von Triponzo kommt man nach Preci. Zwischen dem 14. und dem 18. Jh. kannte man Preci in ganz Italien wegen der dort zahlreich vertretenen **Ärzte**, die ihr Handwerk so gut beherrsch-

![In der Abbazia di Sant'Eutizio gab es schon im Spätmittelalter eine bedeutende chirurgische Schule.]

In der Abbazia di Sant'Eutizio gab es schon im Spätmittelalter eine bedeutende chirurgische Schule.

ten, dass sie auch an ausländische Herrscherhöfe gerufen wurden. Die Behandlung von Blasensteinen und Augenkrankheiten gehörten zu ihren Spezialgebieten. Sehenswert ist die Kirche Santa Maria mit gotischer Fassade und romanischem Portal.

Valle Castoriana

Hinter Preci beginnt die Valle Castoriana, ein karges Hochtal zwischen der Valnerina und dem Pass Forca d'Ancarano. Diese dünn besiedelte, weite Landschaft ist noch nahezu unberührt und von karger Schönheit. Nur einige wenige Dörfer liegen an der Strecke, u. a. Campi, das von dem gut erhaltenen Campi Vecchio überragt wird.

Abbazia di Sant'Eutizio

Ein kleines Juwel ist die ehemalige Abtei Sant'Eutizio 2 km südöstlich von Preci. Keimzelle des Klosters war die Einsiedelei des Syrers Eutizio, deren Stelle ab dem 9. Jh. ein Benediktinerkloster einnahm. Seine abgeschiedene Lage lässt heute nicht mehr erahnen, dass die reiche Abtei im 11. und 12. Jh. zu den **einflussreichsten Klöstern Mittelitaliens** gehörte. Zwischen 1190 und 1235 entstand die Klosterkirche, der man im 14. Jh. die polygonale Apsis mit Blendbögen anfügte. Der einschiffige Langhaus schließt mit einem erhöhten Chor, unter dem die Krypta liegt. Das Renaissancegrabmal des Eutizio hinter dem Altar stammt vermutlich von Rocco da Vicenza (1514). Unter dem Grab gibt es einen schmalen »Durchgang«, durch den Knochenleidende sich hindurchbewegen konnten und auf Heilung ihrer Leiden hofften. Der Campanile wurde auf einem Felsen neben der Kirche errichtet. Ab ca. 1400 gab es in dem Kloster eine bedeutende **chirurgische Schule**; daran erinnert ein kleines Medizinmuseum, das in einem Teil der Klosterräume eingerichtet wurde.

In der Abbazia di Sant'Eutizio gab es schon im Spätmittelalter eine bedeutende chirurgische Schule.

ten, dass sie auch an ausländische Herrscherhöfe gerufen wurden. Die Behandlung von Blasensteinen und Augenkrankheiten gehörten zu ihren Spezialgebieten. Sehenswert ist die Kirche Santa Maria mit gotischer Fassade und romanischem Portal.

Hinter Preci beginnt die Valle Castoriana, ein karges Hochtal zwischen der Valnerina und dem Pass Forca d'Ancarano. Diese dünn besiedelte, weite Landschaft ist noch nahezu unberührt und von karger Schönheit. Nur einige wenige Dörfer liegen an der Strecke, u. a. Campi, das von dem gut erhaltenen Campi Vecchio überragt wird.

Valle Castoriana

Ein kleines Juwel ist die ehemalige Abtei Sant'Eutizio 2 km südöstlich von Preci. Keimzelle des Klosters war die Einsiedelei des Syrers Eutizio, deren Stelle ab dem 9. Jh. ein Benediktinerkloster einnahm. Seine abgeschiedene Lage lässt heute nicht mehr erahnen, dass die reiche Abtei im 11. und 12. Jh. zu den **einflussreichsten Klöstern Mittelitaliens** gehörte. Zwischen 1190 und 1235 entstand die Klosterkirche, der man im 14. Jh. die polygonale Apsis mit Blendbögen anfügte. Der einschiffige Langhaus schließt mit einem erhöhten Chor, unter dem die Krypta liegt. Das Renaissancegrabmal des Eutizio hinter dem Altar stammt vermutlich von Rocco da Vicenza (1514). Unter dem Grab gibt es einen schmalen »Durchgang«, durch den Knochenleidende sich hindurchbewegen konnten und auf Heilung ihrer Leiden hofften. Der Campanile wurde auf einem Felsen neben der Kirche errichtet. Ab ca. 1400 gab es in dem Kloster eine bedeutende **chirurgische Schule**; daran erinnert ein kleines Medizinmuseum, das in einem Teil der Klosterräume eingerichtet wurde.

★
Abbazia di Sant'Eutizio

REGISTER

VERZEICHNIS DER KARTEN
& GRAFISCHEN DARSTELLUNGEN

BILDNACHWEIS

Archivo fotografico APT dell'Umbria: 4, 6, 11
(unten), 73, 75, 77, 129, 132, 180, 183, 190,
229, 242, 251, 272, 301, 303, 304, 312, 315,
317, 349, 371
Archivo fotografico APT dell'Umbria/Belfiore:
S. 117 (unten), 264
Archivo fotografico APT dell'Umbria/Bellu,
Sandro: S. 12 (oben), 47, 63, 74, 79, 114
(Mitte), 117 (oben), 133, 134, 143 (oben rechts,
oben Mitte, Mitte links), 157, 165, 179, 186,
198, 208, 217 (oben rechts, oben links, unten
links), 220, 269, 271, 288, 298, 311, 322, 330,
333, 353, 360, 364
Archivo fotografico APT dell'Umbria/Ciabochi,
Claudio: S. 11 (oben), 114 (unten), 122 (oben
rechts), 162, 346
Archivo fotografico APT dell'Umbria/
Roncella, M.: S. 173
Archivo fotografico APT dell'Umbria/
Sperandio, B.: S. 151
Archivo fotografico APT dell'Umbria/Tiberi,
Ornelia: S. 169, 172, 226, 231, 234, 236, 277
Archivo fotografico Comune di Terni – IAT/
Scarso, Renato: S. 253, 254, 341
Bilderberg/Blickle, Frieder: S. 7, 64/65, 65, 67,
238
Bilderberg/Ellerbrock, Hans-Joachim: S. 106,
Umschlagklappe hinten
Bilderberg/Horacek, Milan: S. 284
Bilderberg/Madej, Hans: S. 8/9, 40, 111 (oben
links, unten rechts), 209, 216, 265

Burget: S. 10, 29, 35, 45, 53, 93, 111 (oben
rechts, unten rechts), 120 (3 x), 122 (oben links,
unten rechts, unten links), 125 (oben links, oben
rechts, unten links), 159, 167, 188, 193, 201,
204, 259, 368, Umschlaginnenseite vorne
HB Verlag/Wilkin Spitta: S. 1, 12 (unten), 61,
195, 200, 243, 318, 351, 358, 375
laif/Celentano: S. 25, 72, 87, 90, 293, 294
Missler: S. 13, 28, 30, 96, 109, 213, 307 (oben
rechts, oben Mitte, unten Mitte, unten rechts),
308, Umschlag hinten
pa/akg: S. 9, 11 (Mitte), 26, 37, 48, 54, 60, 142
(unten), 143 (oben links)
pa/akg/Rabatti-Domingie: S. 50
pa/akg/Tristan Lafranchis: S. 56
pa/Bildagentur Huber: S. 2, 14, 20, 114 (oben
rechts), 146, 217 (unten rechts), 218, 222, 327
pa/dpa: S. 12 (Mitte), 62, 142 (oben), S. 143
(unten links), 144
pa/dpa/dpaweb: S. 57
pa/maxppp: S. 232
Servizio Turistico Valnerina/Chiappini, Massimo:
S. 5, 17, 19, 22, 81, 99, 100, 108/109, 111
(Mitte rechts), 112, 125 (unten rechts), 127,
128/129, 166, 258, 261, 366, 370, 377
Wagner: S. 43, 52, 85, 154, 189, 285, 307 (oben
links)

Titelbild: laif/Le Figaro Magazine –
Franziskanermönch in Assisi

IMPRESSUM

Ausstattung:
196 Abbildungen, 42 Karten und grafische
Darstellungen, eine große Reisekarte
Text:
Marlies Burget, Katja Conradi, Helmut Linde,
Daniele Messina, Jürgen Sorges, Andrea Wurth,
Holger Zwink
Überarbeitung:
Marlies Burget
Bearbeitung:
Baedeker Redaktion
(Dr. Eva Missler)
Kartografie:
Christoph Gallus, Hohberg; Franz Huber,
München; MAIRDUMONT GmbH & Co KG,
Ostfildern (Reisekarte)
3D-Illustrationen:
jangled nerves, Stuttgart
Gestalterisches Konzept:
independent Medien-Design, München
(Kathrin Schemel)

Sprachführer in Zusammenarbeit mit Ernst
Klett Sprachen GmbH, Stuttgart, Redaktion
PONS Wörterbücher

Chefredaktion:
Rainer Eisenschmid, Baedeker Ostfildern

5. Auflage 2008
Völlig überarbeitet und neu gestaltet

Urheberschaft:
Karl Baedeker Verlag, Ostfildern

Nutzungsrecht:
MAIRDUMONT GmbH & Co KG; Ostfildern
Der Name Baedeker ist als Warenzeichen
geschützt. Alle Rechte im In- und Ausland sind
vorbehalten. Jegliche – auch auszugsweise –
Verwertung, Wiedergabe, Vervielfältigung,
Übersetzung, Adaption, Mikroverfilmung,
Einspeicherung oder Verarbeitung in EDV-
Systemen ausnahmslos aller Teile des Werkes
bedarf der ausdrücklichen Genehmigung durch
den Verlag Karl Baedeker.

Anzeigenvermarktung:
MAIRDUMONT MEDIA
Tel. 0049 711 4502 333
Fax 0049 711 4502 1012
media@mairdumont.com
http://media.mairdumont.com

Printed in China
Gedruckt auf 100% chlorfrei gebleichtem Papier

Wir danken Maria Rita Lorenzetti, Presidente
Regione Umbria (con delega al Turismo e la
Direzione regionale allo Sviluppo economico
e Attività Produttive, Istruzione, Formazione
e Lavoro)

BAEDEKER VERLAGSPROGRAMM

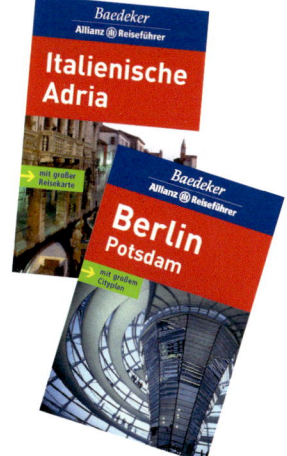

LIEBE LESERINNEN, LIEBE LESER,

ein herzliches Dankeschön dafür, dass Sie sich für einen Baedeker Allianz Reiseführer entschieden haben. Er wird Sie zuverlässig auf Ihrer Reise durch Umbrien begleiten und Sie nicht im Stich lassen.

Natürlich beschreibt er die wichtigen Sehenswürdigkeiten, aber er empfiehlt auch gute Hotels für den großen und kleinen Geldbeutel, gibt Tipps für Restaurants, Feste und Festivals, Shopping und für vieles mehr, was eine Reise zum Erlebnis macht. Dafür hat Marlies Burget Sorge getragen. Sie ist für Sie regelmäßig durch Umbrien gereist und hat all ihre Erfahrungen und Kenntnisse in diesen Reiseführer gepackt.

Trotzdem: Die Erfahrung zeigt, dass Fehler und Änderungen nach Drucklegung, für die der Verlag keine Haftung übernehmen kann, nicht ausgeschlossen werden können. Für Kritik, Berichtigungen und Verbesserungsvorschläge sind wir Ihnen außerordentlich dankbar. Schreiben Sie uns, mailen Sie uns oder rufen Sie an:

▶ **Verlag Karl Baedeker GmbH**
Redaktion
Postfach 3162
D-73751 Ostfildern
Tel. (0711) 4502-262, Fax -343
E-Mail: info@baedeker.com

Besuchen Sie uns auch im Internet unter www. baedeker.com. Hier finden Sie jeden Monat den aktuellen Reisetipp der Redaktion und das gesamte Verlagsprogramm. Hier können Sie auch lesen, wer Karl Baedeker war und wie er seinen ersten Reiseführer geschrieben hat. Mit seinen über 180 Jahren ist der Karl Baedeker Verlag der älteste Reiseführer-Verlag der Welt.

www.baedeker.com

⊙ ZU GEWINNEN: STADTREISE NACH LONDON

Unter allen Einsendungen verlost der Verlag am Jahresende – unter Ausschluss des Rechtswegs – eine Städtekurzreise für zwei Personen nach London.
Freuen Sie sich auf ein spannendes Wochenende in London. Natürlich ist ein Baedeker Allianz Reiseführer London auch dabei!